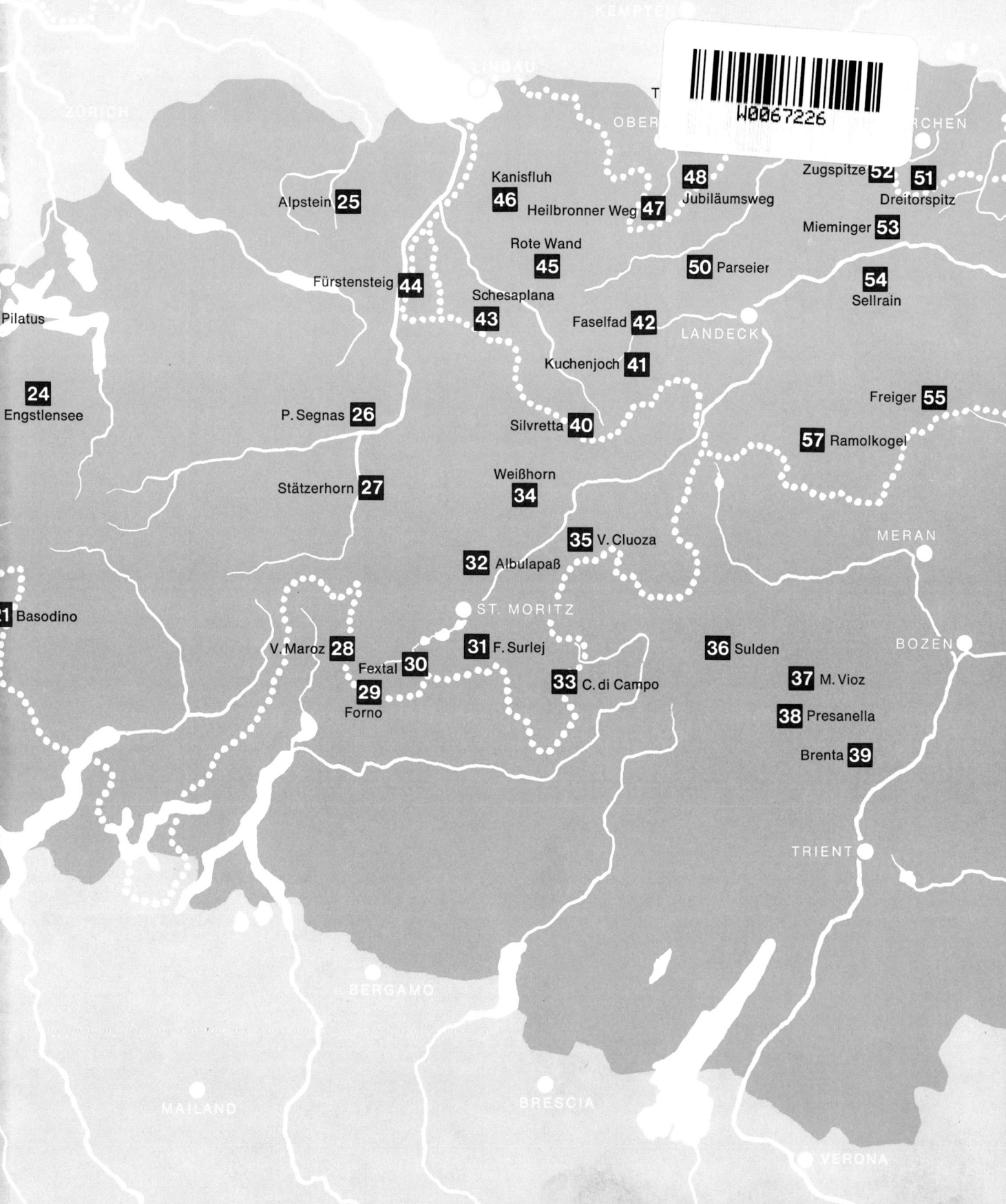

Von Walter Pause im BLV:

1974

WALTER PAUSE

Walter Pause

BLV Verlagsgesellschaft
München Bern Wien

Berg Heil

100 schöne Bergtouren
in den Alpen

22. überarbeitete Auflage

Alle Rechte der Verbreitung einschließlich Film, Funk und Fernsehen sowie der
Fotokopie und des auszugsweisen Nachdrucks vorbehalten · © BLV Verlags-
gesellschaft mbH, München, 1974 · Zeichnungen und Vorsatzskizzen: Hellmut
und Barbara Hoffmann · Titelbild: Fritz Heimhuber (Colfuschg mit der Sella-
Gruppe, Dolomiten) · Druck: Courier Druckhaus, Ingolstadt · Bindearbeiten:
R. Oldenbourg, München · 1. Auflage 1958 (ISBN 3-405-11369-5)

Hundert von tausend

Die Texte dieses Buches »BERG HEIL 74« wurden von mir im Herbst 1972 — bei 27 Austauschtouren — völlig neu geschrieben. Denn vierzehn neue Lebensjahre seit dem Ersterscheinen des Buches 1958 haben mein kritisches Bewußtsein erheblich
verschärft. Übrigens wurde auch der Neudruck der Ausgabe 1973 im Januar 1974 nochmals durchgesehen. Mit den 1973 und
1974 neu ausgetauschten Bildern wurden 65 neue Bergfotos eingebracht. Alles ist die Folge der neuen Anreisemöglichkeiten:
Man kommt heute rascher und einfacher (als 1958) in die Westschweiz, in die Brentagruppe, in die Karnischen Alpen, ja selbst
ins Val d'Aosta, an die Sockel von Barre des Ecrins oder Triglav. Ein veränderter Satzspiegel verschaffte zusätzlich die Chance,
bei längerem Text Ratschläge zu präzisieren bzw. Varianten vorzuschlagen.
Dieser Band ist — wie seit 1958 immer betont — kein »Führer«: Man soll nach wie vor die auf jeder der 100 Textseiten ange-
gebene Spalte »Karten/Führer« studieren und sich das Nötige zum Studium besorgen.
Ich präsentiere hier hundert Bergwanderungen und Bergtouren in den Alpen. Man könnte weitere neunhundert präsentie-
ren. Eine Auswahl war vonnöten; ich habe sie gewagt: vielleicht habe ich die »schönsten« Bergtouren ausgewählt. Ich weiß es
nicht, ich bilde es mir nur ein. Feststellen, welches die »schönsten« Bergwanderungen in den Alpen sind, wäre ja keineswegs
Sache des Verstandes. Wie oft sagten wir, wenn wir am Sonntagabend erschöpft und glücklich aus den Bergen heimkehrten:
Das war die schönste Tour, die wir je gemacht haben! . . .
Die hundert Bergtouren dieses Buches führen in alle Regionen des Bergglückes, durch alle Schauer, zu allen Freuden. Sie sind
dennoch alle relativ leicht (im Sinne der unter geübten Bergwanderern gültigen Skala). Jeder kann diese Bergtouren ausführen,
der an Leib und Seele gesund, der richtig ausgerüstet und mit den alpinen Gefahren vertraut ist. Wer die alpinen Gefahren
nicht kennt, der studiere sie in den diesem Buche angefügten Merksätzen über richtiges Verhalten im sommerlichen Hochgebirge. Wer nach den Freuden der höchsten Region trachtet und sich mangels größerer Erfahrung oder auch mangels Mut
unsicher fühlt, der nehme einen Führer. Es gibt keinen gültigen Beweis dafür, daß sich das Bergglück verringert, wenn man am
Seil eines Führers geht.
Genauere Anhaltspunkte über die relativen Schwierigkeiten der dargestellten 100 Bergwanderungen und Bergtouren gibt eine
Übersicht auf Seite 208 am Ende dieses Buches. Dort werden die 100 Touren zwischen Wien und Grenoble — 27 in den Westalpen, 73 in den Ostalpen — nach ihrer Schwierigkeit in vier Gruppen geordnet.
Daß die größte Höhe nicht das höchste Glück verbürgt, versteht sich für den Bergwanderer von selbst. Er weiß, daß einer auf
dem Gipfel des Loser über Bad Aussee, auf dem Col d'Arpette oder auf dem Schlern mehr von der Schönheit dieser Welt erfahren kann als ein anderer auf einem eisüberwallten Viertausender. Deshalb gibt es in diesem Buche eine Unmenge von »Da-
mentouren«. Aber auch zwei »leichte« Viertausender. Und sogar eine reine Talwanderung, bei der es nur bergab geht. Ich glau-
be aber, daß auch dieser Talgang auf einen allerschönsten Gipfel führt.

Walter Pause

Inhalt

1 Auf den Pic Coolidge

La Bérarde — Col de la Temple — Glacier Noir — Refuge Cézanne

TALORTE Grenoble, 200 m · Le Bourg-d'Oisans, 719 m, am Val Vénéon (Bus nach La Bérarde) · La Bérarde, 1711 m (80 km von Grenoble) · Ailefroide, 1506 m, im Osten (40 km von Briançon)

STÜTZPUNKTE Refuge Temple-Ecrins, 2410 m, CAF · Refuge Cézanne, 1874 m · Für den Notfall Biwakschachtel de la Temple (leer), ca. 3250 m, östl. dicht unter dem Col de la Temple

KARTEN / FÜHRER Beste Karte Massif des Ecrins, 1:50 000, Libr. Didier-Richard · Französ. Führer Guide du Massif des Ecrins, Vol. II, Ailefroide (Arthaud) · Gute Beschreibung des Pic-Coolidge-Aufstieges im Führer Haut-Dauphiné / Devies-Laloue (Rother, deutsch)

BESTE ZEIT Mitte Juli bis Mitte September. Nur in kompletter hochalpiner Ausrüstung, auch für Gletscherbegehung. Viel begangen, meist Trasse! Coolidge-Aufstieg gute Spuren. Höhenschutz!

BILD Die Nordwand des Pic sans Nom über dem Glacier Noir, von dessen Nordmoräne aufgenommen. Oben links Col de Pelvoux, rechts die tiefe Scharte des Coup de Sabre, darüber der Pic du Coup de Sabre. Wir kommen (im rechten unteren Bildeck) vom Col de la Temple herab an den meist von Schutt bedeckten Glacier Noir und steigen auf, dann an ihm ostwärts Richtung Refuge Cézanne: im Bild nach links unten. Auch wer die Tour umgekehrt macht, bleibt am orografisch linken Ufer des Gletschers

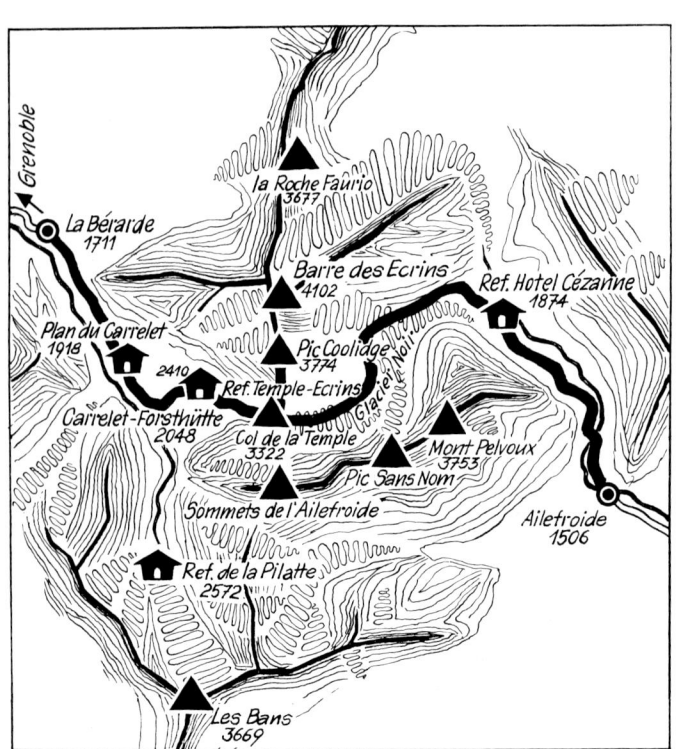

Im südlichen und wildesten Teil der zentralen Alpenkette — im Haut-Dauphiné zwischen Barre des Ecrins und Mont Pelvoux — liegt als dominierender Aussichtspunkt der Pic Coolidge, 3774 m, vom Col de la Temple her über den Südgrat und einige Firnränder relativ gut zu erreichen. Wir kommen von Westen, steigen ab La Bérarde, 1711 m, über das Refuge Temple-Ecrins, 2410 m, auf und über das (leere) Bivouac de la Temple, 3250 m, und den Glacier Noir (Bild) ostwärts ab bis zum Refuge Cézanne, 1874 m. Man kann vom Col auch wieder nach La Bérarde zurückkehren, obwohl der Abstieg über den Glacier Noir und seine Moränen an Dramatik nicht seinesgleichen hat in den Westalpen — freilich setzt dieser Abstieg (auch im Aufstieg) bei Verzögerungen durch schlechtes Wetter die Benützung der leeren Biwakschachtel unterm Col de la Temple voraus und damit die komplette Biwakausrüstung im Gepäck. Die französische Karte (1:50 000, Massif des Ecrins, Didier-Richard) ist hervorragend — man studiere sie. Die Anfahrt von Le Bourg-d'Oisans auf schmaler, kurvenreicher Straße im Tal von Vénéon kostet Nerven, aber das Bergsteigernest La Bérarde tröstet uns: Links um die Ecke steigt man im Val d'Etançons der ungeheuren Südwand der Meije entgegen, vor uns Barre des Ecrins, Ailefroide, Les Bans, Les Rouies ... Über den Plan du Carrelet, 1918 m, geht es zur Forsthütte, 2048 m, auf einem Metallsteg über die Wildwasser, die vom Pilattegletscher herabstürzen, und dann führen viele Kehren hinauf zum Refuge Temple-Ecrins, 2410 m. Eine Kaserne, schon mehrfach von Lawinen zerstört, aber ringsum eine reiche Alpenflora. Der Col de la Temple, Ziel des folgenden Tages, ist bereits 3322 m hoch, und wir brauchen für diesen Weg, bei dem wir auch den Glacier de la Temple passieren (Trasse), volle 3 Std. — Vom Col zum Gipfel des Pic Coolidge, 3774 m, steigt man nördlich, genau nach dem Führertext, in knapp 2 Std., erst direkt am Südgrat, dann auch Firnränder streifend zum Ostgrat und kommt so über den Vorgipfel zur Gipfelpyramide. Dicht nebenan die Barre des Ecrins, 4102 m, mit ihrem ungeheuren Südpfeiler, im Süden ganz nah die zerrissene Granitfestung von der Ailefroide über den Pic sans Nom (Bild) bis zum letzten Gipfel des Pelvoux. Wer, zurückgekehrt zum Col de la Temple, ostwärts hinaus zum Refuge Cézanne absteigen will, der könnte (komplett ausgerüstet) in der nahen, leeren Biwakschachtel nächtigen, sie liegt 3250 m hoch dicht unterm Col in der Schrofenrinne, durch die wir vorsichtig — genau ostwärts — ins obere Becken des Glacier Noir absteigen. Wir streifen dabei bald den mit Granitschutt überzogenen Gletscher dort, wo Jürgen Winkler das Bild unserer Tour aufgenommen hat: den Pic sans Nom, 3914 m, mit Nordwand und Eiskatarakt zur Rechten ... Am Gletscher entlang steigen wir auf Moränengrund, später an Eisbächen dahin hinaus bis zum Lärchengrund am Refuge Cézanne. Der Glacier Noir dreht unter dem Pic sans Nom scharf auf Nord, aber bald wieder auf Ost. Er endet vor dem P. 1909 der Karte, an dem die Wege vom Refuge Cézanne zum Glacier Noir und zum Glacier Blanc sich trennen. Ab hier markierte Wege!

8

2 Auf den Gran Paradiso
Viertausender über dem Valsavaranche

TALORTE Aosta, 583 m (Autobahn von der Poebene, auch Zufahrt durch den Montblanc-Tunnel) · Villeneuve, 670 m, westlich von Aosta, Bahnstation. Hier Abzweigung ins Valsavaranche (und Val du Rhêmes) · Valsavaranche-Degioz, 1540 m · Hotel Eaux Rousses, 1666 m (Albergo Col Lauson) · Pont, 1960 m (Zeltmöglichkeiten), drei kleine Hotels

STÜTZPUNKTE Rif. Vittorio Emanuele II., CAI, 2775 m, am Anstiegsweg zum Gran Paradiso · Rif. Vittorio Sella, CAI 2584 m, östlich unter dem Col Lauson (Stützpunkt für den Übergang Valsavaranche – Valnontey)

FÜHRER / KARTEN Ungenügende Karte LR 32 des Istituto geografico militare, 1:25 000. Für Übergang Col Lauson ausreichend · Gegenfurter: Kleiner Paradiso-Führer, deutsch (Rother)

BESTE ZEIT Juli bis Ende September. Pickel, Steigeisen, Seil usw. Bei Nebel können Bussole und Karte trotz Trasse nötig sein. Gutes und sicheres Wetter unerläßlich. Kälteschutz!

BILD Im Anstieg vom Rif. Vittorio Emanuele II. zum Gran Paradiso. Die Bergsteiger haben den »Eselrücken« erreicht, die schmale Gletscherfurt in den oberen Teil, von dem ab der Gipfelstock direkt von Süd nach Nord erstiegen wird. Die, was typisch für den Aufstieg ist, verblasene Firndecke deutet auf die unverhofft starken Stürme am Gran Paradiso. Auch auf solch relativ leichtem Anstieg können derartige Stürme – trotz nahegelegener heißer Poebene – zur vorzeitigen Erschöpfung des Bergsteigers beitragen

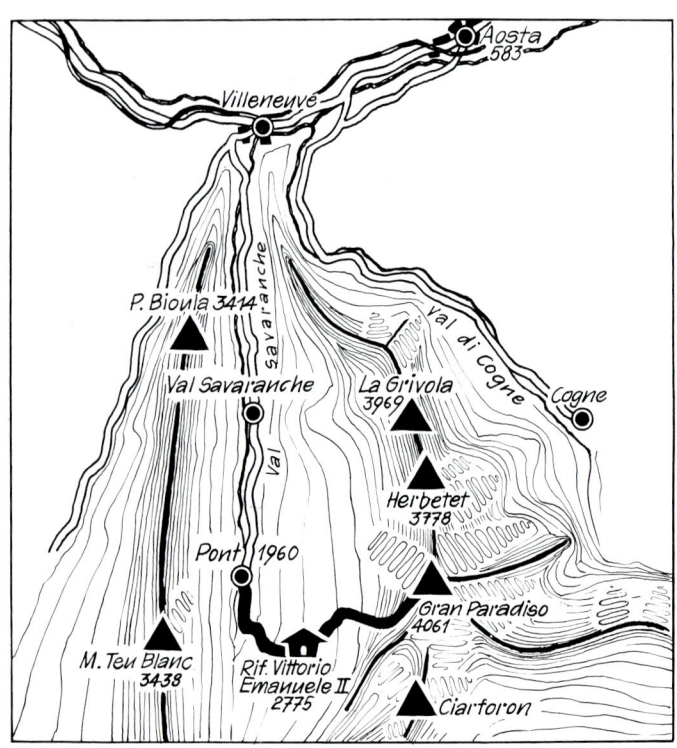

Neben dem Zermatter Breithorn gilt der Gran Paradiso als sogenannter »leichter« Viertausender. »Leicht« sind beide aber nur für erfahrene Hochtouristen, in kompletter Ausrüstung, bei bestem Wetter. Ich habe mit meiner Frau im Sturm umkehren müssen, zwei meiner Söhne kamen später bei gutem Wetter bis zur Madonna am blockigen Gipfelgrat. Der von Eisdecken überzogene Gran Paradiso liegt zwischen Poebene und Aostatal, das Val de Cogne wie das Valsavaranche führen zu seinem Sockel. Beide Täler gehören zum Italienischen Nationalpark, überall kann der, der sich richtig verhält, Steinböcke sehen. – Man fährt von den Römerruinen in Aosta bis Villeneuve und von dort in großen Kurven hinauf und hinein ins überlange Valsavaranche. Arme Bergdörfer, dann das Hotel Eaux Rousses, dann der letzte, nur aus drei kleinen Hotels bestehende Weiler Pont, 1960 m. Ein kurzer, steiler Aufstieg durch Lärchen zur riesengroßen Biwakschachtel des Rifugio Vittorio Emanuelle II. auf 2775 m Höhe: gute 2$^{1}/_{2}$ Std.! Man nächtigt angesichts des schöngeformten Ciarforon am Westrücken des Gran Paradiso. Anderntags steigt man nordwärts querend zwischen Trümmern bis zu einem kleinen grünen Plateau, dann zwischen P. 2896 und P. 2897 hindurch ostwärts im schluchtartigen Tal bis zum Paradisogletscher. Man kann meist die Trasse der stark begangenen Route nützen, steigt streng ostwärts, dann steiler südostwärts auf einen schmalen Firnrücken, der gegen die großen Felshöcker der Beccia di Moncorvè zieht (Bild). Dort links am Grat entlang, dann abermals links auf Nordrichtung gehend und steil zur Randkluft. Die Kluft ist nicht immer leicht zu übersteigen, der Felsen zur Gipfelmadonna oft vereist – und dann schwierig. Sehr überraschen wird die meisten Ersteiger die auch bei Sonne meist enorme Kälte in der Gipfelzone. Die Kletterei am Gipfelblockgrat ist nicht schwer, aber ungewöhnlich exponiert. Die Aussicht kann bestürzend sein … Für diesen Aufstieg brauchen guttrainierte Bergsteiger bei bestem Wetter (und Firn) 4–5 Std., meist wird man mit 5 und mehr Std. rechnen müssen. Schwierigkeiten am teilweise sehr steilen Gletscher gibt es kaum, wenn man in der Trasse bleibt. Abstieg wie Anstieg! Wer von weither zum Gran Paradiso kommt, sollte sich nicht mit ihm begnügen. Es bietet sich – zum Beispiel – die klassische hochalpine Wanderroute aus dem Valsavaranche hinüber über den 3292 m hohen Col Lauson an, die uns zum Rifugio Vittorio Sella, 2584 m, und ins berühmte Val di Cogne bringt. Dieser wenig begangene, großzügige, aber nur für ausdauernde Bergwanderer in guter Ausrüstung und Kondition geeignete Übergang führt in die Höhenzone zwischen der Granitpyramide der Grivola und der breit hingelagerten Eisburg des Gran Paradiso. Man durchstreift endlose Lärchenwälder, ehe man in die Fels- und Schutzzonen gelangt: Zeit für den Aufstieg ab Eaux Rousses bis zum Col Lauson etwa 5–6 Std., Abstieg nach Cogne 3–4 Std. – Dieser Übergang sucht an Schönheit und Stärke der Eindrücke seinesgleichen! Man sieht, daß man im Nationalpark ist. Die Ziegen rechts drüben sind wirklich Steinböcke, und die Tauben sind Adler …

10

3 Von Cogne auf den Gran Serra
über das Rifugio Vittorio Sella

TALORTE   Aosta, 583 m (Autobahn von der Poebene her, Zufahrt von Chamonix durch den Montblanc-Tunnel) · Cogne, 1534 m, bzw. Valnontey, 1666 m, Bus von Aosta · Hotel Eaux Rousses im Valsavaranche, ebenfalls 1666 m · Valsavaranche-Degioz, 1540 m

STÜTZPUNKT   das zweiteilige Rif. Vittorio Sella, CAI, 2584 m, einstige Jagdhäuser auf dem weiten Hochplateau unterhalb des Col Lauson

FÜHRER / KARTEN   Keine sehr gute Karte. Aber die Karte LR 32 des Istituto geografico militare, 1:25 000, ist wenigstens informativ · Sehr gut der neue Rother-Führer von Gegenfurtner »Gran Paradiso«, wenn auch nur für Haupttouren · Die Haupttour ab Sellahütte zur Grivola ist, schon wegen der Brüchigkeit des Gesteins in den beiden zu durchsteigenden Couloirs, nur für qualifizierte Hochalpinisten zu empfehlen.

BESTE ZEIT   Juli bis Mitte September. Nur in kompletter hochalpiner Ausrüstung, nur bei sicherem Wetter

BILD   Ausblick vom Gipfelgrat des Gran Serra über das Valnontey hinweg auf den Torre del San Pietro (links oben) und die Roccia Viva (rechts). In der unsichtbaren Tiefe liegt das Valnontey, das von den Wassern des riesigen, vom Gran Paradiso herabströmenden Tribulazione-Gletschers durchflossen wird. Über diesen Tribulazione-Gletscher führt der Nordanstieg zum Gran Paradiso (bei Benützung des Bivacco Carlo Pol, 3183 m, über dem Talschluß des Valnontey)

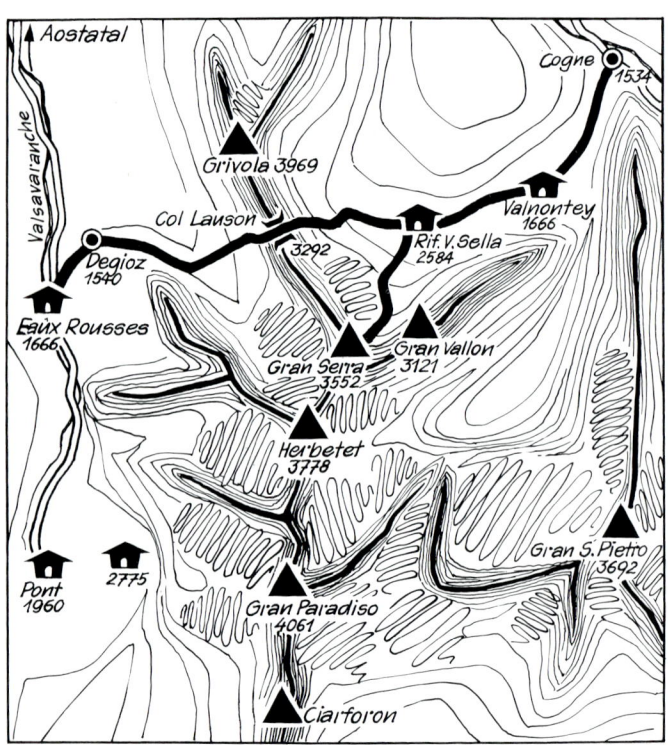

Der Gran Serra mit seinen 3552 m Höhe steht in der Mitte zwischen Grivola und Gran Paradiso. Er wird auch Gran Serz genannt und darf als der lohnendste Gipfel innerhalb dieser Kette für den westalpin erfahrenen Normalbergsteiger gelten, dem die elegante, aber nicht leichte Grivola mit ihren 3969 m Höhe zu schwierig ist. Der Anstieg beginnt bei der Sellahütte (die nach dem besten Bergfotograf der klassischen Zeit, Vittorio Sella, benannt ist). Der größere Teil des Anstieges führt über relativ flache Gletscherdecken, die selbstverständlich die übliche Vorsicht verlangen: Seilsicherung, erhöhte Aufmerksamkeit. Von der etwas kurios angelegten, aber gemütlichen (in der Hauptsaison arg überlaufenen) Hütte, in deren Nähe man bisweilen ganze Rudel von Steinböcken beobachten konnte, geht man in der ersten Morgenfrühe südwärts davon, erst über die Bachbrücke, dann mit Steigspuren südwestlich über einen steilen Rücken — also nicht südostwärts am breiten Weg! — und auf die dann gut sichtbare, von Schutt und Trümmern bedeckte nächste Kuppe. Nachdem man über einen steilen Hang eine Signalstange erreicht hat, senkt sich die von vereinzelten Steindauben markierte Route gegen den Lausongletscher ab. Man durchwandert die folgende Trümmerzone, bleibt in Südrichtung und steigt am Gletscher in das breite Hochtal ein, das links zur Becca di Vallon führt und sich zum Couloir verengt — man läßt diese Mulde links liegen, bleibt aber an den Flanken der Cima di Vallon auf dem Gletscher. Wo vom Kamm drei ausgeprägte Couloirs herabziehen, nimmt man das westliche, das oben von einem Steinmann markiert wird. Von hier steigt man rechts am Kamm auf Felsboden in Südwestrichtung und gelangt so ziemlich schnell auf den Gran-Val-Gletscher, der Cima di Vallon und Gran Serra verbindet und den wir ziemlich flach in Südwestrichtung queren. Am Schluß geht es am steiler ansteigenden Gletscher im Rechtsbogen bis zum Gipfelaufbau des Gran Serra, den man zwischen Punkt 3420 und 3475 erreicht. Ab hier steigt man über Blockwerk zum Gipfel. — Die Gipfelschau ist von besonderer Faszination: Vor uns der wilde, zum Paradiso aufziehende Tribulazione-Gletscher, ihm rechts vorgesetzt der markante Gipfelaufbau des Herbetet; im Norden steht die formschöne Grivola vor dem Walliser Hauptkamm, im Osten (Bild) stellen sich hoch über dem Cognetal der 3692 m hohe Torre del San Pietro und die Roccia Viva mit 3650 m Höhe vor. Wir befinden uns im Zentrum des Italienischen Nationalparkes. Wer im Anschluß an diese Tour zum Gran Serra den nahen Col Lauson überschreitet, hinüber und hinab ins Valsavaranche, der spürt den Atem dieser in ihrer Ursprünglichkeit geschützten, im felsigen Chaos wie in einer überschäumenden Flora (und Fauna) gleichermaßen großartigen Hochgebirgslandschaft. Wer den Col Lauson überschreitet, kann vom Col weg ohne besondere Mühe die 3393 m hohe Punta del Tuf ersteigen, und zwar (ab Col) in knapp 2 Std. durch die leichte, blockige Nordflanke. Die Zeit für diese Variante müßte er aber in sein Programm einkalkulieren, weil die Überschreitung des Col Lauson allein 6—8 Std. kostet.

4   Zum Fauteuil de la Tournette

Vom Lac d'Annecy über das Refuge Tournette

TALORTE Annecy und Talloires am Lac d'Annecy, 447 m · Rovagny, 770 m, Fahrsträßchen ab Talloires · Evtl. Thônes, 640 m, Fahrstraße ab Annecy Richtung La Clusaz · Talloires ist ab Annecy mit Schiff zu erreichen

STÜTZPUNKT Tournette-Hütte (ehem. Hotel Blonay-Dufour), 1872 m

KARTE Am besten die große Carte de France, 1:100 000, Nr. 45, Annecy-Lausanne

BESTE ZEIT Von Ende Mai bis Ende Oktober. Bergwanderausrüstung, gutes, festes Schuhwerk und Anorak. Bei den wenig begangenen Ostanstiegen benütze man die Karte, hier dürfte an manchen Stellen neben einer gewissen Orientierungsgabe absolute Trittsicherheit erforderlich sein

BILD Das Bild zeigt die Straße zwischen Annecy und Talloires. Über ihr sehen wir das weiße Kalkriff der Tournette mit dem ihr aufgesetzten hellen »Fauteuil«, ein den Gipfelkamm grotesk überragendes Blockgebilde, das nur durch einen mit Stufen und Eisenkabel (vor 90 Jahren) ausgestatteten Kamin erstiegen werden kann. Die Aussicht vom »Fauteuil« reicht über das savoyische Vorgebirge hinaus bis zum Eisdom des Montblanc und seinen Trabanten

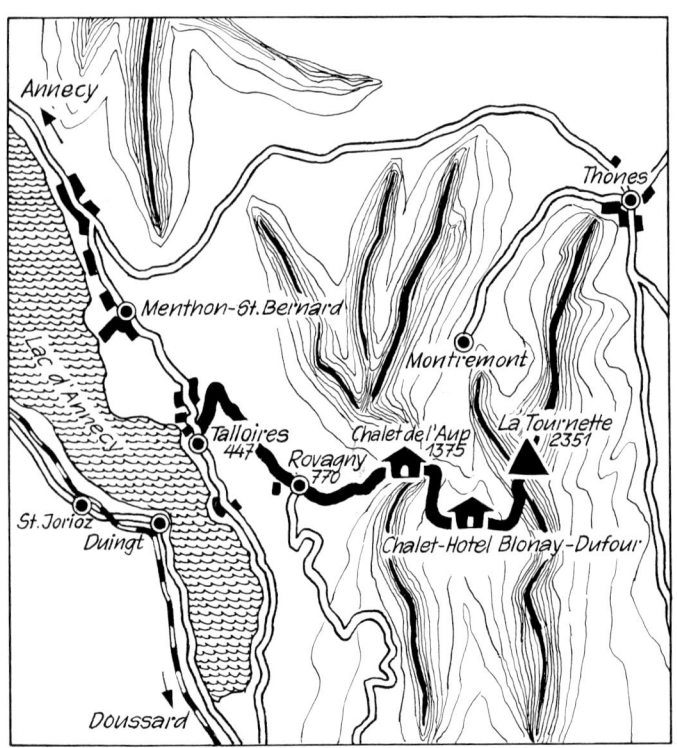

Bergwanderer werden von Bergsteigern, zumindest unter jüngeren Jahrgängen, leicht über die Schulter angesehen — damit geschieht Unrecht. Wer allein seinen fünf Sinnen folgt, um sich wandernd der alpinen Umwelt zu erfreuen, sollte er nicht doch die größeren Ernten einbringen? Jeder erfahrene Bergsteiger weiß, daß ihm im gelassenen Rhythmus des Gehens und Steigens gewisser der Rhythmus guter Gedanken ankommt als in himmelstürmender Kletterei ... Ich empfehle als Beweis eine Bergwanderung im Savoyer Vorgebirge am Lac d'Annecy, den Anstieg zum Gipfelkamm der 2351 m hohen Tournette, die von einem richtiggehenden Fauteuil aus Kalkfels gekrönt wird. Der Lac d'Annecy liegt nur 447 m hoch, genau südlich von Genf, sein mildes Klima gleicht beinahe dem der Côte d'Azur. Man kann direkt vom Seeufer bei Talloires beginnen, muß dann aber in der Tournette-Hütte auf 1872 m Höhe nächtigen (einstiges Hotel-Chalet Blonay-Dufour): Das verlangt gute, stille 4 Std. Anstieg bei immer schöneren Ausblicken; dazu am anderen Tag zusätzliche 2 Std. bis zum höchsten Punkt des Fauteuil — plus reichliche 3 Std. für den Abstieg. Wem 2 Tage zuviel sind, der fahre von Talloires bis Rovagny auf 770 m Höhe auf, parke an der kleinen Brücke vor dem Ort und steige à pied streng ostwärts durch den Wald hinauf — die Kehren kann man teilweise abschneiden — zum Chalet de l'Aup (in Karten auch Chalet de l'Haut) auf 1375 m Höhe. Ab hier quert man in Südrichtung einen mächtigen Almkessel und wandert am Steig, zuweilen über felsigen Abbrüchen dahin, zum Refuge Tournette auf 1852 m Höhe. Während sich die Felsenwelt verdichtet, wird die grüne Flut um den Lac d'Annecy immer anmutiger. Zum Fauteuil aufsteigend, bleibt man auf dem markierten Steig am Kamm, dann kommt man vor jenen Knalleffekt, der einen Riesenfelsblock aus Kalk darstellt, durch den ein vor 90 Jahren gemeißelter Steig führt: Stufen, ein Kabel in einem Kamin ... Die lange Rast bietet westwärts die liebliche Idylle des Lac d'Annecy an, ostwärts die glühende Firnkuppe des Montblanc. Man muß kein Romantiker sein, um sich an diesem Ausblick zu begeistern ... Sonderlinge gehen keinen Normalweg; deshalb sei darauf verwiesen, daß man den Hausberg am Lac d'Annecy auf völlig vereinsamten Steigen erreichen kann: 1. von Norden (auf dem Sträßchen nach Thônes) durch das grüne Canalone mit der Alp de Lindion, wobei man oben über Grate und dann über den kleinen Col des Nantes den Gipfel gewinnt. Oder 2. ab Thônes über die abseitige Ostflanke, die gleich drei Wege anbietet, »Wege«, die freilich oft nur Steigspuren darstellen. 3. kann man durch das breitere, nordöstlich von der Tournette absinkende Grünbecken ansteigen, das vom Malnantbach durchflossen wird und viel schattigen Wald anbietet; man steigt zuletzt ostwärts zum Nordostkamm der Cotagne an und erreicht den »Fauteuil« von Osten her. — See und Stadt Annecy liegen 32 km genau südlich von Genf, eine gute Straße führt von Genf hierher. Man schaut von der Tournette über den See hinweg westwärts auf die letzten Ausläufer des Jura, der über dem Genfer See so anmutig dominiert.

5 Rund um den Montblanc

Col du Bonhomme — Col de la Seigne — Col Ferret — Fenêtre d'Arpette — Col de Balme

TALORTE Les Contamines, 1150 m · Entrèves, 1306 m (am Montblanc-Tunnel) · La Fouly, 1593 m · Champex, 1468 m · Le Peuty-Trient, 1300 m · Le Tour, 1470 m

UNTERKÜNFTE In allen oben genannten Orten, ferner im Refuge Croix du Bonhomme, 2443 m (wenn geöffnet); evtl. im Talort Ville de Glaciers, 1800 m. Auf ital. Boden im Rif. Elisabetta, 2035 m; in Entrèves, La Palud oder Planpansier am Eingang ins Val Ferret; in La Fouly und Praz de Fort im schweizerischen Val Ferret

BESTE ZEIT UND AUSRÜSTUNG Juli–August, bis Mitte September. Komplette Ausrüstung für Schlechtwetter, keine Biwakausrüstung, aber kleinen Pickel. Ohne Seil, ohne Eisausrüstung, evtl. leichte Grodeln für harte Altschneereste. Nur Notproviant, da man oft einkehren kann

BESTE KARTEN / FÜHRER Unbedingt Schweizer Landeskarte, Bl. 46, Val de Bagnes, 1:100 000; ferner Bl. 282, Martigny, 1:50 000 · Evtl. zusätzlich Carte Nationale Suisse, Feuille 585/586, Courmayeur-E. · Oder Cartes de Savoie, Massif du Montblanc, 1:50 000 (Ed. Didier/Richard)

BILD Das Luftbild zeigt oben links die Grandes Jorasses (dunkel), ihnen vorgelagert die Aiguilles des Leschaux, rechts vorne den Mont Dolent, dessen dunkler Sockel im Schweizer Val Ferret steht (unten Mitte); hier auch die Häuser von La Fouly. Wir kommen im linken unteren Bildteil vom Col Ferret herab nach La Fouly. Rechts oben Montblanc mit Brenvaflanke, Mont Maudit und Dôme du Goûter

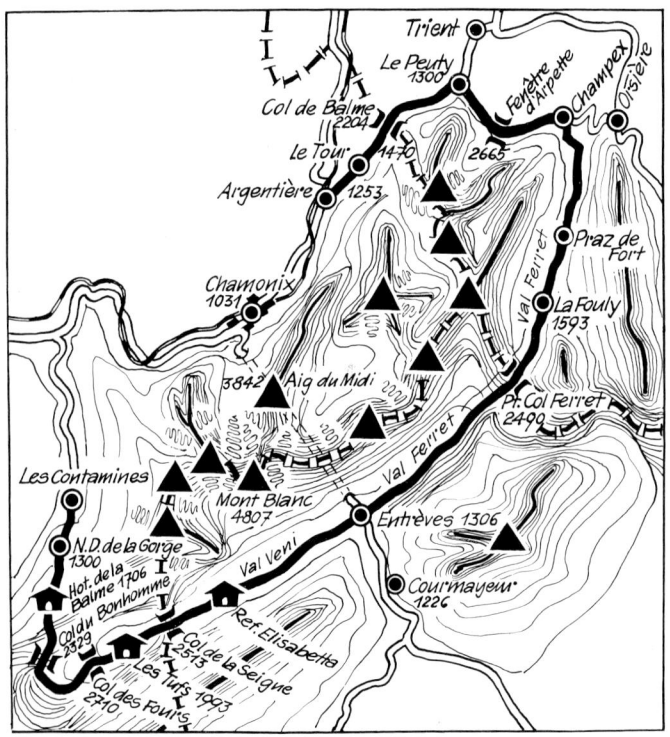

Den höchsten Berg der Alpen samt seinen eisigen Trabanten in fünf Tagen zu umwandern, das erfordert Kondition von Körper und Geist, Kraft zur Stille, relativ leichtes Gepäck und Orientierungssinn. Hervorragende Karten stehen zur Verfügung: Die von Abgasen markierten Straßenstrecken zwischen Argentière – Chamonix – Les Houches – Contamines sind ausgelassen. Wir laufen gut drei Viertel der Runde aus, fast alles in stillen Bereichen, über fünf hohe Jöcher, durch sechs gewaltige Talfurchen. Die fünf Wandertage sind so eingeteilt, daß man Unterkunft für vier Nächte findet ... Wir sehen wenig Gipfel unterwegs, aber viele Gletscher, Moränen, Granitwände, Grate, Trümmer- und Schuttfelder – das Grün der Täler, karg oder üppig, bleibt meist unser Begleiter. – Und das ist die Einteilung unseres Rundmarsches: 1. Tag: Im Wagen über St. Gervais und Contamines bis Straßenende bei Notre Dame de la Gorge, 1300 m! Erster Aufstieg südwärts über Nant Barrant, Berghaus La Balme, 1706 m, bis Col du Bonhomme, 2329 m = 4 Std. – Querung vom Col ostwärts in der Südflanke zum nahen Col des Fours, 2710 m, ab hier scharfer Abstieg ostwärts über die Hütten von Les Tufs, 1993 m, nach Ville de Glaciers, 1800 m, im Talboden = plus 3 Std.! – 2. Tag: Aufstieg unter den Aiguilles des Glaciers zum Col de la Seigne (Grenze!), 2513 m, ab jetzt gewaltige Einblicke in die Südflanken des Montblanc, stiller Abstieg zum Rif. Elisabetta, CAI, 2035 m, Wanderung über den Lac Combal durch das Val Veni, die Zungen von Miage- und Brenvagletscher streifend, nach Notre Dame de Guérison und Entrèves, 1306 m (Mündung des Montblanc-Autotunnels von Chamonix) = plus 6–8 Std.! – 3. Tag: Nach dem möglichen Fremden-Wohnwagen-Rummel im unteren Val Veni nun eine stille, immer schönere Wanderung durch das Val Ferret, direkt unter den Eisbecken der Grandes Jorasses, hinauf zum Petit Col de Ferret, 2490 m (zuletzt weglos), oder rechts mit Spuren über den Grd. Col de Ferret, 2573 m = plus 4 Std. (im Bild: Mitte linker Bildrand!). – Abstieg vom Petit Col durch das steilere Combe des Fonds, direkt am Dolent-Sockel, oder rechts vom Grd. Col auf Wegspuren über Ferret nach La Fouly, 1593 m; Weitermarsch im schweizerischen Val Ferret bis Praz de Fort, 1151 m = 4–5 Std.! Nächtigung, evtl. kurze Busfahrt über Som La Praz hinauf zum See und Hoteldorf Champex, 1468 m: Auch hier Nächtigung möglich. – 4. Tag: Es folgt der klassische Übergang (zweithöchster Punkt unserer Rundwanderung!) vom Val d'Arpette über das Fenêtre d'Arpette, 2665 m, das uns mit einem Schlag das stärkste Landschaftsbild enthüllt: den Blick auf den mächtigen Trientgletscher. Abstieg unweit vom Eisfall hinab nach Le Peuty-Trient, 1300 m, zur Nächtigung: plus 6–8 Std.! – 5. Tag: Aufstieg zum Col de Balme, 2204 m, mit erstem Überblick der vergletscherten Nordflanken des Montblanc, Abstieg neben Skiliftmasten nach Le Tour, 1470 m, bzw. Argentière, 1253 m = plus 5–6 Std.! Hier Bus nach Chamonix – Les Houches – Contamines. – Die Zeiten sind gut gemessen, statt 38 braucht der sehr gute Geher evtl. nur 32 Gehstunden, was aber kein Verdienst bedeutet.

6 Val d'Arpette und Trientgletscher

Von Champex zum Col de la Forclaz

TALORTE Martigny im Rhoneknie, 467 m (Bus nach allen Richtungen) · Champex am See, 1468 m · Le Peuty-Trient, 1300 m · Col de la Forclaz, 1527 m

STÜTZPUNKTE bzw. Nächtigung in Champex, Trient und Martigny

AUSRÜSTUNG Wanderausrüstung mit hohen, festen Schuhen, bestem Wetterschutz, Notproviant, wenn früh im Jahr, mit kleinem Eispickel bzw. Reepschnur, falls harte Firnreste im Couloir unter dem Fenêtre d'Arpette

KARTEN / FÜHRER Carte nationale suisse, Feuille 46, Val de Bagnes, 1:100 000 · Noch besser dieselbe Karte, Feuille 282, Martigny, 1:50 000 · Ein seriöser Führer der Guide Suisse, Nr. 17, Val de Bagnes et d'Entremont (Kümmerly & Frey)

HINWEIS In dem oben angeführten Guide Suisse, Nr. 17 (in französischer Sprache) findet man eine gehäufte Auswahl wundervoller Wanderungen in dem großartigen Gebiet zwischen Rhonefurche, Montblanc-Stock, Val de Bagnes und Grand Col Ferret. Auch von der hier vorgeschlagenen Umrundung des Stockes Pointe Ronde — Le Génépi gibt es noch weitere köstliche Varianten

BILD Am Beginn des Val d'Arpette, dicht oberhalb des Sees von Champex bei Martigny. Oben Mitte das berühmte Fenêtre d'Arpette, 2665 m, rechts darüber Pointes des Ecandies und Le Génépi, 2884 m, links darüber die Pointe d'Orny, 3269 m, hinter der die Cabane du Trient liegt. Durch dieses Val d'Arpette, man kann es sich denken, verläuft die zweite Abfahrt der »Haute Route« nach der Passage des Plateau du Trient

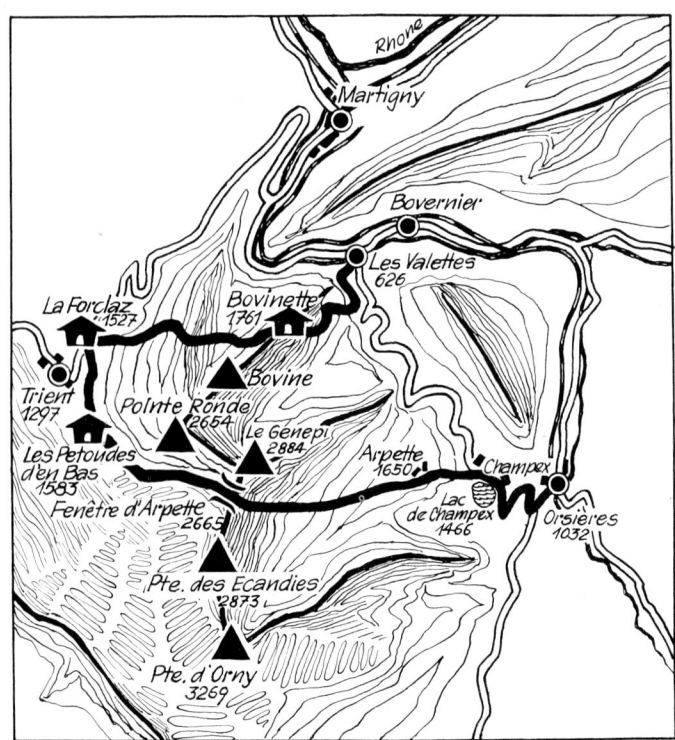

Südlich vom großen Rhoneknie bei Martigny steigen wir durch das wilde Val d'Arpette 3 Std. hinauf zum schmalen Fenêtre d'Arpette, um dann dicht neben den Eismassen des Trientgletschers 2 Std. hinab zum Dorf Trient (an der Paßstraße von Chamonix ins Rhonetal) zu wandern: ein Tag voll dramatischer Eindrücke ... Wir können von Trient mit dem Bus nach Champex zurückfahren, können aber auch in Trient nächtigen und dann wandernd zurückkehren, vom Col de la Forclaz am halben Hang des Génépi, 2884 m, die Hütten von Bovine und Bovinette passierend, bis zum Sträßchen nach Champex. — Nichts schöner als früh am Morgen nach dem Aufbruch am kleinen See von Champex, wenn wir die Hütten von Arpette erreicht haben, erst die Wald-, dann die Vegetationsgrenze passieren und über alten Moränenschutt die Wegverzweigung bei P. 2100 La Barme erreichen — wir halten uns rechts zum eisfreien Fenêtre d'Arpette, nicht links zum vergletscherten Übergang am Col des Ecandies. Das Tal verengt sich, steigt schmal, rechts und links von den Kletternadeln der Ecandies bedrängt, zum hohen Paß an — zum berühmten Fenêtre d'Arpette, vor dem die hohe Erwartung dieses Morgens aufs äußerste anschwillt; denn mit dem letzten Schritt auf den Col schauen wir plötzlich auf das in schweren Brüchen absinkende, mächtige Eismeer des Glacier du Trient ... Eine lange Rast lohnt den zum Schluß steilen Anstieg, dann folgt ein beglückender Abstieg unter der Kette der Ecandies, immer knapp über dem Gletschereis, später an den Gletscherwassern dahin bis hinaus nach Le Peuty, ins Dorf Trient oder zum Paß von La Forclaz. Die Zeit Champex — Trient wird immer 5¹/₂ bis 6¹/₂ Std. betragen, die meisten brauchen noch länger, weil Schauen und Rasten nirgendwo schöner ist als hier. — Faulenzer fahren nun mit dem Bus durch die Weinberge nach Martigny und von dort zurück nach Champex. Andere nächtigen im Dorf Trient und steigen am nächsten Tag ab Col de Forclaz, 1527 m, genau ostwärts davon, am großen, erst bewaldeten, dann almgrünen, von großen Furchen durchstreiften Nordhang unter der Pointe Ronde. Der Weg ist einsam, als Nordhang früh beschattet: Über die Alpe La Giète, 1884 m, erreicht man fast eben die freie Kuppe von Bovine, 1987 m, wendet sich scharf rechts und läuft in eine Hangbucht bis La Jure. Dann am Gegenhang weiter, und nun leicht fallend um den nächsten Rücken herum, immer südlich, bis der Forstweg Plan-de-l'Au, 1330 m, erreicht ist ... Nach knapp 5 Stunden ab Col de la Forclaz stehen wir am See von Champex! — Eine traumhaft schöne Variante nach der Nacht in Trient: Sehr früh zum Col de la Forclaz, und nun nicht rechts, sondern links von der Paßstraße in 1¹/₂ Std. zum Mont de l'Arpille, 1966 m, hinauf, dann am Kamm nordostwärts ganz hinaus, immer durch üppige Vegetation stromernd, 1500 Höhenmeter über dem Rhonetalboden. Dann scharf nach rechts unten abgedreht, zum Bergdorf Ravoire hinab, 1063 m, und durch die riesigen Weinhänge nach Martigny. Zeit ab Col de la Forclaz 6 Std. Diese letzte Variante führt auf die schönste Schaukanzel der Westschweiz.

18

7 Mer de Glace und Aiguille à Bochard

Streifzüge zwischen Chamonix und Jardin de Talèfre

TALORTE Chamonix, 1037 m · Argentière, 1253 m

STÜTZPUNKTE Hotel Plan de l'Aiguille, privat, angenehm, einfach, 2090 m, unterhalb der Mittelstation der Midi-Seilbahn · Hotel (+ Station) Montenvers über dem Mer de Glace, 1909 m · Refuge Couvercle, CAF, 2687 m (bewirtsch., 300 Lager), Bergwanderer mit Führer · Refuge Le Chapeau, priv. kleine Wirtschaft rechts über der Zunge des Mer de Glace · Restaurant Croix de Lognan, 2050 m (Mittelstation zu den Grands Montets)

BESTE ZEIT 20. Juli bis 15. September

KARTEN UND FÜHRER Beste Karte: Massif du Montblanc, 1:50000, (Ed. Didier/Richard) · Ausreichend: Carte de France, 1:100000, Annecy-Lausanne · Sehr gut die Carte nationale suisse, 1:100000, Feuille 46, Val de Bagnes · Sehr nützlich der deutschsprach. Führer »Montblanc-Gruppe« von Königer (Rother)

HINWEIS Nahe der Zunge des Mer de Glace führt vom Eis zur Bahnstation Montenvers ein Aufzug! — Vorsicht beim Abstieg vom Gasthaus Le Chapeau zum Mer de Glace: die Trümmermoräne kann kleine Umwege erfordern, verlangt auf kurzer Strecke große Trittsicherheit

BILD Ausblick von der Couvercle-Hütte, 2687 m, gegen Südwesten auf (von rechts) Dent du Requin (am Felssockel die Requin-Hütte, 2516 m), Dôme du Goûter, Mont Blanc du Tacul und Montblanc

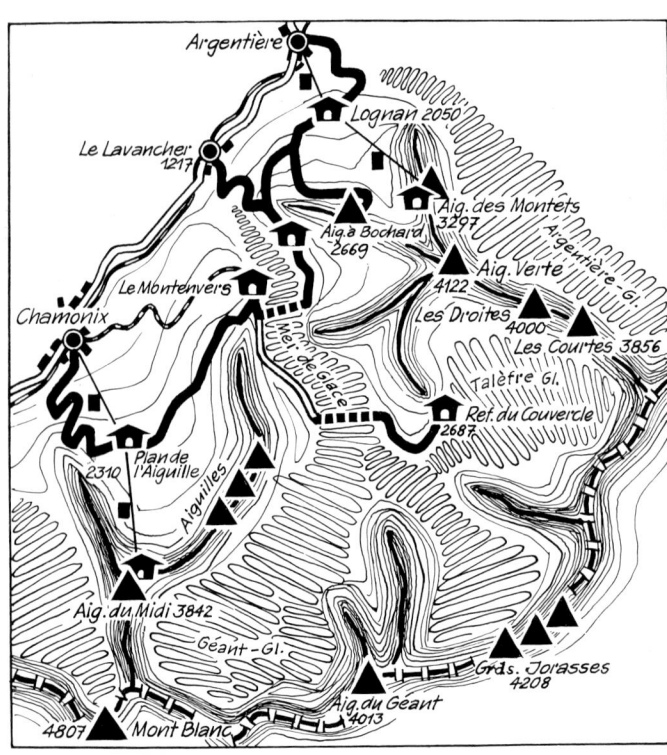

Wer einmal keine Gipfel besiegen, aber dennoch in großen Verhältnissen schauen und atmen will, der plane nach den hier genannten Karten folgende Streifzüge links und rechts des Mer de Glace. Dieses Mer de Glace, großartiges Sammelbecken aus allen Eisbecken unter Verte, Droites, Aig. de Leschaux, Jorasses, Géant, Tour Ronde und Aig. du Midi, fasziniert jeden Ostalpenmann. Schroffe Granittürme und -pyramiden umrunden dieses bei Sonne blendende, bei Nacht und Nebel schaurige Eismeer. Hier gibt es drei betörend schöne Wege zu begehen: 1. Auffahrt Chamonix — Plan de l'Aiguille mit Kabine; dann Marsch dicht unter den berühmten Aiguilles de Chamonix, von 2250 m bis 1909 m am Gare Montenvers, unmittelbar über der Zunge des Mer de Glace — das sind 2 bis 3 Std. fast ebener Wanderung. Dann Abstieg nach Chamonix (2 Std.) oder mit der Standbahn zurück. — 2. Aufstieg oder Auffahrt nach Montenvers früh am Morgen, ab 1909 m Höhe Marsch am Mer de Glace aufwärts, links oben Dru, Verte und Moine; man bleibt (nach Route 132 des deutschsprachigen Montblanc-Führers von Königer) streng am Steig bzw. Eisweg zur Requinhütte, bis das Mer de Glace den Taculgletscher erreicht, hier scharf links ab zur Couvercle-Hütte, nordwärts auf den schmal einfließenden Glacier de Talèfre zu, und über die Moräne zu den Egralets-Felsen: hier die schon vorher sichtbare Steiganlage hinauf zum steilen Hüttenweg (3½—4 Std. ab Montenvers). Die Hütte faßt 300 Mann und ist gut bewirtschaftet. Der »Jardin de Talèfre« ist ein riesiger, nackter Felsgarten im Eismeer unter Droites und Courtes, ihn erreicht man (in einer Seilschaft erfahrener Bergsteiger) von der 2687 m hoch gelegenen Couvercle-Hütte in einer guten Stunde. Heimkehr über Hütte und Mer de Glace am Herwege bis Montenvers (4 Std., nie bei Nebel, mit Seil und Pickel, am besten mit Führer). — 3. Man fährt ab Argentière zur Halbstation Croix de Lognan, 2050 m, auf und quert am bezeichneten Steig zu den Chalets de la Pendant, bis man an der Tête de la Pendant links steil und weglos hinauf zum schwarzen Grat der Aiguille à Bochard, 2669 m, ansteigen kann: einer Königsloge gegenüber den Granitwänden der Drus. Zurück am selben Wege und unten südwärts bis über die Eiszunge des Mer de Glace zum kleinen Restaurant Le Chapeau. Ab hier steigt man westwärts ins Tal von Chamonix ab (man kommt nach Le Lavancher zum Bus), oder man geht über dem Mer de Glace weiter, bis man die Bahnstation Montenvers gegenüber hat: Hier quert man vorsichtig über den Gletscher und findet drüben den Steig zur Station hinauf. Nun zu Fuß oder mit der Bahn nach Chamonix zurück. Zeit einschließlich Aiguille à Bochard bis Montenvers etwa 7—8 Std. gemütlich. — Tour 1 ist harmlos für trittsichere Wanderer. — Tour 2 verlangt den erfahrenen Alpinisten in kompletter Ausrüstung für eine Gletscherbegehung. — Tour 3 ist bis Le Chapeau eine Wanderung für trittsichere Geher, mit der Aig. à Bochard aber schon leichte Kletterei. — Tour 1 und 3 kann jeder Bergwanderer bei guter Sicht und in angemessener Ausrüstung durchführen. Nur Tour 2 verlangt Erfahrung!

8 Vom Brévent zum Lac Blanc
Montblanc-Promenade unter den Aiguilles Rouges

TALORTE Chamonix, 1037 m · Argentière, 1253 m · Col des Montets, 1461 m

STÜTZPUNKTE Gipfelrestaurant Brévent, 2525 m · Mittelstation Plan Praz, 2062 m (Restaurant) · Mittelstation La Flégère, 1877 m (Restaurant) · Chalet Lac Blanc, priv., 2354 m · Hotel Col des Montets, 1461 m

KARTEN Leidlich gute Karte »Carte de France«, 1:100 000, Bl. 45, Annecy-Lausanne · Bessere Karte: Massif du Montblanc, 1:50 000 (Ed. Didier/Richard)

AUSRÜSTUNG Unbedingt feste, hohe Bergschuhe: Unentbehrlich Trittsicherheit und Orientierungssinn! Wetterschutz im Gepäck, Anorak, Pullover, Handschuhe, Kopfschutz. Für Kinder ab 14 Jahren!

BILD Ausblick vom Abstiegsweg Lac Blanc — Col des Montets. Unten der Beginn des Tales von Chamonix unter dem Col. Die Berge von links oben: Aiguille du Rochefort, Dent du Géant, Aiguille des Grands Charmoz. La Blaitière, Aiguille du Plan, Aiguille du Midi, Montblanc und Dôme du Goûter. Unter dem Dent du Géant (links oben) fließt das riesige Mer de Glace in das Tal von Chamonix, es mündet links oberhalb der genauen Bildmitte (hier verdeckt). Vom linken felsigen Vordergrund verdeckt ist Dorf Argentière, von dem aus eine große Kabinenbahn zu den Aiguilles des Grands Montets emporzieht, dicht an den Sockel der Aiguille Verte und der beiden Drus (hier unsichtbar)

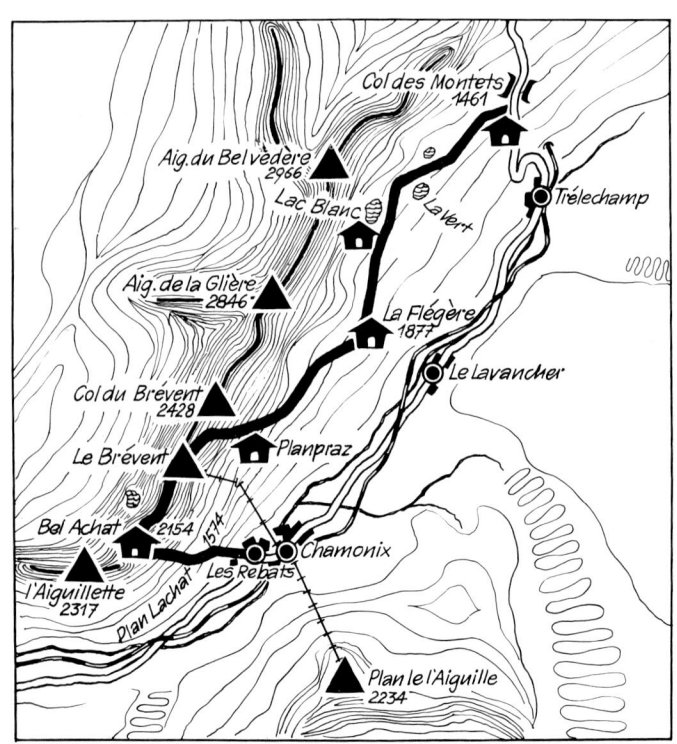

Nordwestwärts der Montblanc-Gruppe liegt hoch über dem Tal von Chamonix die dunkle Kette der Aiguilles Rouges, ein Vorgebirge aus Kalkstein, mit dunklem, steilem Gewänd über jäh abfallenden, grünen Wellen. Dieses Vorgebirge zwischen den Gipfeln von Brévent, 2525 m, Aiguille de la Floria, 2888 m, und Aiguille du Belvédère, 2966 m, darf für Alpinisten als die schönste Proszeniumsloge Europas gelten. Unter ihren Gipfeln wandern und steigen wir bis hinüber zum Col des Montets. Man kann mit der Seilbahn zum Brévent auffahren und von dort beginnen, man kann aber auch mit dem Bus zum Col des Montets fahren und dort starten. In jedem Falle wird man in eine stille Bergwelt voller heimlicher Verstecke, Rastkuppen, Quellwasser und Bergseen geraten. Überall dort zielt jeder Blick hinüber zum Montblanc, zu seinem bis ins Tal schwellenden Bossonsgletscher, zur strammen Reihe der Granitnadeln von Chamonix, zu den Granitsäulen der beiden Drus, in die tödlichen Eisschluchten des Glacier du Tour, des Glacier d'Argentière, des Mer de Glace … Gerastet wird oft auf diesem langen Marsch bei viel Auf und Ab, vor allem in der kleinen Hütte am Lac Blanc, der in 2352 m Höhe dicht unter dem höchsten Gipfel der Aiguilles Rouges zwischen mächtigen Felsrampen liegt. — Vom Gipfel des Brévent geht es nördlich zum Col du Brévent und dann rechts — in Gesellschaft von Skigeistern — steil hinab zur Mittelstation Plan Praz, 2062 m, mit kleinem Restaurant. Nordostwärts in fast gleicher Höhe schreitet man einige Trümmerkessel aus und gelangt so zur zweiten Skistation La Flégère, 1877 m, abermals mit Restaurant. Der Lac Blanc als nächstes Ziel liegt 400 Meter höher, der Steig führt uns durch strengere Regionen: um so herzlicher begrüßen wir die kleine, gemütliche Raststätte. Ringsum Walkürenfelsen! Gegen den Col des Montets wandernd, heißt es Stufe um Stufe absteigen durch eine labyrinthisch verworfene Urlandschaft. Jetzt ist nicht mehr der Montblanc unser majestätisches Gegenüber, sondern der gewaltige Argentière-Kessel mit den Eisriesen der Aiguilles Verte, Chardonnet und d'Argentière. Auf der letzten Strecke bleibe man genau am Steig, da man oft über hohe Felsrampen wandert; am Schluß fällt der Steig im Zickzack steil gegen den Col des Montets auf 1461 m ab. Dort kann man Bahn oder Bus nach Chamonix benützen. — Wer die Tour umgekehrt macht, hat den längeren Aufstieg, was ein Vorteil sein kann, da es Hunger, Durst und Müdigkeit multipliziert. Übrigens kann man so auch den Brévent mitnehmen und zwei Glas Vin ordinaire trinken, denn von hier steigt man nur noch ab, am schönsten am Südkamm bis zur Cantine Balacha und dann scharf vom Kamm links durch Fels und Felsschutt hinab in das Wäldergrün vor Chamonix. — Für den Weg Brévent — Col des Montets (nach Auffahrt bis Brévent-Gipfel) sollte man 7—8 Std. rechnen. Wer aber vom Col des Montets aus in Gegenrichtung marschiert und vom Brévent zu Fuß absteigt, braucht 9–10 Std.! … Diese Wanderung ist keine Bergsteigertour, es ist die Genießertour für Bergwanderer ohne Gipfelehrgeiz, für weltläufige Naturfreunde, für geschundene Europäer mit glücklichen Augen.

22

9 Von La Fouly zum Großen St. Bernhard

Über den Col de Fenêtre und den Col des Chevaux

TALORTE Praz de Fort, 1151 m, und La Fouly, 1594 m, die schönsten Ausgangspunkte im schweizerischen Val Ferret. Bus ab Orsières bzw. Martigny · Alter Paß mit Hospiz Großer St. Bernhard, 2469 m

STÜTZPUNKTE für Notfälle das Hospiz am St. Bernhard

BESTE KARTE Carte nationale suisse, Feuille 585/586 Courmayeur-E., 1:50 000 · Fast ebenso gut Carte nationale suisse, Feuille 46, Val de Bagnes, 1:50 000 · Führer in französischer Sprache, Band 17 des Guide Suisse/Val de Bagnes et d'Entremont

AUSRÜSTUNG UND BESTE ZEIT Komplette Wanderausrüstung mit festen, hohen Bergschuhen, Anorak, Pullover, Handschuhen, evtl. leichtem Pickel im frühen Jahr. Auch Proviant · Ab Mitte Juli bis Mitte September, Vorsicht bei der Passage alter, harter Firntafeln in hohen Nordflanken

HINWEIS Wer sich den »Luxus« einer Gipfelbesteigung leisten will auf dieser an sich 8—9stündigen Wanderung, der soll vom höchsten Punkt der Überschreitung, am Col des Chevaux, 2757 m, nordwärts in 30 Minuten über den Südgrat zum Mont Telliers, 2951 m, aufsteigen — natürlich mit der gehörigen Vorsicht an diesem kaum begangenen Blockgrat: ihn wird auf diesem Fast-Dreitausender eine faszinierende Überschau belohnen!

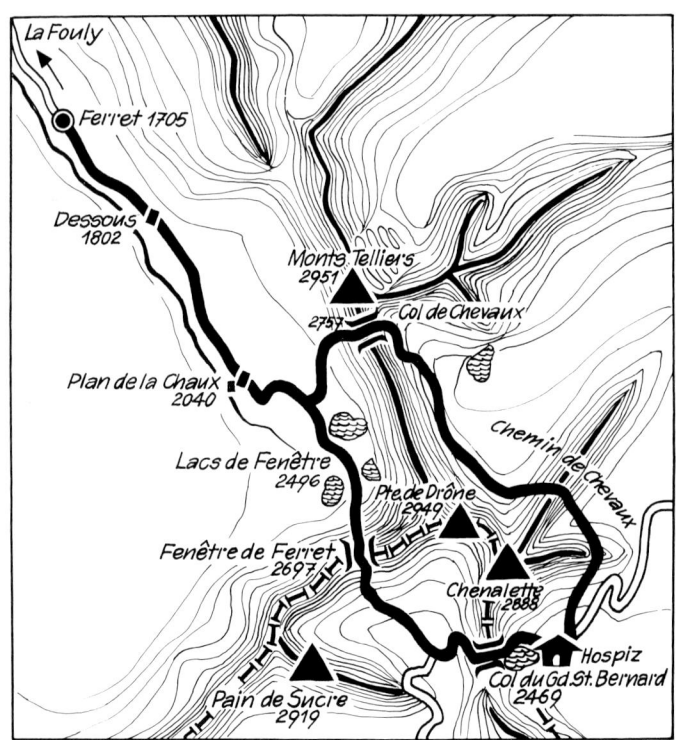

Wir wandern im eisigen Schatten von Montblanc und Grandes Jorasses aus dem schweizerischen Val Ferret über den Grenzkamm zum Hospiz am Großen St. Bernhard und auf einsamen Umwegen wieder zurück. Diese 9- bis 10stündige hochalpine Wanderung zwischen 1594 und 2757 m Höhe, kaum begangen, führt uns — ohne daß wir Gletscher berühren — in die weltentlegenen, strengen Urgesteinsregionen zwischen Val Ferret und Val d'Entremont, deutlicher: zwischen Montblanc und Grand Combin — Mont Vélan. Wir beginnen in einem letzten, kargen Talschluß und durchwandern dann nur noch verworfenes, unberührtes Urland, uralte, rundgeschliffene Gletscherböden. Die Seen (Bild) — drei Lacs de Fenêtre, alle knapp 2500 m hoch gelegen — sind eiskalte Spiegel zwischen dünn begrüntem Granitschutt, in denen man die Gipfel von Grandes Jorasses, Mont Dolent und Tour Noir entdeckt. Eine tote Hochgebirgslandschaft von ungeheurer Größe und erschütternder Stille. So vermittelt diese Überwanderung zweier hoher Joche stärkste Eindrücke. — Wir beginnen im letzten Ort des schweizerischen Val Ferret, weit südlich von Champex und Orsières, laufen südöstlich zum letzten Weiler Ferret, 1705 m, passieren die Hütten von Les Ars-Dessous, 1802 m, und Plan de la Chaux, 2040 m, und steigen hier links hinauf in die Landschaft unseres Bildes: zu den kleinen Lacs de Fenêtre. An ihnen vorbei streben wir südwärts zwischen Granitrücken dem Col de Fenêtre zu, 2697 m (in Karten auch als Fenêtre de Ferret bezeichnet) — und schon sehen wir unter uns die Schlingen der alten Paßstraße zum St. Bernhard. Wir sind 7 km in gut 3 Std. gestiegen, haben noch eine knappe Stunde über die Alp Baus zum See und Hospiz auf der Paßhöhe. Die Bernhardiner sind sowenig mehr zu sehen wie die Elefanten Hannibals, dafür gibt es keine Autos und Abgaswolken, aber den ungehemmten Fernblick über das tiefeingeschnittene Aostatal hinweg in die Grajischen Alpen um den Kleinen St. Bernhard ... Zum Rückmarsch nehmen wir 200 m nördlich vom Hospiz links den alten »Chemin des Chevaux«, um über die entlegenen Flanken über dem Combe de Drône — ohne viel an Höhe zu verlieren — den Col des Chevaux anzupeilen, der, 2757 m hoch, in den Granitgrat vor den Monts Telliers eingesenkt ist. Jenseits ein unvergleichbarer Ausblick auf das nahe Montblanc-Revier zwischen Jorasses, Mont Dolent, Tour Noir und Aiguille du Tour, auf ein Dutzend gespaltener Eisströme — und ein lieblicher Tiefblick in grünende Talböden. Von diesem Col geht es nun steil hinab zum nördlichsten der Lacs de Fenêtre, dann treffen wir auf unseren Aufstiegsweg und wandern abwärts nach Plan de la Chaux, Dessous, Ferret und La Fouly. 8, höchstens 9 Stunden unterwegs — wir kommen wie von einem anderen Stern zurück, erfüllt von unbeschreiblich starken Bildern. — Man beachte: Wir überschreiten die Grenze nach Italien, also Grenzpapiere mitnehmen! Kommt man in der großen Höhe in ein Unwetter, dann rettet man sich am Großen St. Bernhard in eine Unterkunft oder in den Bus nach Orsières, um dort in den nach La Fouly umzusteigen. Bei Verspätung schläft man auch in Orsières gut.

In einem der Lacs de Fenêtre spiegeln sich die Grandes Jorasses im Profil und die
Aiguille des Leschaux über dem Glacier de Triolet. Am linken Bildrand steigen wir zum
Col de Fenêtre hinauf, um jenseits den alten, neuerdings vom Autoverkehr befreiten
Großen St.-Bernhard-Paß zu erreichen. Beim Rückmarsch, über den Col des Chevaux
absteigend, kommen wir nochmals zu einem der Lacs de Fenêtre — in eine Urlandschaft
runder, abgeschliffener Gletscherböden mit einem armseligen Anflug grünen Lebens

10 Von Verbier zum Plan de Louvie

Murmeltiere und Gemsen vor dem Grand Combin

TALORTE Martigny am Rhoneknie, 467 m (Bus nach allen Richtungen) · Le Chable, 820 m, unterhalb Verbier an der Straße zum Gr. St. Bernhard · Verbier, 1500 m (mit Bus oder Kabine) · Fionnay, 1489 m

STÜTZPUNKTE / NÄCHTIGUNG Cabane de Mont-Fort, SAC, 2457 m · Nächtigung in Fionnay möglich

KARTEN / FÜHRER Unbedingt Carte nationale suisse, Feuille 283, Arolla, 1:50 000! · Evtl. dazu dieselbe Ausgabe, Feuille 282, Martigny, 1:50 000. Dieselbe Ausgabe 1:100 000 reicht nicht aus! · Dazu den »Guide Suisse«, Band 17, Val de Bagnes et d'Entremont, in französ. Sprache, Tour 19

AUSRÜSTUNG für größere Höhen und lange Zeit. Notproviant, Regen- und Kälteschutz. Erstklassige, hohe Bergschuhe. Fernrohr! Gutgeputzte Augen für größere Mengen Murmeltiere und Gemsen! · Die angegebenen Zeiten sind knapp, mit den Rasten wird sich die Zeit stark verlängern

HINWEIS Diesen hier empfohlenen, im Foto nur unvollkommen wiedergegebenen Plan de Louvie gegenüber der Grand-Combin-Szene halte ich für einen der glanzvollsten Rastplätze der Westalpen. Hier bieten Nähe und Ferne eine universale Einsicht in das Wesen des Hochgebirges, wie es unversehrt das Werden in Jahrmillionen spiegelt. Das oben empfohlene Wanderbuch »Guide Suisse«, Band 17, stellt mit dem Stützpunkt Cabane Mont Fort noch mehrere hochalpine Wanderungen im westlichen Wallis vor, deren jede uneingeschränkt empfohlen werden muß: Wer über Martigny kommt, denke daran!

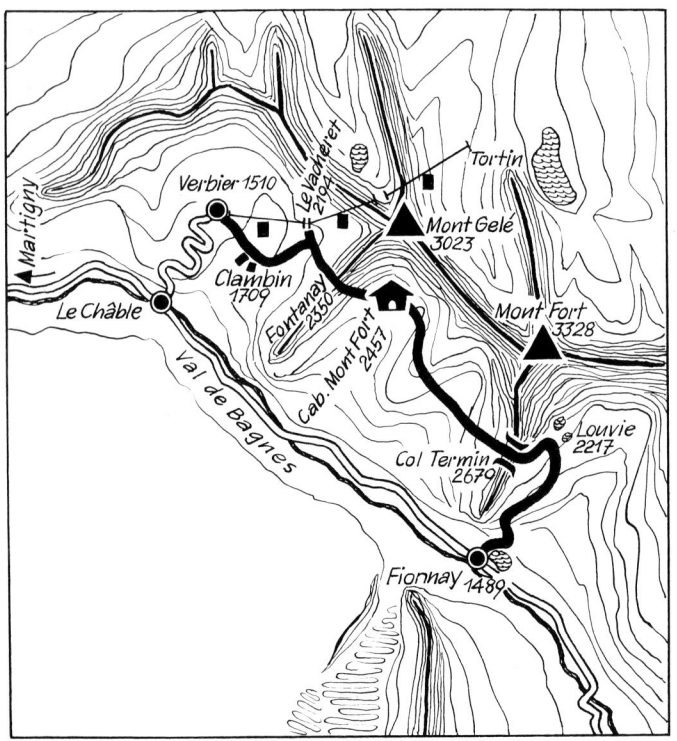

Zwischen dem Rhoneknie bei Martigny und dem Massiv des Grand Combin unternehmen wir eine Bergwanderung, die ihresgleichen sucht an Schönheit: Aus dem Toteiskessel des in absoluter Einsamkeit erstarrten Plan de Louvie erblicken wir ein Totalgemälde des Grand Combin — gegenüber, hoch über dem tiefen Einschnitt des Val de Bagnes. Riesige Schuttmoränen umlagern das gesprengte Eis des Corbassière-Gletschers, darüber fahren die überfirnten Gipfel des Grand Combin, des Combin de Corbassière und des Petit Combin in das schäumende Licht der großen Alpenhöhe. Unser Bild, am paradiesischen Plan de Louvie aufgenommen, untertreibt, man wird es sehen! — Wir lassen den Wagen hinter Martigny in Le Chable an der Straße zum Grand St. Bernard, vor dem uralten Hotel, wo einstens Hannibals Elefanten schliefen (wie meine Kinder nach einer Nacht in diesem Uralpenquartier behaupteten), fahren mit der Kabine nach Verbier auf und mit dem Sessellift bis zur Station Ruinettes (jedem Pistenfahrer wohlbekannt) auf 2200 m Höhe. Man könnte auch still zu Fuß bis hierher ansteigen. Erstes Ziel: die Cabane Mont-Fort auf 2457 m Höhe in gut 1 Std. — bei Ruinettes um die nächste grüne Ecke südwärts, und man ist in der großen Stille. Nach einigen hundert Metern öffnet sich das Panorama des Grand Combin, das nun beinahe fortgesetzt die Kulisse dieses Tages bleibt. Von der Cabane verfolgt man den rechten unteren Steig, der uns, den mächtigen Bec des Rosses vor uns rechts umrundend, in gut 2½ Std. zum 2679 m hohen Col Termin führt — wo wir den felsigen Südkamm überschreiten und, sehr vorsichtig, weil steil und zuweilen feucht und rutschig, zum Plan de Louvie absteigen. Vorher, nicht zu vergessen, haben uns Herden von Gemsen begleitet, scharfe Augen entdecken sie überall. Am Col sind wir unserer Combin-Kulisse so nahegerückt, daß Fotografieren zur Pflicht wird ... Unten im Toteisbecken einige kalte Seebecken, karge, grüne Tafeln, abgeschliffenes Urgestein, dazu Murmeltiere statt Gemsen, und auch die im Übermaß. Man bleibt Stunden, schwört sich, immer wiederzukommen, steigt dann betroffen von so gehäuftem Wanderglück still ab, sehr langsam, noch fast 3 Std. bis Fionnay: Man bleibt genau am Steig, passiert ein paar alte Kraftwerksbaracken, rastet an fallenden Bergwassern und ist dem Combingemälde abermals näher gekommen ... Blumen über Blumen zwischen dem schwarzen Urgestein bis über die Epaule de Louvie, in Talnähe ein Tunnel — und wir sind nach 6 (oder 8) Std. im Grund des Val de Bagnes, in Fionnay, 1489 m. — Der Bus bringt uns schnell zum Elefantenhotel nach Le Chable ... Wer noch Reserven hat und einen weiteren freien Tag, der gehe nun denselben Weg zurück: Zuerst anstrengend, weil steil — da gehe man gelassen und faul, der Umblick wird ohnehin viel kleine Rasten fordern —, nochmals das Theaterspektakel des »Plan de Louvie«, nochmals den Kanonenschlag auf die fünf Sinne am Col Termin und dann nur noch gemächliches Abwärtsgehen, besinnliches Beschließen bis zur Cabane, bis hinab durch den Waldgürtel nach Verbier mit seinen 1000 Skifahrer-Chalets.

Ausblick vom alten Gletscherkessel des Plan de Louvie über dem Val de Bagnes im westlichen Wallis gegen das Rieseneisbecken des Glacier de Corbassière mit Grand Combin (links oben), Combin de Corbassière und Petit Combin. Die Cabane de Panossière steht auf 2671 m Höhe auf der im Bild nach links entschwindenden Moräne

11 Unter den Dents du Midi
Haute Cime — und Parade am Glacier de Soi

TALORTE Monthey im Rhonetal, 406 m. Gute Straße nach Val d'Illiez, 948 m, und Champéry, 1053 m (Bus) · Salvan, 927 m, überm Val de Trient (Bus nach Martigny)

RASTPUNKTE Alpe Bonavau, 1556 m · Cabane de Susanfe, SAC, 2110 m · Auberge de Salanfe, priv., 1925 m

KARTEN / FÜHRER Man braucht die Schweizer Landeskarte 282, Martigny, und 272, St. Maurice, je 1 : 50 000. Nach diesen Karten kann man gehen · Wer Französisch versteht, liest im »Guide Pédestre«, Bd. 13, Bas-Valais, die entsprechenden Routen: eine vorzügliche Einführung

BESTE ZEIT der großen Höhe wegen nur Juli bis Mitte September. Nur in guter alpiner Ausrüstung, Pickel nicht unbedingt nötig. Aber gute, feste Bergschuhe!

HINWEIS Auf der im Haupttext zusätzlich empfohlenen Variante, der 7- bis 8-Stunden-Wanderung von Dorf Val d'Illiez zum Rand des kleinen Glacier de Soi im Nordschatten der berühmten Dents du Midi, gibt es keinen Stützpunkt. Man ist — nicht ganz zum Schaden seiner selbst — auf den eigenen Rucksack angewiesen!

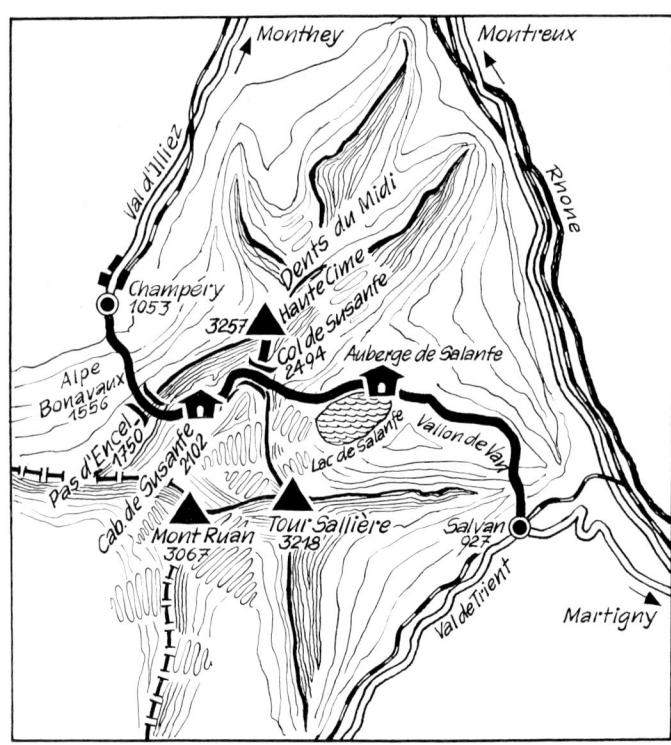

Von den Weinbergen um Montreux am Genfer See reist man südwärts den dunklen Türmen der Dents du Midi entgegen, schwarz im Gegenlicht und doch Kalkgestein, von wenig Eis umgürtet. Die Haute Cime überragt das Rhoneufer um unfaßliche 2800 m. Dennoch streben wir einem »Vorgebirge« zu. Erst hinter der an die »Mittagszähne« anschließenden Tour Sallière folgt der mächtige Granitstock der Montblancgruppe ... Wenn wir zur Cabane de Susanfe ansteigen, gehen wir von Champéry aus, 1070 m hoch im almgrünen Val d'Illiez gelegen. Die Cabane liegt auf 2110 m Höhe im blumenreichen Hochtal. Am zweiten Tage erreichen wir in einer landschaftlich ungewöhnlich eindrucksvollen Passage den Col de Susanfe, 2494 m, am Fuß der Tour Sallière, sehen den riesigen Stausee im Felszirkus von Salanfe unter uns, steigen aber an einem für trittsichere Geher ungefährlichen Steig zum Gipfel der Haute Cime auf (Bild). Um uns die zerrissenen Zähne von Les Doigts, Dent Jaune, Cathédrale, Cime de l'Est — dem idealen Klettergarten der Westschweiz. Im Süden Montblanc und Grand Combin. Wir sind von Champéry bis zur Hütte gut 3½ Std. und von dort über den Col zum Gipfel 4 Std. gestiegen. Ehe wir absteigen, schauen wir 2800 Höhenmeter hinab in die Riesenfurche der Rhone, die üppig mit Weinbergen und Obstgärten ausgelegt ist, schauen westwärts an den Dents Blanches vorbei in die grünen Skitäler der französischen Voralpen ... Der Abstieg zur Auberge de Salanfe am Stausee, 2000 m, kostet ab Gipfel knappe 4 Std. In der privat gehaltenen Hütte kann man nächtigen. — Der Abstieg des nächsten Tages durch das felsumgürtete Vallon de Van hinab nach Salvan, 927 m, hoch über der tief eingerissenen Schlucht des Trientbaches, bringt die fröhliche Heimkehr aus dem strengen Chaos der großen Höhe zurück in den Rhoneboden, nach Martigny. — Wer Zeit hat und geschärfte Sinne für einträgliche Varianten, der stelle vor die Überschreitung der Dents du Midi den Anstieg vom Dorf Val d'Illiez (unterhalb Champéry), ab 948 m Höhe über die Häuser von Les Prabys, genau südwärts steigend über La Crête und Pro Deforan, zum Signal de Soi, 2054 m, und, der Arête de Soi entlang, zum Eis des Glacier de Soi — unmittelbar unter den schattigen Nordwänden der Dents du Midi stehend ... Die Schweizer Landeskarte, Blatt 282, Martigny, zeigt den Anstieg sehr genau: Das Signal de Soi wird in einem großen Bogen mit viel Kehren erreicht. Droben am völlig vereinsamten Gletscherrand wird man verstummen vor Glück, vor Erschütterung; so großartig ist die stille Überschau über das Val d'Illiez, hinab zur Rhone, hinaus zum glänzenden Spiegel des Genfer Sees ... Direkt im Rücken die Riesenmauern der sieben Riesenzähne ... Der Abstieg kann direkt erfolgen, weglos bis zu den Chalets von Soi-d'en-Bas, ab hier am Steig. Oder man verfolgt das Eis bis zum Parallelkamm der Arête de Sélaire (der direkt von der Haute Cime herabzieht) und steigt dort ab, bis man auf die unteren Steige kommt. Anstieg von 948 auf 2300 m etwa 4–5 Std. gemütlich, Abstieg 2–3 Std. — ein großer Tag — eine stille Trainingstour vor der beliebten Überschreitung.

Ausblick vom höchsten Gipfel der Dents du Midi, der Haute Cime, 3260 m, gegen Norden auf die benachbarten Gipfel der Doigts, der Dent Jaune, Cathédrale und der Cime de l'Est. Rechts oben über den Wolken, jenseits der Rhonefurche, die Berner Alpen um Diablerets, Wildhorn und Wildstrubel

12 Hoch über dem Genfer See

Lac de Tanay und Cornettes de Bise

TALORTE Am Ufer des Genfer Sees: St. Gingolph, 377 m, und Le Bouveret, 387 m, per Dampfer von Montreux und Vevey zu erreichen · Im Rhonetal: Dorf Vouvry, 387 m, nordwestl. von Aigle am Westufer der Rhone

RASTPUNKTE, NÄCHTIGUNG Hotel in Tanay am See, 3–4 Std. von den Talorten Le Bouveret und Vouvry

BESTE KARTEN Schweizer Landeskarte 1:50 000, Nr. 272, St. Maurice, und Nr. 262, Rochers de Naye · Praktischer die Karte Nr. 41, Col du Pillon, 1:100 000 · Evtl. Wanderführer Guide Suisse 13, Bas-Valais, französisch

BESTE ZEIT Juni bis in den späten Herbst. Nur in Bergschuhen, mit Wetterschutz und Karte. Mit Kindern ab 12–14 Jahren, wenn trittsicher gehend

HINWEIS Der normale Bergfreund findet im Vorgebirge dieselben Portionen an Glück wie im Zentralalpenkamm — denn nie und nimmer kann Berghöhe das Maß unserer Empfindungen beeinträchtigen! Aus diesem simplen Grunde empfehle ich Bergfreunden, die den Ostrand des Genfer Sees streifen, neben der hier empfohlenen Tour drei weitere, die in dem oben genannten Führer »Guide Pédestre«, V. 13, Bas-Valais enthalten sind mit den Ausgangsorten Vouvry, Viannaz und Tanay!

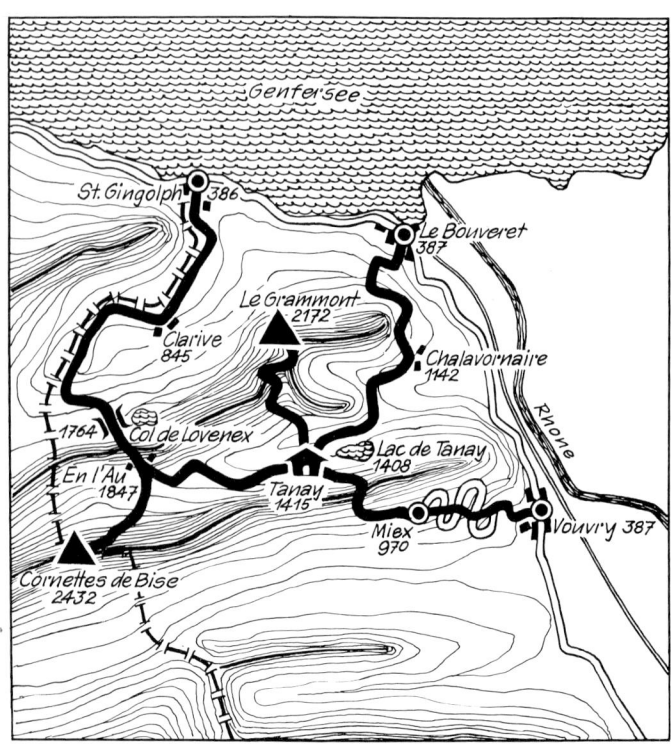

Die junge Rhone, von Riesengletschern gesalbt, ergießt sich gegenüber den Weinbergen um Vevey in den Genfer See — ebendort bieten die stillen Vorberge um den Lac de Tanay eine feine, stille Bergwanderung an. Der Lac de Tanay, 1411 m hoch unter hellen Kalkriffen gelegen, kann von den Schiffsstationen St. Gingolph oder Le Bouveret am Seeufer in 3–5 Stunden, aber auch vom Rhoneufer bei Vouvry erreicht werden. Im letzteren Falle kann man ein gutes Stück mit dem Wagen auffahren. Genfer See und Rhoneufer liegen nur knapp 400 Meter hoch. Das ergibt 1000 Höhenmeter bis zum See, 1800 Höhenmeter bis zum Gipfelgrat des Grammont und volle 2000 Meter bis zum Gipfel der Cornettes de Bise, 2438 Meter hoch ... An einem Tage geht man von Vouvry zum See und auf den Grammont oder auch auf die Jumelles (Zwillinge) mit ihren 2215 m Höhe. Wer zwei Tage Zeit hat, nächtigt am Lac de Tanay und macht die Überschreitung von Vouvry bis St. Gingolph am Genfer-See-Ufer oder, von Le Bouveret aufsteigend, den Übergang vom Lac de Tanay zu den Cornettes de Bise, 2438 m, mit Abstieg entlang der französisch-schweizerischen Grenze bis St. Gingolph. Die letztere, größte Überschreitung ist nur bei gutem Wetter zu machen — nie bei Nebel ... Der Grund, weshalb ich diese Vorbergtour in dieses Buch aufgenommen habe, hat mit der ungewöhnlichen Faszination zu tun, die der Ausblick von den Gipfeln vermittelt. Man stelle sich vor: Nordwärts die weithin schimmernde, im Schatten azurblaue Seeweite mit den Weinbergen von Vevey gegenüber und der sanften Woge des Jura — südostwärts aber die ungeheure Furche des Rhonetales zwischen Diablerets und Dents du Midi, dazu den Eiskamm um den Grand Combin ... Die Westalpen-Proportionen verschieben das schöne Bild ins Erhabene. — Der Aufstieg ab Vouvry ist einfach zu finden. Ab Le Bouveret ist der Weg zum Lac de Tanay markiert, er zieht durch die dicht bewaldete Ostflanke des Grammont, eröffnet dann und wann betörende Tiefblicke auf See und Rhonegraben und erreicht im mächtigen Geröllkessel von Dérochiaz seinen Höhepunkt: die freie Weite, das wildromantische Chaos jenseits der Baumgrenze. Vor uns die liebliche Einsiedelei um den in einem grünen Kessel geborgenen Lac de Tanay. Den Grammont könnte man schon beim Anstieg mitnehmen, wodurch sich die Anstiegszeit freilich von guten 3 auf fast 6 Stunden erhöht. — Die Besteigung der Jumelles könnte die des Grammont ersetzen: Absolute Trittsicherheit unerläßlich! — Eine voralpine Hochleistung wäre der Übergang vom Lac de Tanay über En l'Haut und den Col des Cornettes zum Gipfel der Cornettes de Bise, 2438 m, mit dem folgenden Abstieg Col-»Sentier des Traverses« — L'Haut de Tanay — Chalets de Looz, 1836 m — Col und Lac de Lovenez — dann westwärts zu den Chalets de l'Haut de Morge, 1178 m, und entlang dem Grenzbach bis zum Dampfersteg St. Gingolph: Ab Tanay 6 Stunden. — Für die Besteigung sowohl der Jumelles (Zwillinge) wie der Cornettes de Bise sind absolute Trittsicherheit und alpine Erfahrung Voraussetzung, obwohl keine regelrechte Kletterei gefordert wird.

30

Blick aus dem Almkessel um den Lac de Tanay über den Einschnitt des Rhonetales bei Aigle hinweg zur Gruppe der Diablerets und des Grand Muveran. Das kleine Sträßchen im Mittelgrund führt ostwärts ins Rhonetal nach Vouvry hinab

13 Wildstrubel und Gemmipaß
Adelboden — Engstligenalp — Kindbettipaß — Gemmi — Leukerbad

TALORTE Adelboden, 1356 m · Engstligenalp, 1955 m (auch mit Kabine zu erreichen) · Leukerbad, 1401 m, auf einer Rhonetalterrasse

STÜTZPUNKTE Engstligenalp, 1955 m — auch für den direkten Anstieg über Strubeljoch oder Ammertenpaß zum Großstrubel, 3242 m (mit Führer) · Lämmernhütte, SAC, 2548 m, am Südfuß des Lämmernhorns, 40 Pl., 2 Std. ab Gemmipaß · Gemmipaßhotel (Wildstrubel), 2314 m

BESTE ZEIT für den Übergang Adelboden — Leukerbad Mitte Juli bis Mitte September

BESTE KARTE Schweizer Landeskarte, Bl. 263, Wildstrubel, 1:50 000

FÜHRER Königer »Berner Alpen« deutsch (Rother)

AUSRÜSTUNG unbedingt mit Regen- und Kälteschutz, Anorak, Pullover, Handschuhen, Wollmütze. Evtl. leichter Pickel. Bei Hochtouren komplette hochalpine Ausrüstung, Aufstieg zum Wildstrubel nur in Seilschaften mit erfahrenem Führer

HINWEIS Die am Ende des Haupttextes für Bergsteiger mit alpiner Erfahrung empfohlene Ersteigung des Großstrubels, 3242 m, vom Engstligenalpboden aus ist, mit einem Führer bei gutem Wetter unternommen, nicht schwierig — sie verlangt lediglich Kondition, also Ausdauer — und Begeisterung. Das »Erlebnis« läßt das Führer-Honorar bald vergessen

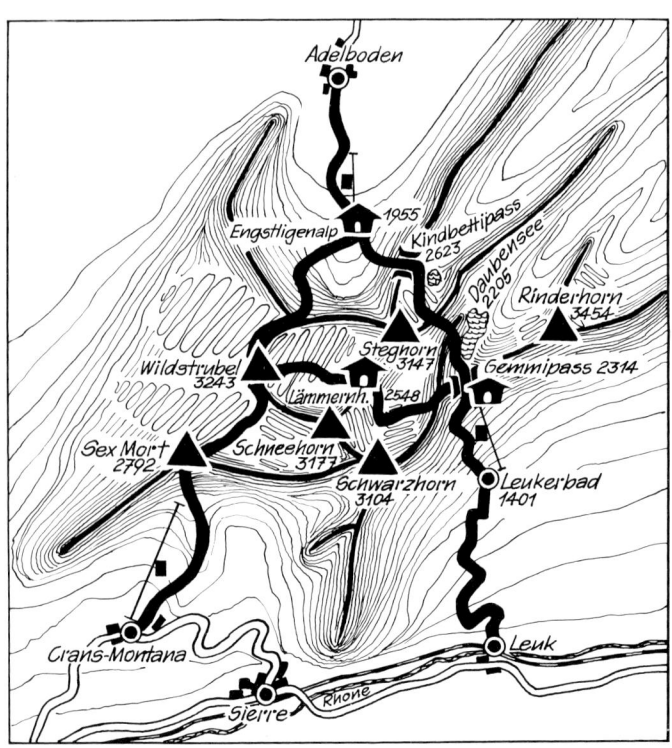

Wo das große Berner Eis westwärts hinter Blümlisalp, Doldenhorn und Balmhorn seine Superlative verliert, bäumt es sich noch ein einziges Mal in breiten, glänzenden Firnböden auf: Das ist unter Wildstrubel und Wildhorn, dicht an der Furche des Rhonetals — mit dem höchsten Wildstrubelgipfel die Weinberge am Rhoneufer um volle 2600 Höhenmeter überragend ... Das Spiel mit den Kontrasten nimmt uns auf dieser Überschreitung immer mehr gefangen ... Wir beginnen in Adelboden, unweit vom Thuner See, auf 1356 m Höhe, fahren nicht, sondern steigen an den ungehemmten Wasserfällen vorbei zur Engstligenalp auf, 1955 m, wo vor dem kreisrunden grünen Zirkus unter den firnüberwallten Wildstrubelgipfeln ein Rasthaus wartet. Nach 2 Stunden besinnlicher Wanderung in der Talenge plötzlich Ebene und Weite für das Gemüt und doch umwallt vom strengen Wall hoher Granitmauern. Links weiter und in 2 Stunden hinauf zum Kindbettijoch, 2623 m, wo sich mit einem Paukenschlag die große Berner Eiswelt öffnet — weit drüben Kanderfirn, Blümlisalp, Doldenhorn, Balmhorn, weiße Hauben, von der Sonne golden verbrämt ... Hinab und hinüber nun über den kleinen Ueschinentäligletscher und vom Felsgrat vor der Roten Kumme das erste Mal die Gemmi erblickt, das tiefe Blau aus der Rhonetalfurche und darüber die große Walliser Garde um Weißhorn, Bishorn, Zinalrothorn, Matterhorn, Dent Blanche (genau wie im Bild). Durch die Rote Kumme hinab zum Daubensee und hinüber zum Gemmipaß mit dem alten Hotel: zum Hochrand der Berner Alpenwelt vor der grünblauen Tiefe des Rhonetalbodens. Hier sollte man rasten, nächtigen, um die Spannung auszutragen, die Nah und Fern in uns vollziehen: abends und am frühesten Morgen, ehe man zu Fuß den uralten Felsensteig von der Gemmi, 2314 m, hinab nach Leukerbad, 1401 m, abwandert ... Bis hierher lief und stieg man ab Adelboden 8—9 Stunden, hier wartet frischer Wein, und hier warten köstliche Thermalquellen, das Frühstück wird auf schwimmender Tafel im Bade serviert. Wer will mehr? ... Wer mehr will, der nimmt sich einen hochalpin erfahrenen Kameraden oder einen Führer und rückt einem der Wildstrubelgipfel zu Leibe. Über den Lämmerngrat oder vom Gemmipaß her wird die Lämmernhütte des SAC erreicht, 2548 m hoch, mitten in den Eisböden schon, und dann wird am nächsten Morgen das Steghorn oder der Eisbogen der Wildstrubelgipfel erstiegen — eine Gletschertour, am Seil eines Führers nicht besonders schwierig. Natürlich hat uns die Neuzeit die Möglichkeit verschafft, den Rand der Wildstrubelgletscher auch ohne Anstrengung zu erreichen; denn von Crans-Montana rast nun über die Cabane des Violettes eine Kabine bis zum Gletscher Pleine Morte auf gute 2900 m Höhe ... Ab dort wird eine Wildstrubeltour recht einfach, aber nur unter Beachtung aller hochalpinen Regeln. — Eine exzellente Hochtour (nur mit Führer) bedeutet der Aufstieg vom Hotel Engstligenalp, 1955 m, erst eben über den Almboden, dann westlich ausgreifend auf den Strubelgletscher und über die P. 2240 und 2681 zum Firngrat und auf den Gipfel des Großstrubel, 3242 m!

32

Blick von der Roten Kumme auf Daubensee (links unten) und Gemmipaß mit Hotel Wildstrubel. Rechts darüber das schwarze Daubenhorn, links ein Teil von den Plattenhörnern. Über der Rhonetalfurche die Walliser Alpen im Grenzkamm, von links: Brunegghorn, Bishorn (es überschneidet sich ein wenig mit dem Weißhorn), Zinalrothorn, Obergabelhorn mit Wellenkuppe, Matterhorn, Dent Blanche mit vorgelagertem Grand Cornier

14 Unter Weißer Frau und Blümlisalp

Oeschinensee — Hohtürli — Sefinenfurgge — Mürren

TALORTE Kandersteg, 1176 m, an der Lötschbergbahn · Mürren, 1645 m · Stechelberg, 910 m, im Lauterbrunnental · Interlaken, 569 m

STÜTZPUNKTE Gasthaus am Oeschinensee, 1578 m · Blümlisalphütte, SAC, 2837 m · Griesalp im Kiental, 1407 m · Alp Boganggen, 2039, im Sefinental · Hotels und Privatquartiere in Gimmelwald, 1393 m, Stechelberg und Lauterbrunnen bzw. Mürren

BESTE ZEIT UND AUSRÜSTUNG Ab Mitte Juli bis 20. September. In kompletter hochalpiner Ausrüstung mit gutem Wetterschutz, auch gegen Kälte, leichter Pickel im Juli praktisch. Notproviant, unbedingt gute Karte!

KARTE / FÜHRER Es genügt die Landeskarte der Schweiz, Blatt 264, Jungfrau, um jeden Gipfel und jeden Steig identifizieren zu können · Als Führer evtl. den deutschen von Königer »Berner Alpen« (Rother) · Für den passionierten Bergsteiger, der abseits unserer Wanderung Abstecher bzw. Gipfeltouren wagen darf, soll hier ausdrücklich der Hochgebirgsführer »Berner Alpen«, Bd. II, Gemmi bis Petersgrat (Verlag A. Francke, Bern) empfohlen werden. Er ist mit schweizerischer Gründlichkeit und Knappheit geschrieben und enthält viele vorzügliche Anstiegsskizzen

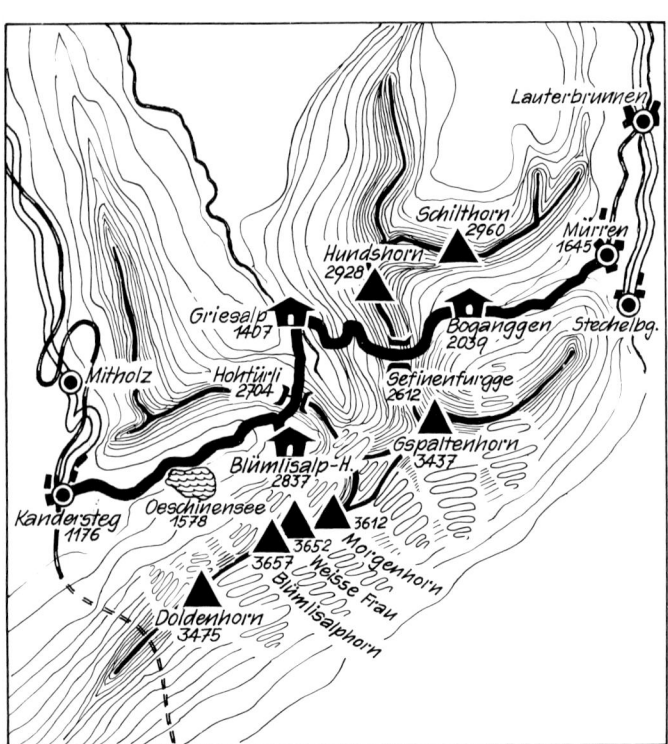

Westwärts des von der Jungfrau beherrschten Lauterbrunnentales baut sich über Tschingelgrat, Gspaltenhorn, Blümlisalp und Doldenhorn eine fast schnurgerade, in Südwestrichtung fliehende Granitmauer auf — gut 14 Kilometer lang, südwärts senkrechtes, nacktes Gewänd, nordwärts eisbeladen bis in die Hochtäler hinab. Diese zum Kronschatz der Berner Alpen zählende Gruppe überwandern wir an ihren nördlichen Ausläufern. Wir beginnen am 1578 m hoch gelegenen Oeschinensee (Bild) dicht oberhalb Kandersteg, machen aufsteigend zum Hohtürlipaß (2704 m) einen Abstecher zur Blümlisalphütte des SAC, 2837 m, streifen absteigend vom Hohtürli die Griesalp, 1407 m, im oberen Kiental, steigen am nächsten Tag zur Sefinenfurgge, 2612 m, zwischen Hundshorn und Büttlassen hinauf und stolpern zum Schluß — immerzu dem Dreigestirn Eiger—Mönch—Jungfrau entgegen — tief hinab nach Stechelberg, auf 800 m Höhe bei Lauterbrunnen . . . Eine herrliche Überschreitung bei gutem Wetter! — Schon am überlaufenen Oeschinensee ahnt man das Kommende: Urgesteinswände steigen aus den kalten Fluten, Trümmerströme begrenzen die Ufer, und hoch über allem glänzt der Blümlisalpgletscher. Wir steigen über die letzte grüne Terrasse am Bergli an, wandern nach 90 Minuten auf Moränenschutt, dann beherrschen uns die großen Formen der Höhe. Am düsteren Fuß des Schwarzhorns nähern wir uns bereits dem Hohtürli — aber wir nehmen uns die Zeit für den Abstecher zur Blümlisalphütte des SAC auf 2837 m Höhe, unmittelbar am Eissockel der Wilden Frau. Dort erst überschauen wir die Wucht und den Glanz der alles beherrschenden drei Eisgipfel — Morgenhorn, 3612 m, Weiße Frau, 3652 m, Blümlisalphorn, 3664 m. Der Felssporn des »Stock« kann die Eismassen nicht aufhalten, er spaltet sie zu Strömen: über uns, unter uns Gletschereis, vieltausendfach in Spalten und Brüche zerrissen, ein schreckliches Bild, das wir — verzückt von der gigantischen Unordnung dieser Urwelt — schön nennen. — Die SAC-Hütte ist den Hochalpinisten zugedacht, wir gehen zurück, überqueren das Hohtürli auf 2704 m Höhe, steigen in die Schattentiefe des Kientales, volle 1400 Höhenmeter hinab, nächtigen auf der Griesalp zwischen sattgrünen Kulissen. Anderntags müssen wir freilich volle 1300 Höhenmeter hinauf, das sind nach den 9 Stunden des ersten Tages weitere 4 Stunden bis zur 2612 m hohen Sefinenfurgge, wo man die schönste Rast hält; denn nun haben wir nur noch abwärts zu laufen, haben 1800 Höhenmeter abzusteigen, von Stufe zu Stufe, durch riesige, leere Steinkessel, durch die ersten grünen Almfluren und dann mit den Wassern immer steiler hinab nach Stechelberg. Auf dem ersten Teil dieses langen Abstiegs haben wir schon den Jungfraustock mit den beiden Silberhörnern vor Augen und bald darauf vom Eiger bis zur Ebnefluh den strahlenden Kern der Berner Alpen. Auch dieser zweite Tag kostet uns mindestens 9 Stunden Zeit. Mit den nötigen und mit den unnötigen, aber schönen Rasten für das Auge kommen wir also auf reichliche 20 Stunden am Berg. Das bedeutet eine große Anstrengung, weshalb ich vorschlage, stets vor Tagwerden aufzubrechen!

Der Oeschinensee oberhalb Kandersteg an der Lötschbergbahn, mit Sessellift zu erreichen, daher meist überlaufen. Darüber links die Urgesteinswände von Schafberg, Dün-
denhorn und Bundstock, hinter denen unser Übergang am Hohtürli liegt. Wir bleiben
beim Aufstieg in der linken Bildhälfte, immer zwischen Wandsockeln und Moränen. In
der Mitte oben der Blümlisalpgletscher, an dessen linkem oberen Rand die SAC-Hütte
steht. Rechts oben das schneebedeckte Rothorn, erst darüber (dem Anstelgenden bald
sichtbar) stehen die Hauptgipfel der großen Blümlisalpkette

15 Vom Jungfraujoch ins Lötschental

Über den größten Alpengletscher

TALORTE Grindelwald, 1038 m · Goppenstein an der Lötschbergbahn, 1216 m (Zug ins Rhonetal und nach Thun) · Erster Ort im Lötschental für Unterkunft ist Blatten, 1540 m (darüber links das gewaltige Bietschhorn)

UNTERKÜNFTE für Notfälle und für die Zweiteilung der Tour: Jungfraujoch-Hotel (Bergsteigerquartier), 3454 m · Konkordiahütte, SAC, 2840 m, am Konkordiaplatz, dem Zentrum des Aletschgletschers. · Hollandiahütte, SAC, 3238 m, dicht über der Lötschenlücke, 3184 m · Fafleralp, 1788 m, im obersten Lötschental (für erste Brotzeit)

AUSRÜSTUNG komplett für Gletscherbegehung: Seil, Pickel, Prusikschlingen, Wetter- und Kälteschutz, Notproviant, Sonnenbrille, Labiosan für die Lippen

DIE BESTE KARTE Schweizer Landeskarte, Bl. 264, Jungfrau, 1:50 000 · Evtl. auch die Karte 1:75 000, Berner Oberland / Oberwallis (Kümmerly + Frey)

HINWEIS Wer am Jungfraujoch nächtigt, sollte sich als leidenschaftlicher Bergfreund den hier wartenden Viertausender nicht entgehen lassen! Mit einem Führer ist der Mönch, 4099 m, bei guten Verhältnissen in 2½ Std. erstiegen — falls der Gipfelgrat Wächten trägt. Dieser Grat ohne Wächten (Sommer 1971) ist auf fast 300 m Länge ein fußbreiter Eissteg. Mit Wächten wird er in einer Trasse begangen, an der man auch sichernd den Pickel einrammen kann. Abstieg 1½ Std.

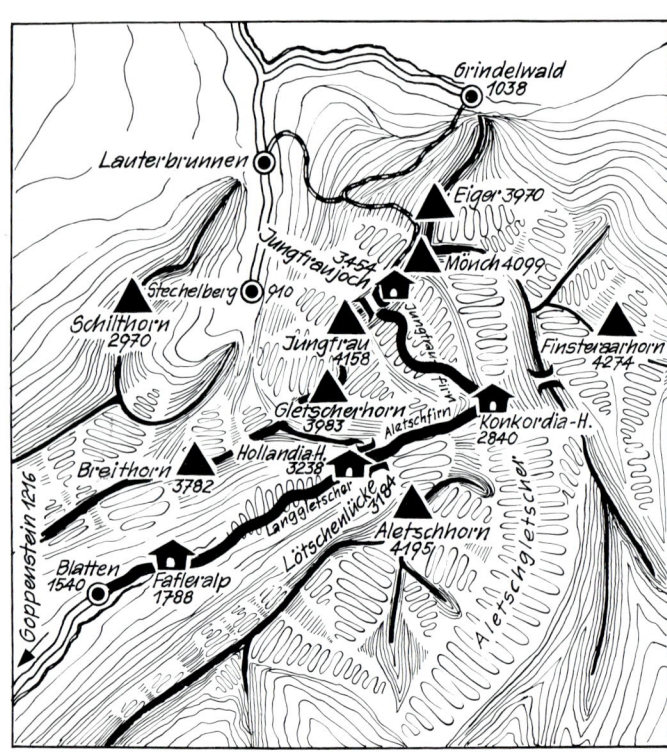

Im Zentrum des Konkordiaplatzes stoßen vier Eisströme zusammen — Aletsch- und Jungfraugletscher, Ewigschneefeld, Grüneggfirn —, die ihrerseits wieder kleine Zulieferanten haben im Ebnefluhfirn, im Gletscherhorn-, im Kranzbergfirn. Was sich endlich in einem Bett hinaus ins tiefe, grüne Rhonetal drängt, ist weit über 20 Kilometer lang und am Konkordiaplatz 700 Meter dick! Man kann es ruhig nachmessen. — Diese Gletschermassen zu überwandern, vom Jungfraujoch zum Konkordiaplatz, dann hinauf zur Lötschenlücke und jenseits tief und weit hinab ins Lötschental — das ist ein einzigartiges Abenteuer für die Sinne. Nur der erfahrene Hochtourist kann sich dieses Abenteuer leisten, auch er nie allein, immer nur in einer Seilschaft. Aber ein Bergführer ermöglicht jedem trainierten Bergwanderer diesen Hochgenuß zwischen vier Vier- und Dutzenden von hohen Dreitausendern. Am Beginn, den Stollen der Bergstation verlassend, müssen wir sofort auf große Spalten achten, vier, zehn Meter und breiter — von ihrer Tiefe nicht zu reden; aber unser Führer kennt die Spur und bringt uns in der allerersten Morgenfrühe (man nächtigt am Jungfraujoch gut und preiswert!) hinab in den eisigen Festsaal des Jungfraufirns, weit hinab bis an die Felsecke des Kranzbergsockels, wo wir rechts abdrehen zur Lötschenlücke. Gegenüber vom Felseck steht drüben die Konkordiahütte, 2840 m, in den Felsen des Faulbergs, aber wir sparen Zeit. Vor uns ist der Konkordiaplatz, das Zentrum des Aletschgletschers, ringsum eine blendende, weiße Firnwelt, aus der die großartige Architektur des Aletschhorns emporsteigt, 4195 m hoch, eine lange, starre Front von Eiswänden, mit feinen, dünnen Felsrippen da und dort, darunter der »Haslerrippe«, die Hochalpinisten den Aufstieg von dieser Seite ermöglicht. Kein leichter Viertausender! Je näher wir der Lötschenlücke kommen auf dem hier sanft und fast spaltenlos ansteigenden Gletscher, desto mehr fasziniert uns die Eisflanke des Aletschhorns, dann fast noch mehr jene des Sattelhorns über der Lücke: Keine Spur mehr von Fels, nichts als blankes Eis oder glänzender Firn an einer harmonisch ausgebildeten Pyramide. 4—5 Stunden bis hierher sollten genügen! — An der Lötschenlücke steht die Hollandiahütte dicht über uns in den Felsen, 3238 m hoch; auch sie können wir uns ersparen, um das gute Wetter zu nützen. Zeit ist alles an der Lötschenlücke, wenn das Wetter nicht ganz sicher ist. Denn gleich unter der Lücke folgen einige Spaltensysteme, denen es auszuweichen gilt. Nach dem ersten Abfall bleibt man ganz rechts, später auf der Mitte des Firns, bis man dicht vor der Gletscherzunge steht, die als Eistor 40 m hoch ist und senkrecht abbricht. Vorher links herab vom Gletscher, um sich das Durchwaten des reißenden Eisbaches zu ersparen ... Dort habe ich mich mit meiner Frau 1960 von einem Ufer ans andere seilen müssen! Wie mit geblendeten Sinnen wandert man nun dem satten Reichtum der Menschentäler entgegen. 8—9 Stunden bei Gutwetter an einem Tage! Aus denen aber leicht 15 und mehr Stunden werden können, wenn uns Nebel oder gar Sturm und Schnee die Orientierung rauben!

Das Massiv des 4195 m hohen Aletschhorns über dem Konkordiaplatz, der Mitte des Aletschgletschers. Rechts unter dem Aletschhorn das 3741 m hohe Sattelhorn, darunter rechts die von uns zu überschreitende Lötschenlücke, an deren rechter Begrenzung die Hollandiahütte steht. Im Hintergrund ganz oben Matterhorn, Weißhorn und Dent Blanche. Im Vordergrund der direkt auf den Konkordiaplatz zielende Ostsporn vom Kranzberg. Die im Haupttext erwähnte »Haslerrippe«, der Normalweg auf das Aletschhorn von Norden, ist oben ganz links am Bildrand gut zu sehen

16 Über Aletschgletscher und Rhonetal

Sparrhorn, Belalp, Riederalp

TALORTE Blatten, 1322 m, Auffahrt auf guter Straße · Mörel, 760 m · Betten, 1200 m, im Tal · Von jedem Ort führt eine Bahn zur Belalp bzw. Riederalp bzw. Bettmeralp

UNTERKÜNFTE mehr ländlicher Art in Belalp-Almdorf, 2009 m · Hotel Belalp, 2130 m · Riederalp, 1919 m · Bettmerstafel, 1939 m · Hotel Bettmerhorn, 2173 m · Feine, sonnige Unterkünfte auch in den alten Siedlungen am Hang (in Bergbahnnähe): Betten, 1200 m; Ried, 1172 m

BESTE ZEIT Vom Mai bis Ende Oktober, da Sonnenhänge. Am schönsten ab September

KARTEN / FÜHRER Man braucht keinen Wanderführer, da die ausgezeichnete Landeskarte der Schweiz, Blatt 264, Jungfrau, alles anschaulich darlegt. Es gibt einen besonderen Wanderweg im Aletschwald, also auf der Gletscherseite, der ab Riederalp die Riederfurka umrundet und nordostwärts zum Bettmersee führt. Dies, um ihn als Genießer zu meiden: Denn auch im Aletschwald findet sich das beste Glück abseits der Wege

BILD Ausblick vom Sparrhorn oberhalb der Belalp in die entlegenen Regionen um den Oberaletschgletscher südöstlich des Aletschhorns. Man beachte die Auswirkungen der ungeheuren Schubkräfte dieses Riesengletschers: sehe die 150 Meter hohen frischen Seitenmoränen, erkläre sich die gleichmäßig verteilte Fracht der gewaltigen Schuttmengen, die der Eisstrom zu Tale befördert.

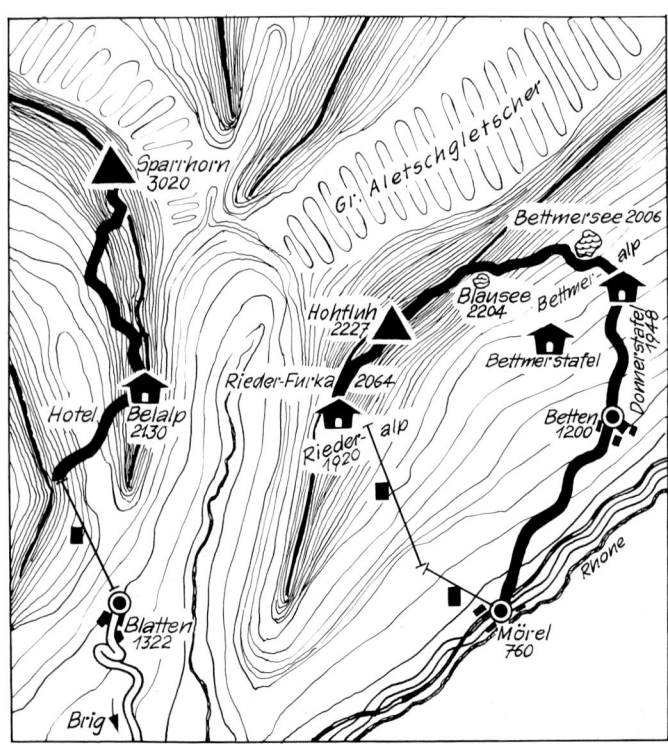

Dort, wo sich der größte Alpengletscher mit spitzer Eiszunge hinab zur jungen Rhone drängt, stellt sich ihm die riesige, grüne Felsrampe des Riederalpsporns entgegen. Dessen höchster Punkt, das 2926 m hohe Eggishorn, galt 100 Jahre lang allen Feinschmeckern des Naturgenusses als Nonplusultra: Stille, Weite, erhabene Größe, wenn man von der edlen Granitpyramide zugleich auf die Hauptmasse des größten Alpengletschers, in die blaugrünen Tiefen der jungen Rhone hinabsah und zur gleichen Zeit auf die Walliser Eisberge um Weißhorn und Matterhorn. . . . Das alles ist vorbei: Der Erwerbstrieb als ewiger Störenfried der großen Natur hat das Eggishorn mit einer Kabinenbahn besetzt und aus dem einst erhabenen Gipfel einen Müllplatz gemacht; die Schweiz hat einen Edelstein aus ihrem Wappen verschenkt . . . Der Bergfreund weicht aus; hier folgen mehrere Vorschläge für stille Genießer, um von dem Riesenkapital der Natur um den Aletschgletscher wandernd zu zehren. — 1. Auffahrt von Blatten dicht überm Rhonetalboden zur Belalp, 2091 m. Halbstündiger Bummel zum Hotel Belalp, 2130 m, dann geruhsamer Aufstieg im gottverlassenen Urgesteinschaos zum Gipfel des Sparrhorns, 3020 m. Hier genießt man, was ehedem das Eggishorn bescherte, gesteigert um den faszinierenden Einblick in das Gefüge des Oberaletschgletschers. Rhonetal, Walliser Glanz, alles ist wie einst, wir ruhen allein zwischen den Blöcken, fern vom Pesthauch in den Tälern. — 2. Wir fahren von Mörel an der Rhone mit der Bergbahn hinauf zur Riederalp, 1920 m, mieten uns hier gemütlich ein und steigen am nächsten Tag ganz, ganz langsam über die riesige Rampe hinüber in den Aletschwald, wo wir hoch über dem Eisstrom rasten, über uns Arvenkronen, Arvenduft, um uns Heidelbeeren, Preiselbeeren, warme, nackte Granitblöcke . . . Wir wandern 2, 3 oder 5 und 6 Stunden, wandern auf die Krone der Riesenrampe und hinüber bis zum Sockel des Bettmerhorns, und dann über den Bettmersee zurück. Eine Friedenslandschaft, eine Traumlandschaft. — 3. Oder wir fahren ab Bahnstation Betten im Tal über Dorf Betten zur Bettmeralp, 1935 m, hinauf und tun dasselbe wie bei Tour 2: In 10 Minuten zum Bettmersee hinaufgelaufen, die Hochrampe erwandert und erschauernd das Eismeer des Aletschgletschers erkundet, seine schwarze Mittelmoräne, die fernen Granitküsten bis zu den Wannehörnern. Auch hier verläuft man sich im »Jenseits« der über dem Gletschereis duftenden Arvenwälder in kostbarer Einsamkeit. Wer an diesem Abend sein Stückchen Goethe liest, oder auch Gottfried Keller, der ist wieder ganz zu Hause — und fern dem Niedergang, dem die Menschheit unserer Tage ins Auge blicken muß. Noch einmal hoffen — hier, am Bettmersporn über dem Aletscheis, kann man es lernen. — Zu diesen Ratschlägen gehört ein vierter: Man meide das Eggishorn wegen des Bahnenrummels, man meide das Bettmerhorn, weil es nur sehr guten Bergsteigern vorbehalten bleibt. Wer heimtrachtet, steige zu Fuß ab, nehme nicht die Kabine. Von oben absteigend, Rhonefurche und Menschensiedlungen überschauend, gewinnt man Einblick in die Zusammenhänge von Natur und Mensch.

17 Große Paßwanderung im Wallis

Mattertal — Turtmanntal — Val d'Anniviers

TALORTE St. Niklaus im Mattertal (Parkplatz), 1116 m. Bahn und Bus von Visp · Gruben, 1829 m, im Turtmanntal (Bus nach Turtmann im Rhonetal) · St. Luc, 1652 m, und Chandolin, 1922 m, an den Westhängen des Val d'Anniviers (Bus nach Chippis im Rhonetal)

STÜTZPUNKTE Alpe Jungen, 1954 m, zur Idealrast · Am Ende des letzten Abstieges evtl. Hotel Weißhorn, 2337 m

AUSRÜSTUNG / BESTE ZEIT Ab Mitte Juli bis Ende September · Leichtes Gepäck, unbedingt Wetter- und Kälteschutz, Notproviant, für den angenehmen Notfall Biwaksack oder Daunensack. Ganz leichten Pickel nur im Juli für harte Firnreste unter Jöchern

BESTE KARTEN die Schweizer Landeskarten Bl. 274, Visp, und Bl. 273, Montana, beide 1:50 000 · Der erste Teil der Route im Schweizer Wanderbuch 8, Vispertäler, mit interessanten Details. Im Vorwort Geschichte der Vispertäler!

HINWEIS Auf nur zwei Tage berechnet, ergibt sich ein sehr anstrengendes, dazu hochalpines Unternehmen. Nur die Nächtigung in der Taltiefe von Gruben ist sicher, vielleicht die allzu vorzeitige auf der Alp Jungen. Also ist Kondition gefordert und ein alpines Sammelwissen, das vom Orientierungssinn bis zum Talent des Improvisierens reicht, auch für die Freinacht im Biwaksack, für ein Unterkommen in einer Hochalpe . . . Aber alle diese Bedingungen werden durch Hochgefühle ausgeglichen, wie wir sie anderswo nicht bald erleben. Die großen Verhältnisse des Wallis, immer vor Augen, schaffen sie.

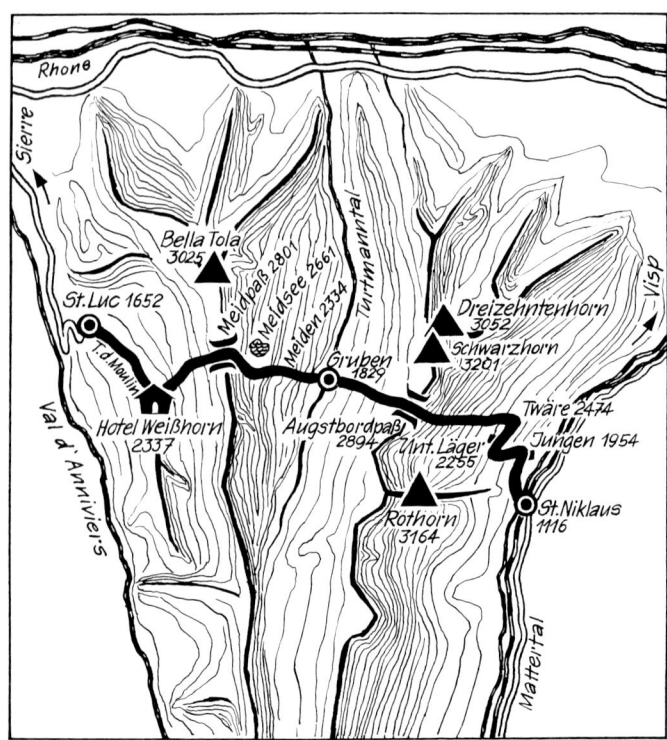

Seitdem Zermatt »Cervinopolis« heißt und das klassische Gletscherdorf Saas-Fee zur Hotelstadt verbaut wird, sollte man als weltläufiger Bergfreund Distanz bewahren. Der wahre Segen aus dem Umgang mit der Bergnatur kommt erst, wenn man, satt aller großstädtischen Ordnungen, in das ungebrochen-wilde Chaos des Hochgebirges ausbrechen kann, in die Eiswüsten, die Trümmertäler, an die ungezähmt brausenden Quellwasser . . . Lassen wir Zermatt und Saas-Fee in ihren Fremdenfluten sieden, steigen wir draußen aus dem Mattertal hoch, weit hinauf zum Augstbordpaß, von 1116 m bei St. Niklaus auf 2894 m, gehen wir in strömender Weltenstille hinab ins Turtmanntal nach Gruben, 1829 m, und stromern wir dann über die Hochalmen von Meiden hinauf zum kleinen Meidsee (Bild), um dort vor Weißhorn und Bishorn eine Götterrast zu halten . . . Bummeln wir irgendwann weiter zum Meidpaß, 2801 m, und drüben hinab zum Hotel Weißhorn, 2337 m, oder nach St. Luc, 1652 m. Wir nächtigen in Gruben und im Hotel Weißhorn, falls wir nicht vom Meidsee zur Bella Tola ausbrechen, 3025 m, dem berühmten Aussichtspunkt vor den Walliser Eisriesen. — 16 Gehstunden in zwei Tagen, aus denen man mit Vorteil 20 und 25 machen darf. Oder 20 Stunden mit dem Gipfel der Bella Tola (von der wir dann besser zum Bus nach Chandolin, 1922 m, absteigen). — Eines ist gewiß, jede dieser 20 Stunden in jener absoluten Einsamkeit, immerzu in der Geborgenheit enger Hochtäler, oder umgekehrt vor den großen Formen der Walliser Bergwelt auf Jochen, Graten und Gipfelkämmen, bringt uns den alten Traum zurück. Man muß diese anstrengende, aber nie schwierige Walliser Paßwanderung gemacht haben: Man erwirbt sich neue Maßstäbe für die Beurteilung von Größe . . . Wenn wir in St. Niklaus im Mattertal aufbrechen, über das Bahngleis zum Waldrand hinauf und zum breiten Almweg, darf unser Rucksack nicht zu viel und nicht zu wenig enthalten. Die vielen Kehren aus der Tiefe in die Freiheit und Stille, durch den Jungtobel hinauf zu den Felsbalkonen von Jungen — die Eiswände von Mischabel immerzu nah im Rücken! Wenn wir bei Stellimatten rechts abzweigen, den Grat von Twäre überschreiten und im ungeheuren Augstbordkessel durch das Innertäli zum Paß kommen, jenen ersten, bestürzenden Blick auf das Weißhorn tun — halten wir unvergeßliche Rasten. Dann 2 Stunden durchs Hungerlitäli hinab nach Gruben zur guten Nacht. — Anderntags aber in olympischen Stufen hinauf zu den grünen Balkonen an der Meidenstafel und durch das Meidtäli mit dem Kessel »Hübschen Bidemjini« am winzigen See hinauf zum Meidsee, 2661 m hoch — hier grüßen wir Bishorn und Weißhorn wie Eisgötter . . . Eine genau kalkulierte Biwakausrüstung mit Daunensack dabei, den Kocher, und man kann bleiben, ohne daß die Augen satt würden. Zum Meidpaß geht man 40 Minuten, zum Gipfel der Bella Tola (nur als trittsicherer Geher!) ab Meidsee knapp 2 Stunden. Das Panorama suche man sich auf der famosen Schweizer Landeskarte zusammen, es summiert sich zu einem Superlativ. Es umfaßt allen Walliser und Berner Glanz: Täler, Granitgipfel und Eisströme.

40

Rast am kleinen Meidsee, 2661 m hoch unter dem Meidpaß, 2801 m, über den wir vom Turtmanntal ins Val d'Anniviers gelangen. Links hinten Bishorn und Weißhorn, rechts vorne das Meidhorn, 2874 m. Links außerhalb und nur 200 m unterhalb dieses Meidsees liegt in einem intimen Schuttkessel das winzige Bergseelein mit dem Namen »Hübschen Bidemjini«. Die große, harte Welt unseres ausgedehnten Höhenmarsches hat also auch ihre zärtlichen Details, und die kommen nicht nur aus den Begegnungen mit rauschhaft blühenden Bergblumen oder mit Gemsen und Murmeltieren oder beim Abschied von den grünen Schleiern hoher Waldgrenzen

18 Bergwanderungen über Zermatt
Mettelhorn – Schönbielhütte – Findeln

TALORTE Zermatt, 1616 m. Mit Kfz bis St. Niklaus, dann nur mit Zug bis Zermatt · St. Niklaus, 1116 m, im Mattertal

STÜTZPUNKTE Hotel Gornergrat (Bergstation), 3131 m · Restaurant Blauherd, 2600 m (Lift) · Hotel Trift, 2337 m, 2–2¹/₂ Std., zur Zeit geschlossen! · Schönbielhütte, SAC, 2694 m, am Zmuttgletscher, 5–6 Std. ab Zermatt · Rothornhütte, SAC, 3200 m, ab Zermatt 5–6 Std.

AUSRÜSTUNG / BESTE ZEIT Gornergrat-Abstieg nach Findeln und Marsch über Blauherd und Tuftern nach Zermatt von Juli bis Oktober. Das Mettelhorn über das Trifthotel nur bei ganz sicherem Wetter, in kompletter hochalpiner Ausrüstung (mit leichtem Pickel), ab Mitte Juli bis Septemberende. Die Schönbielhüttentour von Mitte Juli bis Anfang Oktober, Proviant mitführen. Trittsicherheit ist wichtigste Voraussetzung, am Mettelhorn muß man etwas hochalpine Routine besitzen

BESTE KARTEN Schweizer Landeskarten Bl. 283, Arolla, und Bl. 284, Mischabel, je 1:50 000 · Gut und billig der kleine Rother-Führer »Walliser Alpen« von Königer

BILD Blick von Westen auf das Mettelhorn, 3406 m (links oben). Rechts unten am Bildrand die Scharte, die wir beim meist firnfreien Aufstieg von der Triftkumme her erreichen. Hier beginnt der Gletscher – es ist die oberste Eiskante des links – nordwärts – absinkenden Hohlichtgletschers. Wir sehen genau den Sockel und Verlauf des Westgrates, über dessen Blöcke kletternd wir leicht den Gipfel erreichen. Rechts vorne die Felsen von P. 3344. Rechts der Bildmitte eine Spur!

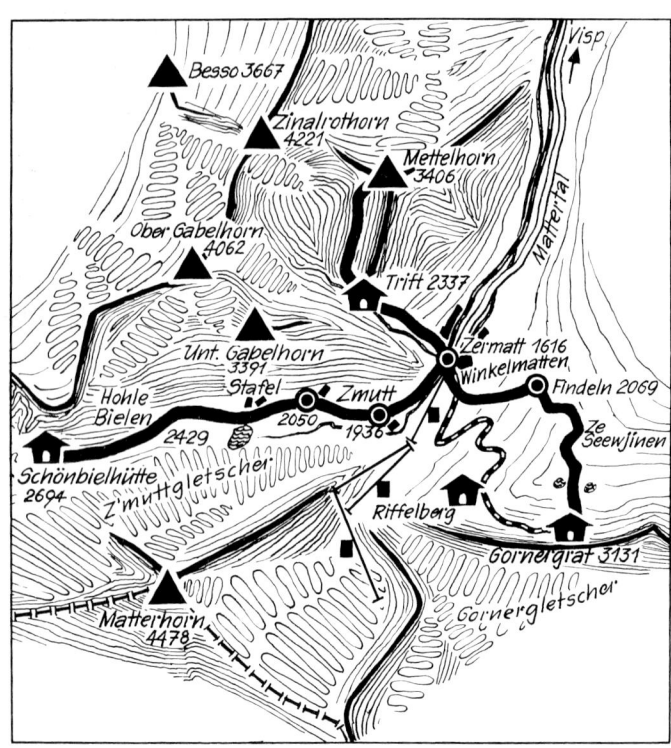

Zermatt mit seinem Matterhorn als ehernem Stadtwappen, seiner exklusiven Situation als autofreiem Bergdorf und seinem bestürzenden Ausbau zum »Cervinopolis« des Wallis – es ist immer noch eines Besuches wert. Der Reigen seiner eisigen Viertausender ringsum, die giftfreie Dorfstraße mit den Pferdeäpfeln als Markierung und die zwanzigfache Gelegenheit, jederzeit irgendwohin in absolute Stille und großartigste hochalpine Urwelt auszubrechen – weshalb nicht?... Ich finde es herrlich, mit der Gornergratbahn von 1616 auf 3131 m aufzufahren und mit zehn Schritten in die Stille zu fliehen – nordwärts hinab über Obere und Untere Kelle, an drei Seen vorüber, dann rechts über die Felsrampen ins Hohtälli, dann abermals – absteigend – rechts über den Ritzengrat und zum Grünsee auf knapp 2300 m, eben noch über der Zirbengrenze: Man kann ganz allein sein... Dann mit Bravour weglos durch die Findelnmoränen, hinauf zum Stellisee und über Blauherd und Bidemjini hinab in den Waldschatten und zurück ins »Dorf«: Das sind 5–6 Stunden einer betörenden Bummelei, mit Tiefschlaf, Heißhunger und Höllendurst als goldenem Lohn!... Oder zwei Grade strenger: Aufstieg von Zermatt zum ehemaligen Hotel Trift in knapp 2¹/₂ Stunden; dann ein wenig flacher am Weg zur Rothornhütte nur 20 Minuten und hier rechts an Spuren scharf abgezweigt, genau nordwärts hinauf in die Triftkumme, ein ungeheuer wildes Arsenal an Gesteinstrümmern jeder Sorte. Ganz oben, bei P. 2963 der Karte, etwas links ausholen, dann sofort wieder rechts im breiten Couloir hinauf zum Gletscherrand – vor den verblüffend eindrucksstarken Nahblick auf Weißhorn und Hohlichtgletscher... Weitere 40 Minuten Anstieg bringen uns ohne Gefährdung rechts hinauf in die Gipfelfelsen des Mettelhorns auf 3406 m Höhe – für ein Fest aller Sinne! Hotel Trift – Mettelhorn bei guten Verhältnissen 5, mit Muße 6 Stunden. Vorsicht bei Vereisung oder hartem Firn! Wenn wieder eine Nächtigung möglich ist im Trifthotel, dann sollte man die Rothornhütte am Eseltschuggen besuchen, 3200 m hoch unter Zinalrothorn: höchstens 3 Stunden von Trift, also 5–6 von Zermatt. Ab Trifthotel auf gutem Steig nordwestlich über die Triftkummenhänge zum kleinen Triftsee und dann auf den Kamm der Triftgletschermoräne. An diesem Kamm bis 3110 m, wo er sich im Eis verliert; hier über Schnee zum Eseltschuggen und zur Hütte. – Gemächlicher, und doch auch in eine stille Landschaft von großen Formen, steigt man von Zermatt in 4–5 Stunden zur Schönbielhütte, 2694 m, am Zusammenstoß von Schönbiel- und Zmuttgletscher. Bizarr wirkende Eismeere ringsum, das Urgestein ist rar geworden, und über uns immerzu Matterhorn, Dents d'Hérens, Dent Blanche und Obergabelhorn. Am schönsten von Zermatt wandert man am linken Ufer der Mattervisp, dann am Zmuttbach nach Zmutt und westwärts weiter zur Moräne des Zmuttgletschers und auf ihr bis vor die Hütte. Das Sichtbare ist unbeschreiblich, man rette sich vor die Schweizer Landeskarte, um es wenigstens nach Namen zu erfassen. Der Abstieg aus diesem Eiskessel in die Arvengärten hinter Zmutt ist ergreifende Heimkehr – auch wenn sie im Walliser Stübli endet.

19 Auf dem Walliser Breithorn
Viertausender über dem Plateau Rosa

TALORTE Zermatt, 1616 m (Bahn von St. Niklaus) · Breuil/Cervinia, 2006 m, im italienischen Süden des Valtournanche. Ab hier Kabinenbahn zur Testa Grigia, 3479 m, dicht über dem Theodulpaß, am Plateau Rosa

STÜTZPUNKTE Unterkunft Testa Grigia, privat, 3479 m · Rif. Teodulo, CAI, 3317 m, dicht am Theoduljoch · Gandegg-Hütte, 3029 m, privat, am oberen Ende der »Leichenbretter« (Granitinsel zwischen Oberem und Unterem Theodulgletscher), Aufstieg ab Bergstation Schwarzsee gut 2 Std., ab Zermatt-Winkelmatten 4–5 Std.

AUSRÜSTUNG / BESTE ZEIT Ab Gandegghütte oder ab Theodulpaß geht man die gesamte Aufstiegsstrecke im Eis! Dementsprechend die Ausrüstung, Pickel, Seil, Bussole für Wettereinbrüche, Prusikschlingen. Dazu Wetter- bzw. Kälteschutz, Notproviant, Labiosan · Am besten bei sicherem Wetter im Juli, August, bis Mitte September

DIE BESTE KARTE Schweizer Landeskarte, Bl. 284, Mischabel · Für Bergsteiger, die über Cervinia kommen, zusätzlich Bl. 294, Gressoney, alle 1:50 000. — Praktischerweise nimmt man den guten deutschsprachigen Wallis-Führer von Königer (Rother) mit, der einem auch über andere hochalpine Möglichkeiten im Zermatter Tal Aufschluß gibt

HINWEIS Auf dem Gletscher ab Theodulpaß bzw. Gandegghütte immer nur als Seilschaft ansteigen. Niemals allein gehen! Spaltengefahr!

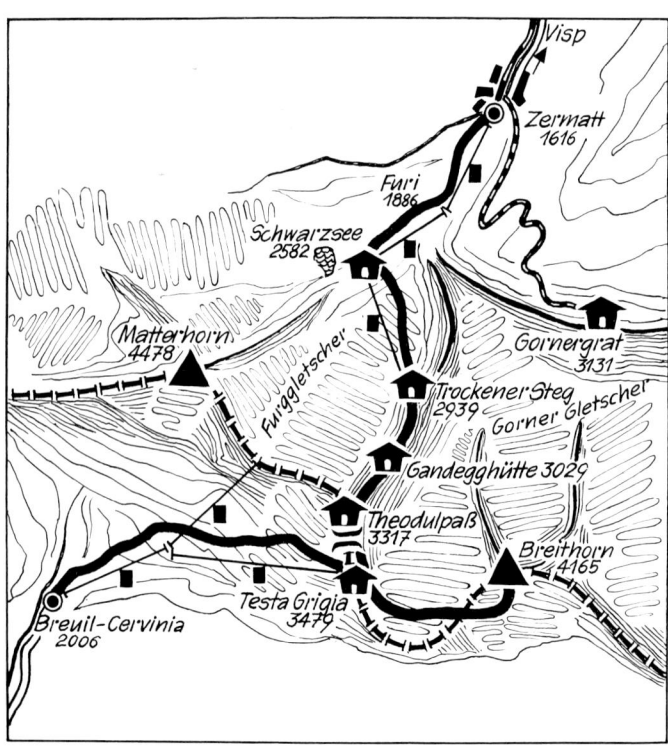

Nicht elegant und in der weltberühmten Idealform einer spitzen Pyramide wie das Matterhorn, sondern als breite, schwere Eisfestung mit mehreren Gipfeln nebeneinander steht das Breithorn über den letzten grünen Matten um Zermatt — allein vier Gletscher strömen von seinem Granitkern die Nordflanken hinab: Unterer Theodul-, Triftje-, Breithorn- und Schwärzegletscher . . . alle vereinigen sich im Hauptstrom des Gornergletschers. Wie der Gran Paradiso gilt auch das Breithorn als »leichter Viertausender«. Das kann es auch sein, bei sicherem Wetter, günstigen Firnverhältnissen, für Bergsteiger mit Kondition und guter Ausrüstung . . . Aber viele sind am Breithorn schon umgekehrt, im Schneetreiben, im plötzlich ausbrechenden Höhensturm, in unbarmherziger Kälte oder weil sie ungenügend ausgerüstet waren. Wer sein alpines Weltbild partout mit einem Viertausender komplettieren muß, sei er genießerischer Kenner der Dolomitenwege oder beseelter Wanderer im Dickicht der grünen Schweizer Vorberge, der muß halt einmal hinauf! Er kann von Cervinia/Breuil, dem häßlichen italienischen Hoteldorf, mit Seilbahnen von 2006 auf 3479 m zur Testa Grigia (dicht über dem Theodulpaß) auffahren und über das Plateau Rosa, dann das Kleine Matterhorn im großen Rechtsbogen auf dem Breithorn-Plateau umgehend, die nicht immer lawinensicheren Südhänge erreichen. Am besten mit Steigeisen und Pickel, oft genug in einer steilen Trasse, kommt er zum Gipfelgrat. — Er kann auch einen zweiten klassischen Aufstieg unternehmen, indem er von Zermatt zunächst die Seilbahn zum Schwarzsee benützt. Dann hat er aus etwa 2400 m Seehöhe auf den von Zermatt-Furi heraufkommenden Steig zu zielen, um an ihm die »Leichenbretter« zu erreichen, an deren oberstem Felsgrat, noch über dem »Trockenen Steg«, die Gandegghütte auf 3029 m Höhe steht (2—3 Std.). Die Gandegghütte ist in privatem Besitz, sie steht wie auf einem Feldherrnhügel zwischen Oberem und Unterem Theodulgletscher, dem Kleinen Matterhorn unmittelbar gegenüber. Von ihr aus steigt man in strenger Südrichtung bis unter den Theodulpaß an (dort alte Hütte auf 3317 m Höhe) und geht, in riesigem Bogen südwärts ausholend, auf das Breithornplateau und wie vorhin über den Südhang zum Gipfel: ab Gandegghütte bei guten Verhältnissen 4½ Std. — Zumeist wird nur der Westgipfel, 4165 m, betreten . . . Man hat so seinen Viertausender, steht mit beiden Füßen auf dem eisigen Alpenhauptkamm und auf der Staatsgrenze Schweiz—Italien. — Hat man Wetterglück (man kann nur bei sicherem Wetter auf das Breithorn!), dann studiere man aus dieser vornehmen Zermatter Proszeniumsloge, die Schweizer Landeskarte in der Hand, das geographische Gefüge dieser Walliser Hauptregion, studiere als passionierter Hochalpinist auch die benachbarte, mit elf Viertausendern ausgestattete Monte-Rosa-Gruppe und vergesse nicht, sich das eisige Treiben der Gletscherflüsse einzuprägen, ihr hartes Spiel mit dem Urgesteinskern, ihr System der Zusammenflüsse . . . Erst dann greife man in den Rucksack und esse traurig seine Wurst ohne Bier — denn der Durst ist unermeßlich dort oben. **44**

Blick aus dem Flugzeug auf das Breithorn (links) mit seiner mächtigen, in Kaskaden abbrechenden Nordwand. Rechts das (schwarze) Kleine Matterhorn vor dem weißen Feld des Plateau Rosa. Wir kommen bei der Überschreitung des Plateau Rosa von rechts her, passieren also das Kleine Matterhorn in seinem Rücken, und ersteigen die hier unsichtbare, steile Südflanke des Breithorns zum höchsten Punkt, das ist der flache, hellbesonnte Firn des Westgipfels, 4165 m

20 Große Wege um Saas-Fee

Gspon — Monte-Moro-Paß — Macugnaga

TALORTE Saas-Almagell, 1672 m · Macugnaga, 1327 m · Stalden, 809 m

STÜTZPUNKTE Restaurant Mattmark, priv., 2200 m, am Staudamm · Rif. Città di Malnate, CAI, 2769 m, jenseits vom Monte-Moro-Paß, 2868 m (meist geschloss., einfach). Abstiegsweg nach Macugnaga in schlechtem Zustande, nicht immer leicht zu finden. — Macugnaga, 1327 m, verschied. private Unterkünfte und Hotels. — Albergo Belvedere, 1932 m, priv., an der Bergstation des alten Belvedereliftes über der Gletscherzunge. — Rif. Zamboni-Zappa, CAI, 1932 m, auf der großartigen Alpe Pedriola, gegenüber der Monte-Rosa-Ostwand. — Gasthaus Gspon, 1893 m, nahe der Liftstation über Stalden bzw. Staldenried. — Saas-Almagell, 1672 m, mehrere Hotels (sehr angenehm das Hotel Atlantic, ruhig, geschmackvoll), guter Wirt Meinrad Anthamatten

BESTE ZEIT UND AUSRÜSTUNG Am vier- bis fünfstündigen Höhenweg Gspon—Saas-Baalen Regen- und Kälteschutz, Notproviant. — Dasselbe gilt für die Übersteigung des Monte-Moro-Passes nach Macugnaga und für die Begehung des »Silvio-Saglio-Steiges« bzw. einer Art »Via ferrata« am Nordwestgrat zur Punta Battisti. Nicht vor Mitte Juli, dann bis Ende September. Nur mit Schweizer Landeskarte 284, Mischabel, bzw. 274, Visp (für Tour ab Gspon)

BILD Ausblick vom Monte-Moro-Paß, 2868 m, über das Valle Anzasca hinweg auf die höchste Eiswand der Alpen, die Ostwand des Monte Rosa. Von links oben: Grenzsattel, 4452 m, Dufourspitze, 4634 m, Nordend, 4609 m, Jägerhorn, 3969 m

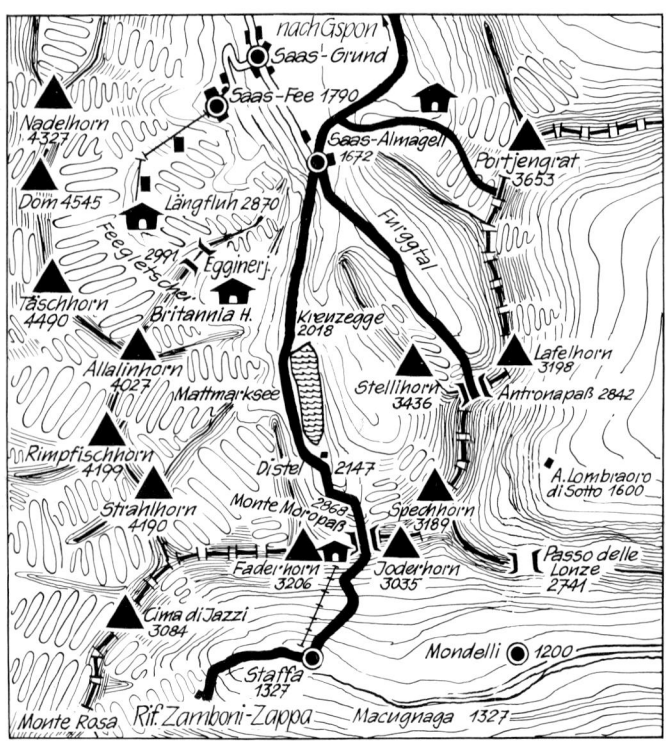

Der aktive Bergwanderer darf Saas-Fee meiden, denn selbst die klassische eindrucksvolle Umrundung des Egginer-Massivs über Plattjen, Britannia-Hütte und Spurensteig zurück nach Kalbermatten ist vom Bus-Auto-Seilbahn-Publikum überlaufen. Ein negativer Triumph der »Erschließung«! . . . Dennoch schlage ich hier fünf stille, meist einsame Hochgebirgswanderungen vor, die keiner vergessen wird, der sie unternimmt. — 1. Auffahrt mit Kabine von Stalden nach Gspon, ab hier großartiger Höhenweg in 2000 Meter Höhe und gegenüber der übergletscherten Mischabelgruppe bis Saas-Baalen, also von 1893 bis 1470 m in gemütlichen 4 oder 5 Stunden. Keine Hütte, kein Wirt, aber den Rausch der großen hohen Welt! — 2. Man steige ab Saas-Almagell neben dem mächtigen Sturzbach ins große, ernste Almageller Tal hinein und genieße, links über sich die Eiskante der 4023 m hohen Weißmies, rechts oben die stählern schimmernden Gneisplatten des 3327 m hohen Almageller Horns, eine unberührte Urwelt. Das arme, alte Hotel auf 2194 m Höhe mit seinem braven Wirt besuche man erst, wenn man vom hintersten Talgrund hinauf bis zum Kamm bei Port, etwa 3280 m, zuletzt über Firn gestiegen ist und hier über die italienische Grenze ins Andollatal geschaut hat. Reichliche 4 Std. hierher, dazu 2½ Std. zurück ins Tal — 3. Für 2 oder 3 Tage: Aufstieg (2 Std.) oder Bus bis Staumauer Mattmarksee, dann immer einsamer Marsch zwischen Strahlhorn und Stellihorn zum Monte-Moro-Paß am Grenzkamm (5 bzw. 3 Std.). Eine neue, aber bescheidene Hütte, etwas tiefer gelegen, dazu eine Seilbahn hinab nach Macugnaga. Nur erfahrene Bergsteiger mit Gespür und Karte steigen dort ins Tal ab — auch wenn dieser Abstieg einen permanenten Einblick in die größte Alpen-Eiswand gewährt. Ab Macugnaga fährt man am besten mit der neuen Seilbahn »Funivia di Pizzo Bianco« auf etwa 2200 m Höhe zu den schönen Piani Alti di Rosareggio: Genau hier beginnt ein wunderbarer neuer Höhenweg, der »Sentiero Silvio Saglio«, der steigend und fallend hinüber zur großen Clubhütte Zamboni-Zappa führt — man begeht (nach Franz Grassler) »den schönsten Höhenweg der Alpen«. Man wandert 1 bis 5 Stunden, je nach Güte der Augen. Drüben steht man der berühmten Ostwand samt berüchtigtem Marinelli-Couloir Aug in Aug gegenüber, bummelt vielleicht an der Moräne hoch überm Eisbecken zum stilleren Rifugio Paradiso (priv., 2291 m), rastet am Eissee — oder steigt am Nordwestgrat höchst reizvoll, wenn auch etwas ausgesetzt, zur einsamen Punta Battisti, 2754 m, hinauf: mit Seil! Nur für geübte Felsgeher! Abstieg immer nur zu Fuß über das Belvedere nach Macugnaga. — Zum Monte-Moro-Paß fährt man per Seilbahn, wandert heim ins Tal von Saas-Almagell. — Wer zur Stille bekehrt ist, der lasse auch den 4-Stunden-Marsch durch das verlassene Furggtal nicht aus, schaue vom 2842 m hohen Antronapaß in die strenge Wildöde des Valle Antrona hinab, kehre in 3—4 Std. zurück. — Das Stellihorn zwischen Mattmarksee und Granitkamm wartet für gute Geher mit 3356 m Vorgipfelhöhe und paradiesischer Stille auf.

21 Cristallina und Basodino
Vom Val Bedretto ins Val Formazza

TALORTE Airolo am Südmund des Gotthardtunnels, 1175 m · Dorf Ossasco, 1313 m, im östlichen Val Bedretto, 15 Autominuten von Airolo

STÜTZPUNKTE Cristallinahütte, SAC, 2349 m, im Val Torta · Capanna Basodino, SAC, 1865 m, im obersten Boden des Val Bavona · Beim Übergang vom Val Formazza zum Passo S. Giacomo evtl. Albergo La Frua, 1681 m · Oberhalb auch das Rifugio Valle Toggia, 2190 m · Endpunkte im unteren Val Formazza evtl. Dorf Grovella/Gurfelen, 1360 m

BESTE ZEIT Nicht zu früh im Jahr (die Cristallina wird bis Anfang Juni als Frühjahrstour von Ski-Feinschmeckern besucht). Also ab Mitte Juli bis September. Ähnliches gilt für den Piz Basodino

BESTE KARTE Schweizer Landeskarte, Bl. 265, Nufenenpaß, 1:50 000 · Zur Ergänzung recht gut die alte Karte 1:75 000, Berner Oberland und Oberwallis (Verlag Kümmerly + Frey)

HINWEIS Wenn im Cristallina-Bereich das Wetter zu unsicher wird für den Basodino-Plan, dann gibt es als Ausweg einen famosen, stillen Übergang zur Nufenenpaßstraße, und zwar: ab Cristallinapaß westwärts auf Steigspuren zum Übergang am Nordostgrat vor der Cima di Lago, kurze Querung des Vallegiagletschers zur Scharte zwischen P. Val Piana und P. Cavagnola, Abstieg durch das Val Cavagnola (kurze Gletscherbegehung), auf Steigspuren weiter westwärts über die Alpe di Formazzora — und entweder an den Hängen westwärts zur Capanna di Corno, SAC, 2338 m, oder ins Tal zur Paßstraße und zum Bus!

BILD Wasserspiele im strengen Val Torta, etwas unterhalb der Cristallinahütte des SAC. Oben rechts der Cristallinapaß, 2568 m, links der Mitte ganz oben der Gipfel der Cristallina, 2911 m, von Nordwesten zu erreichen

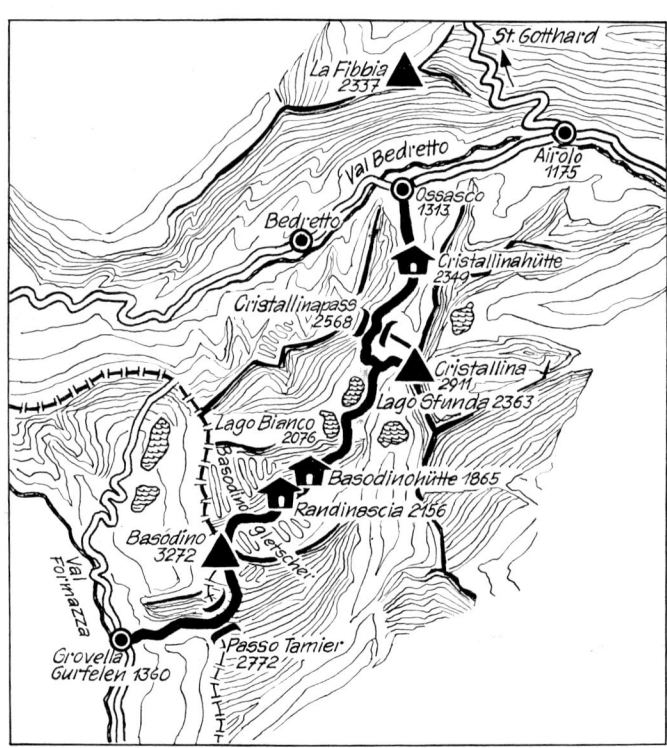

Dicht südlich vom Gotthardpaß drängt das Val Bedretto gegen Westen, um sich — wo es bisher endete — über die neue Nufenenpaßstraße mit dem oberen Rhonetal zu vereinigen. Dies bringt uns Nordalpinen den schönsten Teil der Tessiner Alpen näher, dort wo ihr berühmtester Aussichtsberg Basodino unverhofft umfassende Ein- und Ausblicke gewährt . . . Wir verbinden den Übergang von Nord nach Süd, also vom Val Bedretto ins südliche Val Formazza, mit der Besteigung der Cristallina durch das Val Torta und der folgenden Übersteigung des Piz Basodino bis zu den einst so berühmten, inzwischen dem Kraftwerksbau geopferten Tosafällen im obersten Val Formazza. — Gestartet wird im Dorf Ossasco, 1313 m, unweit von Airolo; in guten 2½ Std. steigen wir im wilden Val Torta (Bild) zur Cristallinahütte, SAC, 2349 m, auf und nächtigen hier — wenn wir anderntags die 2911 m hohe Cristallina mitnehmen wollen. Am frühen Morgen dann in 45 Minuten zum Cristallinapaß, 2568 m, und von dort links im Kar steil hinauf zum Gipfelblock: Der ist im letzten Teil widerspenstig und nur mit einem energischen Klimmzug zu überwinden. Ein erster, feiner Überblick vom Gipfel über die Gotthardberge und dann südwestwärts vom nächsten Ziel, dem Piz Basodino, 3272 m. — Geruhsamer Abstieg von Stufe zu Stufe, von See zu See hinab in den obersten Boden des Val Bavona und zur Capanna Basodino auf 1865 m Höhe zur guten Nacht. — Hat man sicheres Wetter, so folgt anderntags eine traumhaft schöne Bergtour, von der Hütte westwärts am Steig oder nach Spuren zur Alpe Randinascia, 2156 m, und von dort mehr südlich steuernd auf den kräftigen Felskamm inmitten des Basodinogletschers. Wir durchqueren Felsbarren, gewinnen in einer wunderbar vereinsamten Urgesteinswelt Stufe um Stufe, betreten den Gletscher erst weit oberhalb von P. 2658 der SLK und erreichen in einer kurzen Gletscherbegehung in Südrichtung den Gipfelgrat zwischen Pizzo Cavergno und Piz Basodino . . . Die Weite des Umblickes kann nur die Karte ganz verraten! — Beim Abstieg gegen Westen steige man vom Kamm vor dem Pizzo Cavergno links an felsigen Rippen ab und strebe dann nordwärts, quere so weit, bis man ungefährdet nach links unten zum Lago Castel absteigen kann — man trifft schon weit oben auf Steigspuren. — Aufstieg Hütte bis Basodino knapp 5 Std., Abstieg ins Val Formazza knapp 3 Std. — Man kann nun auf große Wanderschaft gehen und zu Fuß (teilweise auch mit Kfz-Hilfe) nordwärts über La Frua, 1681 m, bis hinauf zum Lago Castel laufen und weiter am Lago Toggia vorbei bis zum Passo Giacomo, 2313 m; denn jenseits wartet unten an der neuen Nufenenpaßstraße der Bus nach Airolo. Oder man fährt südwärts mit Bus nach Domodossola zur Eisenbahn. — Die Besteigung der Cristallina ist eisfrei und relativ leicht. Beim Anstieg zum Basodino dagegen muß trotz relativ kurzer Gletscherbegehung wegen des alpinen Abstieges zum Castelsee hochalpine Erfahrung und die dazugehörige Ausrüstung verlangt werden. Die Kletterei ist unschwierig, aber das Orientierungsvermögen wird gefordert. Aus diesem Grunde Aufbruch vor Tagesbeginn!

22 Unter Schreckhorn und Eiger
Schynige Platte — Faulhorn — Grindelwald — Wengen

TALORTE Interlaken, 575 m · Zweilütschinen, 652 m · Grindelwald, 1030 m · Wengen, 1274 m (Bergbahn-Abfahrt nach Lauterbrunnen, 796 m)

STÜTZPUNKTE Hotel Schynige Platte, 2067 m · Hotel Faulhorn am Gipfel, 2680 m, sehr angenehm! · Verschiedene Restaurants in Grindelwald, 1030 m · Hotel Kleine Scheidegg, 2061 m

AUSRÜSTUNG UND BESTE ZEIT Juli bis Anfang Oktober · Nur in festen Bergschuhen mit Wetter- und Kälteschutz. Vorsicht beim weglosen Abstieg auf der Variante Oberläger nach Grindelwald, wenn Grasböden naß

VARIANTE für Feinschmecker: Ab Grindelwald nicht direkt zur Kleinen Scheidegg, sondern ab Bahnhof über Berg Itramen und Eggboden zum Männlichen-Hotel, 2227 m, dann südostwärts am Höhenweg durch den Tschuggen durch, zur Kleinen Scheidegg (ab Grindelwald 6–7 Std. gemütlich). — Eine zweite Variante: Man fahre von Grindelwald bis zur Seilbahnstation First auf, quere nach dem Wanderführer und der famosen Schweizer Landeskarte hinüber bis auf die Große Scheidegg unter den Riesentafeln der Nordwand des Scheidegg-Wetterhorns — und steige jenseits nach Rosenlaui ab, bis unter die Engelhörner. Alles in allem ab First 5, für Faulenzer 6 oder 7 Stunden: voller feiner Genüsse!

BESTE KARTE Schweizer Landeskarte, Bl. 254, Interlaken, 1:50 000

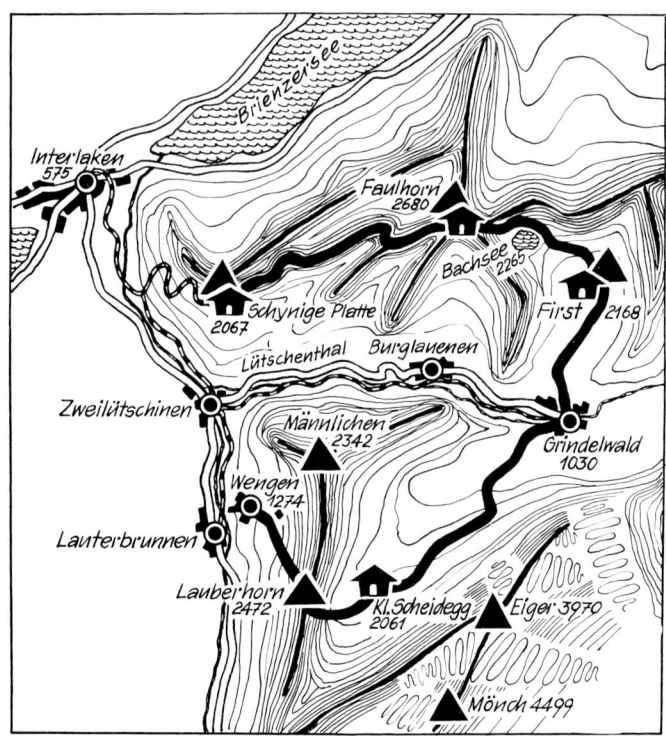

Schreckhorn, Eiger, Mönch und Jungfrau heißen die vier Trümpfe dieser »schönsten« Bergwanderung im Berner Oberland — auch wenn wir nur die relativ niedrigen Gipfel von Schyniger Platte, 2067 m, Faulhorn, 2680 m, und Lauberhorn, 2472 m, betreten. Man feiert gehend und steigend ein Fest für die fünf Sinne, denn jene mit Gletschereis, Ruhm und Schrecken behängten Bergriesen sind immerzu gegenwärtig, stehen uns gegenüber und nähren eigene Träume von gewaltigem Mannesmut ... Der Knalleffekt dieser Tour kommt aus der Spannung von stundenlanger körperlicher Plage und seligen Rasten. Dazu genießt man die Wonnen gefährlichen Lebens, indem man die Augen in der Eiger-Nordwand spazierenführt, vom Hinterstoißer-Quergang zum Todesbiwak, von der vereisten Rampe zur Spinne, von den Ausstiegsrissen zum letzten Eisfeld unterm Gipfel ... Wir selber riskieren, all dies sehend und begreifend, bestenfalls einen Schuhabsatz. — Natürlich fahren wir von Interlaken mit der herrlich altmodischen Bergbahn zur Schynigen Platte auf 2067 m und studieren dort den wirklich sehenswerten Alpengarten. Dann werfen wir skeptische Seitenblicke auf das von Abgasen vernichtete Kurparadies Interlaken und gehen davon, wandern am Südosthang entlang, umgehen das schöne Laucherhorn und wandern über dem Hühnertal, endlich einen Kamm erreichend, zum Faulhorngipfel, 2680 m: Hier steht das erste Alpenhotel immer noch rüttelfest im Sturm. Dort machen wir die erste Brotzeit, gute 3 Std. haben wir hinter uns, gemütliche 3 Std. wollen wir uns noch bis Grindelwald Zeit lassen. Denn nun haben wir ja immerzu den Berner Kronschatz vor Augen auf diesem Abstieg, voran das Schreckhorn mit der glatten Riesentafel seiner Scheidegg-Nordwand, dahinter leuchten Mittelhorn und Rosenhorn, das geschärfte Auge erkennt den Standort der Glecksteinhütte hoch über dem Eistobel des Obergrindelwaldgletschers ... Faul hinabgeschlendert vom Faulhorn zum Bachalpsee, 2265 m, und weiter nach First, 2168 m, von wo ab der Faule den Sessellift nehmen könnte. Wir weichen nach rechts aus und steigen auf bestem Wege über Bachläger und Waldspitz in die Mitte von Grindelwald hinab. Vorher haben wir Mettenberg und Schreckhörner inspiziert und sind auch schon am Mittelegigrat zum Eigergipfel gestiegen — keine leichte Sache! Aber es hat Freude gespeichert, und so vertragen wir den schlimmen Abgasmief im Ortskern des schönen Grindelwald mit gefaßten Mienen. Wer zum Robinson taugt, könnte absteigend ab First nach links ausbrechen und, wie ich es mit meiner Frau mehrfach tat, über Schreckfeld, Ober- und Unterläger nach Grindelwald laufen: länger, etwa 3–4 Std., reizvoller. — Anderntags steigen wir (um die Bergbahn zu schonen) zu Fuß gemütlich in 3½ Std. zur Kleinen Scheidegg auf, staunen bei jeder Rast vor der unmittelbar über uns aufsteigenden Eiger-Nordwand, erreichen im grünen Glück den Sockel des Lauberhorns und ersteigen es in einer guten Stunde. Das glänzende Bild des Jungfraustockes, des Mönchs mit seiner Eisnase, der Silberhörner wird sich für immer einprägen.

Das klassische Bild vom Jungfraumassiv mit den beiden Silberhörnern (rechts oben),
aufgenommen vom Hotel Männlichen. Oben links der dunkle Tschuggenrücken, den
man auf dem Variantenweg zur Kleinen Scheidegg links umgeht. Vom direkten Über-
steigungsversuch wird dringend abgeraten! Ganz links oben schaut neben dem Tschug-
gengipfel das Jungfraujoch mit dem Hotel heraus, das im Oktober 1972 völlig ausge-
brannt ist

23 Über den Pilatus
Bergwandern über dem Vierwaldstätter See

TALORTE Luzern, 439 m · Hergiswil, 449 m (Autobahn ab Luzern-Kriens) · Alpnach-Stad, 435 m, am Westende der Alpnacher Seebucht

STÜTZPUNKTE Brunnialp, 825 m, Gschwändalp, 1216 m · Hotel Pilatus-Kulm, 2067 m (Bergstation)

GEHEIMTIP Wer Orientierungssinn besitzt, absolute Trittsicherheit und den Wunsch, in eine vollkommene Stille abzuirren, der steige vom Pilatus-Klimsenhorn westwärts ab in die grünen Hochmulden, die den felsigen Westkamm Pilatus-Tomlishorn-Widderfeld-Mittaggüpfi, 1916 m, dicht nordwärts begleiten. Man kann dann ab Oberalp, 1548 m, oder auch erst ab Mittaggüpfi in das nordwärts fließende Eigental absteigen, bis hinaus nach Kriens 3–4 Std. gemütlich, sehr still und eigenartig. Siehe auch bei Pause / »Wandern bergab«!

BESTE ZEIT Anfang Juli bis Mitte Oktober

BESTE KARTE Schweizer Landeskarte, Bl. 245, Stans, 1:50 000. — Der Übersicht wegen besser SLK, Bl. 32, Beromünster, und Bl. 37, Brünigpaß, beide 1:100 000

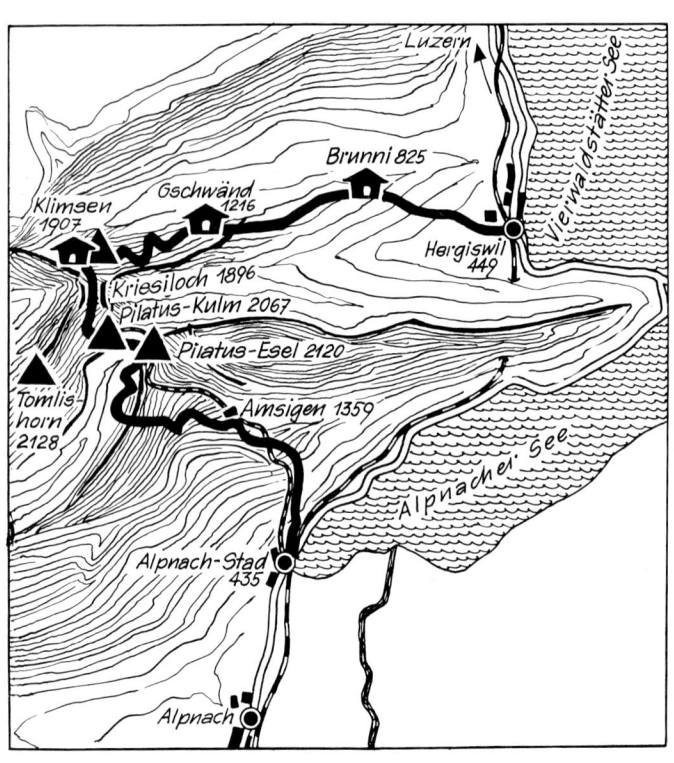

Die Schweiz hat ihren Ruf, die schönste Hochgebirgslandschaft der Erde würdig zu präsentieren, vor allem Rigi und Pilatus zu verdanken, diesen beiden angenehm zu besteigenden Aussichtskanzeln hoch über dem romantisch verschlungenen Vierwaldstätter See... Matterhorn, Jungfrau, Wetterhorn und Piz Bernina kamen erst später zu Weltruhm. Vom Eiger nicht zu reden. Es steht fest: Wären Rigi und Pilatus nicht schon dagewesen, dann hätten sie Schweizer Fremdenverkehrsingenieure aufbauen müssen... Rigi und Pilatus sind, wiewohl zehntausendfach wortreich beschrieben und millionenfach simpel fotografiert, auf erregende Weise »schön«: Die Aussicht von ihren Gipfeln und Felskämmen auf den blinkenden, blauen See mit seinen Vorgebirgen und geheimnisvollen Buchten, dann zurück auf das mattengrüne Vorland und auf den blauen Hauch von Schwarzwald, Vogesen und Jura — und endlich auf die strenge, mit einem einzigen Blick zu umfassende Front von Urner und Berner Hochalpen — das erzwingt ehrfürchtiges Schweigen... Den Pilatus kann man von zwei Seiten mit Bergbahnen »ersteigen«, dann kommt man pumperlfrisch am Gipfel an, bleibt aber blind. Wir werden ihn übersteigen, von Hergiswil aufsteigen und nach Überschreitung der drei Gipfel nach Alpnach hinab wandern. Reine Gehzeit 8–9 Stunden, man könnte im Gipfelhotel schlafen, schafft es aber auch an einem Tage... Der Pilatus als ältester Aussichtsberg der Schweiz empfing schon im Jahr 1387 den ersten urkundlich nachweisbaren Gipfelbesucher. Es folgten die Besteigungen Vadians 1518 und Conrad Geßners 1555. 1387 wurden sechs Geistliche, die den Pilatus besteigen wollten, vom Luzerner Rat des Landes verwiesen, denn »dis Gebirg sei uff der höhe, da es ruch und wild ist, mit bösen tüflischem gespenst und geisterwerk wohl besetzet und erfüllet...« — Teuflisch Gespenst und Geisterwerk läuft am Pilatus seit 90 Jahren in Loden herum und ist von der Situation so hingerissen, daß es vor Verzückung immer dieselben Superlative des Lobes plappert... Wir wollen nüchtern sein, 1. keine Bergbahn benützen (das bedeutet absolute Moderne) und 2. genüßlich stetig und mit kleinen Schaurasten langsam aufsteigen. Von 449 m Seehöhe in Hergiswil am Seeufer ist man in 4–5 Std. leicht, Brunnialp und Gschwändalp passierend, am Klimsenhorn, 1907 m. Ist man um 5 Uhr morgens aufgebrochen, so erleichtert die Frische der Frühe den Aufstieg, und schon zwischen 9 und 10 Uhr kann man den ersten umfassenden Umblick riskieren. Es folgt die Parade der Gipfelkette, man blickt aus dem schwarzen Kriesiloch auf den vom Sonnenglanz überschäumten See hinab, erkundet am Pilatus-Kulm, 2067 m, alle Gipfel vom Glärnisch über den Urirotstock bis zu den Wellhörnern, ersteigt dann mit 2120 m die höchste Höhe am Pilatus-Esel und beginnt nach langer Rast den Abstieg. Der ist markiert und führt genau südwärts über Matt und Amsigen an den See hinunter — sagen wir: bei nochmals 2½ bis 3 Stunden. Ohne Rast gemessen! Dieser Tag bringt dem Bergwanderer Heißhunger und Höllendurst, in Luzern drüben zu löschen — dazu doppeltes Selbstbewußtsein.

Ausblick vom Gipfel des Pilatus über Luzern auf den Vierwaldstätter See mit der Halbinsel des Bürgenstock über der Bildmitte. Links oben der Rigi, im Hintergrund der Bildmitte erkennt man den Großen Mythen, rechts darüber die verschneiten Östlichen Urner Alpen um Windgällen und Oberalpstock

24 Zwischen Titlis und Melchsee
Wanderungen zwischen Engelberg und Sustenpaß

TALORTE Engelberg, 1000 m · Innertkirchen, 622 m · Melchtal, 890 m · Altdorf, 490 m · Attinghausen, 469 m

STÜTZPUNKTE Hotel Trübsee, 1766 m · Restaurants am Engstlensee, 1837 m · Alp Tannen, 1977 m · Frutt am Melchsee, 1936 m · Gasthaus Stöck vor Melchtal, 1075 m · Gentalhütten, 1219 m

BESTE ZEIT UND AUSRÜSTUNG Juli bis Anfang Oktober. Dann aber mit Notproviant! Immer mit kompletter alpiner Wanderausrüstung, Wetter- und Kälteschutz, evtl. altem Regenschirm (es gibt alpine Patentschirme), in sehr guten, hohen Bergschuhen

BESTE KARTE Schweizer Landeskarte, Bl. 245, Stans, und Bl. 255, Sustenpaß. — Oder SLK, Bl. 37, Brünigpaß, 1:100 000

BILD Große Bergräume vom Sockel des Titlis, 3239 m, vor dem Trübsee, wohin uns ab Engelberg die Kabine befördert. Oben rechts der Jochpaß, 2209 m, darüber von links oben: ein Teil vom überfirnten Reißend Nollen, 3003 m, und die Wendenstöcke, 2957 und 3042 m. Zwischen Jochpaß und Wendenstöcken wandern wir zum Engstlen- und Melchsee

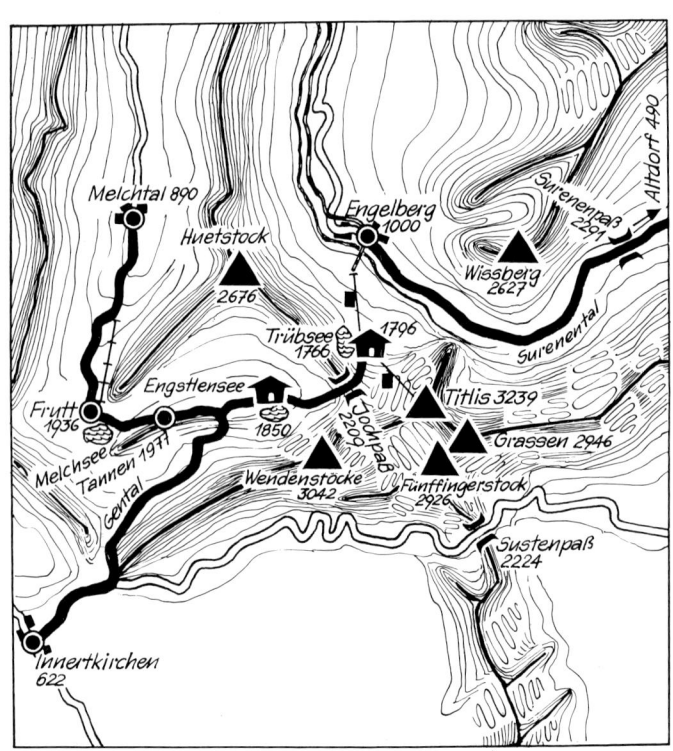

Der Fremdenort Engelberg mauert sich zeitgemäß in Beton ein, sein Reklameberg Titlis — im Glanz seiner Firnkuppe leuchtend wie eine durchsonnte Wolke — hat sich mit einer tollen Bergbahn behängt. Das ist aber gut für uns Bergwanderer. Bahnen ziehen wie Magnete die Masse an, und unsere herrlich stillen Wanderwege bleiben still. Ich denke an den Achtstundenmarsch durch eine absolute Einsamkeit ab Engelberg, unter den Spannörtern im Surenental hinauf zum Paß, 2291 m, und an den überlangen Abstieg durch den Waldnachter Boden und nach Attinghausen; ich denke an den großartigen Übergang vom Trübsee über den Jochpaß zum Engstlensee, Melchsee und ins Melchtal: erst unterm Firndach des Titlis, dann unter Reißend Nollen, Wendenstöcken und Mähren bis zum Tellistock hinaus. Immer kommt man da mit leerem Rucksack und vollem Herzen heim! — Engelberg liegt 1000 m hoch, an seinen feinen, alten Klosterbauten vorüber wandern wir südöstlich immer der Engelberger Aa nach, dem Surenental entgegen. Bei Stäfeli umgehen wir den Trümmerberg aus dem Bergsturz vom Weihnachtstag 1962, den ich, mit Skikindern eben eintreffend, als »Kanonendonner« erklärt hatte. Es war aber nur ein Teil der Gipfelmassen von Klein-Spannort, der damals das liebliche Tal verheerte. Hier also mutig vorbei, im Nidersurenen auf Nordost gedreht und hinauf zum Paß gestiegen, wo man zwischen Schloßberg und Urirotstockmassiv eine lange, stille Rast halten wird — 11—12 km, gut 3 Std. gemütlich. Jenseits geht es ebenso still ins Reußtal hinab, entweder hoch und frei über den »Grat« laufend, um über Brüsti und Attinghausen in See- und Busnähe zu kommen, oder hinab zum Waldnachter Boden und hinaus zum selben Ziel ... Das beliebtere Ziel, zumal für Familien mit trittsicheren Kindern, ist freilich der Trübsee, den man schamlos mit der Bergbahn gewinnt, weil man dann genug abzubüßen hat auf dem langen, schönen Hochgebirgssteig vom Trübsee, 1766 m, über den Jochpaß, 2209 m, dann beim aufregend schönen Abstieg zum Engstlensee, 1850 m, dem Überstieg an der Speicherfluh nach Tannen, 1977 m, und dem folgenden Marsch zum Melchsee, 1887 m. Hier kann man in den Restaurants von Frutt bei Kanonenschlägen aufregend dinieren, weil dort oben gerne jene Schweizer Grande Armée böllert, die schlauerweise niemals Kriege führt. Zum Schluß traben wir heiter hinab zur Station Stöck im Melchtal, wo uns der Bus nach Sarnen und Stans/Engelberg erwartet. Diese Tour Trübsee—Melchtal kostet im Familientempo 10 Std., vielleicht auch etwas mehr, bei später Herbstkälte weniger. Man bekommt dafür Durst, Hunger und starke Schlafgelüste, aber auch ein unvergeßliches Gemälde, das man lebenslang im Gemüt hütet: Das ist der permanente Aufblick zu Titlis und Reißend Nollen, diesen flammenden Eiswolken über riesigen Felsrampen und grünen Böden. — Wer mit der Welt verfeindet ist und völlig allein bleiben will, rennt vom Trübsee über den Jochpaß nur bis Engstlen, zweigt aber hier links ab ins Gental, um in Innertkirchen den Heimbus zu nehmen — vielleicht versöhnt inzwischen durch Mutter Natur.

54

25 Vier Felskämme unter dem Säntis

An hohen Steigen über Seealp- und Sämtisersee

TALORTE Brülisau, 922 m · Weißbad, 823 m (wenn man direkt zum Seealpsee will) · Wasserauen, 868 m (in der Nähe die Bergbahn zur Ebenalp) · Schwägalp im Norden, 1352 m (hier Säntiskabinenbahn zum Gipfel)

STÜTZPUNKTE Restaurant Hoher Kasten, 1678 m · Berghaus Stauberen, 1860 m · Berghaus Bollenwees am Fälensee, 1470 m · Berghaus Rotsteinpaß, 2120 m · Berghotel Säntis-Gipfel, 2448 m · Einkehr Meglisalp, 1517 m (beim Direktabstieg zum Seealpsee) · Gasthaus Altenalp, 1595 m · Berghaus am Schäfler, 1850 m · Berghaus Ebenalp, 1640 m

BESTE ZEIT ab Mitte Juli, wenn die steilen, grasigen Nordflanken frei von Schnee und trocken sind. Dann bis Anfang Oktober. Mit Wetterschutz, Notproviant, evtl. mit Seil oder Reepschnur zur Sicherung von Frau und Kindern. Kinder müssen trittsicher sein, dürfen nie den Steig verlassen. Vorsicht bei Nässe!

KARTE / FÜHRER Schweizer Landeskarte, Bl. 227, Appenzell, 1:50 000 · Dazu der sehr gute »Säntisführer« Lüthe/Egloff (St. Gallen) mit Entfernungskarte

BILD Rechts unten der dunkle Fälensee, links davon das Schutzhaus von Bollenwees. Darüber links oben die Saxerlücke und ein Rest Sockel vom Furgglenfirst. Es folgen die acht Kreuzberge, der Mutschen und der Roslenfirst. Im Hintergrund die Gipfel der Alviergruppe am Walensee

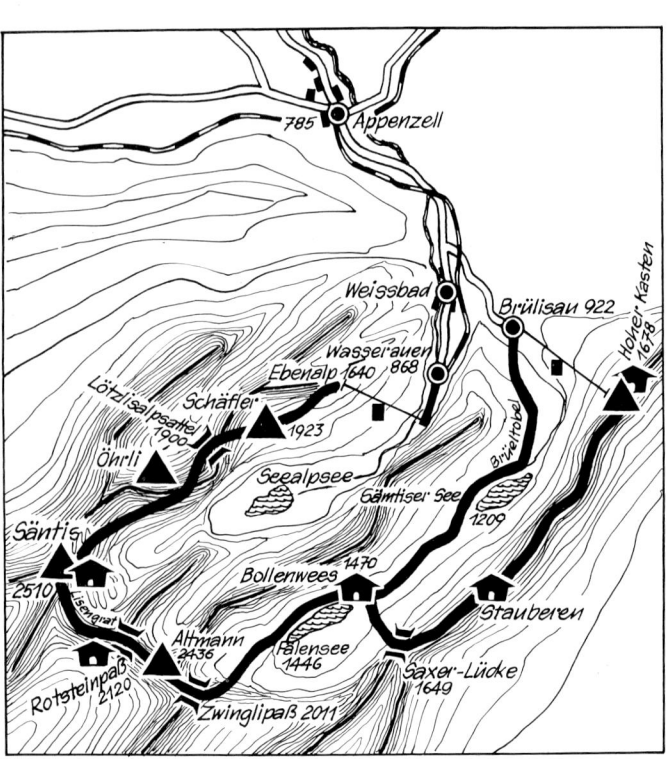

Die kleine Schweiz, ohnehin reich an großen alpinen Sensationen, bietet in ihrer nordöstlichen Ecke über Bodensee und oberem Rheintal ein kurioses Faltengebirge aus Kalkgestein: den Alpstein. Er ist ein monumentales Zeugnis für die gewaltigen Bewegungen der Erdrinde: Wie kein anderer Alpenstock bietet er — in vier parallel ziehenden Hauptkämmen — die erstaunlichste Demonstration eines Faltengebirges. Hunderte übereinanderliegender Meeresböden wurden durch eruptive Gewalt aufgebrochen und blieben in senkrechten oder kurvig gebogenen Bündeln und Türmen stehen. Ganz obenauf wachen Säntis, 2510 m, und Altmann, 2436 m, daß diese neue Ordnung erhalten bleibe. — Dieser kuriose Alpstein bietet einen idealen Klettergarten, er bietet aber auch ein Netz großartiger, wenn auch oft ungewöhnlich exponierter Höhensteige. Auf diesen Steigen wandeln wir ... Wir beginnen im Osten, fahren von Brülisau mit der Kabine zum Hohen Kasten, 1678 m, und haben das erste Glück schon in der Tasche: den Tiefblick auf die weit unten liegende, brettebene Rheinebene mit den strengen Schlingen des Stromes, draußen die Bodenseeweite, im Süden die tausend Bündner, Urner und Glarner Gipfel, das ist bei guter Sicht ein starkes Ereignis. Wir steigen zuerst südwestwärts ein Stück abwärts und dann wieder hinauf unter die Stauberenkanzel, 1860 m; kurz vorher hat sich der schmale Steig in die Nordflanke abgesetzt und begleitet nun Stauberenfirst und Furgglenfirst, 1926 m, immer dicht unter der Kammhöhe bis zur Saxerlücke, 1649 m. Wie eine überirdische Erscheinung stehen da plötzlich die acht Kreuzberge über uns, militärisch hintereinander aufgereiht wie die Sieben Churfirsten gegenüber, senkrecht aufgestellte, gebündelte Schichtplatten ... Wir besteigen sie nicht, obwohl drei Kreuzberge leichte Klettereien anbieten, wir steigen vielmehr zum nahen Fälensee hinunter und nehmen auf Bollenwees, 1470 m, Quartier. — Am zweiten Tag ersteigen wir über Roslenalp und Zwinglipaß, 2011 m, den Altmann, doch nicht ohne vom Zwinglipaß die Klettertürme in der zweiten Alpsteinkette identifiziert zu haben: Fälentürme, Freiheit, Hundstein ... Vom Doppelgipfel des herrlich isoliert stehenden Altmann geht es jenseits schmal und recht ausgesetzt zu den Schübligenüssen im Gasthüsli am Rotsteinpaß, 2120 m, hinab, und hier könnten wir die Überwanderung abbrechen und im schönsten Alpsteinabstieg zur Meglisalp und zum Seealpsee wandern. Ansonsten gehen wir am gleichen Tag weiter über den eleganten schmalen Lisengrat mit seinen vielen Türmen und Klettertreppen und zum Säntishotel unter dem Gipfel. Nach 6—7 Stunden Steigen und Klettern sind wir müde ... — Am dritten Tag heißt es besonders gut aufpassen, denn die Abstiegswege über den Blauen Schnee (ein Firnkar) und hinüber in die Öhrligruebe sind zeitweilig steil, meist aber sehr schmal. Wir bleiben bis zum Lötzlisalpsattel, 1900 m, auf der Nordflanke des letzten Alpsteinkammes, wechseln unter den Altenalptürmen in die steile Südflanke, sehen tief unter uns den Seealpsee und kriegen Durst ... Unter den Wänden des Schäfler warten schon die ersten am Berghang klebenden Gasthäuser.

56

26 Auf den Piz Segnas
Vättis — Calfeisental — Alp Sardona — Surenstock

TALORTE Bad Ragaz, 500 m · Vättis, 947 m (Bus von Bad Ragaz, Autostraße) · Evtl. Flims, 1080 m (wohin man auch absteigen kann)

STÜTZPUNKTE Alp Sardona, 1745 m (Strohlager) · Sardonahütte, SAC, 2157 m (50 Lager), 1½ Std. ab Alp Sardona · Beim Abstieg nach Flims evtl. Segnashütte, 2127 m

BESTE ZEIT Juli bis Ende September

AUSRÜSTUNG hochalpin für Gletscherbegehung, Seil, Pickel usw., Kälteschutz, Labiosan

KARTE / FÜHRER Schweizer Landeskarte, Blatt 247, Flims-Sardona, 1:50 000 · SAC-Führer, Glarner Alpen

HINWEIS Aufstieg und Abstieg von bzw. nach Flims über die Segnashütte — wie in der Faustskizze unten angedeutet — sind im SAC-Führer präzise beschrieben. — Der Piz Segnas heißt im Führer Piz Segnes, das Surenjoch wird Surajoch genannt. Der Führer schlägt vor, den im Bild sichtbaren steilen Firnhang, falls er ungangbar ist, zu meiden und in einem Kamin in dem Felsabsatz rechts von dem Firnhang zur Paßhöhe zu steigen, also sich am Gletscher zuletzt nordöstlich zu wenden

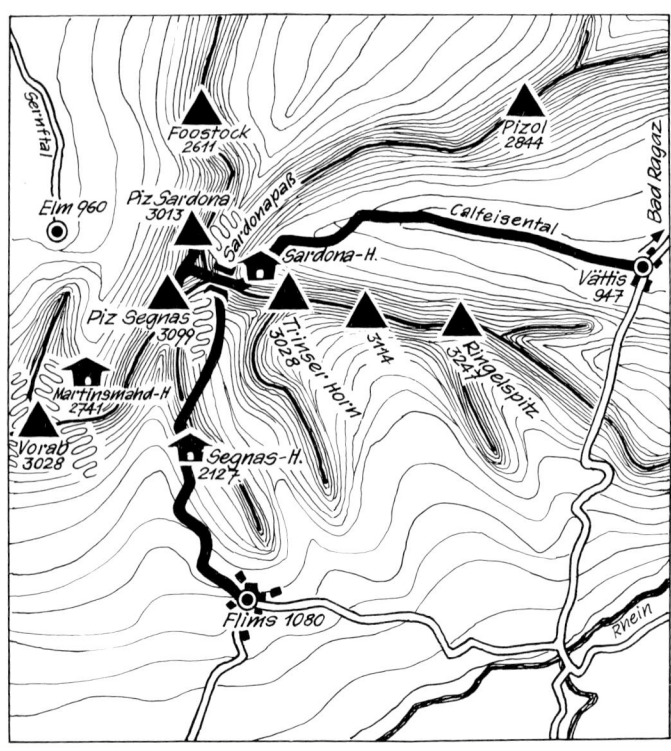

Wo die neue Autobahn von Bodensee und Walensee bei Chur in einem großen Rundbogen zum Vorderrhein einbiegt, da umfährt sie das östliche Vorwerk der Glarner Alpen mit Ringelspitz, Piz Segnas und Piz Sardona als markanten Dreitausendern. Dicht südlich schmiegt sich mit dem Piz Vorab der Sonnenkessel von Flims an. — Wir kommen mit Bus oder Wagen aus dem Rheintal, fahren bei Bad Ragaz westlich ab und über der Taminaschlucht hin nach Vättis — wo eines der schönsten Ostalpentäler ausmündet: das wunderbare Calfeisental. Die Zürcher Wochenendgäste fahren meist von Vättis, 947 m, durch eben dieses unversehrte Hochtal weiter bis zur Alp Sardona, 1745 m ... Aber weil man doch von Vättis köstliche 4–5 Std. wandert und der Nachmittag lang genug ist, um zu Fuß bis zur Sardonahütte des SAC auf 2157 m Höhe zu kommen — da sollte man wahrhaftig auf das Benzinfuhrwerk verzichten. Wer viel geht, fährt besser! ... Man durchwandere dieses Calfeisental also, links über sich den 3247 m hohen, mit Eisdecken bestückten Ringelspitz, rechts oben über dem Tersoltobel den berühmten Skiberg Pizol, man bummle zwischen großen, strengen Urgesteinsmauern und rührenden, grünen Idyllen gemächlich zur Hütte. Sie ist erneuert worden, faßt 50 Mann, und hinter ihr steigen unheimlich steile Felsrampen gegen den Sardonagletscher an. Am Morgen stellen wir erleichtert fest, daß ein Steig geschickt in das Gewänd geflochten ist, daß man bei nahezu gleichem Neigungswinkel schon nach 75 Minuten über die 450 Höhenmeter hinweg ist und bei P. 2563 der Karte vor dem Gletscher steht. Ein großer Blick zurück — dann überschreiten wir (Bild) den fast spaltenlosen Gletscher erst nord-, dann südwestwärts. Dicht vor dem Sardonapaß, 2790 m, gehen wir westwärts direkt auf das Eiscouloir zu, das uns auf den oberen Gletscher führen soll. Man findet fast immer eine getretene Trasse. Natürlich seilt man sich mit Begleitern vorher an. Das Couloir ist meist leichter zu ersteigen, als man am Gletscherrand denkt, man erreicht bald P. 3013 m der Karte und steht auf der Kimme des Firns, strebt gemächlich südwärts (wie im Bild genau zu sehen) zum Piz Segnas, 3099 m — hoch über Flims, hoch über dem Rheintalboden, ringsum von 1000 Bündner Bergen und Kämmen umgeben ... 4 bis 4½ Std. ab Hütte, gut 2½ Std. zurück! Vorsicht beim Abstieg im Couloir! ... Wer einen Tag dazugeben kann, ersteigt von der Sardonahütte noch das 3028 m hohe Trinserhorn am leichten Felsgrat, in 2½ Std. — Der Abstieg und der Marsch durchs Calfeisental werden uns abermals begeistern, ob wir das Fahrzeug an der Sardona-Alpe (dort Strohlager!) oder draußen in Vättis stehen haben. — Wer sein Glück gerne multipliziert, der nehme mit dem Piz Segnas auch noch den Piz Sardona mit, 3013 m, und schaue beim hohen Gang über den Grat (im Bild) auch westwärts ins einsame Sernftal und merke sich den wenig begangenen Anstieg von dort über die Martinsmahdhütte des SAC auf den Glarner Vorab, 3028 m: eine stille Prachttour in Eis und Urgestein, ab Elm, 960 m, Endstation der Serntalbahn. Der Aufstieg erfolgt über das Laaxerstöckli.

58

Ausblick vom Sardonapaß — von der Sardonahütte kommend — auf den oberen Segnasgletscher, über dem ganz links der Piz Segnas, 3099 m, steht. In Bildmitte das Couloir, durch das man den Eiswall zum Grat relativ gut überwindet. Auch die Eiswand rechts unter der Firnpyramide von P. 3039 wird, von links unten nach rechts oben, oft durchstiegen (man erkennt die Trasse) — besser aber durchsteigt man links das Couloir zur mittleren Felsrampe und steigt dann am Firnhang zur Kammhöhe. Der Piz Sardona schließt rechts oben an, er steht außerhalb des Bildrandes

27 Stätzerhorn und Dreibündenstein

Hohe Gratwege zwischen Lenzerheide und Via Mala

TALORTE Chur, 500 m · Lenzerheide-Heidsee, 1476 m · Malix, 1116 m · Parpan, 1511 m

BESTE ZEIT UND AUSRÜSTUNG Anfang Juli bis Mitte Oktober · Stets in solider Ausrüstung mit Wetter- und Kälteschutz, Notproviant, in sehr festen, hohen Bergschuhen

DIE BESTE KARTE ist die Schweizerische Landeskarte, Bl. 38, Panixerpaß, 1:100 000 · Für ähnliche Kammtouren auch Bl. 39, Flüelepaß, 1:100 000

STÜTZPUNKT gibt es auf der Stätzerhorn-Dreibündenstein-Tour keinen! Auch bei den meisten anderen Kammwanderungen ist man auf den eigenen Proviant, vielleicht auf bewirtschaftete Almen, bezüglich des Durstes aber sicher auf la frisches Quellwasser angewiesen

BILD Viele zugereiste Fränklisucher auf dem Marsch zum Kamm Stätzerhorn — Dreibündenstein. Sie kommen aus Lenzerheide. Im Hintergrund erkennt man die eleganten Bündner Kalkriesen Piz Ela, Tinzenhorn und Piz d'Err. Das Sträßchen nimmt bald ein Ende, dann steigt man nach Steigspuren zum Kamm an

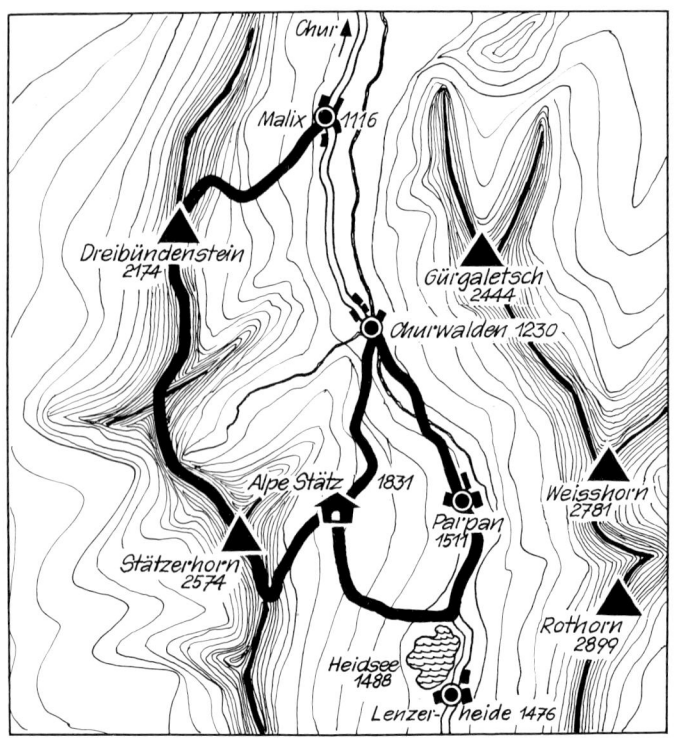

In Graubünden südlich von Chur, wo sich Vorder- und Hinterrhein eben erst verbunden haben und schnurgerade auf den Bodensee zielen, gibt es ganze Reviere von langen, stillen Hochgraten, deren Gipfel keinen Ehrgeiz lohnen. Ich denke nur an die großen Kammzüge zwischen Lenzerheide und Domleschg mit dem Stätzerhorn als Krone, denke an den völlig vergessenen Zug zwischen Domleschg und Safiental, der nicht einen berühmten Gipfel hat, sich aber südwärts zwischen Thusis—Andeer und oberem Safiental mit dem Piz Beverin aufmanndelt und im Revier um Bruschghorn, Piz d'Anarosa und Teurihorn sogar mit der 3000-m-Grenze kokettiert. Dazu kommen zwischen Safiental und Valsertal Crap Grisch und Cadeina dil Signina und zwischen Valsertal und Vorderrhein oder ostwärts zwischen Davos, Arosa und Bergün ein gutes Dutzend weiterer Hochgrate für den in die Stille strebenden Bergwanderer, und alle sind über die feinen Schweizer Landeskarten mit Hochgenuß zu studieren. — Den Hochkamm Stätzerhorn — Dreibündenstein bin ich mehrfach abgelaufen, vom Heidsee bei Lenzerheide weglos über die Alpe Stätz und dann von Süden her auf den 2574 m hohen Gipfel, wo schwere Felsbänke und ein faszinierender Ausblick in den Bündner Süden eine überlange Rast herausfordern. Heidsee — Stätzerhorn, mit oder ohne Kinder, bei knapp 1100 Höhenmetern in guten 3 Std. — das läuft sich gemütlich. Länger wird das Unternehmen, wenn man den dazu einladenden Nordkamm hinauswandert bis zum Dreibündenstein, schon nahe dem Rheintalboden und nur noch 2174 m hoch: Da muß man erst den felsigen Faulberg, 2572 m, links unterlaufen, dann geht es in faulen Bögen um die Faulbergegg und hinaus und hinab in endlose, grüne Almkuppen. Man könnte gegen Chur steuern, aber ich rate ab: Ich bin immer weglos rechts hinab, Dorf Malix im Auge, bin dann in den Wald getaucht, habe Spuren gefunden und — an der Bushaltestelle wartend — auch noch einige 1-, 2- und 5-Franken-Stücke, die ein sympathischer Schweizer aus Übermut verstreut haben muß. Was für einen Schweizer doch eine Sünde bedeutet. Mich hat's gefreut, und ich ginge immer gern wieder vom Dreibündenstein nach Malix hinab ... Aber dreitausend andere Ziele warten in diesen unseren geliebten Alpen. — A propos: Genau südlich dieser Stätzerhornkette wartet — von der Straße Thusis — Tiefencastel abgeschieden — der Hochkamm vom Muttnerhorn südlich über den Piz Curver, 2972 m, unter dem östlich die Kapelle auf Fuorcla Ziteil steht. Das ist die etwas höhere Ausgabe der Stätzerhorntour, länger, mit Sicherheit auch großartiger! Im grandiosen Abstieg von der Fuorcla Ziteil über die freien Alpböden vor Munter und durch die lichte Arvenzone wird man einen der schönsten Bündner Abstiege passieren. Und zugleich einen Modellfall für viele weitere Bündner Kammtouren. Man gehe nach Bushilfe von Mon aus, Stierva oder von der Straße bei Mutten, übersteige das Muttnerhorn, 2395 m, und laufe am endlos langen Südgrat bis auf den Piz Curver, 2972 m, zuletzt an Blockgraten kletternd. Dazu muß man aber griff- und trittsicher sein.

28 Klassische Wege über dem Bergell

Casaccia — Val Maroz — Val da Cam — Cadrin — Soglio

TALORTE Maloja, 1803 m, Malojapaß, 1809 m · Casaccia im Bergell-grund, 1458 m · Soglio über dem Bergellgrund, 1090 m

KEIN STÜTZPUNKT unterwegs, nur Alphütten, die meisten nicht besetzt

BESTE ZEIT ist, weil meist Südhänge begangen werden, Juli bis später September. — Die übliche Bergwanderausrüstung mit Wetter- und Kälteschutz muß Proviant enthalten! Im Frühsommer schadet ein kleiner leichter Pickel nicht, weil man im Val Maroz und hinter ihm noch im Val da Cam bis 2433 m Höhe erreicht — oder gar 2634 m beim Abstecher zum Piz Cam — und da gibt es an Nord- und Ostflanken doch noch alte, wenn nicht gar harte Firntafeln. Die Südhänge sind natürlich schon ab Mai schneefrei, wenn nicht früher

BESTE KARTE ist eindeutig die Schweizerische Landeskarte Blatt 268, Julierpaß, 1:50 000

BILD Wir schauen von der vorletzten Terrasse über dem alten Bergell-dorf Soglio (unserem Ziel) über die Bergelltiefe hinüber auf die berühmten Kletterberge der Scioragruppe. Rechts der Bildmitte oben im Trümmerkar steht die Sciorahütte des SAC auf 1904 m Höhe. Die Berge genau, von rechts: Sciora Dadent, Ago di Sciora, Punta Pioda, Sciora di Fuori, es folgen die beiden Pässe von Cacciabella, dann die Punta Cacciabella

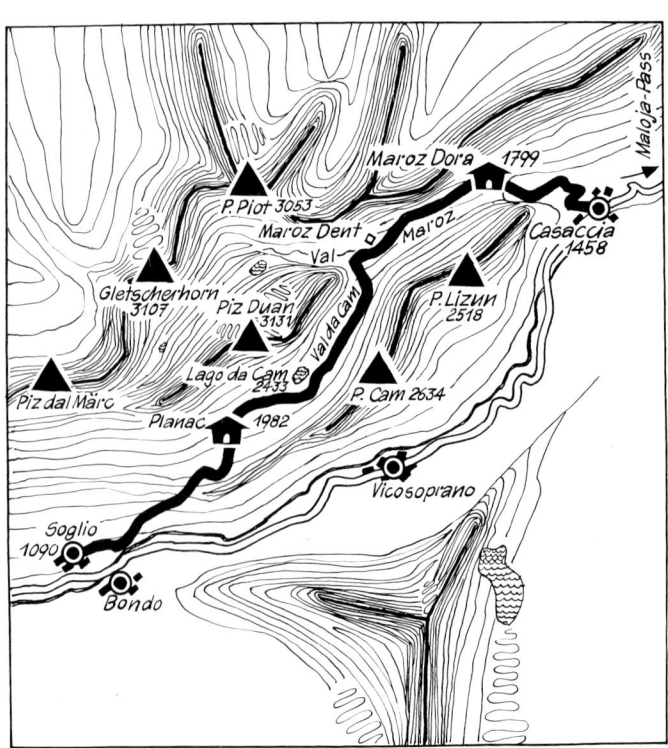

Wo das Oberengadin hinter dem Malojapaß an einer mächtigen Granitrampe in das tief eingeschnittene Bergell abstürzt — die Straßenbauer hatten heftige Mühe, ihre Kurven in das Urgestein zu sprengen —, da liegt als erster Ort das kleine, alte Casaccia, 1458 m hoch. Einst war es Depot für die über den Septimer- und Malojapaß kommenden Frachtleute. Am Wegweiser im Dorf, bei der Pension Septimer, starten wir, um an dem neu ausgebauten, guten Weg zur Alp Maroz Dora, 1799 m, zu wandern — erst nordwärts, dann westwärts steigend. Bald sind wir hoch oben in einem allereinsamsten Hochtal (1 Std.), übrigens fast am Sockel des vielen Bergwanderern bekannten Piz Lunghin, 2780 m (hinter ihm liegt der Lunghinsee mit den Innquellen!). Wir lassen jetzt die alte Römerspur zum Septimerpaß nach rechts oben laufen und bleiben im Hochtal, folgen den Wassern, gehen weglos bis zu den alten Hütten von Maroz Dent, 2035 m. Die Alp Maroz Dora um uns wird noch genutzt, wir steigen hinunter zum klaren Bach und bis zum Wegweiser bei der Wegegabel »Val da Cam« + »Val da la Duana«. Schaut man (nach der sehr genauen Landeskarte) links hinauf zu der Urgesteinsrampe von Erta, dann entdeckt man die Steinmänner, die uns südwärts steil hinauf zum 2328 m hohen Paß und drüben hinab ins einsame Val da Cam leiten. Nur der scharfe Pfiff der Murmeltiere unterbricht die Stille. — Wir wandern zwischen zwei Felskämmen südwärts und haben ein Landschaftsbild vor uns, das seinesgleichen sucht — es sind (Bild) die berühmten Kletterberge um das Bergeller Bondascatal: Piz Badile, Piz Cengalo, die Bügeleisenkante der Gemelli, und die Scioragruppe, darunter der schwarze Samt der Waldkulissen und der blaue Rauch über dem tiefeingeschnittenen Bergellboden. Beim kleinen Lago da Cam, 2433 m, könnte man links leicht in 40 Minuten den Piz Cam, 2634 m, erreichen oder rechts mit mehr Mühe und entsprechender Vorsicht den Piz Duan, 3131 m, aber das sind nur Tips für erfahrene Bergsteiger. Fast ebenso gewinnreich ist es, in größter Gelassenheit den markierten Pfad weiter zu verfolgen und bald den ersten erschreckten Blick in die volle Taltiefe zu tun: sie kennt den ganzen Winter hindurch keine Sonne. In sanftem Abstieg, immer am rasigen, von Urgesteinsblöcken hundertfach markierten Hang kommen wir streng westwärts weit hinaus zur Alp Cadrin, die 2213 m hoch auf einer Hangkante steht: Immer jene kolossale Bondasca-Kulisse gegenüber! Wir passieren nun, mählich gegen Soglio absteigend, die Ställe und Alphütten von Löbbia, Bruscià und Plän Vest, uralte Höhensässe der Bauern von Soglio, heute aber meist schon verlassen. Der Weg wird immer genußvoller, und des Rastens und Schauens ist kein Ende. Noch sind wir hoch über der Waldregion, unten im tiefen Talboden aber werden Kastanien stehen. Die beiden letzten Terrassen vor Soglio sind die schönsten Rastplätze, dann geht es in steilen Kehren in das uralte Dorf mit dem Schloß der Salis auf geschichtsträchtigem Boden zur besinnlichen Einkehr. Alles in allem knapp 7 Stunden, aber es dürfen auch 8 und 9 Std. werden, keiner bereut es.

29 Im Granit des Bergell

Sass Furä — Fornogletscher — Piz dal Päl

TALORTE Malojapaß, 1809 m · Vicosoprano, 1067 m, im Bergellgrund (für den Aufstieg über die Hütten von Pranzaira zum Albignasee) · Bondo, 823 m, für den Aufstieg Cabane Sass Furä oder Sciora (meist überfüllt)

STÜTZPUNKTE Cabane Forno, SAC, 2574 m · Cabane da l'Albigna, SAC, 2275 m · Cabane Sass Furä, 1904 m, über Laret · Ab Laret auch Aufstieg zur Cabane Sciora, SAC, 2117 m, direkt unter der messerscharfen Sciorakante stehend · Alpe Cavloc, 1911 m

BESTE ZEIT Mitte Juli bis Mitte September

AUSRÜSTUNG für Bergsteiger, mit Wetter- und Kälteschutz, nur in festen, hohen Bergschuhen, nicht in Leichtbergschuhen! · Hochalpine Gletscherausrüstung für den schwierigen Übergang aus dem Forno- ins Albignabecken über den nördlichen Paß da Casnil-Dafora, 2975 m

BESTE KARTEN Schweiz. Landeskarte, Bl. 268, Julierpaß, und Bl. 278, M. Disgrazia · Gute Anregungen im Schweizer Wanderbuch, Bd. 3, Oberengadin (Kümmerly + Frey)

BILD Die drei berühmten Granitkanten des Bondasca-Kessels über dem Bergell, von rechts oben (diagonal quer durch das ganze Bild) Nordkante des Piz Badile (im Auslauf dieser Kante der von uns zu begehende Sass Furä), anschließend die steile, glatte Cengalokante und schließlich die berühmte »Bügeleisenkante« der Gemelli. Ganz links oben der Passo di Bondo

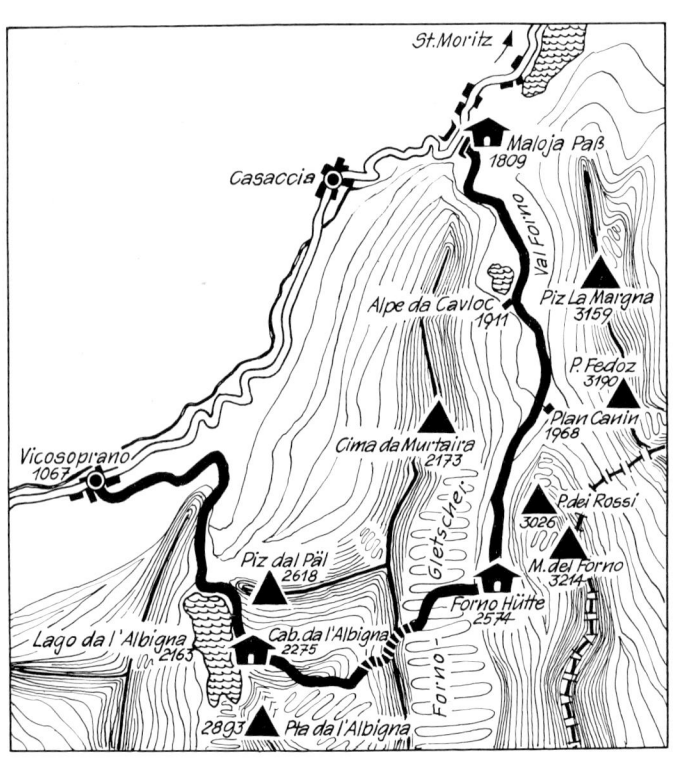

Wir dringen auf drei verschiedenen Wegen — jeweils in einer 2-Tage-Tour — in das Bergell ein, in das berühmteste Kletterparadies zwischen Montblanc-Gruppe und Civetta. Hier winkt dem extremen Kletterer jener hellgraue »junge« Granit, der, nur oberflächlich verwittert, Wände, Kanten und Grate von kompakter, porphyrischer Glätte anbietet, gerade noch porös genug, um der Schuhsohle Reibung zu bieten ... Uns Bergwanderer berührt das nur am Rande, vielleicht wenn wir bei unserer ersten Bergell-Tour — von Bondo zur SAC-Hütte am Sass Furä (1904 m) aufgestiegen — noch bis in die Nähe des Einstiegs in die berühmte »Badile-Nordkante« weitergegangen sind und hier diesen einzigartigen »jungen« Granit mit Händen fühlen ... Man muß das Bergell zuerst im Ganzen begreifen: Dazu setze man sich im berühmten kleinen Bergdorf Soglio (gegenüber von Bondo am Südhang) vor ein Glas Veltliner und einen überquellenden Teller glänzender Spaghetti: Man schaut von dort genau in das Zentrum des Bergell, genau auf jene berühmten Granitkanten von Piz Badile, Piz Cengalo und den Gemelli. — Der Anstieg ab Bondo über die Laret-Alm zur Sass-Furä-Hütte kostet 3 Std. Zeit, der weglose Weiterstieg am breiten Klotz vor die Badilekante nochmals knapp 2 Std. Man wird keine Minute Zeit, keinen Tropfen auf der Stirn bereuen! — Mein zweiter Vorschlag: Man wandere in guter alpiner Ausrüstung vom Malojapaß, 1809 m, über den idyllischen Bergsee von Cavloc, 1911 m, in das schmale Fornotal hinein, die halbe Strecke am Fornoeis dahin, bis hinauf zur Cabane Forno des SAC, 2574 m. — Man wird 3—4 Std. steigen — und wiederum nichts bereuen. In unserer Skizze ist der Übergang vom Fornokessel über den nördlichen Paß da Casnil-Dafora, 2975 m, zur Albignahütte angedeutet: Dieser 6—7stündige Übergang darf ausschließlich von hochalpin erfahrenen und entsprechend ausgerüsteten Bergsteigern gemacht werden. Man verstehe diese Warnung! — Hin- und Rückweg im Fornokessel verlangen 6—8 Std. Zeit, man kann auf der Hütte nächtigen. — Der dritte Tip: Man steige aus dem Bergell über die Hütten Pranzaira (gegenüber von Roticcio, 1268 m) in 3 Std. zum Albigna-Stausee, 2163 m, und gleich weiter links zur Albignahütte des SAC auf 2275 m Höhe. Dicht hinter dieser Hütte liegt der einsame Granitgarten des Piz dal Päl, 2618 m, den man in angenehmer Umständlichkeit in 1—2 Std. erwandert. Eine Götterrast erwartet uns hier, hilflose Liebespaare einigen sich am Busen der Urnatur ohne Worte. Man geht und rastet in einem vollkommenen Chaos. Wer hierher kommt, von den tausend kleinen Reizen des Städtelebens übersättigt, atmet in einer Oase der Ordnungswidrigkeit, atmet im urweltlichen Chaos hochalpiner Strenge und Reinheit ... Man kann auch ostwärts in entlegene Mulden weitersteigen, hin und her, soweit es die alpine Erfahrung erlaubt, und wird begreifen, was ich mit dem Hochgenuß der endlichen Ordnungswidrigkeit als endlicher Freiheit meine ... Ähnlich wie der Fornokessel, vermittelt der Einblick in den Eiskessel des Albignagletschers samt Nebenbecken Cantun und Castel Nord überaus ernste Bilder.

64

30 Im Fextal unter dem Chapütschin

Von Sils-Maria über den Lej Sgrischus

TALORTE Sils im Engadin, 1809 m · Fex am Beginn des Fextales, 1890 m · Curtins im Fextal, 1973 m

KEINE STÜTZPUNKTE oberhalb des Talbodens! Deshalb neben Wetter- und Kälteschutz unbedingt Proviant mitführen. Auch die unten bezeichnete Landeskarte! (Eine Flasche Bier, dies ganz unter uns, im Rucksack versteckt, löst auf dem Piz Chüern einen unsagbaren Genuß aus! Den man leider teilen muß.)

BESTE ZEIT Mitte Juli bis Ende September

BESTE KARTE Schweizer Landeskarte, Bl. 268, Julierpaß, 1:50 000 · Dazu: Schweizer Wanderbuch, 3, Oberengadin, mit Vorschlägen für 35 Wanderungen dieser Art, dazu Wegskizzen und Zeittabellen!

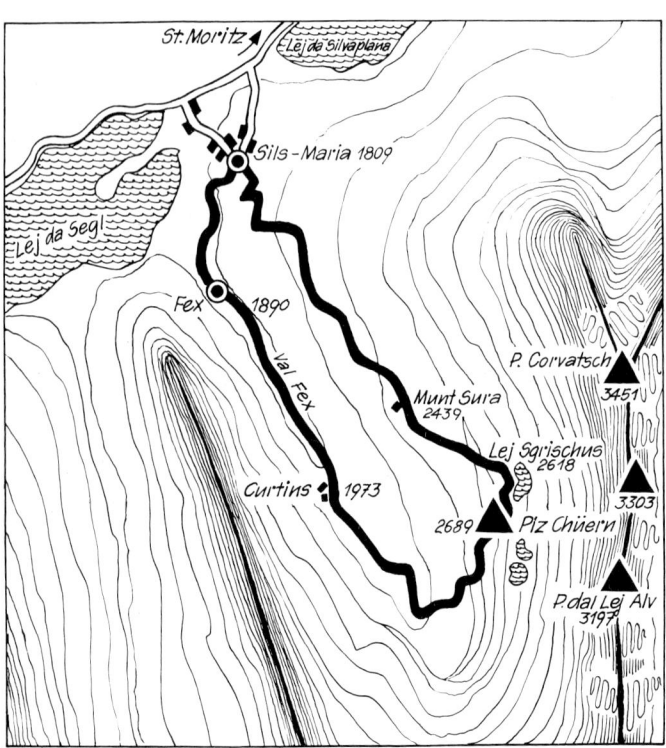

Wer die Überwanderung der Fuorcla Surlej als »schönste« Bergwanderung des Oberengadin vorstellt, besitzt die Fähigkeit der edlen Übertreibung. Erst Übertreibung macht einen Gedanken groß!, sagen die Denker... Schließlich hat der Aufstieg zur Fuorcla Surlej das Abträgliche, daß man auf Distanz von der Corvatschkabine begleitet wird. Im Fextal, das von Sils-Maria hinauf zur Firnpyramide des Piz Fora zieht, gibt es — noch — keine Bergbahn. Man ist in Stille, Freiheit, Eis und Granit eingeschlossen, wandert durch eine strenge, wie überirdische Trostlandschaft, in dünner Luft von Rampe zu Rampe — gute 10 Std. hinauf und hinab. Über uns schäumen hohe Firndächer, rechts im Talschluß breiten sich riesige Eisdecken aus. Das alles aus der Nähe zu sehen, gelassen ansteigend mit glücklichen Augen, verschafft jenen Trost, nach dem jede Stadtseele lechzt. — Große Worte? Bitte, prüfen wir es nach!... Wir steigen von Sils-Maria steil durch Wald, aber in Serpentinen, nach Marmorè hinauf, von 1809 auf 2199 m, stehen bald im hellen Licht auf der ersten Granitterrasse, die der Corvatschsockel über das enge Fextal stellt. Nochmals ein Rückblick zu den Seen des Oberengadin, dann geben wir uns ganz dem frohen Flanieren in großen Verhältnissen hin, zwischen letzten Lärchen, letzten, mageren Grünflecken. Vor uns die Eistreppen unter Piz Sgrischus, Piz dal Lej Alv und Il Chapütschin (3386 m), unter uns der abgetriftete Granit in flachen Hochböden und immer wieder in kräftigen Rampen. Rechts tief unten die Gletscherwasser der Fedacla, die hinaus zum jungen Inn treiben. Man protzte mit der absoluten Einsamkeit, wären nicht in Himmelshöhen die weißen Gasfäden der Düsenflieger... Immerhin, das Wanderglück steigert sich, auf dem letzten Grünboden des Munt Sura, 2439 m, scheint es nicht weiterzugehen — aber dann durchwindet der Steig geschickt zwei schrofige Steilstufen, und wir sind nach 3 Std. vor dem stillen Seelein des »Lej Sgrischus«, 2618 m hoch. Daß der Name übersetzt »schauerlicher See« heißt, ahnen die schlanken Forellen nicht, die hier in exklusiver Höhe auf ihre fischenden Mörder warten. Der See ist nur im Feuer der Höhensonne lieblich. Weil er — so hoch gelegen wie der Gipfel der Garmischer Alpspitze — sieben Monate im Jahr zugefroren ist und weil es auch im Gottesgarten des Engadin Nebeltreiben, Regengüsse, Schneestürme und gefrorene Böden gibt — so meine ich doch, daß der Name stimmt. Wir leisten uns den Ehrgeiz, hinüber zum flachen Gipfel des Piz Chüern, 2689 m, zu steigen, eine unbedeutende Erhebung unter allem, was strahlend über uns die 3000-Meter-Grenze übersteigt: Aber diese weite Rampe ist dennoch groß, frei, weit vorgebaut als Aussichtsloge von unbeschreiblichem Rang. — Vielleicht sind wir nun 4 oder 5 Std. gemütlich angestiegen, weitere 4–5 Std. dürfen wir für den Abstieg auf dem markierten, nicht zu verfehlenden Steig durch die Grasflanken des Grap da Chüern rechnen. Wir kommen in Curtins, 1973 m, auf den Talboden und wandern am Arme Friedrich Nietzsches hinaus nach Sils in den schönen strengen Talboden des Engadins — »es ist das Land der silbernen Farbtöne«.

Blick aus dem Flugzeug, das sich über den Oberengadiner Seen befindet, in das Fextal (rechts unten) und auf die von mächtigen Granitrampen gestufte Berglandschaft östlich über dem Fextalboden in den Flanken von Piz Corvatsch, 3451 m, Crasta dal Lej, 3303 m, und Il Chapütschin, 3386 m, die sich links oben hintereinanderreihen. Im Vordergrund Mitte die erste Rampe mit Marmorè, das wir beim Aufstieg passieren. Der Piz Chüern, 2689 m, ist nur die ebene Rampe in zweidrittel Bildhöhe, links der kleine Lej Sgrischus

31 Der Biancograt von der Fuorcla Surlej

St. Moritz — Hahnensee — Fuorcla Surlej — Val Roseg

TALORTE St. Moritz-Bad, 1772 m · Silvaplana-Surlej, 1809 m · Pontresina, 1805 m · Wer mit Trägheit geschlagen ist, kann mit der Kabinenbahn zur Mittelstation auffahren und fast eben zur Fuorcla Surlej queren

STÜTZPUNKTE Restaurant am Hahnensee, 2153 m, angenehm, einfach · Restaurant Fuorcla Surlej, 2755 m, auch zur Nächtigung · Cabane Coaz, SAC, 2385 m, zur Nächtigung nur für Alpinisten · Hotel Roseg, 1999 m

BESTE ZEIT Juli bis Oktober. Im Herbst schöner! — Wetterschutz unerläßlich, samt Handschuhen und Wollmütze. Obst! — Wen der Ehrgeiz packt, der kann ab Fuorcla Surlej, freilich nur mit Pickel und einschlägiger Erfahrung, über das Gletschereis zum Piz Corvatsch, 3451 m, aufsteigen. Meist Trasse

BESTE KARTE Schweiz. Landeskarte, Bl. 268, Julierpaß, 1 : 50 000

BILD Im Abstieg von der Fuorcla Surlej ins Val Roseg treffen wir auf diese Alpe. In Bildmitte Zunge und Brüche des Tschiervagletschers zwischen seinen hohen Trümmermoränen. Ganz oben, von links: der Piz Scercen, 3971 m, mit seiner Eisnase am Nordgrat, es folgt die Porta da Roseg, 3522 m, die den Scercen vom Piz Roseg trennt (Mitte oben), 3937 m hoch, mit den merkwürdigen Eisbalkonen in seiner Nordostwand. Rechts der schwarze Granitberg des Piz Aguagliouls, 3118, unter dem der Rosegggletscher zu Tal fließt

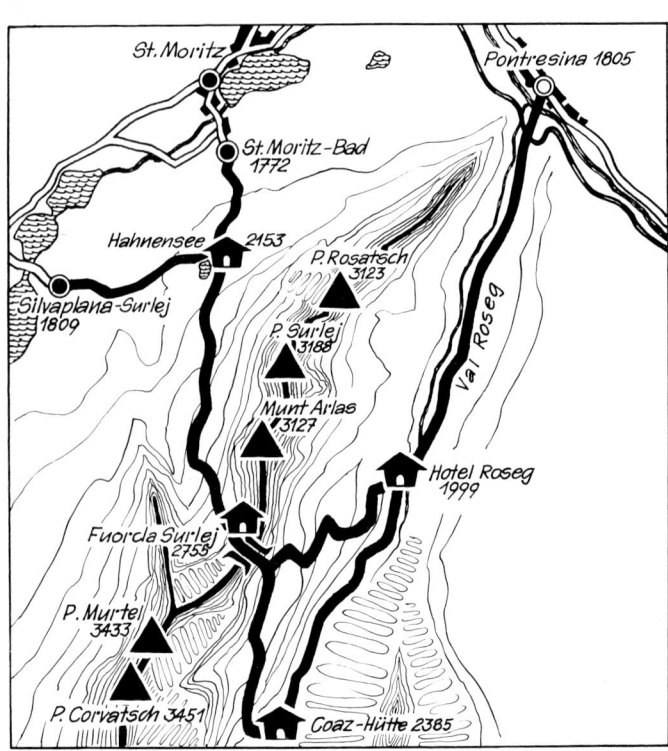

Die schönste Bergwanderung des Oberengadin! Ein Superlativ also. Das Oberengadin hat Weltruf, ist ein Garten Eden der reinen, strengen Höhe, umstanden von eisumflossenen Granitdomen. Mit seiner Höhe zwischen 1600 und 4000 Meter, der starken Sonnenbestrahlung und den mächtigen Verdunstungswolken aus dem benachbarten Veltlin ist es wie geschaffen für eine üppige, edle Alpenflora. Nirgendwo in der Schweiz gedeihen Arve und Lärche schöner als im Oberengadin ... Oder soll ich von der Seenkette sprechen zwischen Corvatsch und Piz Julier, dieser matt schimmernden Perlenkette im Graubündner Wappen! Wir sehen sie auf dieser Wanderung während 4 Stunden. Es beginnt so sanft ... Wir fangen bei St. Moritz-Bad auf 1772 m Höhe zu steigen an, kommen durch steilen Bergwald, dessen Boden schon felsige Strukturen verrät, zum Hahnensee mit seinem kleinen Restaurant, 2153 m, und gehen dann nur noch gute 30 Minuten, bis sich der grüne Vorhang lichtet und den Blick auf die große Engadiner Talschaft freigibt ... Durch volle 2—3 Stunden sehen wir diese kontrastreiche, den Naturfreund immer wieder hinreißende Szene: die sanft schimmernde Seenplatte, von grünen Brücken verbunden, das strenge Land Nietzsches zwischen ungeheuren Granitburgen. Tief drunten die Autostraße zum Julier ist verstummt, wir spüren einen vollen Tag nichts von ihren giftigen Abgassäulen, kehren noch einmal in heile Welten zurück. Wir wandeln froh Stufe um Stufe aufwärts, übersteigen in ausgelassener Heiterkeit die Elefantenrücken riesiger abgeschliffener Granitrampen, Nibelungenwinde wehen um uns, neue Maßstäbe von Größe und Schönheit senken sich in das Gemüt. Dann sehen wir Eis und Firn des Piz Corvatsch aus nächster Nähe, dann überschwillt ein eisiger, greller Hauch den Granitgrat vor uns — und schon öffnet sich mit einem Paukenschlag die große Szene der Berninagruppe: Plötzlich tief unter uns die Eiszungen von Tschierva- und Sellagletscher, von Spalten zerfetzt, von Trümmerschutt überspült, darüber dramatisch zusammengedrängt der Piz Morteratsch, der verwegene Biancograt zum Piz Bernina, die bizarre Eisnase am Piz Scercen und, der Wunder höchstes, die drei freischwebenden Eisbalkone in der glatten Nordostwand des Piz Roseg ... Man muß alles im Ganzen sehen und dann fleißig die Landeskarte studieren, um das schöne Ganze nochmals in seinen hundert Details zu genießen. — Man kann im erneuerten Berghaus an der Fuorcla Surlej gut nächtigen, um am anderen Morgen die große Szene im scharfen Frühlicht neu zu begreifen. Dann steigt man ins kühle Jenseits des Val Roseg ab, zielt auf das Hotel Roseg, 1999 m, in den Steinwüsten unter den Gletscherzungen; oder man nimmt sich 3 Std. mehr Zeit und erlaubt sich den Abstecher zur erneuerten Coazhütte des SAC, 2385 m, dicht überm Rosegggletscher, und wandert dann zurück, hinaus durch das große Val Roseg, zum ersten Grün, zur ersten üppigen Alpe, stromert mit den Bergwassern, endet müde an Körper und Geist im Hoteldorf Pontresina. — 4 Std. Aufstieg von 1772 auf 2755 m, dann 3—4 Std. Abstieg. Der Lohn: ein neues Weltbild!

32 Urwelten um den Albulapaß

Bever — Spinas — Fuorcla Crap Alv — Hospiz — La Punt

TALORTE Bever im Oberengadin, 1708 m · Station Spinas der Rätischen Bahn im Bevertal, 1815 m (nicht jeder Zug hält hier) · Albulapaß-Hospiz, 2304 m · La Punt im Oberengadin bei Madulain, 1697 m

STÜTZPUNKTE Keiner im Val Bever: Nur 80 m unter der Fuorcla Grap Alv steht eine Militär-Schutzhütte (evtl. für Sonderfälle) · Gasthaus Weißenstein, 2026 m, und Hospiz, 2304 m, an der Albulastraße

BESTE ZEIT UND AUSRÜSTUNG Ab Mitte Juli, am schönsten Ende August und im ganzen September · Da kein Stützpunkt, empfiehlt sich Wetterschutz im Gepäck, Notproviant, Kälteschutz

BESTE KARTEN Schweiz. Landeskarte, Bl. 39, Flüelapaß, 1:100 000 · Oder dieselbe, Bl. 258, Bergün, 1:50 000

BILD Blick aus dem Flugzeug in das Albulatal (Val d'Alvra) in Graubünden zwischen Bergün und Oberengadin. In Bildmitte die Albula-Paßstraße, an ihr unter der Bildmitte der Gasthof Weißenstein, 2026 m. Links oben Piz Üertsch, 3267 m, mit vorgelagertem Piz Zavretta; rechts der Paßstraße oben der dunkle, das Albulatal vom Val Bever trennende Granitkamm um den Piz da las Blais, 2930 m. An ihm (genau am rechten Bildrand) kommt unser Steig aus dem Bevertal zur Fuorcla Grap Alv, 2466 m; wir sehen, wo die beiden kleinen Seen liegen, erkennen auch, daß wir relativ einfach zur Paßstraße absteigen können. Das Hospiz liegt an der Straße dort, wo sie im Hintergrund verschwindet. Im äußersten Hintergrund, jenseits der Innfurche, die Gipfel des Schweizer Nationalparks

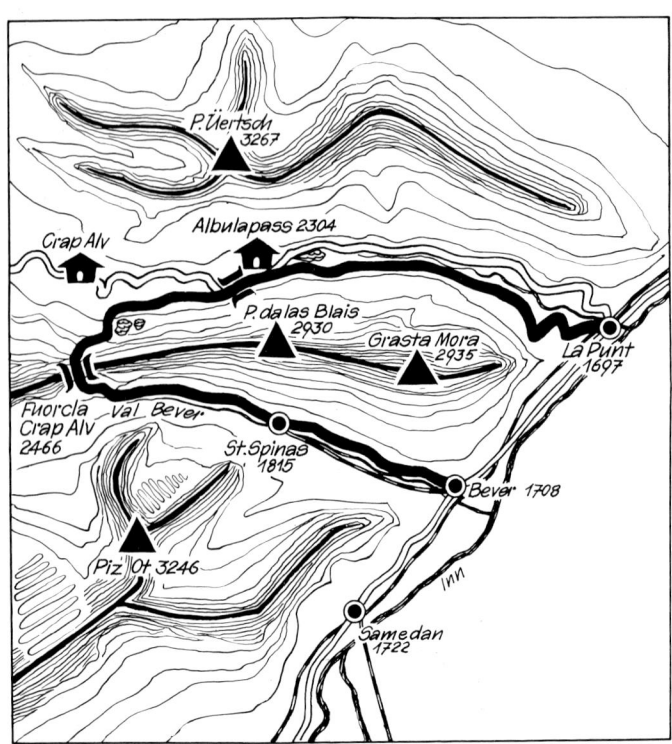

Wer als einfältiger Nur-Autofahrer schon einmal von Tiefencastel oder Davos unter den Piz Ela gekommen ist und dann über Filisur nach Bergün, um hinter diesem in seinen Hausformen und -farben einzigartig bewahrten, uralten Bergdorf weiter über den Albulapaß ins Engadin zum jungen Inn zu fahren — der muß mindestens einen Hauch von jener großen Urwelt verspürt haben, die wir diesmal durchwandern. Der Albulapaß, rätoromanisch Pass d'Alvra genannt, durchbricht zwischen Piz Ela und Piz Kesch das Bündner Urgestein und präsentiert in der Paßlandschaft jenen strengen Ernst, in dem eine einzige Blüte schon rührende Unruhe auslöst. Unter diesem Paß rennt im langen Tunnel die Rätische Eisenbahn, nachdem sie hinter Bergün schon Schlangen in die spröde Berglandschaft gelegt und vor Preda sogar zwei übereinanderliegende Kehrtunnels passiert hat, durch den Granitfels ... Wenn wir in Bever am Inn aufbrechen, begleiten uns Lärchen, Arven und auch die Bahngleise dieser Rätischen Bahn bis Spinas, dann verschwindet die Bahn im Tunnel, wir aber in einer Freiheit, die in wilden Übermut ausschlagen kann. Ein karger Weg, der Beverinbach uns zur Seite, nach 1 3/4 Std. haben wir P. 2052 m im Talboden erreicht, sind in stummes Glück versunken. Schroff, wild und nackt bäumt sich rechts und links das Urgestein auf — und eben da beginnt rechter Hand unser kaum markierter, aber gut zu findender Anstieg zur 2466 m hohen Fuorcla Crap Alv, dem Übergang aus dem Bever- ins parallel laufende Albulatal. In knapp 1 1/2 Std. sind wir oben, schauen begeistert auf den spitzen Piz Ot, auf Piz Saluver, Piz Bever, erkennen Piz d'Err und Piz Ela, am liebsten stiegen wir links zur »Piramida« hinauf, aber die Schweizer Landeskarte verspricht uns gleich hinterm Paß, rechts des zu begehenden Val del Diavel, ein grünes Canalone und zwei kleine Seelacken, und die findet man dann auch bald, lagert besinnlich zu einer langen Rast, nennt endlich einmal die schöne Bergwelt sein eigen. Keine Zeugen, keine Neider weitum! Wir befinden uns dicht östlich des Val Malix, durch das eine der schönsten Bündner Frühjahrsskitouren zum Piz Laviner führt; wir gehen an die Rampenkante, sehen unten die Paßstraße und steigen dann glücklich hinab am bald steileren Weg, das Ziel heißt Gasthaus Weißenstein oder Hospiz. Zum Hospiz kann man vorher rechts auf einem älteren Militärsträßchen abschneiden. Nur eine kleine halbe Stunde geht es nach dem Hospiz — mit 2304 m der höchste Punkt der Paßstraße — der Straße nach, kurz vor Straßenkilometer 33,5 aber zweigt rechts ein begrünter Weg ab, um der Ova d'Alvra entlang zu den Alpen Nova und Proliebas zu führen. Hier überqueren wir den Wasserlauf, bleiben aber in seinem Tälchen, steigen, alle Straßenkehren abschneidend, hinab nach La Punt, wo sich Eisenbahn, Wirt und junger Inn auf 1697 m Höhe eng zusammendrängen ... Wer an dieser Albula-Tour Gefallen gefunden hat, sollte sich als nächste Wanderung folgende Route vornehmen: In 7—8 Std. St. Moritz — Alp Suvretta, 2211 m — Paß Suvretta (See), 2580 m — Val Bever, 2104 m — Stat. Spinas — Bever! Alles unter Piz Julier, Piz Nair, Piz Saluver, allein!

33 Val Viola und Corno di Campo

Berninapaß — Val di Campo — Pizzo Paradisino

TALORTE Berninapaß, 2304 m · Gasthaus Sfazu, 1600 m (9 km tiefer, südwärts des Passes, am östlichen Straßenrand)

STÜTZPUNKTE Cabane Saoseo, SAC, 1987 m · Und Albergo Campo, 2065 m, im mittleren Val di Campo · Zeltmöglichkeiten in der Nähe für vernünftige Bergsteiger; die Weiden werden genutzt!

BESTE ZEIT UND AUSRÜSTUNG Juli bis Mitte September · Der Corno Mürisciolo nur von trittsicheren, erfahrenen Gehern über die Südflanke, zuerst von Osten her: ein idealer Aussichtsbalkon über dem Puschlav · Corno di Campo und Pizzo Paradisino nur in kompletter hochalpiner Ausrüstung mit Seil und Pickel; nicht schwierig, wenn man Erfahrung im Eis besitzt. Die Kletter- bzw. Blockgrate sind leicht. Aufstieg je reichliche 4—5 Std.

BESTE KARTEN Schweiz. Landeskarte, Bl. 269, Berninapaß, 1:50 000 · Oder dieselbe, Bl. 44, Malojapaß, 1:100 000

BILD Am Ufer des 2160 m hoch gelegenen Lago Val Viola unter den Wänden der Cima di Saoseo, 3265 m. Der See liegt im oberen Teil des von der Berninapaßstraße ostwärts ziehenden Val di Campo, das am Passo di Val Viola in das nach Bormio ziehende Val Viola übergeht. Der Rucksack gehört dem sitzenden Buchautor

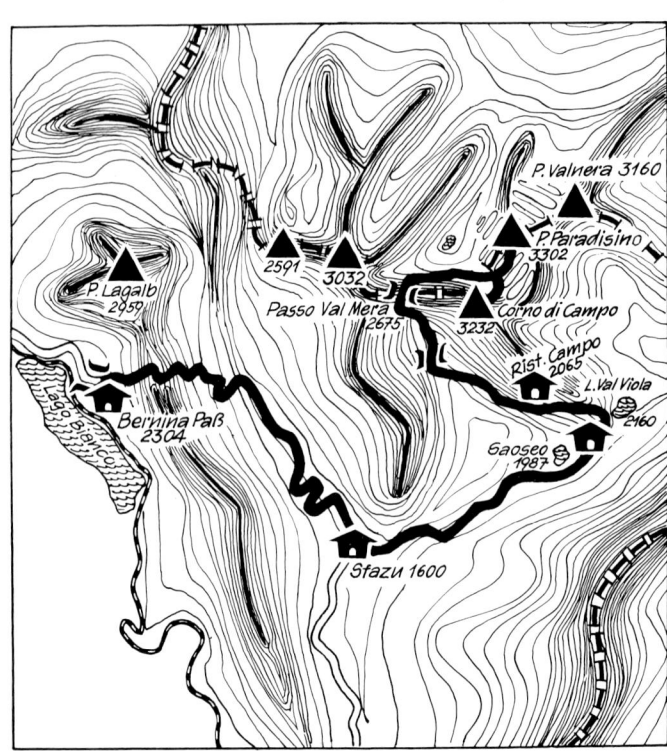

Man wagt es kaum zu erhoffen, wenn man vom Berninapaß 9 km südwärts fährt und beim kleinen Gasthaus Sfazu, 1600 m, links das schmale Schottersträßchen ins Val di Campo nimmt — das gleich bei Beginn mit einer Höchststeigung von 22 % imponiert. Aber da hat man die laute Welt der Paßstraßen schon verlassen und entdeckt sich die strenge, reiche, völlig unberührte Bergwelt des Val di Campo. Nach 30 Minuten steht rechts an der Straße die Saoseo-Hütte des SAC, 1987 m, nach 5 Minuten stehen wir vor dem kleinen, armen Gasthaus Campo auf 2065 m, zwischen Riesenblöcken und einem weiten, ebenen, grünen Campo. Eine heroische Idylle! Vor ihr lasse man den Wagen stehen, sehe sich erst in Ruhe um. Hinter dem Ristorante ziehen von jenem ebenen Plan riesige, grobe Schuttströme hinauf in das Val Mera und weiter zum Passo Val Mera, 2675 m, unter dem die Karte einen kleinen, verlassenen See verspricht. Rechts über diesem Passo steht der mächtige Corno di Campo, 3232 m; dicht hinter ihm östlich, vom selben Gletscher zu ersteigen, der Pizzo Paradisino, 3302 m . . . Wenden wir uns gegen Süden, dann überragt der Pizzo del Teo, 3049 m, unser Tal und neben ihm, hoch hinauf mit Eis beschlagen, die abweisend-wilde Cima di Saoseo, 3265 m. — Am Tag der Ankunft laufe man (da auf dem Weg zu den Gipfeln keine Hütte liegt) in einer halben Stunde ganz langsam das Tal ostwärts hinauf bis zum stillen Lago Val Viola (Bild) auf etwa 2160 m Höhe: Das Foto erklärt die Niederlage alles Grünen unter einem gewaltigen Bergsturz, herab von der Cima di Saoseo, vielleicht vor 80 Jahren. Tapfer kämpfen die ersten kleinen Fichten und Arven gegen die Übermacht des Granits. Darüber stehen einsame Hochgipfel, abenteuerlich-wildes, unbekanntes Urgestein, in dessen steilen Rinnen und Mulden überall das Eis fleckt . . . Wir waren allein, es war Herbst, es war ganz still: kein Haus, kein Mensch . . . Wer nur als Bergwanderer kommt, erkunde diesen Lago Val Viola, bis er ein Gedicht auf ihn machen kann. Dann ersteige er vom Campo über die Südflanke in 3 Std. den Corno Mürisciolo, 2819 m; ein kleiner Steig führt vom großen Campo durch Wald westwärts hinauf in Alpgelände und Geröll, durch das man dann nordwärts zum Grat und auf ihm zum Gipfel kommt. Hier feiere man die erste große Umschau: die Eisburgen der Bernina gegenüber, die schwarzen Trümmerberge über dem Val di Campo hinter sich. Dann studiere man das Val Mera bis zum Passo Val Mera: Dort steige man — als guter Bergsteiger mit hochalpiner Ausrüstung — anderntags vor Tag hinauf, ziele den Seetopf an, dann den Paß, wende sich hier ostwärts über grüne Moränen zum Gletscher und übersteige ihn bis zu dem auffallenden, schwarzen Felskopf hin, um von dort — nun von Norden her — über die Randspalte, dann über Firn und Blockwerk zum 3232 m hohen Corno di Campo zu kommen. Ein herrlicher Berg, übrigens schon im Mai auf Skiern! — Jetzt studiere man auch noch den Pizzo Paradisino nebenan, den man auf dem gleichen Wege erreicht, über den Gletscher ostwärts, dann am Südgrat zum Gipfel, 3302 m. — Je Gipfel 4—5 Std. Anstieg, 2—3 Std. Abstieg.

34 Über das Flüela-Weißhorn

Klosters — Vereinahaus — Jöriseen — Davos

TALORTE Klosters, 1206 m · Ab hier Wirts-Car zum Vereinahaus · Davos-Dorf, 1560 m, mit Bus vom oder zum Flüelapaß

STÜTZPUNKTE Berghaus Vereina, 1943 m, unter dem Vereinapaß; am Eingang ins Jörital. Zu Fuß 2½ Std. ab Klosters. Auch mit Motor-Car des Vereina-Wirtes · Wegerhaus, 2207 m, an der Flüelapaßstraße; unterhalb Gasthof Tschuggen, 1938 m; beide ganzjährig geöffnet

BESTE ZEIT UND AUSRÜSTUNG Anfang—Mitte Juli bis Ende September · Ausrüstung für mittlere Gletscherbegehung, Wetter- und Kälteschutz, Handschuhe, Seil, leichter Pickel, leichte Vierzacker (in Reserve)

BESTE KARTE Freytag-Berndt-Wanderkarte, Bl. 37, Silvretta, 1:100 000 · Sehr gut auch die Schweiz. Landeskarte, Bl. 248, Prättigau, 1:50 000

HINWEIS für eine klassisch schöne, durchaus vereinsamte Zwei-Pässe-Wanderung unter Plattenhörnern, Piz Linard und Flüela-Weißhorn: ab Berghaus Vereina süd-, dann gleich ostwärts ins Süsertal, vor dem Talschluß rechts hinauf zum Fleßpaß, 2453 m (2 Std.), südlich durchs Val Torta bis P. 2119 (Alpe Fleß Dadaint), hier westlich hinauf zum Jörifleßpaß (2561 m, + 2½ Std.) und nun an den Jöriseen vorbei zurück zum Vereinahaus (+ 2 Std.). — Vom Süsertalschluß wäre man auch in 1 Std. auf dem Vereinapaß, 2585 m, mit dem faszinierenden Blick auf die herrliche Gruppe Piz Linard, Piz Sagliains, Piz Zadrell vom Sockel der Plattenhörner!

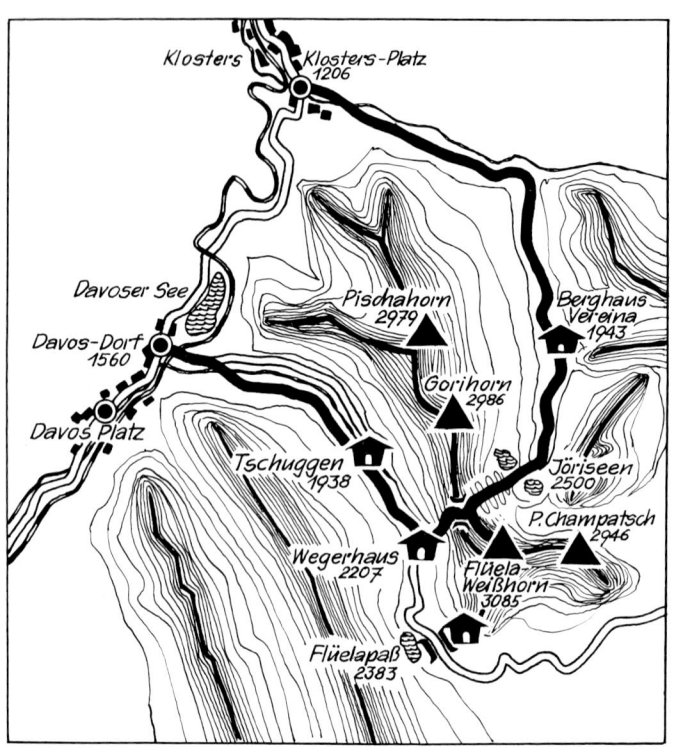

Die alte Flüela-Paßstraße zwischen dem weitläufigen Skiplatz Davos und dem stillen Dorf Susch am oberen Inn trennt an ihrem höchsten Punkt — dem 2383 m hohen Flüelapaß — die Silvretta von den Albulabergen. Das Weißhorn liegt bei 3088 m Gipfelhöhe nur runde 700 Höhenmeter über dem Paß — ab Wegerhaus eine Affäre von guten 2 Std. über die Winterlücken und den feinen, leichten Nordwestgrat ... Aber wir gehen oder fahren aus gutem Grund von Klosters zum Vereinahaus und nächtigen dort: Denn der Anstieg durch das Jörital mit seiner eindrucksstarken Folge elementarer hochalpiner Landschaftsbilder sucht seinesgleichen. Walther Flaig nannte diese Tour wegen der idealen Steigerung dieser Eindrücke eine »vollkommene Bergfahrt« schlechthin. — Wir steigen vom Vereinahaus, 1943 m — wo wir bereits in der Nachbarschaft des Piz Linard, 3410 m, geschlafen haben —, in das Jörital hinein. Erst durch ineinanderfließende, von Gletschern rundgeschliffene Urgesteinsrampen, ohne Strauch, ohne Baum, nur mit letztem grünem Samt bezogen, dann ein flaches Becken, hinter dem der Ostgrat des Gorihorns den Weg verstellt. Hinauf über den Absatz und dann hochgespannt mit dem Jöribach weiter und über eine zweite Schwelle: Da ist sie, die vollkommene Landschaft arktischen Gepräges ... sechs kleine Jöriseen im Schutt hoher Moränenstränge und blockerfüllter Terrassen, darüber die erste runde Eiswelle des Jörigletschers, und dann sein hohes, weißes Platt, rechts und links von zwei herrlichen Klettergraten eingefaßt ... Rechts geht es über den Gletscher zur Winterlücke, 2818 m, bis hierher gute 2½ Std. In 50 Minuten klettern wir (Grad I—II) über den leichten Nordwestgrat zum Gipfel, 3085 m, grüßen die komplette Gipfelmannschaft der Silvretta und mit besonderer Reverenz den herrlichen Piz Linard. Südwärts Piz Kesch, Piz d'Err, westwärts die Skimugel um Davos, weit im Süden die weißen Berninagrate ... Wir hätten von den Jöriseen ebensogut den Nordostgrat ansteuern können; besser aber ist es, ihn von der Trasse zu den Winterlücken ganz zuletzt nach links anzupeilen: Auch hier leichte Kletterei ab Lücke 2850 m. Man könnte diesen steileren, doch ebenfalls leichten Klettergrat sogar ganz, nämlich schon ab Jörifleßpaß, erklettern, aber das kostet vom Einstieg in etwa 2700 m Höhe bis zum Gipfel etwa 2—3 Std. Schwierigkeitsgrad I und II! — Der Abstieg erfolgt am Südwestgrat zur Winterlücke, von wo wir westwärts in die Rundbuckellandschaft um den Flüelapaß eintauchen. Beim Wegerhaus, 2207 m, kommen wir an die Paßstraße und nehmen den Bus (wenn einer kommt) — oder laufen bis Davos-Dorf bei 700 m Differenz in guten 1½ Std. hinaus. — Für passionierte Bergsteiger mit Klettererfahrung böte sich ein Doppelgenuß an: nämlich die Überschreitung des Flüela-Weißhorns vom Jörifleßpaß zur Winterlücke. Leichte Kletterei von alles in allem 4 Std. — »Genußkletterei« mit Sicherheit. Sie kann wegen der relativ großen Höhe freilich nur bei sicherem Wetter gemacht werden, wenn der Fels schneefrei ist. — Als Dessert: vom Flüela-Hospiz in 2½ Std. durch die leichte Westflanke auf den einsamen P. Champatsch, 2945 m.

Ausblick vom großen Jörisee, 2500 m, in die Moränenregion und auf den Jörigletscher. Oben Mitte das Flüela-Weißhorn, 3088 m, rechts darunter der schöne Nordwestgrat (Normalweg), der rechts unten an der Winterlücke endet. Der schwarze Urgesteinsberg rechts ist P. 2784 im Grat Winterlücke-Gorihorn-Pischahorn. Links unterm Gipfel des Weißhorns der ebenfalls leichte Nordostgrat, zu dem man in der ersten Lücke einsteigt. Nach links: Gratpunkt 2906 m und Jörifleßpaß, 2561 m

35 Vom Val Cluoza ins Val dal Fain
Fünf Tage vom Schweizer Nationalpark zur Bernina

TALORTE Zernez am Inn, 1472 m (Beginn der Paßstraße über den Ofenpaß ins Münstertal) · S-chanf am Inn, 1682 m (direkter Zugang zur Parkhütte Varusch und Alp Chanels) · Bernina Suot, 2080 m (unter der Diavolezza an der Berninapaßstraße) · Pontresina, 1805 m

STÜTZPUNKTE Blockhaus Cluoza, 1880 m, 3 Std. von Zernez, Teil des Nationalparkes · Parkhütte Varusch, 1734 m, 1¹/₂ Std. von· S-chanf, am Eingang in den Nationalpark · Evtl. Alpen Chanels, Purcher, Sout · Alpe Timon, 2253 m; daneben Alp Schuoler, im Val Lavirun, etwas weiter unten am Zusammenstoß mit dem Val Chamuera die Alpen Serlas, 2017 m, und Acla Veglia · Alp la Stretta, 2427 m, dicht südl. unterhalb der Fuorcla Chamuera, 2790 m · Nächste Unterkunft Berninahäuser, 2046 m

BESTE KARTE Freytag-Berndt-Wanderkarte, Bl. 51, Bernina und Engadiner Alpen, 1:100 000 · Über die am Wege liegenden Gipfel orientiere man sich nach der Karte und im SAC-Führer »Bündner Alpen«, Band X

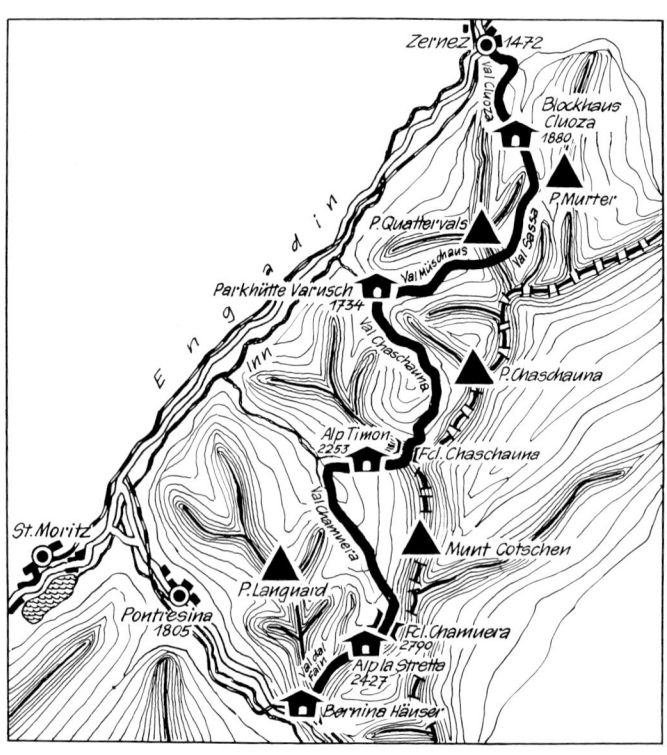

Wo die von Zernez am jungen Inn ins Münstertal ziehende Ofenpaßstraße das berühmte Naturschutzgebiet des Schweizer Nationalparks durchschneidet, beginnen wir unsere 5-Tage-Wanderung durch die östlichen Oberengadiner Berge zum Berninapaß: ein strenger Marsch, eine schöne und einsame Bergwanderung, ein Urlaub in der Urwelt der Vergangenheit! Wir steigen und wandern zwischen jungem Inn und italienischer Staatsgrenze, vom Val Cluoza bei Zernez bis ins Val dal Fain bei den Berninahäusern — reine 28 Gehstunden, streng gerechnet. Es dürfen 35 werden! Zunächst den einfachen Plan mit Höhenunterschieden und reinen Gehzeiten — 1. Tag: Zernez am Inn, 1472 m, erst am Spöl, dann oberhalb des wilden Tobels im Val Cluoza bis zum Blockhaus Cluoza, 1880 m, einfache Nächtigung = 3 Std. — 2 Tag: Im Talgrund des Val Cluoza bis P. 1939 m, fast flach, dann im Val Sassa steil und lang empor zur hohen Fuorcla Val Sassa, 2857 m; dann Abstieg durch das Val Müschaus und zur Parkhütte Varusch, 1734 m (einfache Nächtigung) = 8 Std. (Firn unter der F. V. Sassa!). — 3. Tag: Von der Parkhütte kurz durch das Val da Scigns, dann lang und hoch durch das Val Chaschauna zur grenznahen Fuorcla Chaschauna, 2804 m, und steil hinab im Val Lavirun bis zur Alp Timon, 2253 m = 7 St. — 4. Tag: Kurz westlich in den Grund des Val Chamuera zur Alp Serlas, 2017 m, dann erst flacher, später steiler das ganze Val Chamuera hinauf zur Fuorcla Chamuera, 2790 m, und jenseits kurz und steil zur Alp la Stretta, 2427 m, bereits im Val dal Fain = 5–6 Std. — 5. Tag: Gemütlicher und genußvoller Spaziergang durch das floristisch berühmte Tal, zwischen Piz Albris und Piz Alv zur Berninapaßstraße bei den Berninahäusern, 2046 m = 2–4 Std. Man kann nicht langsam genug schlendern und schauen! — So verbleiben wir bei rund 28 Stunden. Bei gutem Wetter, ohne Nebel und ohne Neuschnee, und vorausgesetzt, daß wir unter den drei sehr hohen Pässen — F. V. Sassa, 2857 m, F. Chaschauna, 2804 m, F. Chamuera, 2790 m — keine harten Firntafeln antreffen, die in dieser Höhe, im Juli zumal, oft genug vorhanden sind, bleibt es bei 28 Std.! — Die gute Nächtigung ist nicht immer garantiert. Das Blockhaus Cluoza kann überfüllt sein (offiziell ist Vorankündigung Pflicht); an der Parkhütte Varusch könnte man evtl. auf die davor liegende Alp Chanels oder die am Beginn des Val Chaschauna stehende Alp Sout ausweichen; jenseits der F. Chaschauna steht eine Militärschutzhütte (nicht zugänglich), dann folgen um die Alp Timon weitere Hochalmen, hier muß man Glück haben und im Gepäck seinen Biwaksack. Man kann stille Urwelt nicht wie eine Attraktion anbieten. Aber man darf sagen, daß man vom Elend dieser Welt noch einmal genesen kann, oberhalb Zernez überm Inntal, am Kamme von Il Pra — ehe wir hoch über dem Wildtobel des Cluozagrundes weitergehen, weit drüben den Piz Linard entdecken und um uns den duftenden Samt eines unberührten, ungehegten Urwaldgürtels auf den nur von Lawinenstürzen durchfurchten Riesenflanken. — Wen irgendwo unterwegs doch unsicheres Wetter überrascht, der flüchte nach der Karte hinaus ins Inntal.

Blick aus dem Arvenwald, dicht unter der Vegetationsgrenze, über das Unterengadin hinweg in die Berge des Schweizer Nationalparks. Diese streng geschützte Hochgebirgslandschaft wird in keiner Form genutzt, um Flora und Fauna zu erhalten. Strenge Strafen bedrohen das Pflücken von Blumen, das Begehen nicht ausdrücklich geöffneter Wege und Übergänge. Jegliches Bauen und Siedeln ist ohnehin untersagt, für die Nächtigung der wandernden Liebhaber dieser großartigen Urlandschaft wurden eigene einfache Blockhäuser geschaffen

36 Zwischen Suldental und Valfurva
Varianten zwischen Ortler, Cevedale und Confinale

TALORTE Sulden, 1890 m · Goldrain im Vinschgau, 650 m · Bormio, 1217 m · Santa Caterina im Valfurva, 1736 m

STÜTZPUNKTE Schaubachhütte, 2573 m, ab Sulden · Zufallhütte, 2264 m, durch das Martelltal mit Kfz · Casatihütte, 3267 m, am Langfernerjoch, ab Zufallhütte oder ab Pizzinihütte · Pizzinihütte, 2706 m, im hinteren Cedec-Tal · Rif. Bernasconi, 3100 m, ab S. Caterina oder Abzweigung Gaviapaßstraße

BESTE ZEIT UND AUSRÜSTUNG Die beste Zeit ist die der größten Begeherzahl wegen der Gletschertrassen, soweit wir Gletscher begehen. Juli bis Mitte September. Bei Gipfeltouren wie Cevedale, Cima Venezia, aber auch Confinale muß man mit Schlechtwettereinbrüchen rechnen, ja mit eisigen Stürmen: Kompl. Ausrüstung für große Höhen unerläßlich, Leichtsteigeisen, Pickel, Sonnenschutz usw.

KARTEN / FÜHRER Freytag-Berndt-Karte Bl. 46, Ortlergruppe, mit eingetragenen Wanderrouten, gut, 1:100 000 · Führer Ortlergruppe von Lois Köll (Rother), gut, auch die beiliegende Karte 1:50 000

BILD Ausblick von der Casatihütte am Zusammenstoß von Langen- und Zufallferner auf die 3859 m hohe Königsspitze. Links darunter der Gran-Zebrù-Gletscher. Das steile Firnfeld unter dem Gipfel dient dem Normalweg, der in einer Scharte unter dem Fels und Firn teilenden Südostgrat beginnt. Dieses »Königsjoch«, 3295 m, wird sowohl von der Schaubachhütte her wie von der Casatihütte bei kurzen Firnüberquerungen erreicht. Links unten außerhalb des Bildrandes liegt die Pizzini-Hütte, CAI, 2706 m

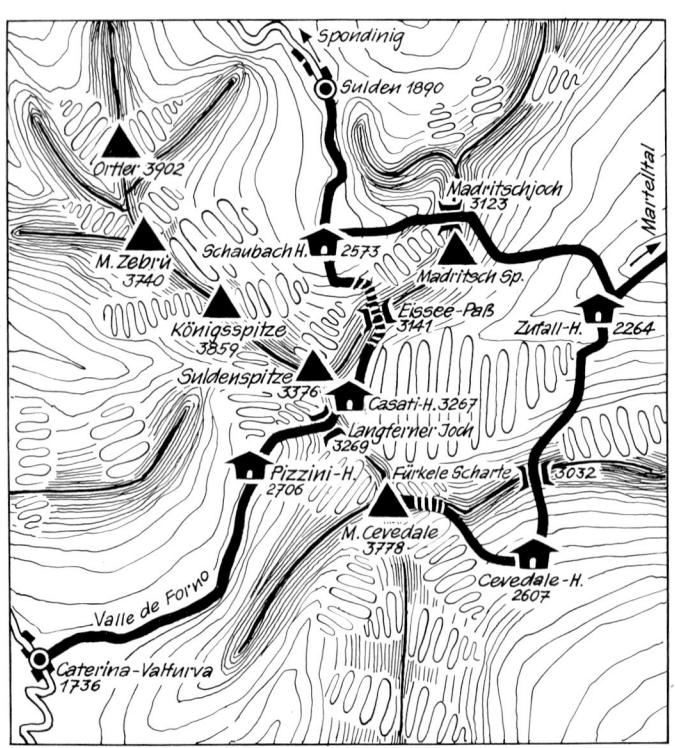

Ob die Bernina zu den Ost- oder Westalpen gehört, darüber läßt sich streiten, nicht aber darüber, daß Ortler- und Berninaberge nach Höhe und Charakter westalpines Format besitzen. Die Ortlergruppe beherrscht mit ihren Plakaten »Ortler — Zebrù — Königsspitze« und »Trafoiblick ins Ortlereis« die Phantasie aller Bergfreunde — aber den Fornokessel mit seinen 12 Eisgipfeln über 3500 Meter und seinen 1000 Spalten kennen nur wenige! Auch der ergiebige Veneziakamm über dem Martelltal und die Laaser Gruppe um die Düsseldorfer Hütte (mit der leichten Tschenglser Hochwand, 3373 m, 2 Std. ab Hütte) verlieren neben Königsspitze und Cevedale an Glanz. Wer ins Herz des Ortlergebietes eindringen will, fahre einmal über Reschenpaß und Stilfser Joch bis ins Valfurva hinter Bormio und steige von Santa Caterina, 1736 m, in der Südflanke, immer leicht links (westlich) vom Val Pasquale bleibend, zum Confinale auf 3370 m Höhe — zum »Gornergrat« der Ortlergruppe. Hoch oben streift er ausgelaugt, kleine Gletscher, muß sie aber nicht betreten, klettert in den Blöcken des Südwestgrates zum Gipfel; ringsum Ortlereis, eine wilde »Westalpen«-Region zwischen Vinschgau und Tonalepaß!... Diese verlassene Pyramide des Confinale liefert Superlative an ostalpinen Ein- und Ausblicken! Dann wird man aus dem Valfurva auch einmal zum kleinen, alten Rifugio Bernasconi dicht unterm Pizzo Tresero, 3602 m, ansteigen. Oder den Confinale einfach umwandern: S. Caterina — Albergo Buzzi, 2178 m — dann durch das großartige Cedec-Tal zum Rif. Pizzini, 2706 m — über den Passo Zebrù, 3010 m — und kühn am Granitleib der Königsspitze hinauf zum Rif. Alpini, 2877 m! — Endlich das Valle della Zebrù heraus nach S. Antonio zur Straße nach Bormio: Hier geht man allein, genießt innig das Dasein in urweltlichen Formen des Verfalls. — Von der Pizzinihütte ist man auch in 2 Std. eisfrei auf der Casatihütte am Langenfernerjoch, 3267 m, und kann auf der Trasse des riesigen Langenferners ins Martelltal absteigen. Oder mit entsprechender Ausrüstung und erfahrenem Begleiter den »Hüttenhausberg« machen, den 3778 m hohen Cevedale, der nur am Gipfelstock-Schrund Schwierigkeiten macht. — Von der Zufallhütte im Martellgrund kann der besonnene Bergwanderer über die Konzenlacke und die Zunge des Fürkeleferners zum Langenferner und auf ihm zur Cima Marmotta, 3223 m, ja von dort am leichten Grat sogar zur Cima Venezia, 3385 m, gelangen — mit unverhofft schönen Aussichten auf Presanella und Adamello. — Nicht über die heikle Fürkelescharte, aber über das Hohenfernerjoch, 3032 m, kann der mit Gletscherbegehungen vertraute Bergsteiger auch zur Larcherhütte im südlichen Val Venezia gelangen und von dort auf relativ leichtem Weg in nur 3—4 Std. den Palon della Mare ersteigen. — Von der Zufallhütte sollte jeder Bergwanderer auch einmal durch das Madritschtal zum Madritschjoch, 3123 m, aufsteigen, um eisfrei zur Schaubachhütte zu kommen. Dabei wird die Madritschspitze, 3265 m, in leichter Kletterei an ihrem Nordgrat erstiegen (³/₄ Std.), und die Hintere Schöntaufspitze, 3307 m, leicht am sicheren Steig.

37 Auf den Monte Vioz

Plage zur höchsten Ostalpenhütte

TALORTE Fucine, 1020 m, an der Tonalepaßstraße, zwischen Paß und Malè · Cogolo, 1160 m, im Valle di Peio (Lift nach Dorf Peio) · Dorf Peio, 1579 m, unter dem Südsüdostsporn des Monte Vioz

STÜTZPUNKTE Rif. Mantova al Vioz, CAI Trento, 3535 m, bewartet 13. 7.–8. 9. (evtl. Schlüssel beim Hüttenwirt, Custode Rif. Vioz, in Peio). 6½ Std. ab Peio! Höchstgelegene Hütte der Ostalpen, erbaut 1907 von DAV Halle · Evtl. Rifugio Cevedale (Larcherhütte), 2607 m, im oberen Val Venezia, von Peio oder Cogolo 4–5 Std.; von der Zufallhütte im Martelltal über Hohenfernerjoch 3–4 Std.; mit Palon della Mare als Hüttentour bei sicherem Wetter, 3704 m, 3–4 Std., relativ kurze Firnbegehung zum Eisdom

BESTE ZEIT UND AUSRÜSTUNG 15. Juli bis Anfang Sept. · Komplette hochalpine Ausrüstung, Seil, Pickel, Wetterschutz, Bussole, Biwaksack

BESTE KARTEN Man nehme beide Freytag-Berndt-Karten mit, Bl. 46, Ortlergruppe, und Bl. 50, Presanella-Adamello, je 1 : 100 000

BILD Am Anstieg zum Monte Vioz, 3644 m, in der südlichen Ortlergruppe. Blick in die unabsehbaren Eisbrüche des Fornoferners auf der Westseite, eines der größten Gletscher der Ostalpen

WICHTIGER HINWEIS Von Peio führt neuerdings eine Seilbahn über Tarlenta (Rif. Scoiattolo), 2033 m, bis unter die Cima di Vioz auf 2350 m Höhe: dadurch kann man die Aufstiegszeit von 6 auf 3 Std. verkürzen. Die Riesentour läßt sich (eine alpine Sünde!) zur »Tagestour« degradieren!

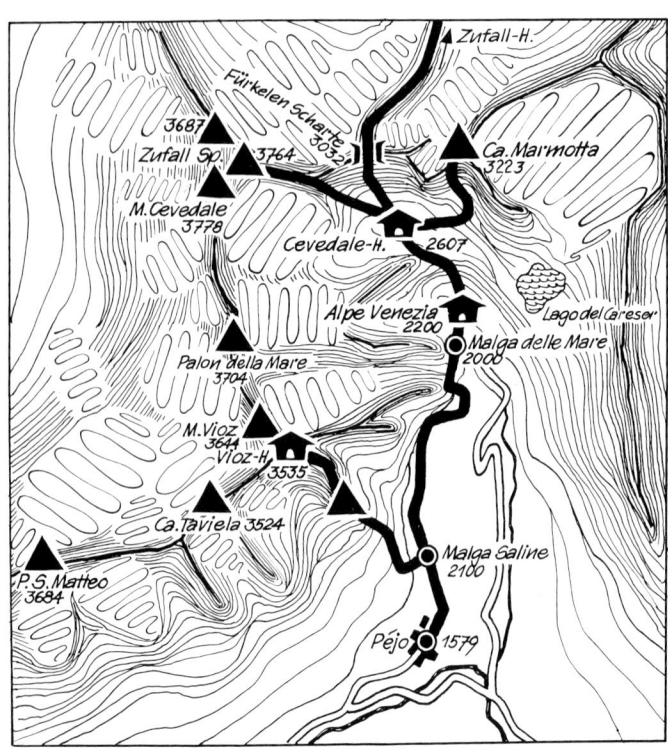

Man muß als hochgestimmter Bergfreund nicht nur ins Hohe, sondern auch ins Exklusive streben. Warum immer in die Dolomiten, in die Brenta, wenn es über die Brenner-Autobahn geht? Leisten wir uns das anstrengende, aber unbeschreiblich lohnende Vergnügen, über die höchstgelegene Ostalpenhütte zum Monte Vioz zu steigen — nur lächerliche 20 Minuten von der Hütte auf kolossale 3644 m Gipfelhöhe! Aus dieser einsamen Höhe schauen wir nicht nur auf das glänzende Bühnenbild der übergletscherten Adamellogruppe im Süden, auf die Eisrampen der Presanella, in die Spaltenmeere des ungeheuren Fornobeckens um und unter uns, um das sich 12 Gipfel über 3500 Meter erheben! Wir sehen auch hinab in die fremde Welt des Val Venezia ostwärts unterm Cevedale mit der Larcherhütte, wir erforschen das ganze Valfurva mit der einsamen Pyramide des Monte Confinale, wir umfassen die unerhört weitläufige Hinterfront des Ortler... Wer bietet mehr? Man trifft keinen Schwabinger, keinen Wiener und schon gar keinen »Preuß«. Und weil man vom Italienischen nur die sechs Wörter mangiare, amore, pagare, dormire und mille baci kennt, bleibt man allein: nicht schlecht in der dünnen Luft auf 3644 m Höhe... Also über Bozen — Mendel — Tonalepaßstraße oder über Reschenpaß — Stilfser Joch und kuriosen Gaviapaß hinunter nach Fucine (unweit bei Malè geht's südwärts in die Brenta) — von Fucine aber nordwärts hinein bis Dorf Peio, 1579 m, und andertags in aller Herrgottsfrühe über Malga Saline, dann die Cima di Vioz links, später den Dente de Vioz rechts umgehend, immer am oder dicht unterm Grat, zur uralten Trientiner Schutzhütte unterm Monte Vioz auf 3535 m Höhe. Höhenunterschied 1950 m, Zeit gute 6 Std., die Hälfte am Felsgratsteig! Die Begeisterung am nahen Gipfel des Monte Vioz, wo Palonkamm und Matteokamm über den Spaltenmeeren des Fornogletschers aufeinanderstoßen, wird kein Ende nehmen. Der gute Bergsteiger findet, perfekt ausgerüstet, leichte und nahe Ziele: Bei ganz sicherem Wetter in nur 2 Std. auf hoher, einsamer Eistribüne zum Palon della Mare, 3704 m, einem herrlichen Firndom, oder in 6 Std. den Übergang Vioz — Palon della Mare — Guido — Larcherhütte unterm Cevedale. Oder den Gratgang zur Cima Taviela, 3615 m, in 2 Std. — Dies nur 3 Tips von mehreren, die man im und beim Führer genau erkunden kann. — Unter uns: Als tüchtiger Bergwanderer und als Bergsteiger wird man sich mindestens 5 weitere Ziele für die nächste Zukunft aussuchen. Etwa den Confinale, 3370 m, von Santa Caterina im Valfurva über die fast eisfreie Südflanke, ein allereinsamster alpiner Spaziergang ohne besondere Ansprüche. Dann den gut vierstündigen Marsch von Peio ins Val Venezia zur Larcherhütte mit eisfreiem Spaziergang auf die Fürkelescharte, 3032 m! Oder eisfrei über die stille Südflanke zur Cima Marmotta, 3223 m! Zuletzt sticht einem die Presanella derart ins Auge, daß man sie auch aufs Programm setzt... Man riskiert bei dieser anstrengenden, aber vom Herrgott gut honorierten Vioz-Tour nur eines: Beim Abstieg über 2100 Höhenmeter wird man volle sechs Zentimeter kleiner.

38 Auf die Cima Presanella

Tonalepaß — Rif. Denza — Rif. Mandron — Passo di Maroccaro

TALORTE Tonalepaß, 1883 m · Vermiglio und Pizzano, 1100 m, an der Tonalepaßstraße · Evtl. Pinzolo, 765 m, am Auslauf des Val Genova · Für Autoabkürzung zum Rif. Denza-Stavel: Velon, an der Straßengabel westwärts von Pizzano

STÜTZPUNKTE Rif. Denza (Stavel), CAI, 2298 m, im Val Stavel; vergrößert, gemütlich. 4–5 Std. ab Vermiglio. Evtl. Autoauffahrt ab Dorf Velon bis Ex Forte Pezzi Alti, 1880 m, auf sehr schmalem Bergweg; dann noch 1½ Std. · Kleine, leere Biwakhütte dicht südöstlich unter dem Presanellagipfel

BESTE ZEIT UND AUSRÜSTUNG Anfang Juli bis Ende September · Ausrüstung komplett für hohe Regionen. Bei den kurzen Überschreitungen kleiner Gletscherzipfel vor den Pässen oder zur Presanella hinauf genügen bei guten Verhältnissen einfache Vierzacker und leichter Pickel

KARTEN / FÜHRER Freytag-Berndt-Karte Blatt 50, Brenta-Adamello, 1:100 000 · TCI-Karte (ital.) Presanella/Adamello, 1:50 000 · Führer Dr. Gatti »Adamello-Presanella-Gruppe« für Bergwanderer (Rother)

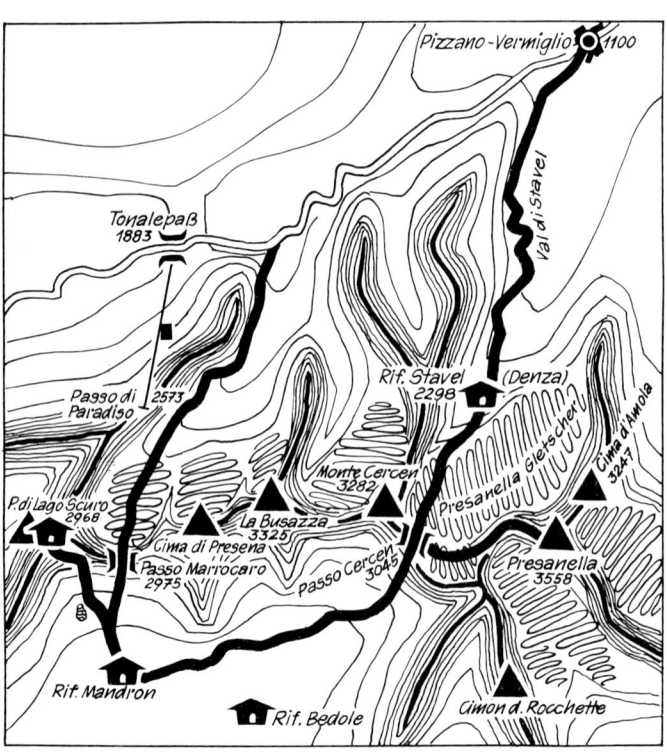

Wer einmal von einem grotesk aufsteigenden Brentaturm hinüber in die Adamellogruppe geschaut hat, wo die Gipfelgrate in einfachen, strengen Formen aus weit und weich fließenden Gletschertafeln aufsteigen, oder wer vom Monte Vioz in der südlichen Ortlergruppe auf die Eiskaskaden in der Presanella-Nordwand gestarrt hat, dem ist ein Licht aufgegangen: Woanders gibt es auch schöne Gebirge! Presanella und Adamello gehören den Italienern, ganz klar, aber als Gast-Bergsteiger sollte man dort willkommen sein . . . Ich rate, einen Drei-Tage-Marsch zu riskieren, vom Tonalepaß über die Denzahütte auf die Presanella, 3558 m, zu steigen und jenseits auf dem Mandronhaus zu nächtigen, am dritten Tag aber über den Passo di Maroccaro — wo einem die Augen überlaufen vom Adamello-Glanz! — zurück zum Tonalepaß zu wandern. Aus den 20 Gehstunden können leicht 25 werden! Man muß ausdauernd sein und auch auf den Normalwegen gute Kondition beweisen; da wir mehrfach Gletscher überqueren (meist in Trassen), müssen wir richtig ausgerüstet sein! Karte, Kompaß, leichten Pickel, Wetterschutz und vorsichtshalber leichte Vierzacker muß man mitnehmen. — Zum Rifugio Denza, 2298 m, steigen wir von Vermiglio, 1100 m, an der Tonalepaßstraße über Dorf Pizzano, dann im Val Stavel auf gutem Wege 4, meist aber 5 Std. auf. Wer es nicht lassen kann, fährt mit dem Auto von Velon auf schmaler Bergstraße nach Ex Forte Pezzi Alti, 1880 m, von wo ein Steig in 1½ Std. zum Rifugio Denza zieht. Am nächsten Morgen Aufbruch vor Tagwerden; denn wir müssen an einem Tage die Presanella ersteigen und dann den weiten, wenn auch ungewöhnlich eindrucksvollen Abstieg zum Mandronhaus bewältigen: 8–9 Std. mindestens! Die Presanella, 3558 m, ist recht hoch, aber bei guter Sicht nicht schwierig. Auf dem neuen Steig direkt auf die Moräne (im Bild verschneit) und über den Presanellagletscher, meist in guter Trasse, hinauf zum Passo di Cercen, 3045 m. Aus dessen flachem Sattel links am steilen Firnhang durch zwei gut passierbare Spaltenzonen zum Passo Sella di Freshfield, dann mäßig steil auf Firn um die Cima di Vermiglio herum und zum Gipfel. Man wird bei gutem Wetter keine Worte finden, so stark ist das Bild der riesigen Adamelloweite vor uns . . . Nun zurück zum Passo Cercen und südwärts, kurz auf Firn, hinab und dann lang und schön am Steig dahin durch gewaltige Kare, stets die Busazzawände rechts über uns, zum Rifugio Mandron, 2441 m, das wie eine Kanzel über der Eiszunge liegt. — Am folgenden Tag steigen wir nördlich zum Lago Scuro, dann rechts am firnfreien Steig weit hinauf zum Passo di Maroccaro, 2975 m, verabschieden uns von der großartigen Adamello-Szene und steigen jenseits aus dem Paß über einen Lappen des Presenagletschers zum Gletscherrand und zum Fels: Wegzeichen ist eine große Granate! Auf Felsboden steigen wir zum untersten der drei Laghi del Monticello, 2564 m, ab, überblicken noch einmal das dramatische Presanellabild und gehen an alten Steigen, durch erste grüne Rampen zum Tonalepaß. Der Gatti-Führer schlägt einen noch schöneren Abstieg vor.

Cima d'Amola (links oben), Presanella und Cima di Vermiglio mit ihren Nordwänden über der Moräne und dem Val Stavel. Aufgenommen aus dem Flugzeug von Norden nach erstem Neuschnee im Oktober 1972. Die hier verschneite Moräne ist normalerweise im Sommer ein riesiges Schuttgebirge für sich. Sie trägt unseren Weg hoch hinauf bis zum oberen, relativ kurzen Gletscher

39 Auf Klettersteigen in der Brenta

unter Cima Brenta, Guglia und Cima Tosa

TALORTE Madonna di Campiglio, 1522 m. Ab hier Gondel zum Monte Spinale, 2093 m, dann Steig zur Graffer- und Tucketthütte. — Mit dem Kfz. auch bis Rif. Vallesinella, 1522 m, von dort über die Malga Vallesinella zur Brentei- und (weitere 50 Min.) zur neuen Angelo-Alimonta-Hütte, 2600 m, aufsteigen · Im Süden: Molveno am See, 864 m (ab hier Lifthilfe bis Rif. Pradel, 1342 m)

STÜTZPUNKTE Rif. Tuckett, 2271 m, 2 Hütten, 94 Lager · Tosahütten (Rif. Pedrotti), 2442 m, 100 Betten u. Lager · Rif. Angelo Alimonta, 2600 m, neu, 30 Lager! · Brenteihütte, 2120 m, 50 Betten

BESTE ZEIT Mitte Juli bis Ende September; je später, desto ruhiger

AUSRÜSTUNG Unbedingt Wetter- und Kälteschutz, Fäustlinge, feste Bergschuhe, für trittsichere Anfänger und Damen evtl. kurzes Seil (Pickel und leichte Vierzacker für Cima Brenta u. Cima Tosa), leichter Pickel zur Umwanderung nur im Frühsommer für harten Firn in Schluchten

KARTEN / FÜHRER Keine wirklich gute Karte! Am besten die (nicht mehr erhältliche) AV-Karte, 1:25 000, Brentagruppe · Ital. Carta Gruppo di Brenta TCI, 1:50 000 · Freytag-Berndt-Wanderkarte Bl. 50, Brenta/Adamello/Presanella, 1:100 000 · Führer Brentagruppe von Dr. Gatti

BILD In der zentralen Brenta, Blick vom Bocchettesteig auf den Bocchettesteig, ganz nahe der Guglia di Brenta, aber inmitten der Kalkmauern der Cima Brenta Alta. Man gewinnt aus der Struktur dieses hervorragenden Bergfotos einen vorzüglichen Eindruck vom Charakter der berühmten Brentagruppe

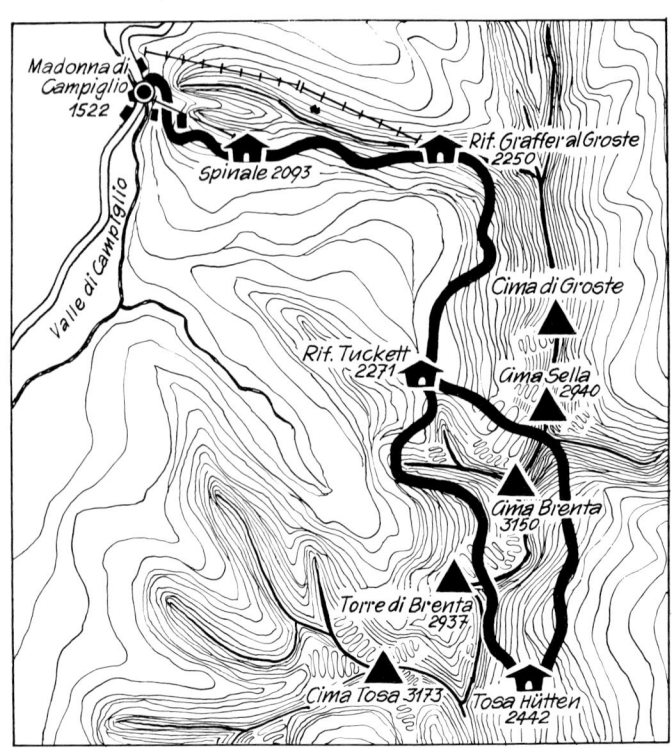

Die wilde Brenta südwärts der Ortlergruppe und westwärts der Etsch, einst abgelegen für den nordalpinen Bergwanderer, ist binnen 10 Jahren zu einem seiner Lieblingsziele geworden. Der gute Kletterer hatte diesen merkwürdigen Dolomiten-Ableger mit seinen mauerglatten Riesenklötzen und Nadeln über blockgefüllten Grüften und zerschlagenen Eisrinnen schon immer angepeilt: der Name Guglia di Brenta erklärt alles. Jetzt aber sind es die Bergwanderer, die auf die Brenta und ihre Wanderwege versessen sind, zumal auf die Umwanderung der zentralen Gipfel auf dem gesicherten Klettersteig des »Bocchetteweges« und auf dem einfacheren »Orsiweg«. Am ersteren Steig, der zuweilen auf längere Strecken waagrecht mitten durch senkrechte Mauern führt, spielen Eisenleitern, Eisenseile und Eisenstifte eine wichtige, nämlich die entscheidende Rolle ... Der Brentaführer von Dr. Gatti empfiehlt außerdem weitere, fortführende Klettersteige und Wanderwege! — Hier markieren wir nur die klassische Umwanderung des Hauptstockes ... Man beginnt an der Bergstation der Gondelbahn zum Monte Spinale, 2093 m, steigt auf aussichtsreichen Wegen zum Rif. Graffer, 2250 m, an und nimmt dann zwischen herrlichen Blockfeldern und respektablen Klettertürmen Kurs auf die — leider oft überfüllte — Tucketthütte, 2271 m, unter dem Tuckettpaß, 2656 m. Über ihr die wuchtige, mit Eisbändern umlegte Cima Brenta, 3150 m, eine elegante Firn-Fels-Tour für erfahrene Bergsteiger! ... Von der Tucketthütte können wir auf dem einfachen »unteren« Steig gefahrlos zur Brenteihütte, 2120 m, unter dem Crozzon laufen und dann durch Kare und über Firn zur Bocca di Brenta, 2549 m, hinter der die beiden Tosahütten liegen (Rif. Pedrotti, 2442 m): alles in 6 Std., mitten durch das großartigste Brentagemälde unter dem Crozzon ... Wer trittsicher ist und bergerfahren, geht selbstverständlich dieselbe Strecke, aber ein Stockwerk höher am berühmten »Bocchettesteig«. Der beginnt nahe der Tucketthütte und zieht weit über der Zone des unteren Weges auf dasselbe Ziel. In ebenfalls 6 Std. steigt man unmittelbar in das Brenta-Zentrum, wandert dicht am Sockel der berühmten Guglia di Brenta, durchsteigt senkrechte Mauern, nimmt hohe Eisenleitern in Kauf, hält sich an Drahtseilen so fest wie an der Hand Gottes. Auch Feiglinge haben hier ihre große hochalpine Chance! — Zurück zur Tucketthütte geht es in etwa derselben Zeit auf dem »Orsiweg«, in der Ostflanke des Brenta-Zentrums. Auch hier streift man das Massodikar mit der verrückten Felsnadel der Guglia, kommt aber sicher zum Tuckettpaß und steigt dann mit der gehörigen Vorsicht über ein Stück Firn zur Hütte ab. — Wer einen Tag zulegen kann und bergerfahren ist (Pickel!), der muß von den Tosahütten auf die Cima Tosa, 3173 m, steigen, erst durch ein weites Kar, dann über steilen Firn, der nach einem manchmal schwierigen 30-Meter-Wandl flacher wird. Hoch am Gipfelplatt steht man der Guglia unmittelbar gegenüber. Der Ausklang, wohin man auch absteigt, ist stets froh und heiter: Besonders eindrucksvoll ist der Abstieg von den Tosahütten über die Brenteihütte.

40 Drei Joche in der Silvretta
Plattenjoch — Schweizerlücke — Kromerlücke

TALORTE Galtür im Paznaun, 1584 m · Partenen im Montafon, 1051 m · Gargellen, 1423 m

STÜTZPUNKTE Bielerhöhe, Hotel, 2036 m, an der Silvrettastraße · In der Nähe das Madlenerhaus, 1986 m · Saarbrücker Hütte, DAV, 2538 m · Tübinger Hütte, DAV, 2191 m

BESTE ZEIT UND AUSRÜSTUNG Mitte Juli bis Mitte September · Nur in vollständiger Ausrüstung, Wetterschutz, Fäustlinge, Seil, Eispickel, Sonnenschutz, evtl. Leichtsteigeisen oder Grodeln

BESTE KARTEN Für Details die AV-Karte Silvretta, 1:25 000 · Zur besseren Übersicht die Freytag-Berndt-Wanderkarte mit eingetragenen Routen, Bl. 37, Rätikon-Silvretta · Viele Wanderwege enthält auch die übersichtliche Schweizer Karte »Graubünden«, 1:200 000 (Kümmerly + Frey)

HINWEIS Im Frühsommer, bei verdecktem Himmel, können Firnplatten in der Nordseite der Joche eishart sein, also den leichten Pickel nie vergessen und leichte Vierzacker. Dasselbe gilt in übertragenem Sinne für die ganze Ausrüstung. Regen, mitunter Schnee, Temperatur und Firnbeschaffenheit verändern sich in der großen Höhe rapide, verschärfen sofort die Gefahren

BILD Blick aus dem Flugzeug auf Großes Seehorn und Großen Litzner, mit 3032 und 3121 m Höhe Granitriesen der Silvretta. Im Vordergrund rechts unten die von uns zu überschreitende Kromerlücke, 2729 m. Wir kommen von rechts oben über den Firn und steuern die dicht unterm linken unteren Bildeck liegende Saarbrücker Hütte an

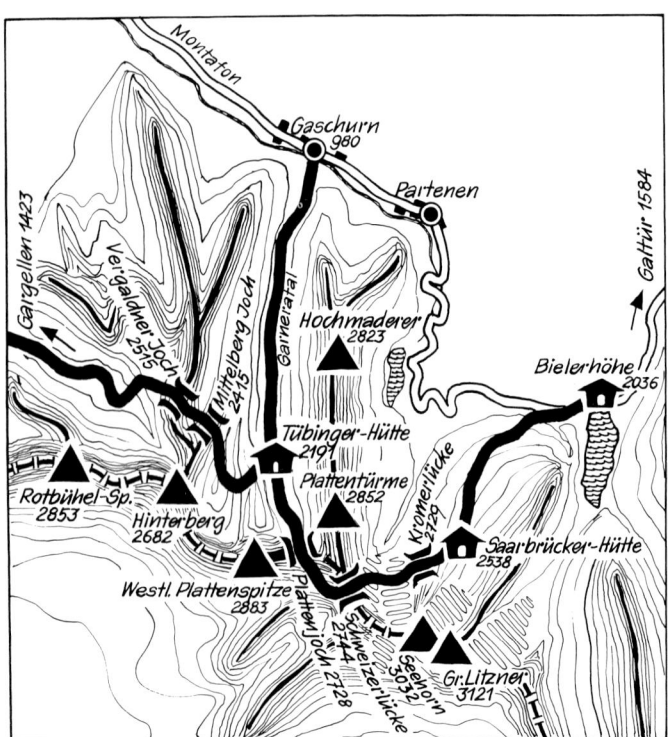

Die Silvrettagruppe zwischen Montafon, Paznaun und Unterengadin ist ein Urgesteinsgebirge aus kristallinen Gesteinen, mit einem Dutzend hoher Gletscherdecken überzogen: ein ernstzunehmender Teil der Zentralalpen, auch wenn seine höchsten Gipfel die 3500-Meter-Grenze nicht überschreiten. Der merkwürdigerweise seltener werdende ernsthafte Bergsteiger hat dort seine großen Chancen; der passionierte Bergwanderer dieser unserer Tage aber, unversehens zur Übermacht gelangt, hat hier bereits Mühe, mehr als wundervolle Hochtäler auszugehen — denn bereits die hohen Joche sind hüben wie drüben mit Eis umlagert, und jede Eisbegehung ist für den nicht ausgebildeten Bergliebhaber stets heikel. Die Skibergsteiger tun sich da leichter, der Winter weht ihnen die Spalten zu, und was der Sommerbergsteiger in 4 Std. bergab rennt, das fahren sie in 20 oder 30 Minuten ab. — Wir halten uns diesmal an eine Musterstrecke der westlichen Silvretta zwischen Tübinger und Saarbrücker Hütte: Dort übersteigen wir drei charakteristische Joche — Plattenjoch, 2728 m, Schweizerlücke, 2744 m, Kromerlücke, 2729 m — und nehmen dabei auf dem leichten AV-Steig (30 Min.) die Westliche Plattenspitze, 2883 m, als Rast- und Aussichtsloge mit ... Hier einige Details: Von der Bielerhöhe am Stausee, 2071 m, wandern wir über die Alpe Tschifernella in 2 Std. hinauf zur Saarbrücker Hütte, 2538 m, um uns einen Sommerabend lang an den eisumgürteten Gneisburgen von Litzner und Seehorn satt zu schauen. — Anderntags unternehmen wir einen großartigen Übergang, passieren drei Gletscherfelder und drei Pässe, dringen ins Herz der westlichen Gruppe ein. Nach knapp 1 Std. stehen wir, das Große Seehorn immer zur Seite, an der Kromerlücke, queren den Kromergletscher hinüber zum Schweizergletscher, wechseln dort von der Nord- in die Südseite des Hauptkammes. Großartige, heilsame Ausblicke! In der Flanke der Östlichen Plattenspitze gelangen wir bald ins Plattenjoch, aus dem wir am AV-Steig zur Westlichen Plattenspitze aufsteigen — zur großen Schaurast! Litzner, Seehorn, Piz Buin, Silvrettahorn, Fluchthörner, ja selbst den höchsten Silvrettaberg, den Piz Linard, sehen wir, Piz Kesch und Piz d'Err stellen sich vor, die Berninagrate — ein gewaltiges Panorama. Zur Tübinger Hütte hinab geht es kurz über den Plattengletscher und dann an der Schwabenplatte vorbei weit hinab: ab Saarbrücker Hütte 4, ganz bequem 5—6 Std.! Ein Tip noch für zwei besonders schöne Abstiegswege: durch das stille Garneratal nach Gaschurn, 980 m, oder über das aussichtsreiche Vergaldner Joch, 2515 m, ins abseitige Vergaldental und nach Gargellen. Überall erreichen wir am Ende einen Bus. — Das Bild von der Westlichen Plattenspitze strahlt Sonne aus und das große Glück der Gipfelrast. Dazu ein Wort: Wenn bei dieser hochalpinen Überquerung dreier Joche von leicht und prächtig die Rede ist, dann ist es relativ gemeint! Diese Tour, so gering sie erscheint, kann nur bei ganz sicherem Wetter und von erfahrenen Bergsteigern in vollständiger Ausrüstung unternommen werden — auch wenn sie der trittsichere Bergwanderer bei Sonne leicht durchsteht.

41 Kuchenjoch und Scheibler
Vom Moostal über das Kuchenjoch ins Ferwalltal

TALORTE St. Anton am Arlberg, 1284 m · Hotel Mooserkreuz an der Arlbergstraße, 1450 m (ab hier ebene Fahrstraße ins Ferwalltal), Bus bzw. Weg nach St. Anton

STÜTZPUNKTE die prachtvoll gelegenen AV-Hütten — 1. Darmstädter Hütte, 2384 m, im obersten Moostal unterm Kuchenferner; 4—5 Stunden ab St. Anton · 2. Konstanzer Hütte, 1768 m, im vorderen Fasultal; 3$^{1}/_{2}$—4 Std. ab Hotel Mooserkreuz

BESTE ZEIT UND AUSRÜSTUNG Mitte Juli bis Ende September · Ausrüstung mit Wetter- und Kälteschutz, für kurze Gletscherbegehung leichter Eispickel angenehm

BESTE KARTEN Schweiz. Landeskarte, Bl. 239, Arlberg, 1:50 000 · Oder Freytag-Berndt-Wanderkarte, neues Bl. 372, Arlberg-Ischgl, Landeck, 1:50 000

HINWEIS Der ganze Aufstieg St. Anton—Scheibler verlangt etwa 7 Std. Zeit, der Abstieg Scheibler—St. Anton bzw. Hotel Mooserkreuz recht gute 4 Std.

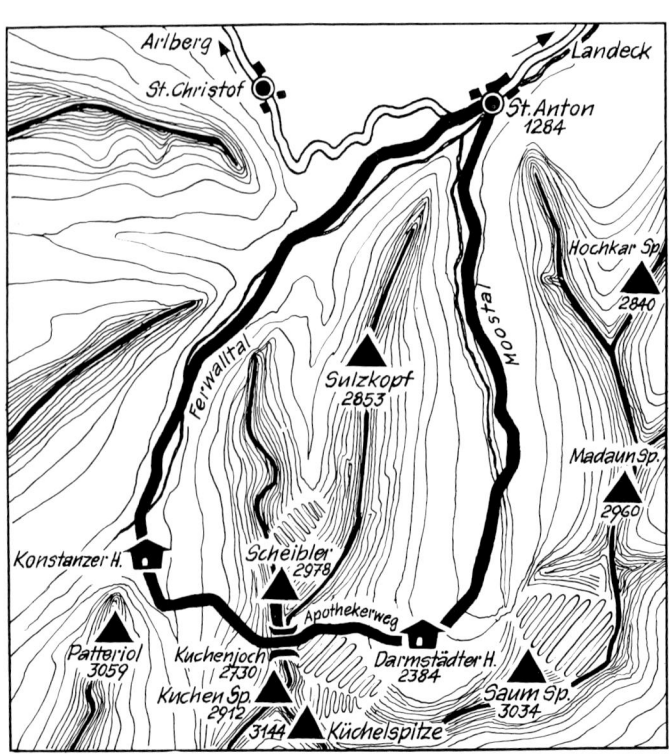

Wer öfters über den Arlberg fährt, der kennt die beiden Riesenklötze aus dunklem Granit, die dicht südlich über Moos-, Ferwall- und Fasultal stehen — Patteriol und Kuchenspitze. Unter diesen Urgesteinsburgen ziehen wir diesmal unsere Kreise ... Wir sind für eine kurze Gletscherbegehung ausgerüstet und beginnen in St. Anton, streben von der Arlbergstraße links hinab zur Moostalbrücke und nehmen den Karrenweg in die große Stille. Diese Stille heißt Moostal und bedeutet eine Gasse in die große Freiheit. Der Bergwald zu Beginn steigert unsere Spannung, bald sehen wir Saumspitze und Kartellferner durch das Geäst blinken. Über der Waldgrenze läuft der Weg zum Moosbach hinab, dann geht es eben hin. Die Skihütte rechts oben lassen wir stehen, auch die Roßfallalm links. Bald macht der Steig eine Biegung, und schon gesellen sich Seeköpfe und Rautekopf zur Saumspitze; am Kartellboden kommt der Küchelferner dazu, ein matter, weißer Spiegel unter schwarzen Kanten und Graten. Wer aus dem Kalkfels kommt, lange nicht mehr im Urgestein gestiegen ist, dem pumpert das Herz vor Erwartung. Rechts vom Kartellboden hängt sich unser Hüttenweg an den Sockel der Faselfadspitzen, nach 4 Std. Gehzeit stehen wir vor der Darmstädter Hütte auf 2384 m Höhe. Der Anblick der wilden Eisbrüche vom Küchelferner gegenüber erschreckt manchen Bergwanderer. Urgesteinswände ringsum — ein riesiger Granitzirkus, den der Herrgott mit Eis ausgelegt hat. Am nächsten Morgen steigen wir gutgelaunt auf, nehmen den »Apothekerweg« von der Hütte zum Kuchenferner und bleiben immer gut rechts nahe den Felsen, bleiben vor allem unter dem Kuchenjoch rechts, genau in der Trasse. Links rächen einige üble Spalten jeden Leichtsinn! Nur 1$^{1}/_{2}$ Std. ins Kuchenjoch auf 2730 m Höhe — beim ersten Blick stürzt der Patteriol auf uns zu, der doppelschultrige Riese von dicht gegenüber ... Welch eine Welt! Wir legen nur die Hand an den Granitsockel der Kuchenspitze — steigen dann aber entgegengesetzt auf bezeichnetem Weg am Grat zum Scheiblergipfel hinauf, auf 2978 m Höhe — das läßt sich sehen! Wir lagern glücklich, zählen 1000 Kalkgipfel ab, spionieren im Fasul-, im Moostal und schauen dann von unserem Fastdreitausender nordwärts hinab, gar nicht weit in die ersten Granitgruben unter dem am Scheibler angeklebten Faselfadferner — und da sind sie, die fünf Wassertöpfe der Faselfadseen, ein inniges Versprechen von abseitiger Stille und Einsamkeit (siehe Tour 42!) — Im Bild sehen wir Kuchenjoch und Scheiblergrat, sehen den Sockel der Kuchenspitze und den Beginn unseres Abstieges ins Fasultal. Erst Trümmer unterm Joch, dann ein nacktes Kar, aus dem heraus wir Weidehänge queren; bei P. 2179 beginnen steile Serpentinen, die uns in Talnähe zwischen lichte Lärchen führen und vor die Konstanzer Hütte, 1765 m. Gute 1000 Höhenmeter in einem Zuge! Die Beine sind kürzer geworden. Von der Hütte wandern wir durch das Fasultal zur jungen Rosanna hinaus ins Ferwalltal — der Weg ist lang und schön. Am Ende heißt es Rosannaschlucht oder eben weiter bis zum Hotel Mooserkreuz an der Arlbergstraße.

Blick aus dem Flugzeug auf das Kuchenjoch, 2730 m (unten rechts), dicht daran der
Sockel der Kuchenspitze. Links vom Joch der leichte Grat zum Gipfel des Scheibler,
2078 m, der einen gutmarkierten Steig trägt. Im Mittelgrund oben die Seeköpfe, 3061 m,
links davon Saumspitze und Fatlarspitze

42 Fünf Seen unter dem Faselfadferner

St. Anton – Faselfadjoch – Augstenbergkopf – Moostal

TALORTE St. Anton, 1286 m, an der Arlbergstraße · Evtl. Hotel Mooser-kreuz an der Arlbergstraße ob St. Anton, 1450 m (ab hier ebene Straße ins Ferwalltal)

STÜTZPUNKTE keine! · Man kann bei wenig Glück mit leichtem Daunen-sack auf einer Alphütte nächtigen; bei großem Glück sogar auf der Ski-clubhütte, 1782 m, des SC St. Anton; vielleicht auch auf der Roßfallalm, 1775 m, im Moostal (unterhalb der Skihütte) · Auch das Ferwalltal bietet einige zünftige Möglichkeiten mit Alphütten an · Da die ganze Tour ein-schließlich Augstenbergkopf nur insgesamt 9 Std. Geherei verlangt, läßt sie sich auch an einem einzigen Tage machen! Man breche vor Tagwer-den auf!

BESTE ZEIT Nicht vor Mitte Juli, dann bis in den späten September, denn auf Hütten sind wir ja diesmal nicht angewiesen!

AUSRÜSTUNG Besser mit Biwaksack und Schlafsack · Die Darmstädter Hütte, 2384 m, liegt zu hoch droben. Der Autor hat diese Faselfadtour vom Ferwalltal her gemacht und ist vor der Faselfadalm in seinen Zeltsack ge-schloffen . . . Aufstieg durchschnittlich 5–6 Std., Abstieg bis St. Anton 3½ bis 4 Std. Ohne Rasten gemessen!

BESTE KARTEN Gut ist die Schweizer Landeskarte, Blatt 239, Arlberg, 1:50 000 · Ebenso gut die Freytag-Berndt-Karte, Blatt 372, Arlberg-Flexen-paß, 1:50 000, neu!

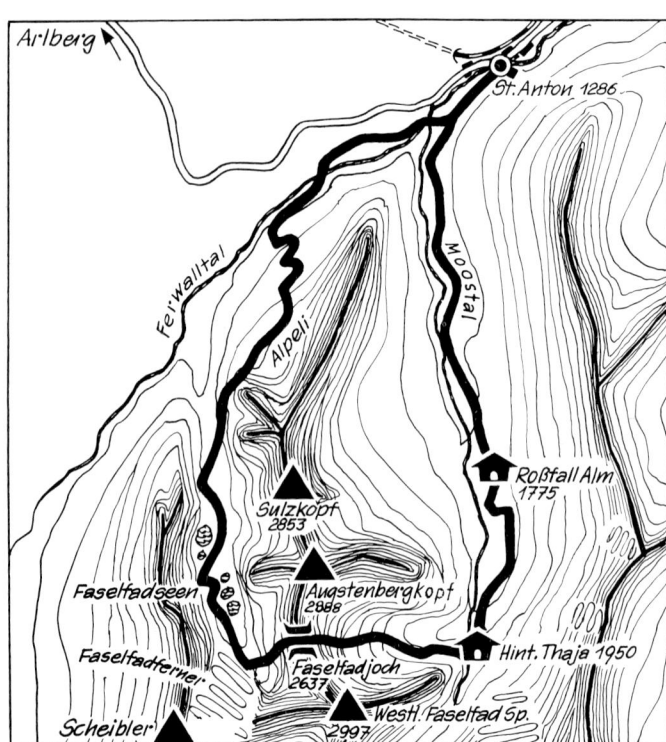

Eine recht abgelegene, überaus selten begangene Bergwandertour führt im Herz der Ferwallgruppe dorthin, wo sich dicht unter Scheibler und Faselfadspitze – die Kuchenspitze schaut aus höchstem Range zu – fünf kleine, unbekannte Seen verstecken: fünf eiskalte Bergwassertöpfe zwischen Urgesteinsrampen und Blockwerk. Dicht über ihnen liegt der breite Moränenstrom aus dem Faselfadferner. Kein Weg führt dorthin, keine Markierung; wir sind auf unsere Spürnase angewiesen. Finden wir hin, dann feiern wir an diesen unberührten Seelein eine letzte große abendländische Rast – hundert Welten abseits vom lebendig erstickenden Europa unserer Tage. – Als Pfadfinder mit Talent haben wir Biwaksack und vielleicht gar leichte Daunensäcke auf dem Rucksack; so laufen wir von St. Anton durch die Rosannaschlucht ins Ferwalltal (man kann mit dem Wagen zum Mooserkreuzhotel fahren, dort parken und nach dem Wegweiser eben, oberhalb der Rosannaschlucht, ins Ferwall gelangen). Wir treffen auf 1445 m Höhe auf die Wagnerhütte, gehen hier links über den Bach und drüben auf Spuren am Bach aufwärts bis zur Jagdhütte auf P. 1543 m, genau dort, wo der Faselfadbach aus seinem Tal stürzt. Vielleicht kann man hier nächtigen. Oder man steigt am nördlichen Ufer des Faselfadbaches an Wegspuren im Wald steil aufwärts (dort links über uns die Zaufenlochalpe, 1848 m) und geht dann über der Waldgrenze geradeaus weiter zur leeren Faselfadalp auf 1982 m Höhe. Auch hier kann ein Pfadfinder die Wunder einer Nacht suchen . . . Am nächsten Tage aber in aller Herrgottsfrühe heraus aus den Daunen und steil und weglos links vom Faselfadbach hinauf zum ersten, zum zweiten, zum dritten Seetopf . . . Auch die Granitrampe zu den beiden oberen Seen ist schnell durchstiegen, wir jubeln in einer paradiesischen Urlandschaft unter dem Faselfadferner. Dicht über ihm der Scheibler! . . . Jetzt steigen wir im Schutt links hinauf zum Faselfadjoch, 2637 m, deponieren das Gepäck und ersteigen über den Südgrat den 2888 m hohen Augstenbergkopf. Der Gipfel lohnt die Besteigung; Trümmer führen zum Vorgipfel, dann klettert man (Grad I) entweder über den blockigen Südhang zum Gipfel oder geht am Grat weiter, dessen klotzigen Turm wir unschwierig ersteigen, weil der geborstene Fels genug Griffe und Tritte anbietet. – Wer gar nichts riskieren will, startet ab St. Anton in umgekehrter Richtung, rennt durch das Moostal zur Hinteren Taya (2½ Std.), 1950 m, und zweigt hier rechts ab, steigt vom Darmstädter-Hütten-Weg westwärts hinauf über Rasenhänge und durch das Trümmerkar zum Faselfadjoch . . . Nach der Ersteigung des Augstenberg-kopfes stolpere er westwärts in das Seenparadies unterm Faselfadferner und ergötze sich hier, wie oben beschrieben. Der Abstieg ist dann weniger anstrengend, die Spürnase und Spuren führen uns rechts der Faselfadwasser in die Tiefe, hinab zum guten Weg im Ferwalltal, durch die Rosannaschlucht nach St. Anton oder links hinauf (bez. Weg) eben zum Mooserkreuzhotel an der Arlbergstraße. Dieser Tourenvorschlag ist ungewöhnlich. Es gibt keine Hütte, man muß sich mit Mutter Natur arrangieren.

90

Ausblick aus dem Flugzeug, von Norden, auf die fünf kleinen Faselfadseen unter dem kleinen Faselfadferner (rechts oben, vom Scheibler, 2978 m, abziehend). Links am Bildrand dunkel der Augstenbergkopf, 2888 m, rechts anschließend Faselfadjoch, 2637 m, die Faselfadspitzen, darüber Seeköpfe und Saumspitze. Ganz rechts oben die Küchelspitze vom Ferwall, 3147 m. Rechts im Vordergrund der Hahnentrittkopf, 2636 m

43 Quer durch den Rätikon

Brandner Tal — Schesaplana — Öfapaß — Gauertal

TALORTE Bludenz, 559 m (Bus nach Brand) · Brand, 1037 m, im Brandner Tal · Tschagguns im Montafon, 687 m

STÜTZPUNKTE Oberzalimhütte, 1889 m, 2—3 Std. ab Brand · Straßburger Hütte am Brandner Ferner, 2679 m, 2—3 Std. ab Oberzalimhütte · Douglashütte am Lünersee, 1979 m · Lindauer Hütte, im obersten Gauertal, 1744 m

BESTE ZEIT UND AUSRÜSTUNG Juli bis Ende September · Ausrüstung für hochalpine Bergfahrten; kein Seil, leichter Pickel im Frühsommer angenehm. Wetter-, Kälteschutz, Handschuhe, Kopfschutz, feste Bergschuhe, keine Halbbergschuhe!

BESTE KARTEN Neu: Freytag-Berndt-Wanderkarte, Bl. 371, Bludenz—Schruns, 1:50 000! · Oder dieselbe Karte, Bl. 37, Rätikon, Silvretta, 1:100 000 · Vorzüglich: Schweiz. Landeskarte, Bl. 238, Montafon, 1:50 000

ZEITEN Bis Straßburger Hütte 4—5 Std. · Über Schesaplana zur Douglashütte 3—4 Std. · Lünersee—Lindauer Hütte 4—5 Std. · Nach Tschagguns 2¹/₂ Std.

HINWEIS Bei dieser Rätikon-Überschreitung wird man vom Kalk zum Urgestein geführt, aber auch vom leichteren Vorgebirge zum Ernst des Hochalpinen. Das ist ein besonderer Reiz dieser mit drastischen Felskulissen nicht schlecht bestückten Berglandschaft

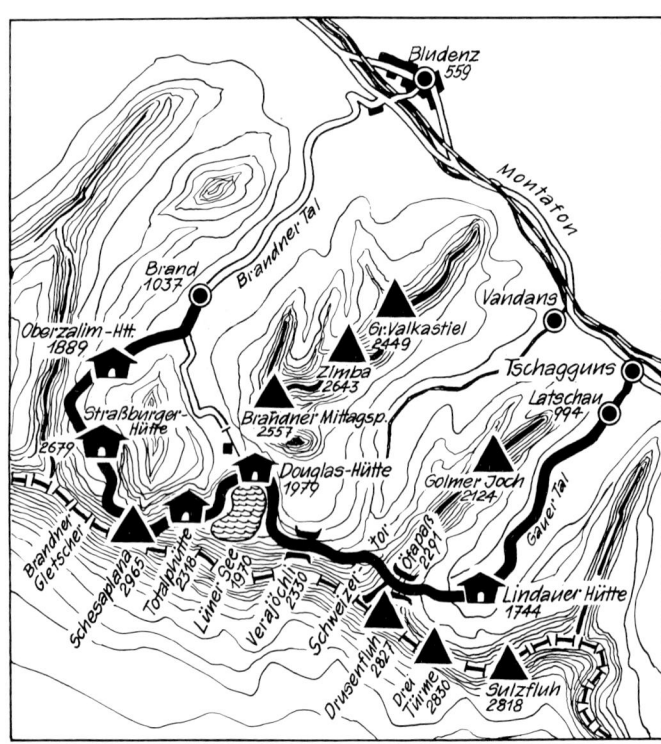

Wer sich die Karte genau anschaut, begreift bald, daß dieser 40 Kilometer lange Kamm des Rätikon zwischen Rheintalboden und Silvretta auf mancherlei Weise charaktervoll ist, sehr eigentümlich. Erstens erlaubt sich dieser überlange Hauptkamm, nach Süden durchwegs steile Wände — hier Flühen genannt — abzusenken, die alle 400 bis 600 m hoch sind: berühmte Kletterwände vielfach. Nach Norden aber schließt sich das sanfter abfallende Gebirge durchwegs in weich geformte Talschaften auf, die — außer an der eleganten Zimba — keine auffallenden Gipfel mehr ausbilden. Der Rätikon beginnt im Westen dort, »wo der gewaltige Durchbruch des Rheins mit beiden Armen die Bergwelt auseinanderschiebt« — bei gut 450 m Talhöhe mit Fläscherberg und Falknis. Es folgt die »Dreiländerspitze« des Naafkopf, schon 2571 m hoch. Mit der 2965 m hohen Schesaplana beginnt der kühne Hauptkamm, der über Drusenfluh und Sulzfluh immer 2500 bis 2800 m Höhe erreicht, dann plötzlich einen Knick nach Süden macht und mit der Madrisa endet. Und mit einer geologischen Sensation ohnegleichen: Am »Gargellenfenster« unter der Madrisa können Geologen wie Laien beobachten, daß sich hier das viel ältere Gestein des Silvrettagneis über den viel jüngeren Sulzfluhkalk geschoben hat ... Jedenfalls wandern wir trotz dieses »Fehlers« bei der Konstruktion unseres Erdballes im Rätikon auf Kalkgrund. — Wir beginnen im Brandner Tal, überschreiten den Hauptgipfel der Schesaplana, wandern am Lünersee vorbei und queren durch den Ostabfall von Kirchlispitzen, Sulzfluh und Drei Türmen ins Gauertal. 15 reine Gehstunden, die nur der Einfältige einhält. Alle anderen machen 20 Std. daraus ... Am ersten Tag also gemütlich und schon höchst eindrucksvoll von Brand zur Oberzalimhütte, 1889 m, und am »Leiberweg« durch die Felsen des Panüelerschrofen bis zur Straßburger Hütte, 2679 m, am Rand des Brandner Ferners. Schnurgerade auf die Schesaplana zu überschreiten wir am anderen Morgen dieses blanke, kleine Firnbecken und steigen dann über den oberen Westgrat auf den Gipfel: mit 2965 m der höchste im Rätikon. Zu 3000 hat es nicht gereicht ... Welch eine unverhoffte Ausschau — Fernglas! heraus! Vor uns stürzt die Schesaplana-Südflanke fast 1000 Meter hinab zur Schesaplanahütte, 1908 m ... und dann weiter in den Prättigau, der nur aus Schieferbergen besteht, in deren Flanken die Erosion tiefe, wilde Tobel gerissen hat. Genau gegenüber die langen Weißfluh-Abfahrten, darüber Piz Ela, Piz d'Err, Piz Kesch. Der Abstieg über die Totalp zum Lünersee ist hochromantisch, weil er uns das schreckliche Gegenteil geordneter Gartenlandschaft zeigt. Den von oben so freundlich schimmernden Lünersee umrunden, in der Douglashütte nächtigen wir; denn das Bergbahnpublikum verzieht sich zur Nacht ins Tal. — Anderntags ein großer Wandertag mit kräftigen hochalpinen Akzenten: Vom See über das Verajoch, 2330 m, dann unterm Schweizertor durch zum Öfapaß, 2291 m, und nun — im felsigen, von Eistobeln aufgerissenen Nordrücken der Drusenfluh — durch den Sporertobel bis tief hinab zur Lindauer Hütte, 1744 m, im Gauertal.

Blick aus dem Flugzeug — von Norden — auf die Schesaplana, mit 2965 m höchster Gipfel des Rätikon. Vorgelagert der kleine, spaltenarme Brandner Gletscher, an dessen unterem Rand die Straßburger Hütte steht. Hier endigt der »Leiberweg«, hier nächtigen wir, ehe wir von der Hütte nach rechts oben den Ferner überschreiten, um am leichten Westgrat zum Gipfel zu steigen

44 Fürstensteig und Dreischwesternsteig

Felsige Tribüne über dem Rheintal

TALORTE Vaduz/Liechtenstein, 455 m · Frastanz, 509 m · Feldkirch, 459 m, am Rand des Rheintales

STÜTZPUNKTE Alpenhotel Gaflei, 1483 m · Feldkircher Haus, 1204 m

BESTE ZEIT Juni bis Oktober

AUSRÜSTUNG Keine Halbbergschuhe, sondern hohe, feste Bergschuhe! Unbedingt Wetter- und Kälteschutz und niemals ohne gute Landkarte. Wenn man die Namen der schönen Berge nicht kennt, bleiben sie ohne Profil, prägen sich nicht ein!

KARTEN / FÜHRER Vorzüglich die Freytag-Berndt-Wanderkarte, Bl. 37, Rätikon/Silvretta, 1:100 000 · Noch besser: Bl. 371, Feldkirch-Bludenz, 1:50 000, neu! · Auch die Schweizer Landeskarte, Bl. Montafon, 1:50 000, ist sehr gut! · Führer nur der einzigartig solide Flaig-Führer »Rätikon« (Rother)

BILD Das Luftbild ist im Anflug von Nordost über dem Stutzberg aufgenommen und zeigt die Drei Schwestern (oben), an die sich links Garsellakopf, 2105 m, und Garsellatürme anreihen. Sie fassen den romantischen Hochkessel um die Garsella-Alpe ein. Durch die schöne alpine Parklandschaft des Vordergrundes zieht das Sträßchen von Frastanz und Nenzing aus dem Illtal zu den höchsten Häusern am Stutzberg. Dort führt im Winter ein Skilift zur Bazora-Skihütte, 1406 m

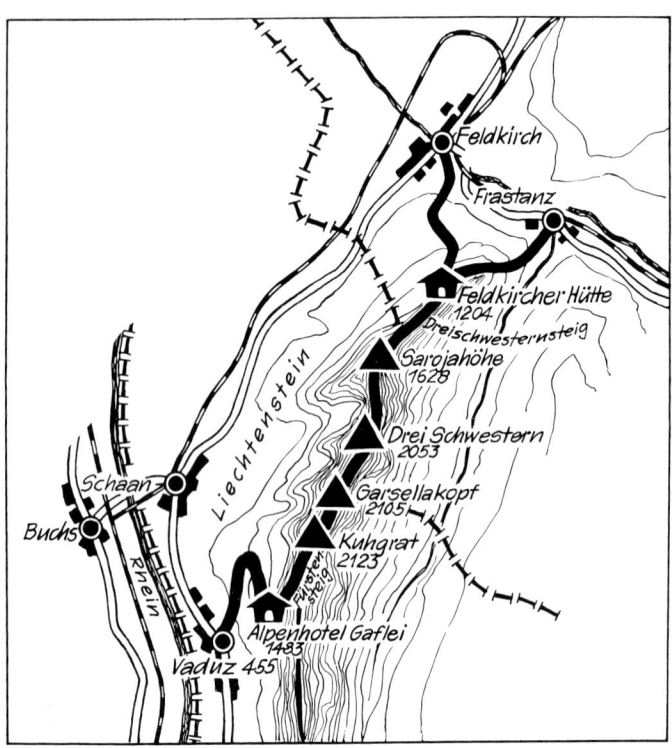

Der Rätikon hat als westliches Vorwerk eine türmereiche Felskette vor die Rheintaltiefe gestellt: Vom Falknis über Maienfeld bis zur Sarojahöhe über Feldkirch baut sich ein Wall aus Kalkgestein auf, von schweren Waldgürteln eingefaßt und mit lichten Alpböden bestückt — sogar mit ergiebigen Weinbergen über dem Rheinboden. Dieser Kamm, dessen nördlichen Trakt man mit Vergnügen in der Karte studiert — von Süden: Alpspitz, Gafleispitz, Kuhgrat, Garsellakopf, Drei Schwestern, Sattelspitz, Sarojahöhe —, kann auf einem markierten und ausgebauten Höhensteig überschritten werden. Dabei kann, wer den Drei Schwestern nicht auf den Leib rücken will, sie auch keusch umgehen. Aber es gibt auch einen Felsensteig, der einen mit den ausgewachsenen steinernen Jungfrauen recht vertraut macht . . . Wir begehen diesen Steig von Süden nach Norden — vom Alpenhotel Gaflei, 1483 m, hoch über Vaduz, bis zum Feldkircher Haus, 1204 m — erst auf dem »Fürstensteig« Gaflei — Kuhgrat, dann auf dem »Dreischwesternsteig« Kuhgrat — Feldkircher Haus —, um dann gelassen und mit weichen Knien nach Feldkirch oder Frastanz abzusteigen. Die Überschreitung Gaflei — Feldkirch kostet uns gemütliche 5—6 Std., aber ohne die Rastzeiten . . . Und eben hier beginnt das reizende Hauptproblem; denn welcher weltläufige Bergwanderer möchte die Gelegenheit versäumen, aus so exponierter Höhe alpine Geographie zu studieren! Das Betörendste dabei ist natürlich der großartige Rheingraben zu unseren Füßen — ein Denkmal altmodischer Wasser- und Stromarbeit —, jetzt, vom Dreischwesternsockel, plötzlich still, lautlos, gasfrei, ein liebliches, fruchtbares Land. Darüber aber wachsen Schweizer Berge auf, und nicht nur die vier strammen Kalkketten des Alpstein, nicht nur die lächerlich gleichförmig paradierenden Pultdächer der Sieben Churfirsten, nein, auch die Eiskappe des Tödi, auch der Glärnischstock schauen zu uns herüber, der Pizol bietet uns seine Riesenpiste in Grün an, der Ringelspitz kokettiert mit seiden schimmernden Firnkränzen unterm Gipfel . . . Draußen aber ein Riesensee aus Blei bis zu den Türmen von Konstanz, und ostwärts ganz dicht unter uns das Saminatal, wälderschwer, ein einsamer Garten für Romantiker. Über dem tiefen Tal der Ill dämmert blau der Bregenzer Wald . . . Rechnen wir also für das Rasten, Schauen, Suchen ruhig noch 1—2 Std. dazu! — Vom Alpenhotel Gaflei, das wir auf einer Bergstraße erreichen (Bus von Vaduz oder Triesen), geht es auf breitem Weg in Kehren zur eigentlichen Steiganlage durch die Felsen des Gipsberges auf die Grathöhe. Ab hier — wo ein leichter Umgehungsweg einmündet — geht es am »Fürstensteig« weiter nordwärts, erst in der Ost-, dann in der Westflanke unter der Gafleispitze und dann auf dem Kuhgrat, übrigens am höchsten Punkt des Tages. Hier beginnt der »Dreischwesternsteig« uns über den Garsellakopf und von dort wildromantisch über den Hauptgipfel zu führen, um dann im Zickzack zum Sarojasattel und über das Hinterälpele zum Feldkircher Haus zu ziehen. Wie gesagt, die drei jungen Damen können auch über die Garsella-Alp angenehm umgangen werden . . . spröde wie sie sind.

45 Am Felsensteig auf die Rote Wand

Vom Klostertal bis zur Lechquelle

TALORTE Dalaas im Klostertal, 932 m · Zug am Lech, 1510 m · Lech, 1444 m

STÜTZPUNKTE Freiburger Hütte, AV, 1918 m, am Formarinsee · Laguzalm, 1584 m

BESTE ZEIT UND AUSRÜSTUNG Juli bis September! Unbedingt mit Wetter- und Kälteschutz. Die Südwandrouten (falls geklettert wird) niemals bei nassem Fels! · Am Steig Seil unnötig, höchstens Reepschnur, wenn man Kinder (ab 12 J.) oder die Frau mitführt

KARTEN / FÜHRER Vorzüglich die neue Freytag-Berndt-Karte 1:50 000, Bl. 362, Walsertal/Bregenzerwald! · Oder Freytag-Berndt-Karte, Bl. 37, Rätikon/Silvretta, 1:100 000 · Hervorragender Führer von Walther Flaig »Bregenzerwald- und Lechquellengebirge« (bei Rother)

BILD Blick auf die Südwand der Roten Wand über dem Formarinsee in den Klostertaler Alpen. Unser teils gesicherter Steig zieht am linken Bildrand hinauf und dann über die Nordflanke zum Gipfel. Wer genau und mit Kletterer-Augen auf das Bild schaut, wird gerne zugeben, daß diese Südwand, deren Fels schon ab Anfang Juni schneefrei und trocken ist, einige Genußkletterei anbietet. Die Schuttmassen am Sockel sprechen zwar für viel brüchigen Fels, aber das trifft hier nicht zu. Die Wand ist ausgewaschen, und die schönen Routen werden oft begangen

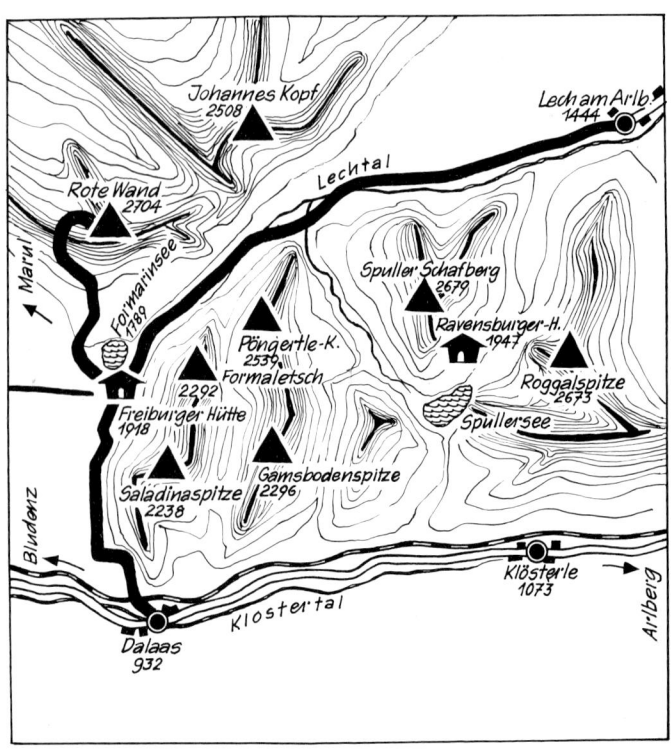

Die Rote Wand über dem kleinen Formarinsee in den Klostertaler Alpen — zur westlichen Bastion der Lechtaler Alpen gehörend — kann mit ihren 2704 Metern Gipfelhöhe nicht gut auftrumpfen, solange dicht gegenüber das Urgestein vom Ferwall vier Dreitausender über seine blauen Eisgruben stellt. Aber unser Bild zeigt es ja schon, daß diese Rote Wand, die übrigens ihre Gipfelkonkurrenz nordwärts vom Klostertal durchwegs um 300 Höhenmeter überragt, ihre ganz besondere Faszination besitzt. Sind wir von Dalaas an der Arlbergbahn durch den Schmiedetobel zur Freiburger Hütte am Formarinsee aufgestiegen (3 Std.) — dort überrascht uns diese verblüffend mächtige Berggestalt, deren Nachbargipfel Rothorn und Madratsch nur noch Nebenkulissen darstellen. Rote Wand? Sie hieß einstmals »hohe Rotte Wand«, und das kommt von dem roten Liaskalk, aus dem sie unter anderem besteht. In Wahrheit baut sie sich aus sieben Schichten auf wie eine besonders gute Torte, freilich diesmal aus Kössener Schichten, Oberrätkalken, bunten Liaskalken, Fleckenmergel, grünen und roten Hornsteinkalken, Kreideschiefer und so weiter — jedermann kann es nachprüfen, mit einem Hammer und viel Zeit. Nicht ganz so interessant ist die Tatsache, daß dieser wuchtige Kalkriese ein Kletterberg von Rang ist. Wir selber klettern diesmal nicht, gönnen uns aber alle Schauer der Gefahr auf dem Klettersteig, über den wir in einem großen Westbogen den Gipfel erreichen. Von der Hütte weg geht es nicht nordwestwärts zur schönen Laguzalpe, sondern gerade auf die Rote Wand los und über viel Bergsturzschutt und den »Grünen Bühel«, die Ostflanke des Rothorns ausgehend, hinauf zur Schwarzen Furka, 2363 m, zwischen Rothorn und Roter Wand (1½ Std.). Der hier beginnende AV-Steig quert nordwärts fallend in die Nordflanke und steigt dann an Stufen und Bändern hinauf in eine enge Scharte. Man geht stückweise an Drahtseilsicherungen. Aus diesem »Oberen Sättele« im Westgrat steigen wir nordwärts kurz ab, queren über Schrofen und Schutt bis hinüber zum Nordwestgrat, zuletzt scharf ansteigend. In vielen kurzen Serpentinen wird dann die Nordgratschulter erreicht und am Nordgrat angestiegen zum Hauptgipfel. Dieser schöne Steig kann übrigens auch von der Laguzalm (oberhalb der Schwarzen Furka) erreicht werden. Die Spuren sind gut. — Über die Klettermöglichkeiten am Ostgrat, in der Südwand (Grad II, wunderbare Kletterei zum Gipfel!) und in der Nordwand unterrichtet ausgezeichnet der hier empfohlene Flaig-Führer. — 4 Std. Aufstieg plus 2½ Std. Abstieg ist dieser Gipfel wert, von dem aus wir nicht nur souverän die Gipfel von Arlberg, Ferwall und Bregenzerwald übersehen, sondern auch die leuchtend schimmernde Seidenfläche des Bodensees und das grüne Vorland. — Als Heimmarsch empfehle ich den Weg am Formarinbach entlang nordostwärts zur Lechquelle und weiter hinaus zwischen Mehlsack und Zugerhorn nach Zug zum Bus: ein stiller Weg für Romantiker mit Wasserspielen am Wege und viel grünen Verstecken. Das kostet nochmals 2—3 Std., so daß wir an diesem Tage doch auf gute 8—9 Stunden kommen werden.

46 Quer durch den Bregenzerwald

Über Kanisfluh, Damülser Mittagspitze und Hohen Freschen

TALORTE Bezau, 650 m · Au unter der Kanisfluh, 791 m · Damüls, 1428 m · Rankweil, 502 m, bei Feldkirch · Hohenems, 432 m, im Rheintal

STÜTZPUNKTE Berghaus Edelweiß, 1495 m · Gasthof Walisgaden, 1600 m, unter der Mittagspitze · Gasthaus Alpenblume und Hotel Madlener in Damüls (neben anderen), 1428 m · Freschenhaus, AV, 1846 m · Wirtshaus Millrütti, 1106 m, über Hohenems

BESTE ZEIT UND AUSRÜSTUNG Juli bis Mitte Oktober. Nur in guten, festen Bergschuhen, mit Wetter- und Kälteschutz, Notproviant

KARTEN / FÜHRER Freytag-Berndt-Karte (neu!) 1:50 000, Bl. 362, Südlicher Bregenzerwald/Großes Walsertal · Oder: FB-Karte, Bl. 36, Bregenzerwald, 1:100 000 · Sehr gut auch die Schweizer Landeskarte, Bl. 228, Hoher Freschen, 1:50 000

HINWEIS Es gibt natürlich auch den Abstieg vom Hohen Freschen südwestwärts über Freschenhaus, Alpwegkopf und Furx nach Rankweil. Zeit für Abstieg nach Hohenems, 432 m, gute 3 Std. — Nach Rankweil bzw. Furx etwa 2¹/₂ Std.

BILD Blick aus Nordost (aus dem Flugzeug) auf das Berghaus Edelweiß unter dem Klipperen im Bregenzerwald. Der Klipperen steht zwischen Kanisfluh und Damülser Mittagspitze

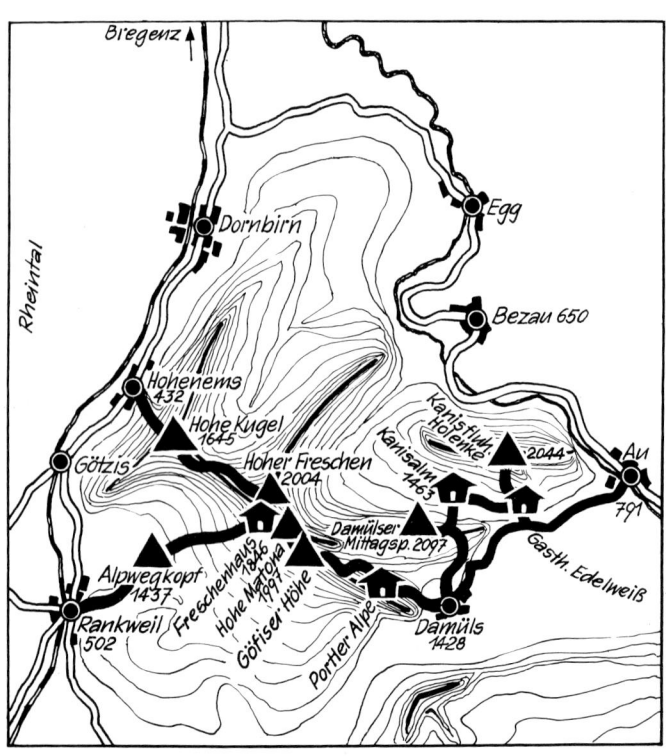

Dieser Bregenzerwald zwischen Rheintal, Allgäuer Vorland, Kleinem und Großem Walsertal, im Süden vom Walgau zwischen Feldkirch und Bludenz abgegrenzt, ist ein Wandergebirge für besinnliche Menschen. Der Ehrgeiz hat sich auf die glücklichen Augen zu beschränken und auf das Vermögen, in der grünen Flut dieses weitverzweigten Vorgebirges still zu werden, in gelassenem Rhythmus auszuschreiten, damit einem immerzu auch der Rhythmus guter Gedanken ankomme. So gut konnte dies nur Goethe gesagt haben ... Wir teilen uns dieses immergrüne Vorhaben in vier Tage auf. — 1. Tag: Wir sind mit dem Bus von Dornbirn oder Bezau nach Au gefahren, das auf nur 791 m Höhe an der ganz jungen Bregenzer Ache liegt, dicht unter der Kanisfluh. Von Au steigen wir als erstes zum Gasthof Edelweiß auf, 1495 m, auf nebenstehendem Bild samt Klipperen, 2066 m, zu sehen. Am selben Tag steigen wir noch auf die Kanisfluh, 2044 m, jene zyklopische Kalkmauer inmitten des Waldgebirges, die wir schon, von Norden über Mellau anreisend, bewundert haben: aus Waldhängen aufsteigende senkrechte Wände und glatte Terrassen, eine kühne Festung mit Vorwerken und Basteien — vielleicht der schönste Berg im Bregenzerwald. Wir werden es nachprüfen! 2¹/₂ Std. hinauf, eine sehr gute Stunde herunter; dann schlafen wir gut im »Edelweiß«, bereits jetzt um ein großes Erlebnis reicher. — 2. Tag: Wanderung vom »Edelweiß« an Ost-, dann Südhängen, unter Klipperen, Gungern und Wannenkopf hindurch zur Vorderen Ugaalm im Südhang der Damülser Mittagspitze, 2097 m, hier Aufstieg am grünen, mit Felsnocken besetzten Südgrat und — wieder eine lange Gipfelrast. Denn hier sehen wir bei klarer Luft wirklich bis zur Bernina; weit bekömmlicher ist freilich der Blick ins Bregenzer Achental oder zum Bodensee hinaus, hinab in die grünen Kessel um Damüls, 1428 m, wo wir bald zum zweiten Male nächtigen. — 3. Tag: Wir steigen vom kleinen Damüls westwärts unterm Portlerhorn hindurch zur Portleralpe, weiter in der Nordflanke des Gerenfalben, 1938 m, zur Göfiser Höhe — und dann herrlich frei und ausgesetzt am felsigen Kamm auf die Hohe Matona, 1997 m, eine Ostschulter des Hohen Freschen. Wenige Minuten unter uns liegt auf 1846 m Höhe das Freschenhaus, in dem wir nach diesem langen, eindrucksvollen Höhengang von 4—5 Stunden gerne nächtigen. — 4. Tag: Wir besteigen nun den Hohen Freschen, 2004 m, und haben bei guter Sicht einen Ausblick zu absolvieren, der seinesgleichen sucht: Bodenseeweite, Oberschwaben, die ganze Ostschweizer Alpengarde von den östlichsten Urnern über die Glarner bis zum Alpstein, die unabsehbaren blauen Massen der Bündner Alpen, dazu Rätikon, Silvretta und das westliche Ferwall ... Man wird müde vom Schauen und Entdecken. Nie ohne gute Karte auf den Freschen! Einst römische Hochwacht über dem weiten Rheintal, für uns eine aus drei grünen Graten zusammenlaufende Pyramide ... Wir steigen vom Gipfel den aufregend exponierten Westgrat hinab und — immer am selben Kamm bleibend — über Dümelikopf, Vorderes Hörnle und Hohe Kugel, 1645 m, hinab nach Hohenems.

47 Auf dem Heilbronner Weg
Strenge Umwege vom Stillachtal ins Trettachtal

TALORTE Oberstdorf, 815 m · Bus oder Kfz bis Stillachtal: Einödsbach, 1058 m · Spielmannsau im Trettachtal, 1005 m

STÜTZPUNKTE Rappenseehütte, DAV, 2092 m, am Rappensee · Waltenbergerhaus, DAV, 2084 m · Kemptener Hütte, DAV, 1846 m

BESTE ZEIT UND AUSRÜSTUNG 10. Juli bis gegen Ende September · In der Ausrüstung darf der beste Wetter- und Kälteschutz sowenig fehlen wie der leichte Biwaksack, Sonnenschutz, Notproviant, erstklassige, hohe Bergschuhe. Im Frühsommer mit leichten Vierzackern und leichtem Pickel für Überraschungen in nordseitig liegenden harten Firntafeln!

KARTEN/FÜHRER Gut die neue Freytag-Berndt-Karte 1:50 000, Bl. 363, Oberstdorf/Kl. Walsertal · Nicht ganz ausreichend FB-Karte, Bl. 35, Allgäuer Alpen/Lechtaler Alpen, 1:100 000 · Führer »Allgäuer Alpen« von Zettler (Rother)

BILD Ausblick vom Gipfel der Trettachspitze, 2595 m, auf die Mädelegabel, 2649 m, und die rechts anschließende Hochfrottspitze, 2648 m. In der Mädelegabel-Südostflanke (ganz links am Bildrand) queren wir am »Heilbronner Weg« ins Schwarzmilz und dann unterm Kratzer zum Mädelejoch, der letzten Scharte im Hauptkamm

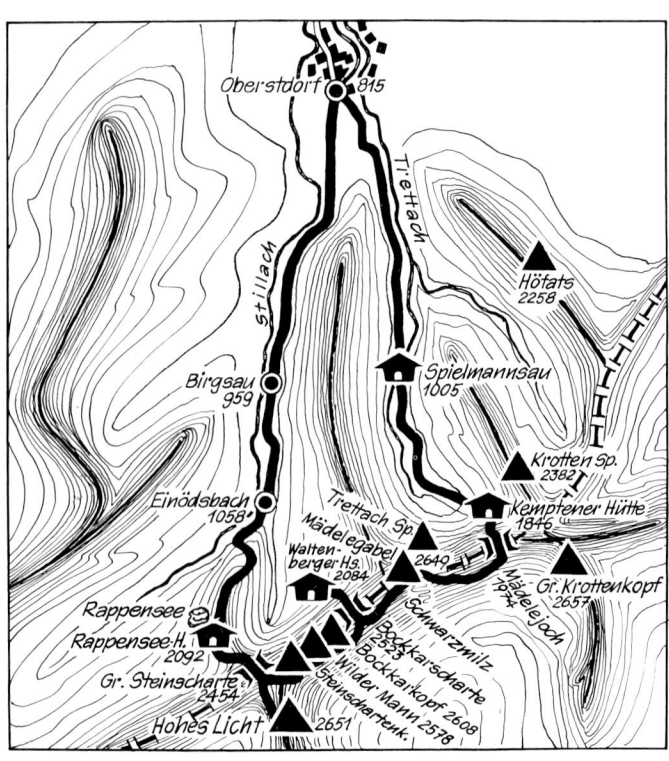

Der »Heilbronner Weg« in den Allgäuer Alpen ist neuerdings überlaufen: Die Großstädte, und sogar die kleinen Städte des Vorlandes, alle gleichermaßen von der Abgaspest betroffen, treiben die nach frischer Luft drängenden Menschen in die Berge ... Mag man jemand böse sein, der sucht, was wir selber suchen? Der Heilbronner Weg bleibt dennoch ein idealer Höhensteig für vernünftig ausgerüstete, alpin erfahrene und besonnene Bergwanderer. Die Schwierigkeiten liegen kaum an den relativ wenigen exponierten Stellen, sie liegen vielmehr in der großen Höhe dieses — wenn man ihn in einem Tage von Hütte zu Hütte begeht — recht langen »Weges«: die Scharten liegen immerhin alle in 2200 bis 2500 und mehr Meter Höhe! Ein Wetterumschlag mit Nebel oder gar mit Regen, in den sich in dieser Höhe gerne Schnee mischt, dazu das plötzliche scharfe Absinken der Temperatur haben schon viele Begeher dieses Höhensteiges schokkiert, wenn nicht sogar in Not versetzt. Wer alles dies voraussetzt, der mag ihn gut ausgerüstet begehen und wird begeistert sein. Denn die Ausblicke nach rechts und links, hier in die nahen Lechtaler Berge, dort auf den grünen Fellhornzug, hinüber zu der stolzen Höfats, und dann gar der Nahblick von der Mädelegabel auf die Trettachspitze (Bild) — das Durcheinanderwogen der steilen Diagonalen im Raume, die Schärfe und Kälte der hochalpinen Strukturen, der griffige Kalkfels, die reine Höhenluft — das summiert sich zum großen Ereignis! — Von Einödsbach sind wir am Vorabend über die Enzianhütte zur Rappenseehütte auf 2092 m Höhe gestiegen, aus grüner Enge vor einen hellen, kühlen Seespiegel. So früh als möglich beginne man den Aufstieg, die übrigen Hüttengäste besorgen das Wecken: hinauf zur Großen Steinscharte, 2454 m, durch das wüste Wieleskar hinüber an die oft schneebedeckte Geröllhalde und in kurzen Kehren hinauf und rechts über Felsbänder auf das Hohe Licht, 2651 m. Ungeheure Weite, Granit vom Ferwall, Eis vom Zentralalpenkamm! Wieder abgestiegen, nach dem Markierungstaferl unter die Abstürze des »Heilbronner Törl« und hinauf zur Kleinen Steinscharte, 2541 m. Zehn Meter darüber in die Westseite und in Kehren zur eisernen Leiter und in die Ostflanke bis auf den Steinschartenkopf, 2615 m. Weiter am »Wilden Mann« vorbei zur Socktalscharte, 2446 m; den Wilden Mann sollten wir in 5 Minuten mitnehmen! — Hier könnten wir auch unterbrechen, zum Waltenbergerhaus absteigen durch das hintere Bockkar, um anderntags weiterzugehen. — Wer in einem Zuge durchgeht, steigt jetzt jäh auf den Bockkarkopf, 2608 m, drüben in vielen gesicherten Serpentinen hinunter in die Westliche Bockkarscharte, dann unter großen Felsdächern zur Östlichen Scharte am Sockel des Südwestgrates der Hochfrottspitze. Nun in der Südflanke eben zum Schwarzmilzfirn und zum Mädelegabel-Ostgrat, dann im Schwarzmilzfirnschutt durch die Kratzer-Südflanke zum Mädelejoch, 1974 m, und im Endspurt hinab zur Kemptener Hütte, 1846 m. — Den kurzen Aufstieg zur Mädelegabel, 2649 m, wird sich wohl niemand entgehen lassen, sowenig wie die Anbetung der kühnen Trettachnadel aus Atemnähe.

48 Vom Iseler zum Hochvogel

Hoch über Hintersteiner, Tannheimer und Schwarzwassertal

TALORTE Hindelang, 825 m, unterm Oberjoch · Oberjochpaß, 1136 m. Ab hier Sessellift unter den Iseler-Gipfel

STÜTZPUNKTE Iseler-Platz-Haus an der Liftstation · Willersalpe, 1456 m, privat; Unterkunft für 60 Personen (zur Jagdzeit geschlossen) · Prinz-Luitpold-Haus, DAV, 1847 m; im Oberen Tal unter der Fuchskarspitze

BESTE ZEIT UND AUSRÜSTUNG Während der Jagdzeit (15. 9.—15. 10.) ist die Willersalpe geschlossen; also Anfang Juli bis Mitte September · Ausrüstung für schlechtes Wetter und auf die Durchschnittshöhe von über 2000 m abgestellt! Kein Pickel, kein Seil. Notproviant! Kälteschutz auch für Hände und Kopf

KARTEN / FÜHRER Beste Karte mutmaßlich die Freytag-Berndt-Karte, Bl. 35, Allgäuer und Lechtaler Alpen, leider nur 1:100 000 (1:50 000 in Vorbereitung!) · Genauer Führer von Zettler/Groth »Allgäuer Alpen« (Rother) mit sehr guter Karte 1:50 000!

BILD Am Höhensteig zwischen Iseler und Hochvogel passieren wir den Schrecksee mit den (unbewirtschafteten) Schreckenalpen. Unter dem Hochvogelmassiv der nahe Lahnerkopf, an dessen Hängen wir wieder in die Ostflanke des Bergkammes überwechseln. Rechts vom Lahnerkopf sehen wir unseren weiteren Weg in Richtung Glasfelderkopf. Links oben neben dem Hochvogelmassiv die Hauptgipfel der Hornbachkette

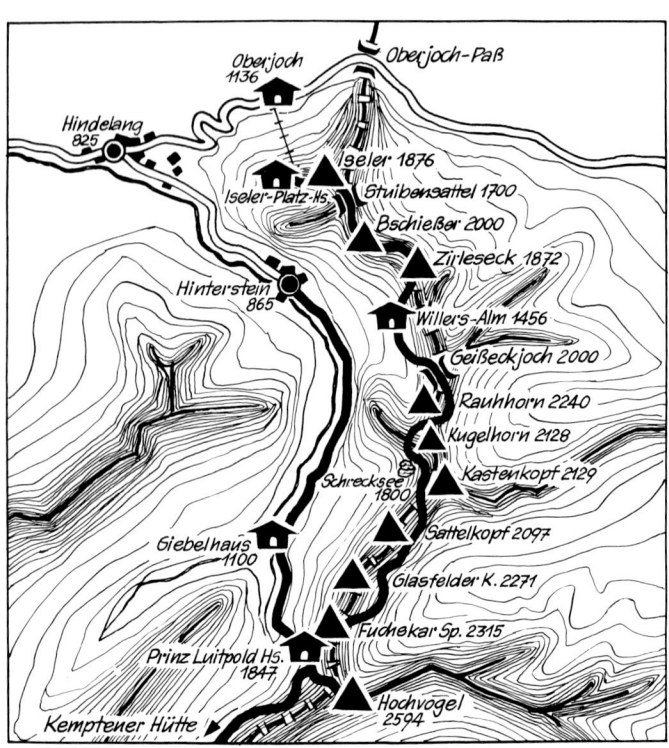

Wer den berühmten »Heilbronner Weg« begehen will, der in großer Höhe dem Hauptkamm der Allgäuer Alpen folgt — und neuerdings arg überlaufen ist! —, der sollte den Höhenweg vom Iseler zum Hochvogel voransetzen. Oder als Erholung hinterher ablaufen! Wir bewegen uns in diesem nordöstlichen Anlauf zum großen Hauptkamm in kleineren Verhältnissen, steigen nicht immer in 2200 bis 2600, sondern nur in 1500 bis 2200 m Höhe und auch kaum im nackten Fels, sondern auf frommen, grünen Alpsteigen, auch wenn sie da und dort mit Blockkaren, Geröllhalden, Schrofenrinnen und Trümmerfeldern gespickt sind. Es geht auch hier viel auf und ab, wir überschreiten mehrfach unseren Nordostkamm, aber am Ende erwartet uns als Knalleffekt die hohe Kalkpyramide des Hochvogel, 2594 m, die man auf einem stellenweise gesicherten Steig ohne große Mühe ersteigen kann. Nähe und Ferne, das stille, oft blumenreiche Alpland, dann Bergbilder wie die des gebündelten Kalkstocks der Tannheimer Berge über dem Haldensee; und vom Hochvogel die interessante Hornbachkette mit den Felsburgen von Urbeleskar-, Noppen- und Balschtespitze bis zum Großen Krottenkopf . . . da sind Geist und Gemüt vielbeschäftigt! — Wir können diesen Höhenweg vom Iseler, der ab Willersalp »Jubiläumsweg« heißt, in 2 Tagen ablaufen. Am Iseler läßt man sich mit dem Sessellift bis dicht unter den Gipfel, 1876 m, baggern, sagt dem Oberjochrummel samt Abgasnebel »Pfüa' God« und begibt sich in die große Stille. Rechts sehen wir die breit auslaufende Nebelhorngruppe über dem Hintersteinertal, links Tannheimer Gruppe, Zugspitze und Thaneller über Haldensee und Vilsalpsee. Wir wandern vom Iseler über Bschießer, Ponten und Zirleseck, steigen rechts in den grünen Kessel der Willersalp, 1456 m, hinab und dann wieder hinauf zur »Vorderen Schafwanne« unterm Geiseckjoch, 2000 m. Dort kommen wir erstmals in die Ostflanke, in das mächtige Kar unter Geißhorn und Rauhhorn, 2240 m. Der Vilsalpsee lockt mit seiner frischen, blauen Badewanne, aber wir müssen oben bleiben und durch Felstrümmer auf und ab zum Sattel der »Hinteren Schafwanne« und wieder in die Westflanke hinüber zum Schrecksee, 1800 m. Lang geht es aus seinem Kessel wieder hinauf zur Lahnerscharte, 1988 m, wo wir in ein neues Schwarzwassertal (ohne Riezlern und Ifen) hinabschauen, in ein wunderbar unversehrtes Hochtal, von dem unsere Betonfürsten sagen würden: »Hier läßt uns Hütten bauen.« . . . Während wir lange Zeit in dieser Ostflanke auf und ab laufen bis zum Südostrücken des Schänzlekopfes und dann über die Geröllbänder durch die Notländwand, stellen sich uns Roßzähne und Fuchskar vor. Wir sind allein, in unvorstellbarer Stille . . . Durch eine Runse gewinnen wir die grüne Mulde der Oberen Lichtalp, gehen um die Lärchwand herum in die Trümmerwüste unterm Glasfelderkopf, 2271 m, und steigen dann an der Bockkarscharte, 2164 m, ins »Täle« und zum heißersehnten Prinz-Luitpold-Haus. — Dem Hochvogel gehört der dritte Tag! Man steigt vom Haus, 1847 m, zur Balkenscharte und über Fuchsensattel, Kalten Winkel und Schulter zum Gipfel.

102

49 In den Tannheimern

Rings um Gimpel und Rote Flüh

TALORTE Nesselwängle, 1147 m, östlich des Haldensees (ab Reutte über Gaichtpaß in 30 Minuten) · Musau, 818 m, an der Straße Füssen—Reutte (für den 3-Std.-Anstieg über Musauer Alm zur Otto-Mayr-Hütte) · Pfronten, 810 m, für die Auffahrt mit Lift zum Breitenberg, 1670 m, und den schönen Übergang Breitenberg—Aggenstein—Pfrontener Hütte, 1796 m, Otto-Mayr-Hütte, 4—5 Std., oder zur Tannheimer Hütte, ebenfalls 4—5 Std.

STÜTZPUNKTE Gimpelhütte, 1760 m, priv. · Tannheimer Hütte, 1713 m, AV. Aufstieg zu beiden Hütten ab Nesselwängle ca. 1¹/₂ Std. · Otto-Mayr-Hütte, DAV, 1520 m, im Reintal; je 3 Std. von Nesselwängle, von Vils oder von der Pfrontener Hütte; 4 Std. von Musau · Pfrontener Hütte, DAV, 1796 m; 3¹/₂ Std. ab Otto-Mayr-Hütte; 3¹/₂ Std. von Pfronten (mit Lifthilfe kürzer) · Musauer Alm, 1267 m, priv.; von hier 1 Std. zur Otto-Mayr-Hütte

BESTE ZEIT UND AUSRÜSTUNG Ende Juni bis Oktober! Für Kletterer warten ab Mai—Juni schneefreie trockene Südwände · Bei der Ausrüstung nicht auf guten Wetterschutz und erstklassige Bergschuhe verzichten! Keine modischen Halbbergschuhe!

BILD Dieses Luftbild ist im Anflug von Süden aufgenommen und zeigt den grünen Kessel der Gimpelalm unter den Kletterbergen Rote Flüh (links, ihr vorgelagert der Hochwiesler) und Gimpel (rechts oben). Dazwischen die Judenscharte

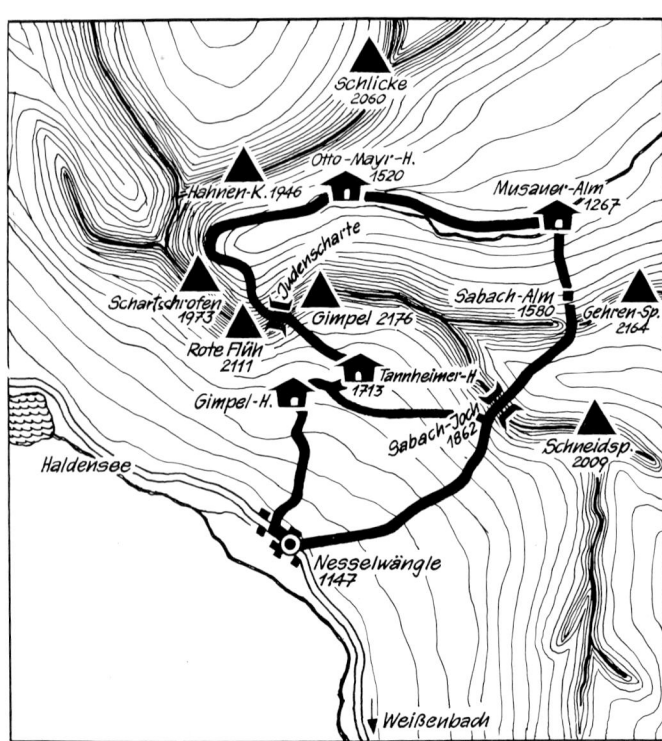

Die Tannheimer Berge zwischen Haldensee, Vils und dem großen Lechbogen vor Füssen teilen sich am Vilser Jöchle in zwei Hälften: nördlich regieren Breitenberg, Aggenstein und Brentenjoch, wobei sie von Pfronten her mit einem Sesselbagger beschickt (und überlaufen) werden — südwärts aber regiert ein Bündel steiler Kletterberge, die Rote Flüh, Gimpel, Kellespitze und Gehrenspitze heißen. In dieser stilleren und strengeren Region halten wir uns auf, erwählen die Gimpel- oder die Tannheimer Hütte als Hauptquartier und gehen auf Erkundung. Die Hütten erreichen wir am günstigsten von Nesselwängle, 1147 m (dicht ostwärts vom Haldensee, von Reutte her über Gaichtpaß schnell zu erreichen): Gute 1¹/₂ Std. steigt man auf und stromert dann durch den unser Luftbild beherrschenden Südkessel, dicht unter den beliebten Kletterwänden von Roter Flüh (links im Bild, vorgelagert der Hochwiesler) und Gimpel (oben Mitte). Wir steigen zur ersten Unternehmung von der Hütte in Richtung Judenscharte, bis nach 30 Minuten auffallende Steigspuren rechts durch Geröll zum Südsockel des Gimpelmassivs führen. Unser Steig flicht sich über Grasbänder und steile Felsstufen durch diesen Sockel, dann geht man nach Belieben rechts zum Gimpel-Ostgrat und über ihn nach links auf den Gipfel, 2176 m (2 Std.) — mit einer unverhofft großartigen Umschau. Dieser Gimpel-Normalweg verlangt keine Kletterei, aber sehr trittsichere und berggewandte Geher. Eine Dame nimmt man vorsichtshalber ans Seil, sichert sie dann aber auch vorschriftsmäßig! — Dazu gleich ein geheimer Ratschlag: Wer sich als bergtüchtiger Mann eine Genußkletterei vom Grad II bis III leisten kann, der suche sich einen guten Seilkameraden oder Führer und erklettere den herrlichen Gimpel-Westgrat (im Luftbild links unterm Gipfel im Profil). Diese Kalkkletterei ist aufregend schön, nur am Überhang des »Nur Mut, Johann« — das hat der Erstersteiger auf den Fels gepinselt, und man kann es noch heute lesen! — braucht man eine gute Sicherung von oben oder kurze Seilhilfe. Kaum 2 Std. hinauf, kaum ³/₄ Std. herunter — ein perfektes Sonntagsglück! . . . Wer nur Bergwanderer ist und das Felsklettern mangels Schneid oder Übung verachtet, der steige auf einem im Bild gut sichtbaren Wegerl in die Judenscharte hinauf (zwischen Roter Flüh und Gimpel) und davon links auf die Rote Flüh, 2111 m. Dort kann er die Beine über einen Südhang hängen lassen, der von mehreren extrem schwierigen Kletterrouten durchzogen ist. — Er mache eine Tagestour daraus, indem er von der Roten Flüh an Drahtseilen und in kurzen Kehren am Nordwestgrat harmlos zur Gelben Scharte und von dort nach einer Querung unter dem Schartschrofen — immer am markierten Steig — gleich weiter ins Reintal absteigt, ostwärts hinab auf Grasschrofen und an Steigspuren zur Otto-Mayr-Hütte, 1520 m. Hier kann man unter gewaltigen Nordwänden nächtigen, um am nächsten Tag gemütlich zur Musauer Alm (1267 m, bewirtschaftet) abzusteigen. Von dort steige man kurz und bündig steil hinauf über die Sabachalm, 1580 m, zum Sabachjoch, 1862 m, und westwärts weiter zur Tannheimer Hütte.

104

50 Gatschkopf und Parseierspitze

Quer durch die Lechtaler Alpen

TALORTE Bach und Unterstockach, 1065 m, im Lechtal · Madau, 1300 m, im Madautal, 2 Std. ab Bach · Zams vor Landeck, 775 m, im Inntal · Pians, 859 m, westlich von Landeck an der Sanna · Landeck, 816 m

STÜTZPUNKTE Berghaus Hermine im Madautal, 1300 m · Memminger Hütte, DAV, 2242 m, am Unteren Seewisee · Württemberger Haus, DAV, 2200 m, unterm Medriolkopf; Abstieg nach Zams 3 Std. · Augsburger Hütte, DAV, 2340 m

BESTE ZEIT UND AUSRÜSTUNG Mitte Juli bis 20. September · Mit Wetterschutz, Kälteschutz, festen Bergschuhen und Karte. Nur die Parseierspitze erfordert besondere Vorsicht, Trittsicherheit und alpine Erfahrung!

KARTEN / FÜHRER Freytag-Berndt-Karte, Blatt 35, Lechtaler Alpen, 1:100 000 · Kleiner Führer durch die Lechtaler Alpen, v. Rogister (Rother)

BILD Im Abstieg von der Memminger Hütte in den Lechtaler Alpen über Lochbach und Zammer Loch. Blick auf die Silberspitze vor dem darunter liegenden Inntal bei Zams-Landeck. Der leicht brüchige Charakter des Lechtaler Kalkgesteins wird hier besonders gut deutlich, ebenso freilich das großzügige Spiel der Diagonalen sich überschneidender Berghänge vor dem großen Himmel der Höhe

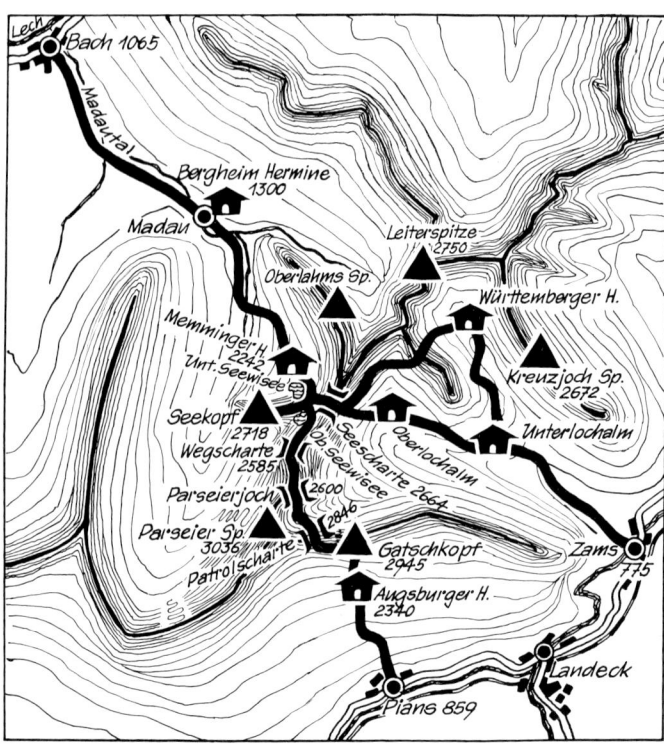

Die Lechtaler Alpen zwischen Arlberg- und Fernpaß, nordwärts vom jungen Lech, südwärts von Inn und Rosanna begleitet, stellen ein nicht leicht zugängliches, mürbes Kalkgebirge dar. Schmale Täler mit schluchtartigen Zugängen, übersteile Grünflanken, oft gefährlich brüchiger Fels — aber ein Gebirge voll Einsamkeit, ein Weltreich für den phantasiebegabten Bergwanderer mit Kondition und erstklassiger Ausrüstung ... Mit Mühe und Not hat sich dieses von der Erosion zerstörte Stück Erdrinde einen einzigen Dreitausender erhalten, das ist die Parseierspitze zwischen Memminger und Augsburger Hütte: einfach, aber auf langen Zuwegen zu ersteigen, wenn man absolut trittsicher, vorsichtig, also bergfahren ist. Wir durchqueren diese Lechtaler Alpen vom Lech zum Inn, von Nord nach Süd, gehen von Bach oder Unterstockach am Lech aus, hoch über den eingezwängten Alperschonwassern in 2 Std. bis Madau zum angenehmen Berghaus Hermine, 1300 m, und steigen dann vom P. 1449 im mittleren Parseiertal steil hinauf zur Memminger Hütte, 2242 m, am Unteren Seewisee (+ 2¹/₂ Std.). Die Freispitze gegenüber im Westen und die verlorenen Schuttkare hinten über dem Parseiertalschluß erklären uns das ganze Malheur der Lechtaler Berge: Über der Baumgrenze allenthalben supersteile Grashänge, bei Nässe tödlich, böse Rinnen und Runsen, zuviel trockene Karmulden voller grauem Schutt. Dies alles addiert, ergibt selbstverständlich eine Summe von kostbarer Stille und Abseitigkeit; das muß man begreifen! — Von der Memminger Hütte aus, wo wir nächtigen und einen großen Morgen erleben, gibt es zwei Hauptrichtungen hinüber ins Inntal. 1. Man steigt a) als reiner Bergwanderer bis zum Mittleren Seewisee und zur Seescharte und rennt dann ostwärts mit dem Lochbach hinunter ins Zammer Loch und auf dem Steig über ihm hinab nach Zams zum Inn — oder zum ersten Wirt. In dieser Richtung kann man freilich eine allerschönste Fleißaufgabe bewältigen, indem man b) direkt hinter der Seescharte scharf links abzweigt und nordostwärts über die Großbergscharte zum Württemberger Haus wandert und von dort erst mit dem Medriolbach gemeinsam das Zammer Loch anvisiert. Der hochgestimmte Bergsteiger will aber mehr für seine Plage und zielt auf die alles beherrschende Parseierspitze. Also ab Memminger Hütte zum Oberen Seewisee und auf dem »Spiehlerweg« auf den Gatschkopf, 2945 m hoch, den Vorposten der Parseierspitze. Ersatzgipfel für die Bescheidenen! Der erfahrene Bergsteiger steigt am »Spiehlerweg« auch über die Patrolscharte, aber zum Grinnerferner und von ihm bei mäßig schwieriger Kletterei (II) durch die an sich viel begangene, wegen des lockeren Gesteins aber steinschlaggefährliche Südwand (gute 4—5 Std. ab Memminger Hütte). Zur Augsburger Hütte — ohne Gipfel — wären es nur 3 Std., zu denen der steile Serpentinenweg am Gasulbach entlang hinab nach Trins und Pians, 859 m, kommt mit 2—3 Std. Welchen hohen Rang Parseierspitze und Gatschkopf unter Aussichtslogen der Nördlichen Kalkalpen einnehmen, darüber belehren erschöpfend die Landkarte und der Führer.

51 Über die Dreitorspitze

Partnachklamm — Schachen — Meilerhütte — Leutasch

TALORTE Garmisch-Partenkirchen, 715 m (Bus bis Partnachklamm/Olympiastadion) · Reindlau in der Leutasch, 1060 m · Mittenwald, 913 m

STÜTZPUNKTE Schachenhaus, priv., 1866 m (auch Nächtigung, Königshaus, sehr schöner Alpengarten) · Oberreintalhütte, AV, 1525 m, im Oberreintalkessel (für den Zugang Kabine Kreuzeck — Bernardeinweg — Reintal — am Reintalboden gegenüber Aufstieg Oberreintalhütterl) · Meilerhütte, AV, 2366 m (im Schachenhaus nach Meilerhütten-Zustand fragen)

BESTE ZEIT Anfang Juli bis Anfang Oktober. Beim Klettern am Dreitorspitz-Ostgipfel-Ostgrat (II), am Kamm von der Meilerhütte zu Törlspitzen und Musterstein (I) oder über den »Hermann-v.-Barth-Weg« zum Westgipfel der Dreitorspitze — Vorsicht! — Bergwanderer machen die einfache Überschreitung von der Hütte direkt ins Leutaschtal (2—3 Std.)

AUSRÜSTUNG Unbedingt mit Wetter- bzw. Kälteschutz, Notproviant, für die Besteigung der an sich einfachen Leutascher Dreitorspitze (wegen der »Eisrinne«) vielleicht einen ganz leichten Pickel mitnehmen

KARTEN/FÜHRER Beste Karte die AV-Karte 1:25 000, Wetterstein — Mieminger, Ostblatt! · Oder Freytag-Berndt-Karte 1:100 000, Bl. 34, Wetterstein · Führer Voelk/»Wettersteingebirge I« (Rother)!

BILD Die Meilerhütte sitzt im Dreitorspitzgatterl wie ein Vogelnest, rechts sieht man die letzten Kehren vom Schachen herauf, dahinter liegt das Leutaschplatt. Rechts vom Gatterl weg die Signalkuppe, Bayerländerturm und alle drei Dreitorspitzen. Über dem Platt rechts oben der wuchtige Doppelgipfel der Leutascher Dreitorspitze

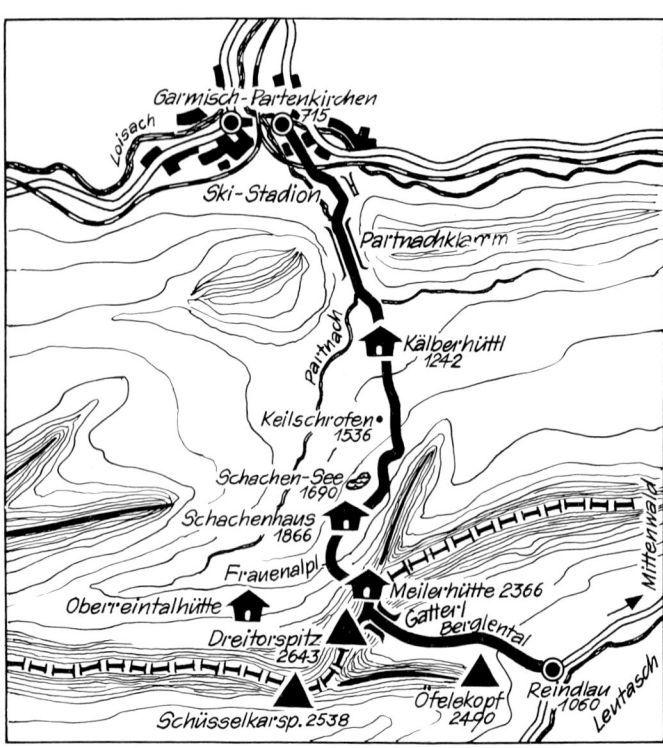

Der südliche Kamm des Wettersteingebirges zwischen Ehrwald und Mittenwald — Plattspitzen, Gatterlköpfe, Hochwanner, Teufelsgrat, Schüsselkarspitze, die Dreitorspitzen und dazu der ungebrochene Wettersteinkamm vom Musterstein bis zur Unteren Wettersteinspitze — ist länger als Waxenstein und Blassenkamm zusammen. Er ist der Hauptkamm. Die Alpspitze steht als Werdenfelser Wappen über dem Kreuzeck, der riesige Dreitorspitzkamm als begeisternde Hauptkulisse. Ich bin in einem langen Bergsteigerleben auf allen Gipfeln dieser Kette gestanden, habe in ihrem Kletterparadies überm Oberreintal Lehrjahre verbracht, bin mit der jungen Frau über den Wettersteingrat bis Mittenwald gelaufen, habe am Ostgrat der Großen Plattspitze Verlobung gefeiert, bin dreimal durch die Nordwand des Hochwanner geklettert — schau' ich vom Wank oder vom Stuibenkopf hinüber, geht mir wieder und wieder das Herz auf . . . Es gibt eine Partenkirchner Dreitorspitze mit drei fast gleich hohen Gipfeln um 2630 m, und es gibt eine Leutascher Dreitorspitze mit zwei Gipfeln um 2670 m. Die Partenkirchner Gipfel weisen mit dem drahtseilgesicherten »Hermann-v.-Barth-Weg« einen relativ leichten Zugang aus — die Leutascher Gipfel sind leicht zu erklettern, drängen aber im Abstieg aufs Leutascher Platt in eine oft heikle Eisrinne: meist harter Firn. — Wir kommen aus den kühlen Duschen der Partnachklamm hinter dem Olympiastadion, lassen am Weg vom Reintal zum Schachenhaus, also von 715 auf 1866 m, die letzten »Sommergäste« hinter uns, schauen nach 3—4 Std. vom Pavillon zur Blauen Gumpe tief hinab ins Reintal, zum blauen Zugspitzplatt, und hinein in die Lieblingsgrube aller Münchner Kletterer bis zum Hütterl im Oberreintal. Noch einmal fast 1 1/2 Std. weiter über das Frauenalpl — den schönsten Rastfleck überhaupt im Wetterstein (mit dem Mauerschartenkopf, mit dem höchsten grünen Fleckerl im Mathaisenkar) —, und man steht vor der Meilerhütte, 2366 m, eingeklemmt im schmalen Dreitorspitzgatterl. Jetzt hält man es nicht mehr aus zwischen soviel lockendem Kalkfels, klettert als erfahrener Bergsteiger über Signalkuppe und Kamine zum Nordostgipfel (II) — oder steigt am »Hermann-v.-Barth-Weg« südwärts um den Bayerländerturm herum und dann am schlecht erhaltenen Steigerl zum Westgipfel der Dreitorspitze, 2633 m. Klettert man von dort leicht und lustig südwärts den Grat hinab, so kommt man rasch auf die Leutascher Dreitorspitze, 2682 m. Am Bauche liegend, schaut man in die Leutasch hinunter, ehe man am Grat zurückgeht und dann ostwärts direkt in die »Eisrinne« einsteigt, oft erwischt man Firn zum Stufenstoßen, manchmal ist es knallhart. Umgehen kann man sie nicht, aber wir sind immer noch lebendig ins Leutascher Platt hinab gekommen. — Wer die Überschreitung der Dreitorspitzen scheut, oder wem die Zeit fehlt, der steigt natürlich von der Meilerhütte gleich direkt aufs Leutaschplatt ab, stolpert im Schutt durch das Berglental, läßt den Öfelekopf über sich immer höher wachsen, bleibt beim ersten Grün rechts von den Wassern, landet sanft am Ufer der Ache — unweit von einem Wirt. — Ein Bus hilft uns nach Mittenwald.

52 Durch das Höllental auf die Zugspitze

Zugspitzplatt — Reintalanger — Partnachklamm

TALORTE Garmisch-Partenkirchen, 715 m · Oder Station Hammersbach, 775 m, ab hier Aufstieg zur Höllentalklamm

STÜTZPUNKTE Höllentalangerhütte, AV, 1379 m; 2¹/₂ Std. ab Hammersbach · Münchner Haus am Zugspitzgipfel, 2962 m; einfach bewirtschaftet. Daneben diverse Hotels und Terrassen · Knorrhütte, AV, 2052 m, am unteren Platt · Reintalangerhütte, AV, 1366 m

BESTE ZEIT UND AUSRÜSTUNG Mitte Juli bis Ende September. Nur mit erstklassigen Bergschuhen, Wetter- und Kälteschutz komplett, möglichst mit Grödeln oder einfachen Leichtsteigeisen, evtl. auch Pickel (im Frühsommer). Sonnenschutz

KARTEN/FÜHRER Am besten die AV-Karte, 1:25 000, Wetterstein — Mieminger, Mittleres Blatt! Zur Not Freytag-Berndt-Karte, Bl. 34, Wetterstein, 1:100 000 · Führer Voelk/»Wettersteingebirge I« (Rother)

HINWEIS Man kann das Wetterstein-Vergnügen steigern, wenn man vor dem Höllentalanstieg den Weg vom Kreuzeck (Bergstation) über das Hupfleitenjoch hinab zur Höllentalangerhütte macht: 3—4 Std. bei stärksten Landschaftsbildern! Die Variante Höllental — Riffelscharte, 2163 m — Eibseeufer ab Höllentalangerhütte bis Eibsee 5—6 Std., einsam, sehr schön! Beim Abstieg von der Scharte Vorsicht, dort noch alte Stifte und Seilsicherungen

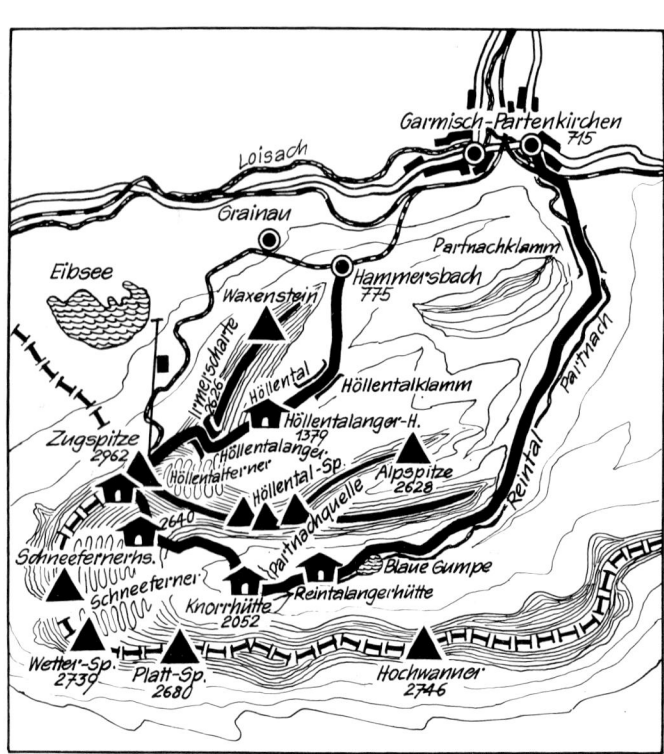

Die Zugspitze über dem Loisachtal bei Garmisch-Partenkirchen ist nach neuester Karte nur noch 2962 m hoch; auf alten Karten stand immer 2967. Das zeugt für die Vielzahl der Besteiger, mögen sie über das Höllental, durch das Reintal oder nur aus der Kabinenbahn auf den alles entscheidenden höchsten deutschen Gipfel gekommen sein. Er wurde ganz einfach abgetreten. Dafür haben die Garmischer Betonfürsten den ganzen Gipfel mit Hotels vollgebaut — eine Pracht, vor allem bei Nacht, wo man den Zugspitzgipfel anstrahlen läßt . . . Nicht ärgern! Der 7—8stündige Aufstieg durch die Höllentalklamm zur Hütte, 1379 m, dann durch den grandiosen Höllentalanger hinauf zu den Moränen und von ihnen zum kleinen, steilen Höllentalgletscher, von ihm direkt in die Felsen und über Irmerscharte und Nordgrat zu jenem »Kreuz« — das bleibt eine Leistung und eine schöne, anstrengende, an vielen Stellen dramatisch bewegte Bergtour. Man unternehme diese Bergtour bei Aussicht auf sicheres Wetter, steige von Hammersbach hinauf zur Klamm, stapfe durch ihre schwarzen Tunnels, entwische ihren eisigen Duschen und mache im Höllentalanger die erste Rast: nach guten 2 Std., vor der Hütte sitzend und sich den Kopf verrenkend. Denn die Waxensteine fahren nun einmal steil wie Raketen in den Himmelsraum. Und das übrige ist auch nicht eben. Hochgestimmt wandert man ins Talende, steigt in die senkrechten Platten ein — erst übers »Leiterl« und dann am »Brett« querend. Eisenstifte und Drahtseile erhalten uns am Leben. Wir müssen jetzt hin und her steil durch Latschenbüsche, dann über Riesenberge von Trümmern und Moränenschutt hinauf zum Gletscher — doch nicht, ohne vorher links drüben am stürzenden Bach das reinste aller reinen Quellwasser aus der Hand geschlürft zu haben. Rechts senkrecht auffahrend die Riffelköpfe, links droben der scharfe Grat der Höllentalspitzen, vor uns das grobe, graue Eis vom Ferner: oft firnig und dann leicht, aber auch oft hart und steil zu überwinden bis droben zur Randkluft, zuweilen sogar eisig — dann ist man um jeden eingefrorenen Stein froh, oder hat Grödeln oder leichte Vierzacker im Rucksack und steigt elegant empor. Die Randspalte ist meist leicht zu überwinden, dann steht man erlöst in den sicheren Felsen, wo uns tausend Griffe erwarten und stellenweise sogar ein Drahtseil. Bald stehen wir oben in der Irmerscharte — schauen gerührt tief hinab zum blauen Eibseespiegel. Der weitere Ostgrat bietet wiederum gute Griffe — wenn es keinen Neuschnee gegeben hat. Nach 4—6 Std. ab Höllentalanger stehen wir neben dem Kreuz, erblicken die ganze Ostalpenwelt . . . Hier kann man im alten »Münchner Haus« noch einkehren, fährt dann mit einer Kleinkabine zum Schneefernerhaus hinab. Nochmals herrliche Liftgerüste, dann entschwindet man durch das »Weiße Tal«, direkt unter den Gipfelwänden, hinab zur Knorrhütte, 2052 m. Dort sitzt man allein, steigt dann in Kehren steil zum wunderschönen Reintalanger unter der unheimlichen Hochwanner-Nordwand ab. Eine Hütte! Dann noch ein 4-Std.-Marsch durch Stille, an der Blauen Gumpe vorüber, endlos hinaus bis zur Partnachklamm, zum Bus. 110

Blick aus dem Flugzeug auf die Zugspitze (rechts oben), darunter der Höllentalferner und das Höllental. Von der Zugspitze nach links oben: »Jubiläumsweg« am Felskamm der Höllentalspitzen, Alpspitze, dicht links hinter ihr der Hochblassen. Vorne Kreuzjoch und (besonnt) Kreuzeck. Rechts am Bildrand der Übergang vom Höllental über die Riffelscharte zum Eibsee

53 Stille Kare in den Miemingern

Hoher Gang — Seebensee — Brendlkar — Ehrwalder Alm

TALORTE Ehrwald, 1000 m · Biberwier, 991 m · Fernpaß, 1209 m

STÜTZPUNKTE Ehrwalder Alm, priv., 1500 m (hierher auch Lift ab Ehrwald) · Coburger Hütte, DAV, 1917 m; 4 Std. ab Ehrwald, gute 2¼ Std. ab Ehrwalder Alm · Evtl. Breitenkopfhütte, priv., 1980 m, im östlichen Igelskar

BESTE ZEIT UND AUSRÜSTUNG Anfang Juli bis Oktober. Im Frühsommer rutscht man in allen Mieminger Hochkaren auf dem Altschnee ab. Vorsicht bei Anfängern! Normale Ausrüstung für Wandertouren im Vorgebirge; unerläßlich aber gute, feste Bergschuhe, keine Halbbergschuhe! Wetterschutz. Der Seebensee mit Hintergrund Wetterwandeck steht als Dauermotiv seit 1900 für jeden Fotografen kostenlos zur Verfügung

KARTEN/FÜHRER Die Forschungsreisen durch Brendl- und Igelskar macht man am besten mit der herrlichen AV-Karte, 1:25 000, Blatt Wetterstein — Mieminger, Mittleres Blatt · Sonst nur Freytag-Berndt-Karte, Bl. 34, Wetterstein, 1:100 000

BILD Rast am Seebensee in den Mieminger Bergen, dicht über dem »Hohen Gang« durch die Seebenwände. Ganz oben Tajaköpfe und Griesspitzen. Links geht es zur Ehrwalder Alm hinab, vom rechten Bildrand nach oben führt ein Steig zur Coburger Hütte auf 1917 m Höhe. Hinter der schönen Lärche verbirgt sich oben die Grünsteinscharte, aus der man hinab ins Inntal schaut

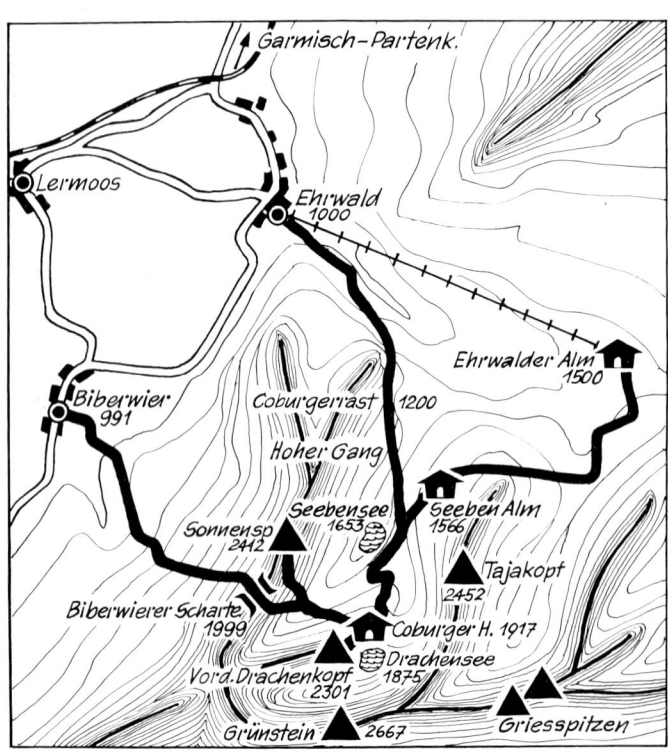

Die Mieminger Berge mit ihren mürben Graten und schuttreichen Karen sind für den Münchner nur eine tirolische Dependance vom dramatisch auffahrenden Zugspitzstock und seinem endlosen Wettersteinkamm. Aber er bevorzugt sie. Er geht gerne in die Mieminger Berge, von allen Seiten her, auch von Seefeld über die Hohe Munde, auch vom Fernpaß über Wanneck und Marienbergjoch — nur niemals ab Biberwier direkt hinauf in die Biberwierer Scharte, weil er hier vorher im steilen Schutt wegstirbt... Am liebsten gehen die Münchner, zumal als Liebespaare oder in Familie, von Ehrwald über den Hohen Gang zum Seebensee und hinauf auf die Coburger Hütte. Hier machen sie eine Rast (oder nächtigen!) und steigen dann über Seebensee und Ehrwalder Alm ab. Die »ganz Gescheiten«, wie der Münchner sagt, steigen aber von der Coburger Hütte noch eine kleine Stunde hinauf in die Scharte zum Brendlkar und rutschen dann drüben durch den Schutt oder verstecken sich am ersten grünen Platzerl — weil man da drüben allein ist und doch soviel zu reden hat. Hinterher steigt man dann unter Felswänden durchs Kar ab und läuft durch den Waldgürtel zur Ehrwalder Alm und von da nach Ehrwald — hat aber zuvor Besuch am Brendlsee oder am Igelsee gemacht: zwei winzigen Wasserlacken, die eine hoch droben im Schutt unter den Kalkwänden, die andere drunten im Märchenwald. Wer sich nicht eins geworden ist mit der lieben Begleiterin oder ihr Schicksalhaftes zu sagen hat, steigt nicht nur ins Brendlkar hinüber, sondern aus dem mittleren Brendlkar sogar noch östlich hinüber ins Igelskar. Da gibt es auch eine winzige Lacke, in der sich die Riesenmauern vom Hochplattig spiegeln. — Ich wiederhole diese Pläne im Detail: ab Ehrwald, 1000 m, südöstlich davon nach der Markierung, an der Kapelle rechts über den Bach, durch Wiesen und Lärchen aufsteigend zum »Hohen Gang«, der uns sicher durch die große Steilwand unter der Sonnenspitze führt, mit einem herzigen Bankerl zum Schauen. Vom oberen Rand geht es zum schönen Seebensee, 1653 m, der nur angelegt wurde, damit sich das kolossale Wetterwandeck darin spiegeln kann. Jetzt müssen wir ¾ Std. in steilen Kehren zur Coburger Hütte auf 1917 m Höhe hinauf: ab Ehrwald 3–4 Std., je nach den PS in den Waden. Am Normalweg steigt man wieder zum Seebensee ab, lobt den gottvollen Frieden im Außerfern und wandert dann rechts über die Seebenseealm und durch den Märchenwald zum Gasthaus »Alpenglühn« auf der Ehrwalder Alm, 1500 m. Den Namen hat ein einheimischer Dichter erfunden. Trotzdem geht man von der Coburger Hütte zur Ehrwalder Alm in knapp 1½ Std., und bis ins Dorf Ehrwald noch mal 1¼ Std. — Wer über die Scharte ins Brendlkar steigt und von dort auf die Ehrwalder Alm zielt, braucht ab Hütte bis zum »Alpenglühn« (man ißt gar nicht schlecht dort!) 3½–4 Std., wer das Igelskar auch noch durchforscht, braucht 1¼ Std. mehr. — Die Sonnenspitze, diese elegante Werbe-Pyramide der Ehrwalder »Fremden-Fürsorge«, sollte man nicht besteigen: Der Anstieg ist heikel durch die Südwand und bei Nässe gefährlich. Dies als Ratschlag für Bergwanderer.

54 Strenge Bergwege im Sellrain
Zwieselbacher Roßkogel und Lisenser Fernerkogel

TALORTE Innsbruck, 574 m (Bus nach Sellrain—Kühtai—Haggen) · Haggen, 1650 m, Bus von Gries bzw. Innsbruck · St. Sigmund, 1500 m (hierher kommen wir in 2¹⁄₂ Std. von der Pforzheimer Hütte zurück) · Gasthof Lisens, 1636 m, oder Praxmar, 1685 m, im Lisenser Tal ab Gries (mit Kfz erreichbar)

STÜTZPUNKTE Gasthof Haggen (sehr gut, einfach), 1650 m · Neue Pforzheimer Hütte, AV, 2308 m, im Gleirschtal, ab hier 2¹⁄₂ Std. nach St. Sigmund · Kein Stützpunkt am Lisenser-Fernerkogel-Aufstieg

BESTE ZEIT UND AUSRÜSTUNG Juli mit September. Nur bei sicherem Wetter, nicht nach Neuschnee! Für die anstrengenden, aber nicht allzu langen Touren Wetterschutz, Kälteschutz, Leichtsteigeisen, Pickel, Seil. Beide Gletscherbegehungen sind für Erfahrene nicht schwierig. Wer unsicher ist, suche sich zwei erfahrene Seilkameraden

KARTE/FÜHRER Für beide Touren ist die AV-Karte, 1:25 000, Stubaier Alpen, Nordblatt Sellrain, ideal! · Führer »Stubaier Alpen«, Rabensteiner/Klier (Rother)

HINWEIS Der kurze Text kann die Schönheit dieser etwas »wuiden«, also wilden, weil meist spurenlosen Hochtouren kaum andeuten. Man geht, steigt, rastet wie in uralten Welten, immer allein. Der Schlußmarsch Neue Pforzheimer Hütte bis St. Sigmund schaut nur lang aus, aber wir werden vom frischen Bach begleitet und draußen von Lärchen empfangen. Sogar ein Wirt wartet auf uns!

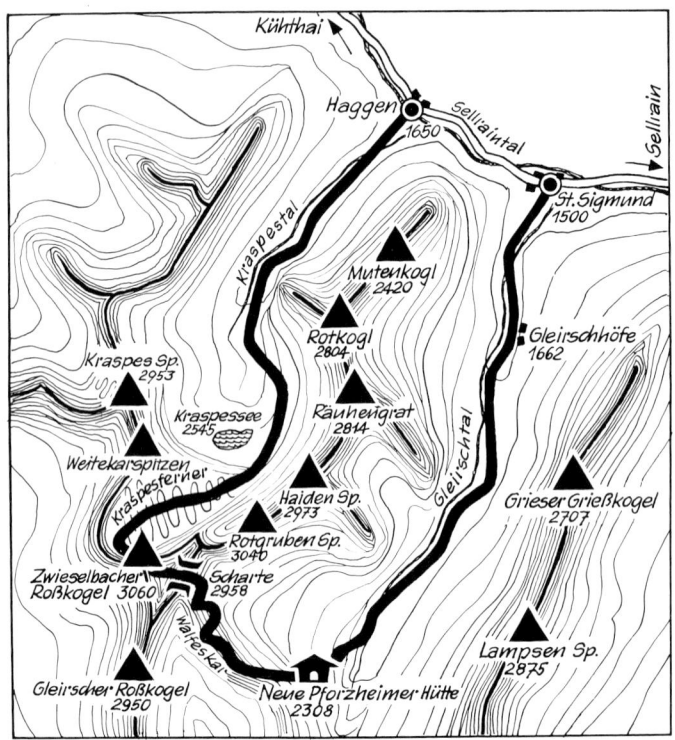

Das Sellraintal, das gegenüber vom Zirler Berg klammartig ins Stubaier Urgestein stößt und sich dann in vielen Talfalten öffnet, ist mir immer eine heimliche Liebe gewesen, ob wir barfuß von St. Quirin auf den Roßkogel gestiegen sind, oder vom Kühtai auf den Pirchkogel, ob mit den Skiern auf Zwieselbacher Roßkogel, Lisenser Fernerkogel, auf den Längentaler, den Winnebacher, auf den Zischgeles. Das Sellrain hat halt nur die halbe Strenge vom Stubaier Eis, verführt stark zum faulen Flanieren in hohen, stillen Gründen... Auch feine Damen habe ich dort schon am Zügel hinaufgeführt, und sie waren so entzückt, daß sie mich für den Schöpfer dieses herrlichen Durcheinanders von Schuttkaren, Granitrampen, Eiszungen, Wasserstürzen und Lärchenschatten hielten. Aber ich war es nicht. — Diesmal zwei Lieblingsberge, für den Sommer, aber nur für im Eis erfahrene Bergwanderer. — 1. Zwieselbacher Roßkogel. Wir steigen von der Wirtin in Haggen, 1650 m, halbwegs zwischen Gries und Kühtai, südlich in die Wildnis, dringen im Kraspestal weglos vor, mit dem Bach kämpfend, dann über den Muggenbichl links hinauf in eine enge Röhre und aus ihr erlöst in die hohe Freiheit bei Unter-, Mitter- und Oberstraß... Rechts der Kraspesee, ein Stückerl weiter der Kraspesferner. Man ist vollkommen allein, möchte sich auf eine heiße Platte neben dem Firn legen und nur noch in den Himmel schauen... Am Ferner bleiben wir immer hart am rechten Rand (Nordrand), ganz oben gehen wir im Linksbogen an den Grat heran und turnen über Blöcke lustig zum Gipfel: 3050 m, weiter drüben noch der Ostgipfel mit 3060 m (macht zusammen schon einen 6000er!). Jetzt aber die Hauptsache, der steile, weglose Abstieg zur nahen Pforzheimer Hütte im Gleirschtal! Am Gipfelfirn streng östlich hinüber, bis er nach rechts südwärts hinunterhängt, dort, bei P. 2958 der AV-Karte, tappt man gerade südwärts hinunter in Firnresten, Schrofen und vor allem Schutt, landet dann an Spuren im Walfeskar und ist bald vor der Hüttentür: 5—6 Std. hinauf, 1—2 Std. herunter. — Ein wenig höher, schwieriger (nur wegen der Orientierung) und länger ist aber der Lisenser Fernerkogel, 3300 m, wenn man von Gries bis zum Gasthaus Lisens gekommen ist und vor Tagwerden in den Talschluß marschiert: Da kann man nicht wie im Winter schnurgerade zum Fernerrand hinauf, weil man da in Spalten und Brüchen landet. Da muß man bei einem Kreuz auf der Moräne ostwärts vom Bach an einem überwachsenen, alten Steigerl hoch hinauf, an einer verfallenen Hütte vorbei, über eine Felsstufe ins Kleine Horntal, dann südlich am Kamm der alten Moräne zur Zunge des Ferners und dann — Hauptsache — nicht am hohen Rand des grandiosen Eisplattes dahin, sondern am südlichen Rand des Platts, nahe den Felsen von Kreuzkamp und Rinnenspitz, und erst dann rechts quer über das hier fast spaltenlose Platt und (wie im Winter) zur Plattigen Wand; dort nach rechts hinauf auf den versteckten Rotgratferner und an schönsten Granitblöcken kletternd und hangelnd lustig zum Gipfel... Der Schrankogel grüßt herüber, ein Genuß nach 5—7 Std. Aufstieg, denen natürlich 3—4 Std. Abstieg folgen müssen.

Blick in das Lisenser Tal dicht südlich von Gries im Sellrain. Wir schauen über den geliebten Lisenser Bach hinweg auf das weiße Fernerplatt, über dem rechts oben der Fernerkogel, 3300 m, steht. Wir erreichen dieses 2900 m hohe Eisplatt von links her, gehen oben nahe den schwarzen Wänden nach rechts, kommen von hinten her auf die links unterm Fernerkogel sichtbare Eistafel (Rotgratferner) und sind schnell am Südgrat: Blöcke auf Blöcke gehäuft, verklemmt, eine hochalpine Turnstunde — Endspurt vor einem himmelhohen Ziel

55 Auf den Wilden Freiger
Schöne Umwege zwischen Gschnitztal und Peiljoch

TALORTE Gschnitz, 1242 m, ab Steinach am Brenner · Ranalt, 1304 m, ab Schönberg bis in den Talschluß

STÜTZPUNKTE Bremer Hütte, 2413 m, 3–4 Std. von Gschnitz · Nürnberger Hütte, 2280 m, 4 Std. ab Bremer Hütte, 7 Std. mit Östl. Feuerstein · Sulzenau-(Leipziger) Hütte, 2191 m. Im normalen Übergang 4 Std., mit Wildem Freiger und Seescharte 7–8 Std. · Dresdener Hütte, 2302 m, über das Peiljoch 4 Std. ab Sulzenauhütte. Abstieg nach Ranalt 2¹/₂ Std.

BESTE ZEIT UND AUSRÜSTUNG Juli bis Ende September. Hochalpine Ausrüstung mit Kälteschutz, Pickel, evtl. Seil für kurze Gletscherbegehungen. Meist Trasse auf den Gletscherlappen, die wir berühren. Freiger fast firnfrei bis Gipfel. Am Kleinen Grünauferner kaum Spalten, man sieht es sofort, wenn man von der Seescharte hinunterschaut

BESTE KARTE/FÜHRER Unbedingt alles mit der AV-Karte, 1:25 000, Hochstubai · Zur Not Freytag-Berndt-Karte, Bl. 24, Stubaier Alpen, 1:100 000 · Für Feuersteinbesteigung und andere Ausbrüche sehr gut der knappe AV-Führer von Rabensteiner/Klier »Stubaier Alpen« (Rother)

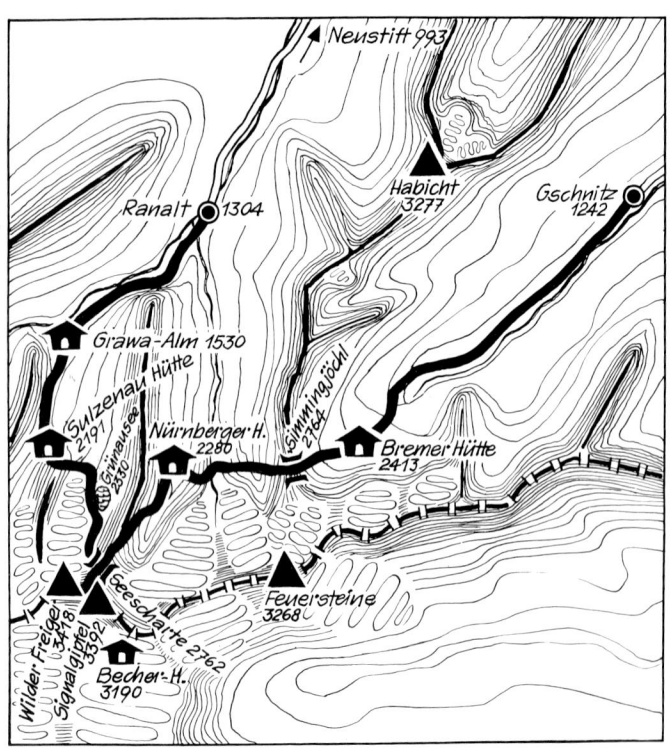

Die Stubaier Berge sind für den zünftigen Münchner Bergsteiger etwas zum »Strawanzen«, zum gemütlichen Auf- und-ab-Laufen. Neuerdings fährt man über Autobahnen bis vor das Stubaital, ja bis vor das Gschnitztal, und schlüpft dann aus der Gassäule heraus und in die Talschlüsse hinein. Man zielt irgendwohin und kommt dann ganz schön weit herum. Zum Beispiel: wir fangen harmlos im Dorf Gschnitz an, auf 1242 m Höhe, wo ich den Pfarrer noch im traditionellen Nebenberuf als Wirt erlebt habe, streunen durch eine wunderbare Urwelt hinauf zur Bremer Hütte, 2413 m, ärgern uns, daß die Bergwege nicht eben sind, freuen uns, daß der Wirt was zu trinken hat — und schon sind gut 3–4 Std. weg. . . . Am nächsten Tag drückt uns das Gewissen, wir reißen uns zusammen, sind schon in 1 Std. am Simmingjöchl, 2764 m, wo man narrisch viel sieht. Und weil es nur 1–2 Std. kostet, steigen wir — als Abstecher — schnell auf den Östlichen Feuerstein hinauf: so, wie es sich vom Joch anbietet, schnurgerade südlich den flachen, kleinen Gletscher zur Nürnberger Scharte, 2914 m, hier am Felsgrat entlang gegen das Pflerscher Hochjoch, dann aber scharf rechts hinüber, um in den leichten, lustigen Nordgrat einzusteigen (I) — eine Gaudi bis zum Gipfel (1¹/₂ Std.). Drüben auf der Mittelmeerseite Teplitzer und Grohmannhütte, Übeltalferner, Sonklarspitze, Ridnauntal, überall möchte man gleich hin. — Also zurück zum Simmingjöchl, hinabgebummelt zur Nürnberger Hütte, 2280 m, und früh ins Bett gegangen. — Am nächsten Tag früh aus der Matratze und fast firnfrei auf den Wilden Freiger, 3418 m, und wieder neue Welten studiert (fast 4 Std. hinauf!). Dann aber nicht mehr zur Nürnberger Hütte zurück, sondern vom Anstiegsweg bei P. 2762 über die Seescharte links auf guten Spuren zum winzigen Kleinen Grünauferner hinunter, dann im Schutt zum Ostrand des Grünausees und gleich unter ihm zum Hauptweg, der vom Niederl kommt und zur Sulzenau-(Leipziger) Hütte führt, 2191 m. Der Tag hat uns hierher ab Nürnberger Hütte gute 7 Std. gekostet, aber wir haben viel dafür gekriegt! — Man könnte jetzt durch die grausig kalte Sulzenau hinab zur Grawa-Alm und nach Ranalt zum Bus . . . Ist aber gutes Wetter, dann steigen wir jetzt noch an der Sulzenauernerzunge ein Stück aufwärts und dann rechts steil hinauf zum Peiljoch, 2676 m, wo man selten gemütlich rastet, mit dem Zuckerhütl gegenüber als Zielscheibe für das Auge. Vom Trögler nebenan, auf 2902 m, in 35 Minuten zu ersteigen, ist unser Bild geschossen worden: dort hätte man das ganze Jahr seine Ruhe! . . . Nach nur 2 Std. Aufstieg strudeln wir im Schutt steil hinunter in die nassen Böden um die Dresdener Hütte, 2302 m, und kaufen uns vom letzten Geld etwas zu trinken. Dann hinunter zur Mutterbergalm, viel im Schutt, dann am Wegerl, und schon vor der Grawa-Alm endlich wieder eingetaucht ins grüne Leben; von rechts herunter springt der Wasserfall aus der Sulzenau, und mit seinen Wassern bummeln wir nach Ranalt hinaus zum Bus. — So haben wir natürlich nicht 18, sondern 24 Gehstunden gebraucht, und durch fleißiges Rasten vielleicht gar 30 Std.! Rekorde aber müssen doch sein!

Ausblick vom Steig zwischen Leipziger und Nürnberger Hütte auf das Massiv des Wilden Freiger. Im Vordergrund der Grünausee, von der mächtigen Moräne gestaut. Links (über dem Seelein) begrenzt die schwarze Seeschneide, rechts von den Eisbrüchen der Granitkamm vom Sulzenaukogel bis zum Aperen Freiger, 3262 m, den steilen Freiger- bzw. Grünauferner. Links oben über der Seeschneide die winzige schwarze Pyramide des Gamsspitzl, an dem wir beim Normalaufstieg ab Nürnberger Hütte das Eis betreten. In der Trasse bei Gutwetter relativ harmlos! Rechts oben (neben Aperem Freiger) dicht nebeneinander Wilder Pfaff, Zuckerhütl und Pfaffenschneide, darunter Sulzenauferner und Fernerstube

56 Vom Gschnitztal ins Obernbergtal

Sandestal — Gstreinjöchl — Obernberger See

TALORTE Gschnitz, 1242 m, im inneren Gschnitztal · Obernberg, 1393 m, im letzten Stubaier Tal vor dem Brennerpaß · Beim Abstieg ab ital. Tribulaunhütte in Pflerschtal evtl. Pflersch, 1245 m, bzw. Gossensaß, 1098 m

STÜTZPUNKTE Tribulaunhütte, Naturfreunde Innsbruck, 2064 m · Ital. Tribulaunhütte (Colciati), 2379 m, CAI (Grenzübergang!) · Wirtshaus Obernberger See, 1594 m

BESTE ZEIT UND AUSRÜSTUNG Juli bis Ende September · Für die Normalüberschreitung am Gstreinjöchl lediglich erstklassige Bergschuhe, Wetterschutz, leichtes Gepäck · Für den Übergang in der Südflanke der Tribulaune sind alpine Einstellung, Trittsicherheit und auch Schwindelfreiheit unerläßlich! Nichts für Kinder! Nur bei sicherem Wetter

KARTEN/FÜHRER Nur die Freytag-Berndt-Karte, Bl. 24, Stubaier Alpen, 1:100 000. Wege eingezeichnet! · Führer »Stubaier Alpen«, Rabensteiner/ Klier · Siehe »Von Hütte zu Hütte«, Tour »Am Pflerscher Höhenweg«

BILD Ausblick nach der ersten Talschwelle, am Eingang ins obere Sandestal, auf Gschnitzer (Mitte) und Pflerscher Tribulaun. Das Sandesjöchl liegt rechts außerhalb des Bildrandes oben. Die hohe Schneetalscharte links unterm Gschnitzer Tribulaun ist vom Lärchenstamm verdeckt. Die Tribulaunhütte liegt dicht am Sockel des Gschnitzer Tribulauns

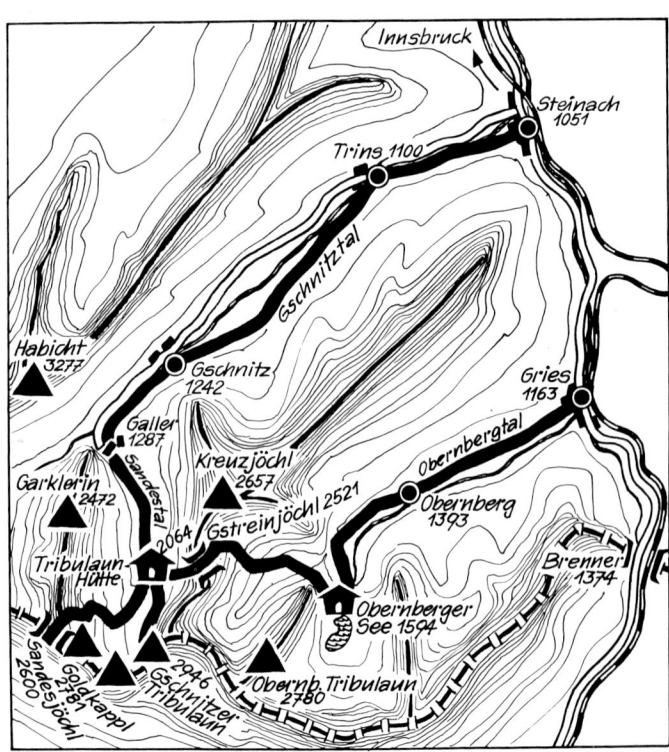

Dicht vor dem Brennerpaß, über die Autobahn Inntal — Innsbruck — Brenner schnell zu erreichen, ziehen westlich zwei stille, schöne Talfalten auf die Gruppe der Tribulaune zu: Gschnitztal und Obernbergtal. Sie verbindet über das Gstreinjöchl ein Steig, den wir als Kern unseres Vorhabens begehen. Aber weil wir unterm Gstreinjöchl auf der Tribulaunhütte nächtigen werden, sind heimliche Abstecher vorgesehen — die vielleicht einen dritten Tag rechtfertigen ... das kommt auf die Augen mehr an als auf die Waden. Wir brechen in Gschnitz auf, steigen von 1242 m auf 2064 m durch das Sandestal zur Hütte auf (2½—3 Std.), und schon stiftet uns die versteckte Herrlichkeit dieses Sandestales zu Ausbrüchen an; denn nach einer Rast in der Hütte wären wir, immer vor der Kolossalarchitektur des Pflerscher Tribulauns steigend, schon in 1—2 einsamen, hohen Stunden drüben auf dem Sandesjöchl, 2600 m — zwischen Goldkappl und Pflerscher Pinkl, stünden auf der Grenzlinie und sähen in eine neue Welt, drüben über dem Südtiroler Pflerschtal, mit dem Feuersteinferner rechts, dicht unter uns die italienische Tribulaunhütte auf 2379 m Höhe ... eine lange Rast wäre fällig. — Übrigens könnte besonders sicheres Wetter sein, wir hätten die Pässe dabei und wären der Trittsicherheit unserer Begleiter gewiß, so könnten wir auf dem Rifugio Colciati al Tribulaun schlafen und anderntags den zwar etwas exponierten, aber an den heiklen Stellen mit ein paar Drahtseilen gesicherten »Pflerscher Höhensteig« durch die Südwände aller drei Tribulaune hinübersteigen bis zum Portjoch, 2110 m, um dort nordwärts zum Obernberger See und zum schönen Kirchhügel hinunter zu rennen: ab ital. Hütte bis Obernberg 5—6 Std., immer unter einem Amphitheater voll zerrissener, zerschlagener Tribulaunfelsen. — Unser Normalweg, auf dem das Sandestal jeden Wunsch nach Bergstille erfüllt und auf dem der harte Kampf der Vegetation gegen Höhe und Schutt permanent erschütternde Empfindungen auslöst, führt von der Tribulaunhütte am Sockel des etwas plumpen Gschnitzer Tribulauns ostwärts zum Gstreinjöchl, 2521 m, und in einem schönen Abstieg über viele Kehren durch die Wildgrube nach Obernberg: Das sind zusätzliche 3—3½ Std. Am Gstreinjöchl schaut man in die Brennerberge, vor allem aber in die Tuxer Firnberge um den Olperer, man kann den Habicht auswendig lernen und den Steig zwischen Bremer Hütte und Innsbrucker Hütte studieren (5 Std., für trittsichere Geher, kaum begangen). — Wer etwas abzubüßen hat, steigt von der Tribulaunhütte südwärts steil in die 2645 m hohe Schneetalscharte zwischen Gschnitzer Tribulaun und Schwarzer Wandspitze, um vor dem schaurigen Einblick in die ungeheuren Südabstürze zu erschrecken. Und um von dort auch dem Gschnitzer Tribulaun aufs Dach zu steigen — Vorsicht im Schutt, nur Trittsichere dürfen die Spuren begehen (siehe linke Bildhälfte oben, besonnt) — auf 2946 m Höhe. Nebenan der Pflerscher Tribulaun ist 3096 m hoch, wir neiden es ihm, aber wie von dort schauen wir auch von hier aus in die Dolomiten hinüber oder träumen von Rotem zu »Saurer Suppe« im Bozener »Roten Adler«.

57 Über das Ramoljoch nach Vent

Obergurgl — Ramoljoch — Ramolkögl — Venter Tal

TALORTE Sölden, 1362 m, ein überlaufener, häßlich verbauter Ort · Zwieselstein, 1472 m, im Ötztalschluß · Obergurgl, 1910 m · Vent, 1896 m, ab hier Bus nach Zwieselstein — Sölden — Innsbruck

STÜTZPUNKTE Nur Ramolhaus, 3006 m, über dem Gurgler Ferner. 1. 7. bis 15. 9. offen, 30 Lg., 35 Betten. Rucksackbeförderung ab Obergurgl. 3¹/₂—4 Std. von Obergurgl, ein klassisch schöner hochalpiner Hüttengang

BESTE ZEIT UND AUSRÜSTUNG Mitte Juli bis Ende September. Hochalpine Ausrüstung, Vierzacker oder Grodeln genügen vollauf, werden meist nicht gebraucht, leichter Pickel angenehm! Kälteschutz!

KARTEN/FÜHRER Zur Überschau gut die Freytag-Berndt-Karte, Bl. 25, Ötztaler Alpen, 1:100 000 · Für Ramolköglbesteigung und exakten Tourenverlauf hervorragend die AV-Karte, Bl. Ötztaler Alpen/Gurgl, 1:25 000. Führer Klier/»Ötztaler Alpen« (Rother)

HINWEIS für Freunde der Stille: In der Mitte des Hüttenweges Gurgl—Ramolhaus zweigt rechts nach Norden ein Steig ab, der erst in Serpentinen, dann lang hin am Hang flach, zuletzt steiler über den winzigen Itlsee das Gurgler Schartl, 2927 m, erreicht. Ab hier am kleinen Loobferner von Norden auf den Zirmkogl, 3293 m, 1 Std. ab Scharte; oder jenseits auf Steigspuren steil hinab ins mittlere Venter Tal

BILD Blick von Norden auf die kühne Eisszene der Ramolkögl zwischen Gurgler und Venter Tal. Von rechts oben: Großer, Mittlerer und Nördlicher Ramolkogl. Das Ramoljoch, 3186 m, liegt rechts hinter dem Gipfelkamm verborgen

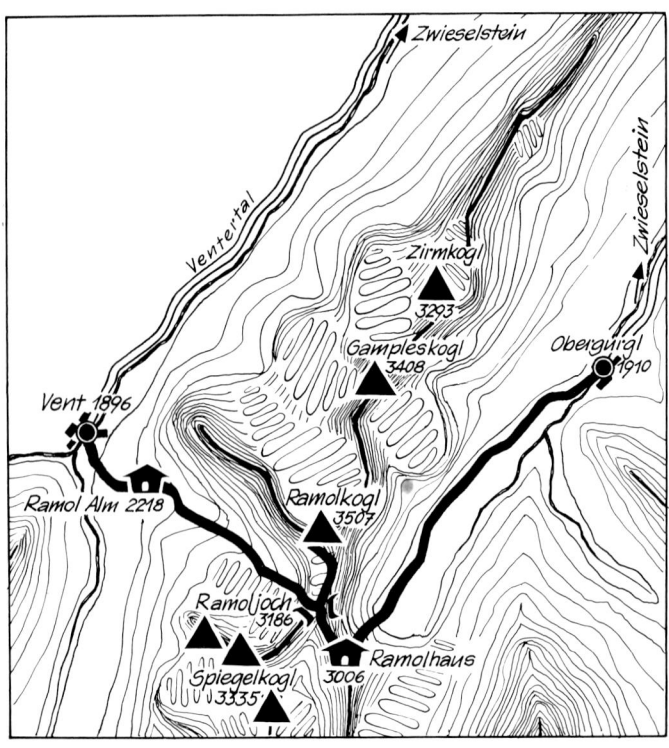

Venter Tal und Gurgler Tal markieren den Ramolkamm, der als grüner Keil vor Zwieselstein endet; er kommt als Ast vom großen Ötztaler Hauptkamm, beginnt mit der Karlesspitze, macht sich mit dem — beim Ski-Übergang beliebten — Schalfkogl, 3540 m, interessant und läßt dann im Haupttrakt Spiegelkögl, Ramolkögl, Manigenbach- und Gampleskogl folgen. Von Obergurgl, 1910 m, das längst mehr vom Skilauf profitiert als einst vom Hochalpinismus, zieht ein alter Steig durch die riesigen Ostflanken unter den Ramolkögln bis zum Ramolhaus, das auf erstaunlichen 3006 m Höhe genau über der Zunge des großen Gurgler Ferners steht. Ein Felskopf, auf dem das alte Haus der AV-Sektion Hamburg steht, macht es zur einzigartigen Aussichtskanzel: der ungeheure Eiskessel, der Gurgler und Langtaler, Seelen-, Rotmoos- und Gaisbergferner zusammenschließt, mit den Granitgraten von Hoher Wilde, Seelenkögln, Liebenerspitze und Granatenkogl darüber wäre ein Bild von verwirrender Schönheit, würde sich nicht doch überall das feste System der Bergnatur verraten. Alle Gletscher enden mit schmalen Zungen, entlassen wilde Eisbäche, tränken alles Grün der sich immer tiefer eingrabenden Talfurchen ... Der dreistündige Weg von Obergurgl zum Ramolhaus ist deshalb ein erhebender Gang, nicht nur, weil das Gepäck vom Wirt befördert wird. Der Steig setzt sich vom Ramolhaus fort, hinüber ins tiefe Venter Tal, muß aber das Ramoljoch, 3186 m, überspringen; denn da haben wir vor dem Joch 20 Minuten über den Ramolferner zu steigen und müssen jenseits 20 Minuten am rechten Rand des Spiegelferners absteigen, bevor wir unter der »Kuch'nneeder« die Trümmer- und Schutthänge früherer Gletscher betreten können. Der einfache Übergang Gurgl — Ramolhaus (3—4 Std.) — Ramoljoch (+ 1¹/₂ Std.) — Vent, 1896 m (+ 3 Std.) ist für sich schon eine Bergwanderung von überwältigender Schönheit! Allein der allezeit dramatische Augenblick beim letzten Schritt auf das herbeigesehnte Joch, der erste Blick auf eine völlig neue Hochgebirgslandschaft — hier auf die große Wildspitz-Szene über der kargen Armut der Venter Schutt- und Schrofenhänge — lohnt jede Plage ... Die Begehung zweier kurzer Gletscherstrecken ist bei guter Sicht und mit Erfahrung nicht schwierig; oft findet man eine Trasse, da der Übergang ab Gurgl beliebt ist. Überlaufen ist er nie. — Gar nicht wenig Bergsteiger steigen auch vom Ramoljoch, 3186 m, über den Südgrat auf den Kleinen Ramolkogl, 3351 m. Nur einzelne Bergsteiger queren den relativ harmlosen Ramolferner nordwärts bis in die Scharte, 3367 m, zwischen Nördlichem und Mittlerem Ramolkogl, von wo aus letzterer, 3507 m hoch, in leichter, reizvoller Kletterei an Urgesteinsblöcken gut zu erreichen ist. Der Übergang zum Großen Ramolkogl, teils auf breitem Firn, ist im felsigen Teil sehr viel schwieriger als der vorhergehende Grat (zwei Stellen sind Grad II), zählt damit also nicht mehr zum leichten Fels! Vom großen Ramolkogl, 3550 m, stürzt jenseits zum Latsch-Ferner eine schaurige Eiswand ab (Bild). Im Abstieg nach Vent begleiten uns oben die Spiegelkögl, dann Moränen, dann Zirben und Wasser **120**

58 Von der Isar in den Soiernkessel

Krün — Soiernhütten — Seinsbach

TALORTE Krün an der Isar, 875 m · Evtl. Mittenwald, 913 m

STÜTZPUNKTE Soiernhäuser AV, 1610 m, nicht bewirtschaftet, aber meist bewartet. Schlüssel evtl. in München von der AV-Sekt. Hochland. In Krün beim Gasthof Zur Post fragen, ob Hütte geöffnet · Evtl. die kleine Krinner-Kofler-Hütte, 1401 m, an der Fereinalm, meist unbewartet, von Juni bis Oktober beaufsichtigt (25 Lager)

BESTE ZEIT UND AUSRÜSTUNG Juli bis Oktober · Ausrüstung wie üblich, aber feste, hohe Bergschuhe, keine Leichtbergschuhe! Wetter- und Kälteschutz

KARTEN/FÜHRER Freytag-Berndt-Wanderkarte, Bl. 32, Karwendelgebirge, 1:100 000 · Evtl. die Kompaß-Wanderkarte, Bl. 26, Karwendelgebirge, 1:50 000 · Führer Klier/März, »Karwendel« (Rother)

HINWEIS Es gibt innerhalb der Soierngruppe sehr viele Möglichkeiten, sich »abseits der Menschheit« zu bewegen, auf abseitigen Terrassen zu lagern und Wetterstein, Karwendel, Walchensee und Isarschicksale zu studieren. Wer Zeit hat, sollte unbedingt einmal über die Fereinalm absteigen, hinauf zum Wörnersockel laufen, drüben zur Hochlandhütte, 1624 m, und von da zum Kälberbach und nach Mittenwald. Vom Sattel zwischen Wörnerkopf und Wörnermassiv ist der Ausblick betörend!

BILD Blick in den Soiernkessel und auf, die Nordflanke der Soiernspitze. Rechts der Bildmitte erkennt man den Steig zur Soiernscharte, von der aus Soiernspitze und Reißende Lahnspitze erreicht werden

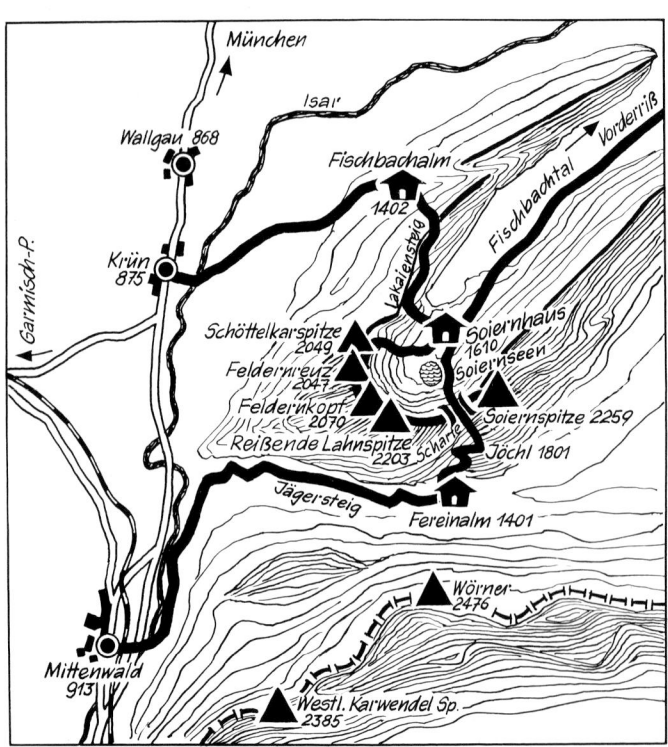

Wo die junge Isar nördlich von Mittenwald nach Osten abschwenkt, um hinüber in den Isarwinkel zu kommen, steigt die Soierngruppe mit ihren flachen Schuttpyramiden empor. Diese Pyramiden bilden einen reizvollen Hochkessel mit zwei kleinen, kalten Seetöpfen, einer Garde letzter tapferer Wetterfichten, mit Latschengärten und Schutt. Ganz oben offenbart die Soiernspitze ihr Inneres: waagrecht übereinander gelegte Kalktafeln, hunderte uralte Meeresböden, im unaufhaltsamen Verfall ... Dieser stille Schuttzirkus hat im Norden ein Loch, aus dem die Wasser für den Fischbach rinnen, hinaus zum Rißbach, ehe er für den Walchensee angezapft wird. Wer auf die einsamen Gipfel und Joche dieses — weil Naturschutzgebiet — unversehrten Vorgebirges kommt, entdeckt, daß es nur ein Vorwerk der ersten prominenten Karwendelkette darstellt, in der von der Westlichen bis zur Östlichen Karwendelspitze lauter kräftige, hohe Kalkburgen stehen.— Weil das AV-Haus eine Privathütte der Münchner Sektion Hochland ist, die kein AV-Schlüssel öffnet, sondern nur die Freundlichkeit von Sektionsleitern, muß man die Tour vorsichtig planen: Man erkundige sich beim Gasthof Post in Krün, ob die Hütte geöffnet ist (sie ist meist bewartet und hat 50 Lager). Also: Schlüssel von der Sektion oder beim Postwirt fragen. Ohne Schlüssel und ohne geöffnete Hütte unternehme man eine 1-Tages-Tour, mit Schlüssel eine 2-Tage-Tour ... Man geht von der Isarbrücke bei Krün nach der Markierung nordostwärts davon, steigt am Weg bis zur Fischbachalm, 1402 m, und ab hier am »Lakaiensteig« südwärts bis in den Kessel hinauf vor die beiden Soiernhäuser, deren oberes der Unterkunft dient. Der »Lakaiensteig« ist an ein paar Runsen und Felsstellen etwas defekt und verlangt dann Vorsicht. Lakaiensteig? Weil die Soiernhäuser einst Jagdhäuser von König Ludwig II. waren, der gerne hierher flüchtete, um der großen Welt fern und der kleinen Welt nahe zu sein. Lakaien besorgten das Nötige ... Man steigt 4 Std. auf! Bleibt es bei einem Tag, so steige man an sehr ausgeprägten Spuren von den kleinen Seen südwärts empor am Nordsporn der Reißenden Lahnspitze, am halben Sporn links hinüber und gerade hinauf über Schotter in die Soiernscharte zwischen Soiernspitze und Reißender Lahnspitze: 2½ Std., etwas anstrengend. Beide Gipfel sind unschwierig zu erreichen. Schwierig und brüchig wäre dagegen der lockende Nordostgrat der Soiernspitze (einige Stellen III). Von der Soiernspitze kann man schnurstracks am Südkamm zum Jöchl, 1801 m, absteigen und von da über die Krinner-Kofler-Hütte an der Fereinalm, 1401 m, westwärts mit dem Seinsbach hinaus zur Isar: ab Gipfel bis Krün 4½ Std.! — Nächtigt man am Soiernhaus und kann man früh aufbrechen, dann kann der Ehrgeizige die Soiern-Umrahmung machen von der gut erreichbaren Schöttlkarspitze, vielfach nicht am Grat, sondern in den Südflanken steigend, über Feldernkreuz, Feldernkopf und Reißende Lahnspitze bis zur Soiernspitze: das sind 4—6 Std. samt Abstieg zu den Soiernseen. Wer ein Fahrzeug in Krün hat, geht natürlich am Lakaiensteig oder am Reitweg über die Fischbachalm zurück: ab Hütte gute 2½ Std.

59 Rontal und Tortal

Unter Vogelkar- und Karwendelspitze

TALORT Hinterriß, 930 m, an der Straße zum Ahornboden. Vorher Grenz-übertritt!

KEIN STÜTZPUNKT, aber bei der Rückkehr gute Gasthöfe in Hinterriß, Vorderriß, noch besser in Winkel (rechts), in Fleck und Tölz. Von den Ahornplatten des »Kolberbräu« an der Tölzer Prachtstraße esse ich seit 40 Jahren; hier stimmt sie noch, die alte bayerische Gemütlichkeit!

AUSRÜSTUNG/BESTE ZEIT Man muß gute, feste Schuhe haben, damit man beim Abstieg von der Torscharte im abgetretenen, leicht schrofigen Hang trittsicher steigen kann. Wetterschutz unerläßlich, natürlich auch die Brotzeit! Man soll als Hochalpinist kein Bier auf die Torscharte tragen! Aber jedes Mal, wenn ich droben stehe, schwöre ich mir: das nächste Mal zwei Flascherl im Rucksack, heimlich · Ab Juli, am schönsten im September und Oktober!

KARTEN/FÜHRER Man braucht im Rontal und Tortal keine Karte; man geht, wo die anderen gehen. Aber wer Verstand hat, nimmt sie doch mit, die AV-Karte (1:25 000, Karwendel, Mittleres Blatt); denn dann bekommen die Schönheiten alle Namen. Ich möchte keinen Menschen kennen, der nicht mal einen Namen hat! · Den Karwendel-Führer (Rother) braucht nur der wilde Außenseiter, um vielleicht doch auszubrechen: zum Hochalpl, Ronberg, Rauhen Kopf, zur Edelweißplatte, zu gewissen Gumpen hinterm Grieß, zum Torkopf, zum Jungfernsprung

BILD Die geliebte Bühne der Rontalalm gegen Östliche Karwendelspitze (links) und Vogelkarspitze. Dazwischen die Vogelkarscharte

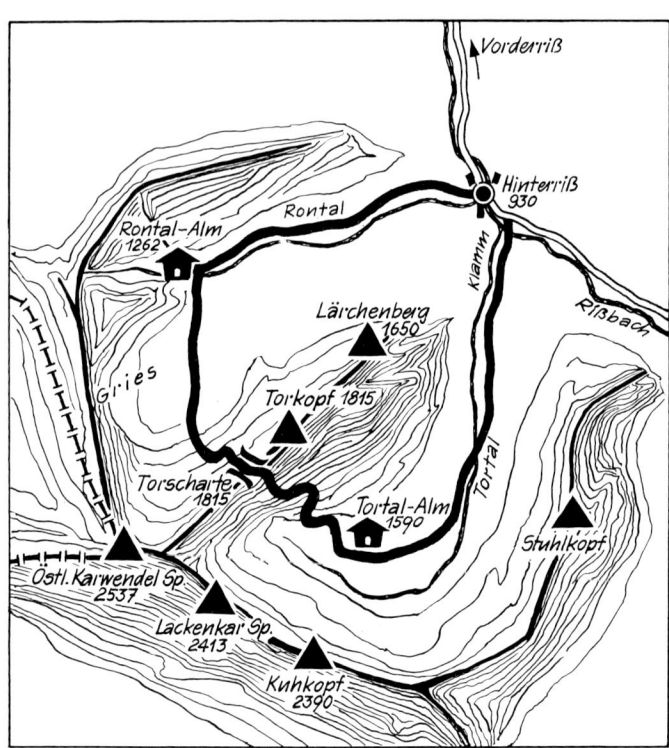

Man sollte sie nicht verraten, schrieb ich in der Erstauf-lage 1958 von diesem Vorhaben — von Hinterriß sanft hinein zur großen Karwendelszene vor der Rontalalm, dann steil hinauf in die Tortalscharte zur großen Rast, noch steiler hinab in den Tortalgrund und wieder hinaus zum Rißbach —, aber diese kleine, schöne Tour wurde bald zur beliebtesten Münchner Sonntagswanderung. Ich saß vor drei Jahren allein wieder oben an der Tortal-scharte und zählte sie ab, die an diesem schönen Sep-tembertag heraufgestiegen kamen, Paare, Familien, ganze Klubs — es waren mehr als 300 in einer halben Stunde. Sollte ich nun auf »den Pause« schimpfen oder auf Ab-gaswolken und Lärm, die die Stadtmenschen in immer größerer Zahl in die Berge treiben? Die ganzen Alpen erleben diesen »Boom«, und erst wenn die Abgasnot ein Ende hat und die Naherholungslandschaften an den Bal-lungsräumen gesichert sind (ein Wettrennen der Vernunft gegen die Übermacht der Spekulanten) — dann könnte der Druck auf die Alpenlandschaft nachlassen ... Sollte ich diese reizende Vorgebirgstour aus dieser Neuauflage entfernen? Ich habe es nicht fertiggebracht. Sie ist zu schön, sie stellt die Verwirklichung eines Traumes dar, den alle Münchner gerne träumen. Auch ich kann nicht anders als mit einer gewissen Zärtlichkeit an diese Wan-derung denken. Wenn man die Autostraße mit fünfzig Schritten hinter sich läßt und durch Bergwald, das Ge-plauder des Baches im Ohr, langsam emporsteigt zum Klausboden und plötzlich aus dem Schatten auf die große, strahlende Szene der Rontalalm tritt: ein stiller, ebener Wiesenplan mit einzeln stehenden, alten Fichten und Ahornen, leuchtend im Gegenlicht der Sonne und dar-über aufsteigend die wuchtigen Kalkwände der ersten Karwendelkette — Östliche Karwendelspitze und Vogel-karspitze, verschränkt über Grate und Scharten ... Wei-dende Kühe, eine Alm. Zwischen Kalkwänden und grü-ner Almwiese aber eine rauhe Zwischenwelt aus Schro-fenwänden, Latschenhängen und Schuttkaren — ein Stück vollkommener Landschaft. — Man wandert bis zum Ron-talboden 1 Std., dann muß man steil ansteigen, der Hang zur Tortalscharte hinauf bäumt sich auf, es gibt keinen Weg, nur ausgetretene Spuren — ein Schönheitsfehler. Aber jede Not vergeht im Glanz der Rast an der Scharte! Man kann wie ein Feldherr um sich schauen und mit der Karte in der Hand das große Bild erforschen. Alle um uns freuen sich wie wir, sollen wir sie verdammen, weil sie auch hier heraufsteigen wollen? ... Wer es nicht er-trägt, der flüchte irgendwohin, es gibt über Ron- und Tortal ungefähr 500 versteckte Platzerl für Philosophen, Liebespaare, von Aggressionen gepeinigte Zeitgenos-sen — sie finden alle, was sie suchen, wenn sie eine gute Nase haben, noch bessere Augen und wenn sie tritt-sicher sind. Ich kann sie hier nicht verraten ... Steil, manchem zu steil, geht es in den schönen, hellen Tal-schluß des Tortales hinab und dann mit den Wassern flacher hinaus über die Klamm nach Hinterriß. — Hinauf steigt man 3 Std., mit der Rast werden es 4—5 Std., der Abstieg kostet 2 Std. — wer 8 Std. geht, ist der »Größte«!

60 Große Karwendelwege zum Inn
Scharnitz — Hochalmsattel — Hohljoch — Stallental

TALORTE Scharnitz, 964 m, jenseits der österreichischen Grenze hinter Mittenwald · Stans am Inn, 560 m (Bus nach Schwaz bzw. Innsbruck) · Schwaz am Inn, 538 m

STÜTZPUNKTE Karwendelhaus, 1765 m, unterm Hochalmkreuz, 4—5 Std. ab Scharnitz, evtl. Jeep für Gepäck · Falkenhütte am Spielißjoch, 1846 m, gegenüber der Lalidderermauer, 4—5 Std. ab Karwendelhaus über Kleinen Ahornboden · Gasthaus in der Eng, 1218 m, am Großen Ahornboden. Oft überlaufen, Parkplatz; 3 Std. von Falkenhütte · Lamsenjochhütte, 1953 m, im Hochkar unter der Lamsenspitze-Ostwand, 3 Std. ab Engboden · Abstieg Lamsenhütte — Stans durch das Stallental etwa 4—5 Std.

BESTE ZEIT UND AUSRÜSTUNG Juli bis Ende September · Unbedingt mit Wetter- und Kälteschutz, auch für Kopf und Hände. Erstklassige Bergschuhe, keine Leichtbergschuhe! Im Juli evtl. mit ganz leichtem Pickel für Altschneereste, wenn gefroren. Z. B. im Schlauchkar am Weg zur Birkkarspitze!

KARTEN/FÜHRER Genaueste Karten AV-Karten 1:25 000, Karwendel, Mittleres und Ostblatt · Zur Überschau besser: Freytag-Berndt-Karte, Bl. 32, Karwendelgebirge, 1:100 000 · Führer Klier/März »Karwendelgebirge« (Rother), gut und knapp

HINWEIS Von allen vier Hütten gibt es bei Schlechtwettereinbrüchen den Fluchtweg in die Eng zum Bus oder durch eines der Täler nach Hinterriß (Bus)

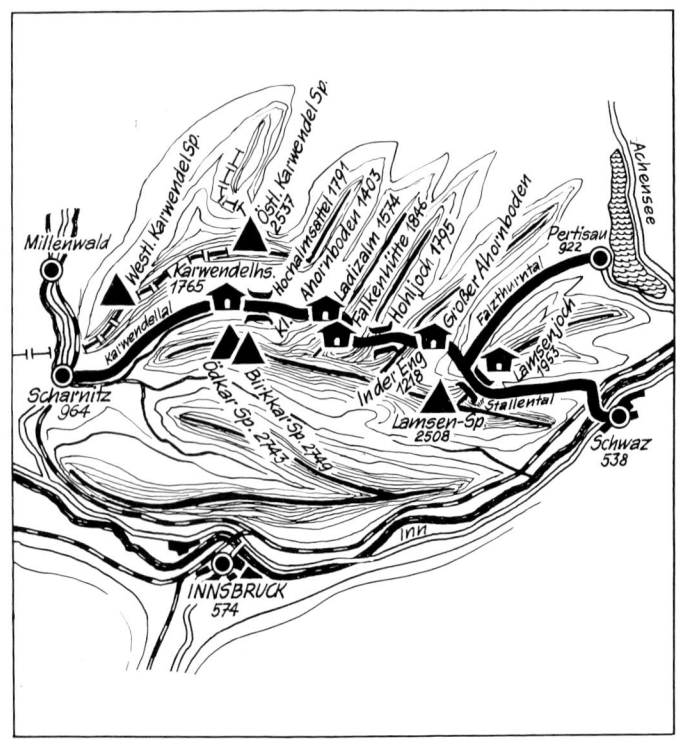

Diese große Wandertour führt quer durch das vordere Karwendel — von der jungen Isar bei Scharnitz bis nach Stans am Inn. Die Höhepunkte sind diesmal keine Gipfel, sondern hohe Joche: der Hochalmsattel, von dem wir in den Kleinen Ahornboden absteigen; das Spielißjoch an der Falkenhütte, das uns unter die Riesenmauern der Lalidererwände führt; das Hohljoch, das uns hinab in die Eng entläßt; und das Lamsenjoch, aus dem wir ins Stallental absteigen und hinaus zum Innufer. Alles in allem 20 Gehstunden, wer 25 Std. braucht, verdient einen Preis. Wir sollten dreimal nächtigen: zuerst im großen Karwendelhaus, dann auf der Falkenhütte und das dritte Mal auf der Lamsenhütte. Das große Wirtshaus in der Eng mag man nicht so gern empfehlen, der Parkplatz ist zu groß . . . Von Scharnitz läuft man in Begleitung freundlicher Bergwasser 4—5 Std. zum Karwendelhaus. Manchmal nimmt uns ein Wirtsjeep mit, aber das vergessen wir dann lieber. Vor dem Karwendelhaus wartet bei sicherem Wetter stets die große Versuchung, schnell durch das Schlauchkar in 3¼ Std. auf den höchsten Karwendelberg zu steigen, auf die Birkkarspitze — und dann auf Steinströmen herabzufahren. — Wer vom Haus zum nahen Hochalmsattel geht, den trifft dort oben leicht ein Schlagerl vor Freude: Unter ihm wartet der Kleine Ahornboden, nicht geschändet wie der Große Ahornboden der Eng, noch still, ernst, streng! Später geht es hinauf in die Freiheit der Ladizalm und zur Falkenhütte: abermals ein Schock — so nahe stehen wir plötzlich an den dunklen, senkrecht auffahrenden Riesenwänden der Lalidererwand! Nichts Erregenderes dann, als anderntags dicht unter ihren dunklen Sockeln hinüber zum Hohljoch zu wandern. Aber was wir dann dort an starken Eindrücken hinter uns lassen, kommt jenseits des Joches in anderer Gestalt abermals vor unsere Augen: der weite Engboden unter den riesigen Formen der Grubenkar- und der Spritzkarspitze. Vom Engboden flüchtet man gerne ostwärts in Richtung Lamsenhütte. Schon vor der Binsalm ist es wieder ganz still, ist wieder gute, alte Zeit: Man schaut in das märchenhaft entlegene Hochglückkar wie zu einem Altar hinauf . . . Dann das Lamsenjoch unterm Einstieg zur Nordostkante (im Bild ganz links), dann die rettende Hütte in ihrem Felszirkus über riesigen Karen . . . So tauchen wir zum vierten Mal in satte, grüne Gründe, um immer wieder die strenge Höhe der Schuttkare über der Vegetationsgrenze aufzusuchen, den strengen Atem der großen Höhe, den Blick in ferne Weiten . . . Der Rest ist stiller Heimweg ins Tal. Erste Alpmatten, Waldgrenze, Walddichte, und dann der mächtige Inntalboden, die Dörfer, die alte Fuggerstadt Schwaz, die grünen Innschleifen unter dem Kellerjoch . . . Vier Tage voller starker Eindrücke, höchster Lohn für eine lange, stumme Plage. Man sieht den Hauptteil auf dem Bild nebenan: die grandiose Strecke Falkenhütte — Lalidererwand — Hohljoch — Spritzkarspitze — Lamsenjoch (ganz links) — Lamsenspitze. Im Vordergrund links das Ladizköpfl, von der Falkenhütte in 15 Minuten hin streunern oder weiter bis zum Jöchl, und die Rast wird zum großen Ereignis . . .

Blick aus dem Flugzeug von Norden auf Spielißjoch mit Falkenhütte (vorn rechts) und Hohljoch (auch besonnt) am Sockel der Grubenkarspitze, ganz links hinten das Lamsenjoch. Die Berge von rechts oben: Lalidererspitze, Lalidererwand, Grubenkarspitze mit Pfeiler, Spritzkarspitze, Schafkarspitze, Lamsenspitze

61 Vom Achensee zur Hungerburg

Pertisau — Lamsenjoch — Vomper Loch — Halleranger — Pfeis

TALORTE Pertisau, 922 m, am Achensee · Innsbruck, 580 m

STÜTZPUNKTE Lamsenjochhütte, 1953 m, oberhalb des Falzthurntales unter der Lamsenspitze; 4—5 Std. gemütlich ab Pertisau · Hallerangerhaus, 1768 m, im Zirbenwald am Fuß der Speckkarspitze. Gut 5—6 Std. ab Lamsenjochhütte · Pfeishütte, 1920 m, unterm Stempeljoch. 3½ Std. ab Halleranger · Bergstation Hafelekar, 2256 m, für den, der ab Pfeishütte über die Mandlscharte den herrlichen Goethe-Weg begeht (immer am Südhang, immer in etwa 2200 m Höhe). Ab hier Kabinenbahn zum Hotel Hafelekar (8 Minuten) oder zur Hungerburg über Innsbruck

BESTE ZEIT UND AUSRÜSTUNG Juli bis Ende September · Nur mit erstklassigen, festen Bergschuhen, Wetter- und Kälteschutz, Notproviant. Wenn mit Frau oder größeren Kindern ab 14 Jahren, dann 20 m Reepschnur zur Sicherung mitführen, etwa am Gamstunnel oder vor dem Stempeljoch! Trittsicherheit unerläßlich, also auch alpine Erfahrung! Bei Schlechtwettereinbrüchen am schnellsten Wege absteigen

KARTEN/FÜHRER AV-Karten, 1:25 000, Karwendel, Ostblatt; dann Mittleres Blatt. Zur Überschau sehr gut die Freytag-Berndt-Karte, Bl. 32, Karwendel, 1:100 000 · Führer Klier/März »Karwendelgebirge« (Rother)

HINWEIS Wer ihn in einer AV-Bibliothek oder in Josef Hofmillers altem »Deutschen Wanderbuch« findet, lese Hermann v. Barths herrlichen Aufsatz »Verirrt im Vomperloch« — ein Stück so starker Prosa, daß man es allen deutschen Alpinredakteuren zur täglichen Pflichtlektüre machen müßte

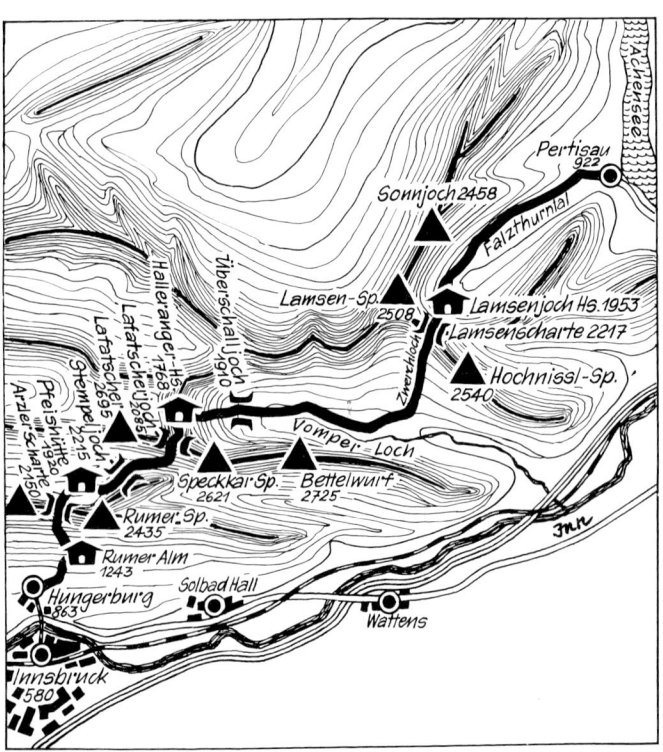

Ein eigenartiges, hochalpines Revier, in dem sich starke Gegensätze mischen, das ist der geheime Reiz, der diesem Karwendelgebirge viele treue Liebhaber verschafft hat. Denn es ist kein Kletterparadies, wenn man Lalidererwände und Lamsenspitze ausnimmt: Die Kalkmauern, die Grate und Pfeiler sind brüchig, morsch, die riesigen Schuttkare beweisen es. Diese große Durchwanderung des südlichen Karwendelteiles vom Achensee bis zur Hungerburg über Innsbruck ist ein einziges befreiendes Abenteuer, in dem sich jede Steigmühe immer wieder in heiteres Glück verwandelt. Wir beginnen im Pulk der Fremdengäste von Pertisau am Achensee, am Beginn des Falzthurntales spüren wir die Verwandlung. Es ist das schönste Karwendeltal, voller Lieblichkeit im kargen Grünboden um die Falzthurnalm, um den Grammai-Niederleger, eine kostbar stille Idylle — aber nur, weil über uns ein Himmel voller Felsen ist, die senkrechten Wände von Schaufelspitze und Sonnjoch, mehr als 1000 Meter auffahrend. Wo man im letzten Stück zu verzweifeln beginnt, ist plötzlich das freie Joch, das unmittelbare Gegenüber der Lamsenspitze und ihrer Ostwand. Die Hütte dicht über uns. Wir nächtigen, brechen in aller Herrgottsfrühe auf und steigen unter der Ostwand durch den Schutt, erreichen die Steiganlage mit ihren Eisenstiften und Drahtseilen (nicht schwierig), durchsteigen die Einschartung des Lamstunnels; kommen drüben ins enge, nach Süden geöffnete Lamskar — und stoßen uns dann auf hundert kleinen Kehren die Beine in den Leib. Kommen so durch das wilde Zwerchloch, einen steilen, engen Trichter, in den von allen Seiten andere steile Felstrichter einmünden. Aber genau bei P. 1008, an dem Jagdhäuserl, müssen wir rechts hinüber, damit wir das unter uns liegende Vomper Loch erst im mittleren Teil betreten, am Jägerhüttl, 1014 m. Dann geht es über den wilden Vomper Bach und drüben hinauf im hochumschlossenen Bergtal, zum Lochhüttel, zum Überschalljoch, 1910 m. Links hoch über uns Bettelwurf und Speckkarspitze! Wir gehen nur noch kurz geradeaus, grüßen Lärchen und Zirben, stehen vor dem Hallerangerhaus. — Ein vierter Tag voller Dramatik: gegenüber der Hüttentür die kühne Riesenverschneidung am Kleinen Lafatscher! Schnell sind wir oben am Durchschlag, 1898 m, laufen zum Lafatscherjoch, 2085 m, und dann an der Kohlstatt rechts (nicht links!) auf dem »Wilde-Bande-Steig« durchs Kälberkar zum wichtigen Stempeljoch, 2215 m — die letzten 50 Meter am bröckeligen, sandigen Felshang mit besonderer Vorsicht! Drüben die neue Welt über der Pfeis, die Rumer Spitze, rechts unten die Hütte, 1920 m — wir können hier in angenehmer Ruhe nächtigen, aber die Zeit könnte auch noch für den Schlußabstieg reichen: unter der Rumer Spitze westlich querend zur Arzler Scharte, 2150 m — plötzlich tief unter uns der Inn, drüben die Zillertaler Alpen, eine letzte hohe Rast voll schäumendem Glück. Dann wird es ernst: Wir müssen in zahllosen Kehren über die steile Arzler Reiße hinunter, weit hinab im Sand und Schutt, dann endlos auf einem Wegerl, zur Rumer Alm, oder direkt zur Hungerburg über Stadt und Innufer. **128**

Blick aus dem Flugzeug von Nordosten in das Hochkar unter der Lamsenjochhütte (links am Felsgrat Dach sichtbar). Rechts oben die Lamsenspitze, 2508 m; Licht und Schatten markieren die Nordostkante. Links unter der Ostwand, an den Schutt anschließend, unser Übergang am Lamstunnel ins Zwerchloch — Vomper Loch. Links der Grat zur Hochnißlspitze, 2540 m. Mitte unten: unsere letzten Aufstiegskehren aus dem Falzthurntal zur Hütte. Rechts der aus der Eng kommende Weg

62 Über das Rofangebirge
Hochiß — Sagzahn — Bayreuther Hütte — Ampmoosboden

TALORTE Maurach am Achensee, 958 m (Kabinenbahn zur Erfurter Hütte, 1834 m) · Steinberg unterm Guffert, 1015 m, im Norden des Rofan (Bus zum Achensee und nach Jenbach) · Mariathal bei Rattenberg/Inn, 580 m; ab hier Sessellift bis auf 1800 m Höhe am Roßkogl, dem östlichsten Vorberg der Rofangruppe (nahe dem Zireinsee)

STÜTZPUNKTE Erfurter Hütte, AV, 1834 m (Nächtigung möglich). Mit Kabine oder in 2³/₄ Std. zu Fuß · Bayreuther Hütte, AV, 1600 m, östlich unter dem Vord. Sonnwendjoch; 3¹/₂ Std. ab Erfurter Hütte, oder im Anstieg von Kramsach am Inn (bei Rattenberg), 515 m, 3—4 Std.

BESTE ZEIT UND AUSRÜSTUNG Ende Juni bis Oktober. Trittsicherheit und Orientierungsvermögen besonders wichtig! Stets mit Wetterschutz und guter Karte, in guten, hohen Bergschuhen!

KARTEN/FÜHRER Keine wirklich gute Karte! Man muß die Freytag-Berndt-Karte, Bl. 31, Tegernseer Berge/Rofangebirge, nehmen (1:100 000). Für Liebhaber des Rofan empfiehlt sich das genaue Studium des Führers »Rofangebirge« v. Röder/Schmid (Rother): Dort kann man auch Pläne für die weltentlegenen Zonen des östlichen Rofan ausheken, zwischen Zireinsee — Brandenberger Ache — Kreuzeiner Joch — Steinberg

HINWEIS Neue Sessellifte ab Mariathal bei Kramsach zum Roßkopf eröffnen zwar einen erleichterten Zugang zum Ostteil — stehlen aber die große Ruhe. Die kostbare Idylle des Zireinsees wird bald dahin sein — aber dafür füllt sich der Geldbeutel eines armen Reichen

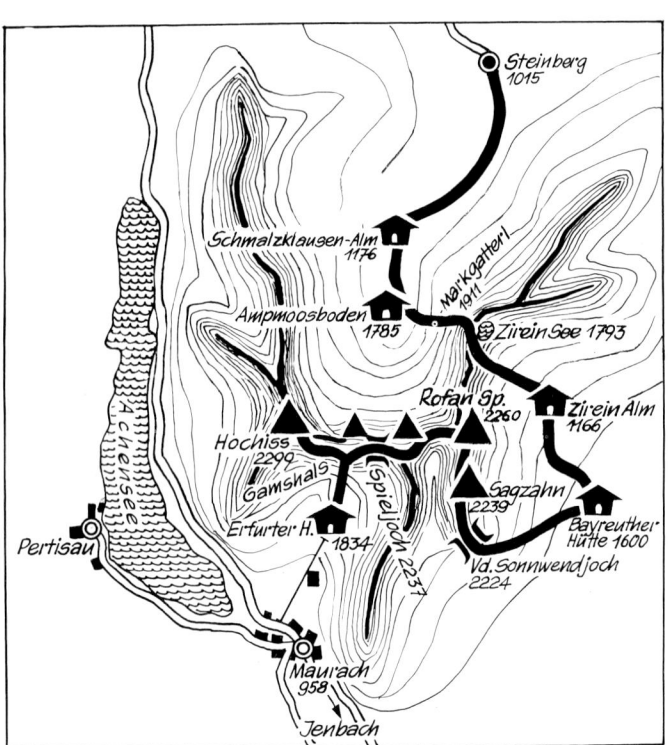

Das Rofangebirge zwischen Inn und Achensee hütet eine kleine, kostbare, recht eigentümliche Welt. Auch wenn jetzt schon zwei Bergbahnen auf ihre Schultern ziehen — die vom Achensee zur Erfurter Hütte im Westen und die von Mariathal zum Roßkogl im Osten — so kann man sich doch noch hundertfältig verlaufen, verstecken, kann immer noch allein mit Gott den Zillertalern zuschauen, die Bögen des Inn abzählen, Ahornspitz und Kellerjoch bewundern. Wissen, wo! . . . Die Struktur ist kompliziert, kommt also dem Eigenbrötler entgegen. Südwärts senkt sich das Rofangebirge in Rampen und Stufen ab, die mählich im dichten Waldgürtel versinken — nordwärts aber bricht eine Front stolzer Gipfel mit senkrechten Mauern in drei grüne Almböden ab. Ich sage nur einen Namen: Ampmoosboden! Eine verfallene Alm zwischen üppigen Blumen, nacktes Kalkgerippe, Abgeschiedenheit . . . Ich gebe einige Tips. 1. Für einen Tag, ja für einen Halbtag zur Erfurter Hütte auffahren und von da, mit den Augen immer gegenüber im Karwendel, ganz gemächlich nordwärts absteigen, unter der Rotspitze durch, zur Oberen, dann zur Unteren Dalfazer Alm, dann, den Wasserfall nicht vergessend, wieder zurück zur Talstation (gemütlich 3 Std.). — 2. Man steige von der Erfurter Hütte über das Spieljoch auf das Hochiß, 2299 m (1¹/₂ Std.), spähe jenseits in den Ampmoosboden hinab, steige zum Spieljoch zurück und gehe unter Seekarspitze und Roßkogl hindurch, immer an den Südflanken, bis auf die Rofanspitze, 2260 m. Steige dann über den Sagzahn (kleiner Felsensteig, einfach, mit Drahtseilen) zum Vorderen Sonnwendjoch, 2224 m, gehe weit auf die Kanzel über dem Inntal hinaus, steige hier ostwärts steil hinab zur Bayreuther Hütte, 1600 m: Das sind alles in allem 7 Std. und mehr. Am anderen Tag könnte man zwischen dramatischen Felskulissen über die Scherbensteinalm zum Achensee zurückkehren. Besser wäre es, von der Hütte nordwärts zur Zireinalm zu steigen und weiter am Steig über den Latschbergsattel in die Mulde des Zireinsees. Hier rasten, die Arme unterm Kopf, über sich die bizarr geformten Türme und Wände von der Rofanspitze. Nun zur letzten Überraschung: Westwärts über das Markgatterl gestiegen und dann direkt unter den Nordwänden (Bild) bis in den Ampmoosboden — eine stille Insel in Europa dieser Tage. Man vertue die Zeit, träume, stille die Sinne, steige schließlich nordwärts zur Schmalzklause ab und wandere hinaus nach Steinberg zum Bus (+ 5—6 Std. gemütlich). — Oder 3. für 1 kurzen Tag: Man laufe von der Erfurter Hütte zum Hochiß hinauf (1¹/₂ Std.), steige dann erst am Aufstiegswege kurz ab, dann aber rechts westwärts, bis man auf die Felsen des scharfen Dalfazer Kammes stößt. Genau hier steigt man durch das »Rote Klamml« kurz empor und streune dann links zum nahen Streichkopfgatterl hinunter, 2196 m. Westwärts unter uns die Felszinnen vom Klobenjoch, die oben mit dem »Steinernen Tor« abrupt enden. Dort rasten wir, studieren gegenüber das Falzthurntal und steigen dann über den Dalfazer Hochleger (siehe Punkt 1) zum Achensee hinab (insgesamt ab Erfurter Hütte gute 4—5 Std.).

Aufblick aus dem Ampmoosboden (vorn unten) auf die Nordwände von Rofanspitze, 2260 m (links oben mit flacher Grünpyramide), Roßkopf, 2259 m (als spitze Felspyramide mit der Rofanspitze verzahnt), Seekarlspitze, 2240 m (mit dem Ypsilon-Riß unter dem trichterartigen Verschneidungssystem des oberen Wandteiles, einem der extremsten Kletterwege unserer Zeit), Spieljoch, 2237 m. Durch die linke Schlucht führt der alte, etwas brüchige »Bettlersteig« auf den Gipfelkamm

63 Von der Valepp in die Kaiserklamm

Spitzingsee — Valepp — Erzherzog-Johann-Klause — Kramsach

TALORTE Schliersee, 784 m · Spitzingsee, 1083 m · Kramsach, 515 m, kurz vor dem Inn · Rattenberg, von der Autodurchfahrt erlöst, 514 m

STÜTZPUNKTE Wurzhütte am Spitzingsee, 1083 m · Valepper Forsthaus, 872 m · Gasthaus Erzherzog-Johann-Klause, 824 m · Kaiserhaus, 706 m · Gasthaus Gwercher, 705 m

BESTE ZEIT UND AUSRÜSTUNG Vom Mai bis Oktober. Wetterschutz nicht vergessen! Gute, bequeme Bergschuhe, Handschuhe, Mütze, Karte

KARTE Freytag-Berndt-Karte, Bl. 31, Tegernseer Berge

HINWEIS Wer Schmalz in den Waden hat, der macht es meiner Frau nach, die nach dieser Valeppkur nicht aufgehört hat, sondern mit vier Kindern im Bus von Kramsach nach Brixlegg fuhr und weiterwanderte bis ins Gerlostal: Brixlegg — Alpbach, aber auf dem Weg östlich über dem Alpbachtal, 2–3 Std. — Weiter am Osthang über Inner-Alpbach bis zum Steinbergjoch, 1912 m, zwischen Galtenberg und Sonnenjoch (+ 4 Std.). Rast im Heu der nahen Pankertalmen oder in den Hämmererhösalmen, 1673 m. — Aufstieg anderntags zur Maurerscharte, 2331 m, zwischen Torhelm und Katzenkopf (+ 2½ Std.) — Abstieg durch die herrliche Wilde Krimml, oben aus Seen, dann immer am Bach, bis Dorf Gerlos (+ 5–6 Std.) . . . Nochmals 2 Tage in jener großen Einsamkeit, die an Geist und Körper honorarfrei die Geschäfte des Arztes besorgt

BILD Junger Tiroler Holzfäller in der Kaiserklamm vor dem Kaiserhaus

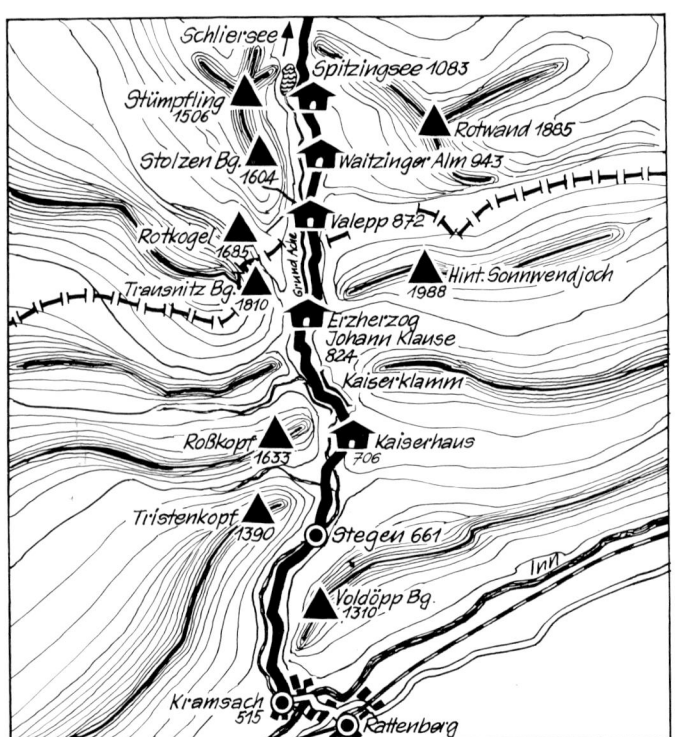

Immer noch ein Zaubergang für Menschen, die mit dem Herzen denken, für Eltern mit gtüchtigen Kindern, für naturfromme Liebesleute. Es gibt keinen Gipfel, es geht immer wohltätig eben dahin, wenig auf-, viel abwärts; und immer im Lärm fröhlicher Klammwasser. Das ist eine Zwei-Tage-Wanderung aus den Schlierseer Vorbergen hinüber zum Tiroler Inn, wo er dicht östlich unterm Rofangebirge unsere Brandenberger Ache in seine Arme nimmt. Romantische Schluchten, Klammen, frische Bergwasser, dann und wann ein eingeschlossener grüner Wiesenboden, über uns aber vom Anfang bis zum Ende unabsehbare Bergwaldwände, die so steil zum Himmel auffahren, daß man ihn zwei Tage nur in schmalen Ausschnitten entdeckt. Alles ist auf innige Naturfreude gestimmt, und Goethe hat recht, daß einen im Rhythmus des gelassenen Ausschreitens immer auch der Rhythmus guter Gedanken ankommt! Wie schön, hier wird es bewiesen. — Den kläglichen Rummel am Spitzingsee, dem Montmartre des Münchner Skifahrerbetriebes, verlassen wir schon 300 Meter hinter der Wurzhütte, auf der Valepper Straße, die wohltätig abwärts zum Forsthaus an der Grenze führt. Die Rote Valepp begleitet uns; ich hab' dort schon viele Regenwürmer gebadet nach dem Krieg, in der Hoffnung auf Forellen . . . Pfiffkas! sagt der Münchner, keine hat angebissen. — Also am Anfang nur 1½ Std. bis zum Forsthaus. Kleine Brotzeit? Muß nicht sein. Es kommt nun schöner, es kommt der stille Steig zwischen Schinder und Sonnwendjoch, erst am schnalzenden Wasser, dann still hoch am steilen Hang hin — tief unter uns die Valeppwasser in ihrer engen Klamm. Vor der Erzherzog-Johann-Klause, 824 m (+ 2½ Std.), fand einst mehrmals im Jahr das große Schauspiel der Holztrift statt, wo auf einen Schlag alle aufgestauten Wasser mit tausend nackten Baumstämmen gleich Riesenfischen ins leere Bachbett schnellten und dann wie Zündhölzer durch Klammen und Schluchten jagten . . . Vorbei. Eine neue Holzstraße und Dieselungeheuer erledigen die Holztrift per Achse. Es schert uns nicht. Nach der schönen Nacht in der Klause sieht man die Valeppwasser umgetauft zur Brandenberger Ache, denn wir sind ja im alten k. u. k. Weltreich, und jetzt wandern wir durch die Kaiserklamm, baden an versteckten Gumpen, träumen auf sonnenheißen Kalkplatten von einer zufällig daherwandelnden Prinzessin in Kunstseide, aber es kommt nur ein Felsbrocken von weit oben herunter, der vielleicht Jahrtausende auf diesen seinen Fall gewartet hat. Im Kaiserhaus (+ 2 Std.) wird eine Brotzeit gemacht, dann marschiert man weiter (1 Std.) bis zum Gwercher, einem Wirt, bei dem rechts der Weg nach Steinberg abzweigt. — Wir bleiben aber am Wasser bis hinaus nach Mariathal, 580 m, wo jetzt ein Sessellift zum Rofan hinaufzieht, wo man auf dem Roßkogl ausruhen und zwei Stunden Zillertaler Gipfel anschauen könnte . . . Bald sind wir in Kramsach, der Bus bringt uns weiter nach Rattenberg, nach Kufstein, nach Innsbruck. Auch liebliche Musik empfängt uns müde Wanderer: Es ist die langentbehrte Auspuff-Arie von der neuen Autobahn. Es geht vorwärts in der Welt — bis in den Abgrund.

64 Rund um den Olperer
Von Hintertux über Friesenberg- und Alpeiner Scharte

TALORTE Hintertux, 1486 m · Breitlahner (Wirtshaus), 1257 m (Bus nach Mayrhofen bzw. Hintertux)

STÜTZPUNKTE Spannagelhaus, AV, 2528 m · Friesenberghütte, am See, 2498 m · Olperer Hütte, AV, 2389 m · Geraer Hütte, AV, 2324 m · Tuxerjochhaus, 2313 m

CHARAKTER Tour 1 weist zwei kurze Gletscherbegehungen auf, die bei guter Sicht und ohne Neuschnee leicht zu machen sind. Kleine Spalten überspringen! Übergang an der Friesenbergscharte leicht, wenn Fels nicht vereist. Tour 2 viel länger und viel strenger! Unter der fast 3000 m hohen Alpeiner Scharte können harte, steile Firnflecken liegen, also Vorsicht! Der Übergang Geraer Hütte – Tuxerjochhaus ist nur teilweise ausgebaut, er ist etwas anstrengend, aber auch er eindrucksvoll schön. In der Faustskizze ist nur die Bergwandertour 1 eingezeichnet!

BESTE ZEIT UND AUSRÜSTUNG Mitte Juli – Mitte September · Bei der Ausrüstung sind neben Wetterschutz, besten Bergschuhen und Gamaschen ein leichter Eispickel und vielleicht ein 8-mm-Seil, Länge je nach Teilnehmerzahl, wichtig. Sonnenschutz!

KARTEN / FÜHRER AV-Karte Zillertaler Alpen, Westliches Blatt, 1:25 000 (unerläßlich!) · Auch Freytag-Berndt-Karte, Bl. 15, Zillertaler Alpen, 1:100 000 · Führer Klier / Zillertaler Alpen (Rother)

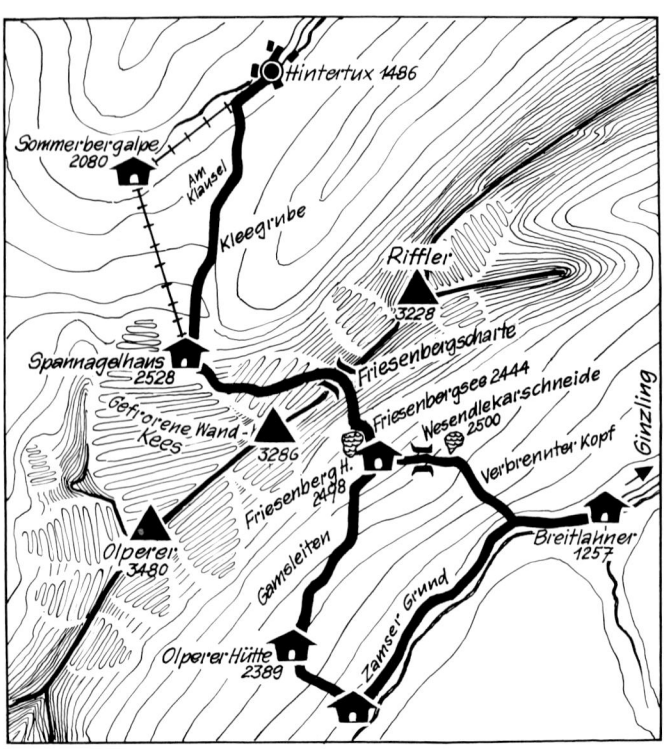

Die Tuxer Schieferalpen zwischen Inntal, Brennerfurche und Zillertal stellen mit ihrem Hauptkamm Riffler – Gefrorene Wand – Olperer eine kräftige Diagonale vor den stramm in Ost-West-Richtung ziehenden Zentralalpenkamm. Diese Diagonale bindet sich an der Alpeiner Scharte an den Zillertaler Hauptkamm. Die Tuxer Vorberge sind abseits ihres im Olperer kulminierenden Hauptkammes abgeschliffene Schieferberge – nur im Olpererkamm bricht der harte Zillertaler Gneiskern durch. Wir machen zweierlei interessante, schöne Übergänge. 1. wie in der Faustskizze angedeutet, den Übergang Hintertux – Friesenbergscharte – Olperer Hütte – Zamser Grund als 2-Tage-Tour und 2. die Überschreitung Hintertux – Friesenbergscharte – Olperer Hütte – Alpeiner Scharte – Steinernes Lamm – Tuxer Joch – Hintertux als 3- bis 4-Tage-Tour. Man studiere beide Routen zuerst auf der Freytag-Berndt-Karte, Blatt 15, um die großen Zusammenhänge zu erfassen, dann in der brillanten AV-Karte Zillertaler Alpen, Westblatt, um die Struktur des Gebirges zu erkennen. Zuerst laufen also beide Routen gemeinsam bis zur Olperer Hütte unter der Ostflanke der Gefrorenen Wand. – Wir könnten etwas umständlich mit dem Skilift zum Spannagelhaus gelangen. Ich warne! Gehen Sie unbedingt zu Fuß diesen stillsten und in seiner wilden Armut herzbewegenden Steig direkt ab Hintertuxer Liftstation; vom ebenen Boden der Galtalm weg links, queren Sie den Bach, bleiben Sie ihm treu bis ins Klausel und wenn er sich in kurzen Kehren durch Felsrampen hinauf in die Kleegrube schlängelt. Diese Kleegrube mit ihren vielen Wildwasserspielen ist eine Bühne für Helden; schwarze Platten, schwarze Grate, blendend weiße Eisdecken stellen die Kulissen für den grünen Kessel. Aber auch allerletzte Bergblumen. Nun rechts empor und neben der Riesenmoräne zum Spannagelhaus: 3–4 Std. – Ab hier verfolgen wir die Wegspuren gegen den Sockel der Gefrorenen Wand, queren bald links zum Gletscher und überqueren ihn zu den Oberen Schwarzen Platten hinüber. Ab hier gehen wir wieder auf Karböden ostwärts auf die Friesenbergscharte zu und überschreiten dicht unter ihr abermals einen Gletscherstreifen. Die Scharte ist 2904 m hoch, drüben geht es in kurzen Steilkehren hinab zum Friesenbergsee und zur Friesenberghütte, 2498 m: + 3 Std. Eine großartige Vorstellung des eisigen Hauptkammes gegenüber! – Der Weg zur Olperer Hütte, + 2 Std., stellt uns unter den Eisgraten des Hauptkammes den neuen Stausee vor. – Ab Olperer Hütte führt Tour 1 nordostwärts ins Gebiet der Staumauer und dann hinaus zum Breitlahner (+ 2½–3 Std.). – Tour 2 aber zieht nun kühn unter Olperer- und Fussteingraten zur Alpeiner Scharte, 2957 m, und drüben hinab zur Geraer Hütte: + 3–4 Std. – Weiterweg: über Steinernes Lamm nordwärts zur Kleegrubenscharte, 2498 m, dann 300 m steil hinab gegen die Galgenhäuser, vor diesen rechts ab in den Westrücken der Frauenwand und zum Tuxerjochhaus, 2313 m: ab Geraer Hütte 5–6 Std., teilweise nur Spuren, teilweise Weg im Ausbau, aber nach der AV-Karte sicher zu finden. – Abstieg nach Hintertux + 2 Std.

Blick von Südosten auf das Tuxer Gipfelpaar Olperer, 3480 m, und Fusstein, 3381 m, über den Resten von Unterschrammach- und Großem Riepenkees. In Bildmitte teilt der diagonal ziehende kleine Riepengrat das Riepenkar (rechts) vom Unterschrammachkar (ganz links). Etwa in Bildmitte zieht horizontal, immer dicht unter den Moränenbergen, unser Weg von der Olpererhütte zur Alpeinerscharte. Die Olpererhütte, die wir über die Friesenbergscharte erreicht haben, steht knapp außerhalb des rechten unteren Bildrandes. Rechts oben unterm Olperergipfel der schöne Südostgrat mit dem »Schneegupf«,dahinter schaut die von Liften malträtierte und deshalb »Gefrorene« Wandspitze heraus.

65 Vom Brenner zur Berliner Hütte

Große Zillertaler Jochwanderung

TALORTE Gries am Brenner, 1165 m · St. Jodok am Brenner, 1127 m · Ginzling am unteren Zemmbach, 980 m · Mayrhofen, 630 m, im Zillertal

STÜTZPUNKTE Gasthof Touristenrast im Valser Talschluß, 1345 m · Geraer Hütte, AV, 2324 m · Neue Dominikushütte an der Staumauer, 1805 m · Furtschaglhaus, AV, 2295 m, zwischen Greinerkamm und Möseler · Berliner Hütte, AV, 2040 m, im obersten Zemmgrund unterm Hornkees · Gasthof Breitlahner, 1257 m, am Ausgang des Zemmgrundes

BESTE ZEIT UND AUSRÜSTUNG Juli bis Ende September · Mit Wetterschutz, Notproviant, leichtem Pickel, Reepschnur, wenn mit Kindern ab 14 Jahren oder Frau. Handschuhe, Wollmütze, Labiosan für die Lippen usw. Unter der Alpeiner Scharte sind, außer meinen »blitzgescheiten« Kindern, schon gute Bergsteiger in Verlegenheit gekommen, weil sie für die manchmal eisharten, steilen Firnplatten nicht ausgerüstet waren

KARTEN / FÜHRER AV-Karte Zillertaler Alpen / Westblatt, 1:25 000 · Gut auch Freytag-Berndt-Karte, Bl. 15, 1:100 000, Zillertaler Alpen (neueste Ausgabe) · Führer Klier / Zillertaler Alpen wertvoll (Rother)

HINWEIS Außer der Abstiegsvariante über Melkerscharte und Gunggl sollte man sich folgende Klassewanderung vormerken (jetzt wieder möglich): St. Jodok – Alpeiner Scharte – Pfitscherjochhaus (Grenze) – Plattenweg Landshuter Hütte – Touristenrast – St. Jodok: 3 Tg. = 22 Stunden

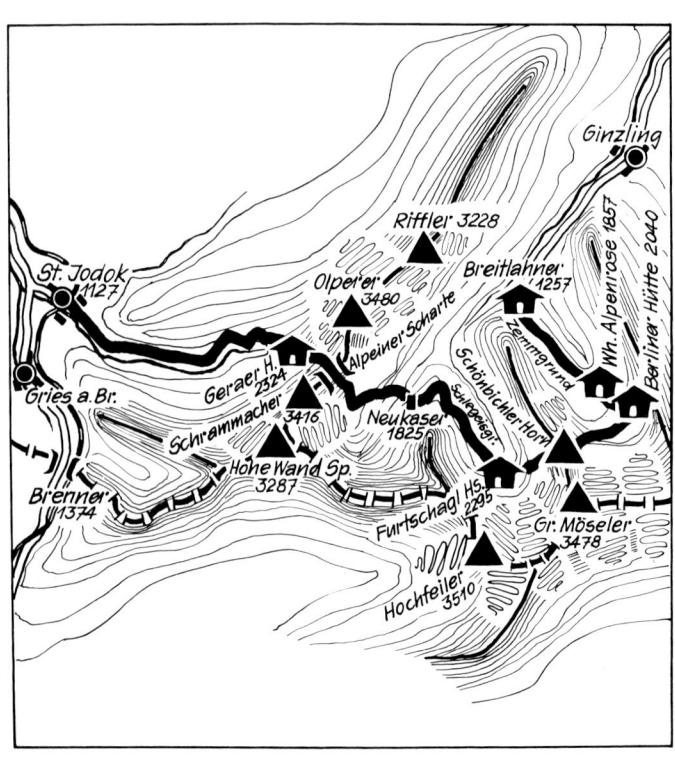

Wir überwandern Bergflanken und Hochjöcher, die dem westlichen Hauptkamm der Zillertaler Alpen vorgelagert sind — beginnen in St. Jodok unterm Brennerpaß, enden an der Berliner Hütte unter Großem Möseler, Turnerkamp und Schwarzenstein. Der höchste Zillertaler Eisgipfel — der 3510 m hohe Hochfeiler — ist samt riesigem Schlegeiszirkus die blendende Kulisse des zweiten Tages ... Dicht vor dem Brennerpaß, beim Kircherl von St. Jodok, zwängt sich östlich ein schmales Straßerl in das Zillertaler Hochgebirge, und obwohl unter den hohen Bergwänden kaum Platz ist, teilt es sich schon nach 500 Metern in zwei Täler: Links zieht das Schmirntal gegen Tuxerjoch und Steinernes Lamm, rechts unser Valser Tal gegen die Alpeiner Scharte — von 1100 bei St. Jodok bis 2957 m an der Scharte ... In 4½ Std. wandern wir über die Höfe von Außer- und Innervals zur »Touristenrast« — mit dem Blick hoch hinauf auf Fusstein und Schrammacher. Plötzlich steilt sich der Berg auf, und in vielen Kehren steigen wir über die Alpeiner Alm zur Geraer Hütte, 2324 m. — Andertags in knapp 2 Std. hinauf, durch Blockhalden empor, am Firnfeld links vorbei, nochmals um ein Eck und in die sehr hohe Alpeiner Scharte — erste tolle Ausblicke auf den Greinerkamm, den neuen, großen Stausee. Jenseits in Kehren auf Firn oder die Blockhänge hinab, beim großen Steinmann auf dem Felssporn rechts hinab zur Wegteilung (Taferl): Rechts führt ein guter Steig zum Pfitscherjoch (Hütte, Grenze!) — wir aber bleiben links, streunen zu den winzigen Seen im Unterschrammachkar und tief hinab zum Zamser Bach. Auf 1800 m Höhe stehen wir am Ufer des neuen Stausees, trauern um die liebe, alte Dominikushütte, wandern am künstlichen Hochufersteig eben in das vollkommen unter Wasser gesetzte Schlegeistal hinein. Weit drinnen, am Furtschaglboden, 1840 m, führen uns links steile Kehren zum Furtschaglhaus hinauf, 2295 m (4–5 Std. ab Alpeiner Scharte). Ein feierlicher Ausblick: Möseler, Weißzint, die Hochfeiler-Nordwand, der Hochferner über dem spaltenreichen Schlegeisferner. — Der dritte Tag bringt eine angenehme Überraschung, denn in nur 2½ Std. stehen wir bereits auf dem Schönbichler Horn, 3133 m, dem Übergang in den Zemmgrund zur Berliner Hütte. Zuerst große, lange Rast über drei Riesengletschern, dann langer Abstieg am Grat (markiert) und neben dem Waxeckkees zu dessen gewaltigem Moränenkamm. Unten wechseln wir zur jenseitigen Moräne und kommen durstig und hochgestimmt vor den Hüttenpalast der Berliner Bergsteiger, 2040 m hoch stehend, Beherrscher von Waxeck-, Horn- und Schwarzensteinkees. Es fehlen nur Rezeption und Pagen! Zeit ab Furtschaglhaus 5–6 Std., aus denen ein Talent 7–8 Std. macht. — Andertags Abstieg zum Bus beim Breitlahner (2½ Std.) — oder: für trittsichere Steiger bei sicherem Wetter in 6–7 Std. grandioser Übergang von der Berliner Hütte über den Schwarzsee zur Melkerscharte, 2826 m; drüben vorsichtig (genau nach Führer, R. 330) zur Gungglplatte und in deren Mitte an kleinem Steig in ein Hochtal und aus ihm nach Ginzling: wenig begangen, eine Kur für Augen und Geist ...

Ausblick von Norden auf Waxeckkees mit Großem Möseler, 3478 m. Rechts unterm Gipfel das bekannte »Firndreieck« als Aufstiegsmöglichkeit für gelernte Eisgeher. Links neben dem Hauptgipfel Kleiner Möseler und Möselenock. Rechts oben schaut über den Nordgrat der den Normalanstieg tragende Westgrat heraus. Unser Übergang am Schönbichler Horn ist rechts der horizontalen Bildmitte (knapp außerhalb des Bildrandes), der Abstieg von dort — im rechten unteren Bildrand sichtbar — durch die Moränenwälle zur Berliner Hütte

137

66 Stille Steige über dem Wildgerlostal

Schönachtal — Keeskarscharte — Zittauer Hütte — Leitenkammersteig

TALORTE Zell am Ziller, 575 m · Dorf Gerlos, 1260 m · Almdorf Königsleiten über dem Gerlospaß, 1600 m

STÜTZPUNKTE Stinkmoosalm, 1348 m, für Lufthungrige · Zittauer Hütte, DAV, 2329 m, am Unteren Gerlossee (ab hier Übergang Rainbachscharte zum Krimmler Tauernhaus) · Berghotel Gerlosplatte, privat, 1685 m · Gasthof-Hotel Königsleiten, 1605 m, unter der Steigeralm

BESTE ZEIT Anfang Juli (hier besser mit leichtem Pickel) bis Anfang Oktober); je später, desto schöner · Die Gehzeiten betragen Gerlos — Keeskarscharte volle 5 Std., Scharte — Zittauer Hütte 2—2½ Std., Hütte — Drißlalm 2 Std., Drißlalm — Gerlosplatte sehr gute 4 Std. gemütlich!

BESTE KARTE Die neu erschienene Freytag-Berndt-Wanderkarte, 1:50 000 (bisher nur 1:100 000), Bl. 121, Gerlospaß-Krimml

BESONDERER HINWEIS Wer diesen im Aufstieg langen Paßübergang hinter sich hat und in Abenteuerstimmung vor die Zittauer Hütte kommt, sollte sich bei sicherem Wetter überlegen, gleich noch einen ähnlich eindrucksvollen, wenn auch viel weniger anstrengenden zweiten Paßübergang anzufügen: er nächtige dicht am kleinen Bergsee und steige am frühen Morgen über die einfache Rainbachscharte, 2720 m, ins Rainbachtal hinüber und in ihm hinab zum Krimmler Tauernhaus, 1622 m (ab Zittauer Hütte etwa 4—5½ Std.). Von dort führt der Heimweg an den Krimmler Wasserfällen vorbei ins Tal nach Krimml (+ 2½ Std.)

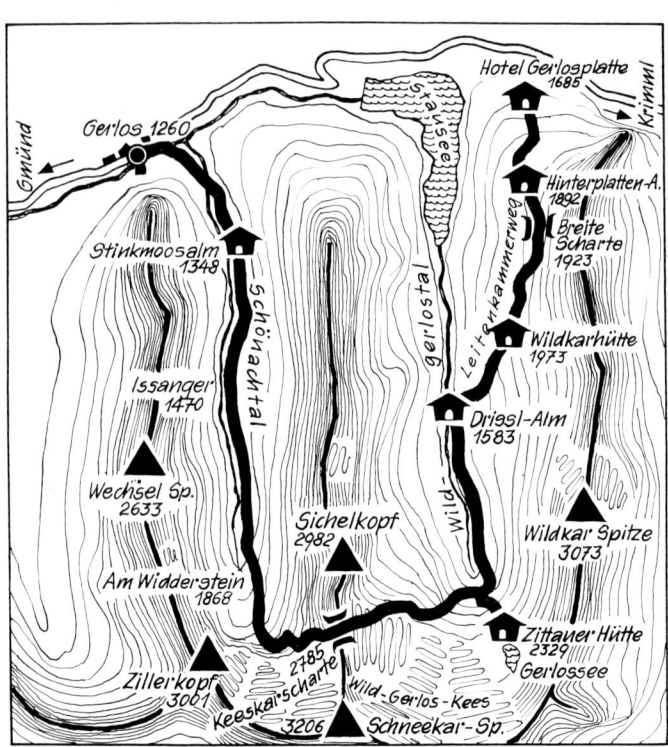

Von den großen Wandertouren um Dorf Gerlos ist diese 2-Tage-Tour die schönste — auch wenn es mir schwerfällt, die Überschreitung des Kreuzjoches samt aufregendem Abstieg durch die »Wilde Krimml« zurückzustellen... Der Plan klingt sehr einfach: Ab Gerlos aus 1260 m Talhöhe durch das sehr lange Schönachtal hinauf zur Keeskarscharte, 2785 m, dann hinab zur guten Nacht in die Zittauer Hütte an ihrem kleinen See; anderntags das parallel laufende Wildgerlostal hinaus bis zur Drißlalm, hier rechts abgezweigt und am köstlich vereinsamten Leitenkammersteig, unter dem Wildkarparadies hindurch, zur Gerlosplatte und zur Paßstraße ... Gerlos, einmal ein stilles, feines Prachtdorf, deckt sich mit Beton zu, verbaut seine einzige Durchgangsstraße zu einer Abgaspassage. Um so lieber flieht man also ins Schönachtal, das so still bleibt, wie es bei unserem Eintritt wirkt: Hoch droben, weit hinten überm Talschluß, glänzt steiles Eis ... An der Stinkmoosalm, 1348 m, deren Name »auf der Hand liegt«, vorbei steigt man ganz gemächlich bergan, grüßt die Gerloser Spaziergänger, die schnell weniger werden. Lahneralm, Lackenalm, Ißalm und nach einer neuen, sanften Stufe die Pasteinalm auf 1692 m. Wer einem jetzt noch begegnet, wird besonders freundlich begrüßt. Man geht auf den Talschluß zu, rechts und links steiles, wildes Urgesteinsgewänd, nirgendwo ein Ausweg. Erst im allerletzten Augenblick findet man links viele kleine Kehren, die aus dem Talschluß steil hinauf zur Keeskarscharte ziehen — begegnet noch einem einzigen Kölner mit Sohn, der prompt 30 m unter der Scharte aufgibt — und schon steht man tief erleichtert droben, vergißt sofort alle Plage — und schaut in ein liebes, sonniges Jenseits hinab, wo es nur noch bergab geht: schaut auf das mächtige Wildgerloskees und seine Spalten unter der Wildgerlosspitze, entdeckt Gabler und Reichenspitze und vor allem die Hütte ... Direkt an der sehr hohen Scharte scharf links auf einem künstlichen Plattenweg weiter, dann in Serpentinen gemächlich ostwärts weit hinab in den Sandriedel, auf eine Moräne, scharf zum Bach hinunter und durchgewatet, dann nochmals über eine Moräne und mit reifem Durst zur Zittauer Hütte, 2329 m. Gablereis, Reichenspitze, Hahnenkamm, Wildgerlosspitze, bleiche Firntücher, Moränen — ein eigenartiges Gemälde. — Gut gegessen, gut geschlafen, im Hurra die Kehren hinab, Granitstufen, Granitrampen, noch mal eine alte Moräne unter dem kräftig spritzenden Wasserfall. Dann sind wir im Talschluß, wandern hochgemut hinaus, an Kletterblöcken vorbei, im Wildgerlosbach badend, Steine schmeißend —, bis uns an der Drißlalm, 1583 m, der Schock trifft: Hier müssen wir ja wieder bergauf! Sogar steil bergauf, rechts, erst nur an flüchtigen Spuren, dann Markierungen, ein Steig erreicht im Zickzack, zuweilen steil und exponiert, die Höhe und den feinen, ebenen Weg unter dem Wildkar durch — hochalpine Einöde, Arven, Lärchen zwischen haushohen Urgesteinstrümmern, seltene Blumen, kein Mensch. Eben geht es weiter an diesem »Leitenkammersteig«, dann auf und ab zur Breiten Scharte, an der Gerlosplatte vorbei, zum Berghotel Gerlosplatte, 1685 m.

Blick aus dem Flugzeug: vorne unten die Gerlosplatte mit unserem Weg über die Breite Scharte, der dann nach rechts unter dem Wildkar (links oben die Wildkarspitze) zur Drißlalm zieht (rechts Mitte im Wildgerlosboden sichtbar). Bildmitte oben Gabler, Reichenspitze, Hahnen-kamm, Wildgerlosspitze. Ganz rechts oben der Sichelkopf, hinter dem die Keeskarscharte liegt, wichtiger Übergang vom Schönachtal her

67 Vom Zillergründl zum Lenkjöchl
Heiliggeistjöchl — Rötspitze — Krimmler Tauern

TALORTE Mayrhofen im Zillertal, 630 m (Busverkehr nach Bärenbad im Zillergrund) · Bärenbad, 1433 m, ab hier 3 Std. zur Plauener Hütte · Krimml im Pinzgau, 1072 m (ab hier Aufstieg zum Krimmler Tauernhaus, an den Wasserfällen entlang, 3–4 Std.) · Kasern im Ahrntal, 1575 m

STÜTZPUNKTE Richterhütte, 2366 m, im oberen Rainbachtal · Plauener Hütte, 2373 m, überm Zillergründl, unter der Gamsscharte · Gasthof Kasern im Ahrntal, 1575 m · Lenkjöchlhütte, 2588 m, am Rand des Rötkeeses, gut 3½ Std. ab Heiliggeist · Krimmler Tauernhaus (Neugersdorfer Hütte), 2568 m, zur Zeit unzugänglich (1973/74) · Zittauer Hütte, 2329 m

BESTE ZEIT UND AUSRÜSTUNG Juli bis Mitte September. Nur bei ganz sicherem Wetter! Nur für trittsichere, ausdauernde, im Hochgebirge erfahrene Bergwanderer. Rötspitze nur für erfahrene Bergsteiger! Niemals ohne perfekten Wetter- und Kälteschutz usw., mit leichtem Pickel

KARTEN / FÜHRER Zur Überschau vorzüglich Freytag-Berndt-Karte, Bl. 15, Zillertaler Alpen, 1:100 000 (alle Höhenwege eingezeichnet!) · Präziser ist die AV-Karte Zillertaler Alpen / Ostblatt, 1:25 000 · Führer Klier / Zillertaler Alpen (Rother) · Evtl. Peterka / Venedigergruppe

BILD Ausblick vom Südhang — tief unterm Heiliggeistjöchl — in das Röttal mit Rötkees. Die Berge oben von links: Nordgrat und Vorgipfel, dann Rötspitze, 3495 m, anschließend im Hintergrund Daberspitze 3401 m, Kemetspitze, 3011 m, und Löffelspitze, 3132 m

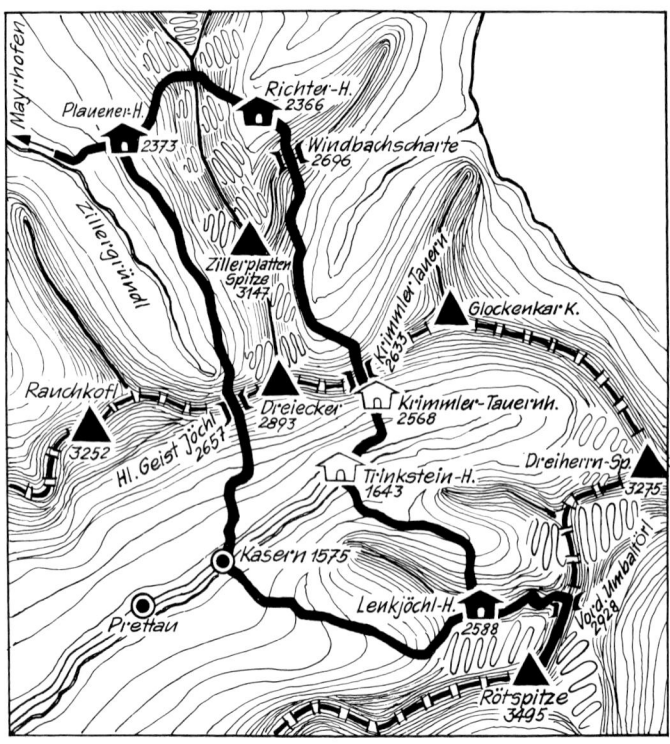

Hier ist eine hochalpine 6-Tage-Wanderung in gottverlassenen Bezirken der östlichsten Zillertaler Alpen, wo sie sich über den Krimmler Tauernpaß hinweg mit der Venedigergruppe verschränken. 6 Tage immer in Höhen zwischen 2300 und 2600 Meter, mit einem einzigen Abstieg ins oberste Ahrntal — und vielleicht mit dem Aufstieg von der Lenkjöchlhütte, 2588 m, fast eisfrei, über Vorderes Umbaltörl und Nordgrat zur Rötspitze, 3495 m: dem schönsten Aussichtsberg der Venedigergruppe. — Man beginnt an der Plauener Hütte, 2373 m, in 3 Std. ab Kfz-Parkplatz Bärenbad, 1433 m, im Zillergründl zu erreichen . . . Oder man beginnt auf der Richterhütte, 2366 m, 3 Std. über dem Krimmler Tauernhaus. Hier die Tourenfolge: 1. Tag: Richterhütte über Gamsscharte, 2976 m (!), Abstieg am gesicherten Steig, aber mit anschließendem Firnbrett (meist gutartig, nur in heißen Sommern Eispickel nötig), dann Moränensteig zur Plauener Hütte: 5–6 Std. — Einlage: von der Gamsscharte in ganz leichter Blockkletterei auf die Richterspitze, 3054 m (20 Minuten). — 2. Tag: Ab Plauener Hütte auf großartig vereinsamtem Höhensteig hoch über dem Zillergründl dahin in 3 Std. zum Heiliggeistjöchl, 2657 m, auf dem Alpenhauptkamm: aber nur mit AV-Karte und Orientierungssinn! Es geht rechts (westlich) vom Dreiecker über den Hauptkamm! Dort genau südlich weglos, dann in Spuren gerade, aber volle 1000 Höhenmeter hinab nach Kasern im obersten Ahrntal — Nächtigung! — 3. Tag: Südwärts durch das wunderschöne Röttal in 4 Std. auf die Lenkjöchlhütte, dicht am Rötkees. Nächtigung! — 4. Tag: Erst nördlich, dann östlich auf Spuren, das Eis meidend, zum Vorderen Umbaltörl und nun am Grat steigend und kletternd (keine besonderen Schwierigkeiten!) auf die Rötspitze, ab Hütte 4 Std.! — Abstieg durchs Windtal nach Heiliggeist bzw. Kasern. Nächtigung! 5. Tag: Großer Aufstieg zum Hauptkamm, das heißt zum uns bekannten Heiliggeistjöchl, und Rückkehr am Höhenweg zur Richterhütte — oder, für sehr bergerfahrene und sehr ausdauernde Bergsteiger: 3–4 Std. ab Heiliggeist/Kasern am Steig zur (geschloss.) Krimmler Tauernhütte, 2568 m, dann über den Hauptkamm und jenseits in weiterer 3 bis 4 Std. zum Krimmler Tauernhaus. Nur Superbergwanderer dürfen es sich hier leisten, den einsamsten aller Höhenwege anzuschließen: ab Krimmler Tauern nordwestlich am »Kesselweg« bis zur Abzweigung bei P. 2473 der AV-Karte (unterm Eissee) laufen, hier rechts bleiben und am alten Höhenweg streng nördlich bis zur Westl. Windbachscharte, 2696 m, und drüben steil hinab zur Richterhütte. Das sind ab Krimmler Tauern nochmals 4–5 Std.: Also an einem Tage ab Heiliggeist volle 8 Std., wenn nicht mehr! — Der 6. Tag ist zum Abstieg ins Zillergründl oder ab Richterhütte über die Krimmler Wasserfälle nach Krimml bestimmt. Von der Richterhütte könnte man auch über die Roßkarscharte zur Zittauer Hütte kommen: gute 4½ Stunden, an welche man mit knapp 3 Stunden das landschaftlich großartige Finale, den Abstieg ins Wildgerlostal zum Bus, anfügen kann. Eine Sache der Waden und des guten Wetters allein . . . Wenn man Zeit hat!

68 Zum Seekofl über der Sennesalpe

Pragser Wildsee — Egerer Hütte — Sennesalpe

TALORTE Inner-Prags, 1351 m · Pragser Wildsee, 1406 m · Wirtshaus Brückele im Alt-Prager Tal, 1491 m · St. Vigil im Enneberg, 1201 m (Zufahrt zur Pederühütte, 1548 m, Zugang zur Sennesalpe)

STÜTZPUNKTE Seekofl- (Egerer) Hütte, 2300 m, am Ostsporn des Seekofl · Sennesalpe, 2116 m, bewirtschaftet, 2 Std. ab Pederühütte

BESTE ZEIT UND AUSRÜSTUNG Juli bis Oktober · Mit Wetter- und Kälteschutz, nur mit guten, hohen Bergstiefeln, Karte und Führer

KARTE / FÜHRER Sehr bescheidene Auswahl: Freytag-Berndt-Karte, Bl. 17, Östliche Dolomiten, 1:100 000. Da rot eingezeichnete Bergwege, einigermaßen ausreichend

HINWEIS Wem die Pragser Dolomiten in ihrer einsamen, armen Wildnis gefallen, der besteige von Bad Neu-Prags aus die Gipfel der dort dominierenden Roßkoflgruppe mit Großem und Kleinem Roßkofl, 2554 m und 2597 m, dann den Gamezalpkopf, 2599 m. Man steht hier hoch über dem tiefen, breiten Boden des Pustertales, hat den Alpenhauptkamm vor Augen und, mit einer einzigen Wendung, die meisten berühmten Gipfel der Östlichen Dolomiten

BILD Ausblick vom Weg an der Ofenmauer gegen Südosten auf Forcella di Cocodain (unter dem Mann, verdeckt), dann nach links: Rote Wand und, der Hohen Gaisl, 3148 m, vorgelagert, die Kleine Gaisl, 2859 m. Rechts von der Hohen Gaisl der Piz Popena mit dem Monte Cristallo. Rechts unten am Rand der Sennesalpe der kleine Lago »Grande«

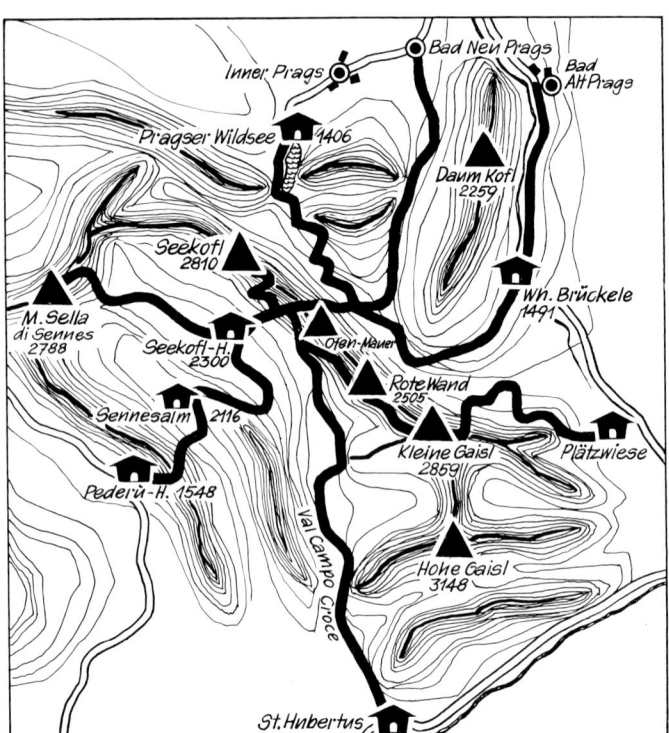

Die Pragser Dolomiten zwischen Pustertal, Höhlensteintal und Rautal sind mit ihren bekanntesten Bergen — Seekofl, Dürrenstein, Hohe Gaisl, Monte Sella di Sennes — immer nur eine »Provinz«. Die Sextener Dolomiten nebenan, Ampezzaner Dolomiten und Geislergruppe im Süden und Westen anschließend, beherrschen die Träume der Bergsteiger. Um so besser, können wir da nur sagen ... Wer vom Pragser Wildsee, ganz dicht am Pustertal, die kahlen, grauweißen Festungsmauern des Seekofl hinaufschaut, über immerhin 1400 Höhenmeter Differenz, der akzeptiert diese »Provinz«, und wer dann gar vom Seekofl zur kleinen Gaisl hinübersteigt oder die gewaltige, nackte Steinpfanne der Sennesalpe zum Monte Sella di Sennes quert, dem geht das Herz auf für diese abseitige, strenge Hochgebirgswelt. — Wir besteigen in 3 (oder 4) Tagen, vom romantischen Pragser Wildsee ausgehend, den Seekofl, 2810 m, nächtigen dann auf der Seekofl- (Egerer) Hütte; wandern am zweiten Tage unter Ofenmauer und Roter Wand hindurch zur Kleinen Gaisl, 2859 m, kehren zur Seekoflhütte zurück und haben am dritten Tage den wuchtigen Monte Sella di Sennes, 2788 m, auf dem Programm, von dem wir ins mächtige Steinbecken der Sennesalpe und zur bewirtschafteten Senneshütte absteigen. Man kann das Programm erweitern: Zwischen Seekofl, Plätzwiese, Wirtshaus Brückele, Alt-Prags und Pederühütte im Rautalschluß (zwischen Sennes- und Fanesalpe), auch die von St. Vigil erreichbare Furkelhütte eingeschlossen, gibt es hundert stille, kostbare Ziele. Es müssen gar nicht Gipfel sein, wie unser Bild beweist. — Die Seekofl- oder Egerer Hütte steht auf 2300 m Höhe, dicht unterm Gipfelstock des Seekofl, und ein teilweise gesicherter Zickzacksteig führt uns über die ungebrochenen Riesenkalkplatten zum Gipfel: Der Zillertaler Hauptkamm, vor allem aber die Prominenz der Östlichen Dolomiten wie Dreischusterspitze, Zinnen, Tofanen, Cristallo und Marmolata beschäftigen unsere Augen. — Der Anstieg zur Seekoflhütte kostet auf gutmarkiertem Steig nur 2½ Std., der Steig zum Gipfel 1 Std. — Beim Übergang zur Kleinen Gaisl, 2859 m, steigen wir in 2½ Std. unter der Ofenmauer zur Forcella Cocodain, unterwandern den Gipfel der Roten Wand im Geröll, kommen über Wandstufen leicht in den Sattel vor der Kleinen Gaisl und über Schneereste oder Geröll zum Gipfel. Das »Gebirge« der Hohen Gaisl, ganz nah, bleibt der stärkste Eindruck, es ist 3148 m hoch und nicht einfach zu ersteigen, dann folgt gleich das verkarstete, nur mit einem dünnen Schleier von Grün überworfene Kalkbecken der Sennesalpe. Wir können übrigens gleich unterhalb der Roten Wand direkt zu den winzigen Seen an deren Sockel absteigen und westlich, am Siores, 2333 m, vorbei, die Sennesalpe als neue Unterkunft erreichen. Das erspart die Rückkehr zur Seekoflhütte. Ab Sennesalpe steigen wir nördlich über die Sennesscharte auf den Monte Sella di Sennes, 2788 m, und steigen durch einsames Ödland ab, nachdem wir unsere Augen durch phantastische Ausblicke abermals gesalbt haben. — Natürlich läßt sich diese Seekofl-Tour — siehe Karte — brillant mit Tour 69 oder 70 koordinieren.

69 Plätzwiese und Dürrenstein
Zwischen Pustertal und Drei Zinnen

TALORTE Toblach im Pustertal, 1243 m · Landro im Höhlensteintal, 1403 m. Auch ab hier Aufstieg zum Dürrenstein · Schluderbach, 1444 m, unter dem Monte Piano · Bad Alt-Prags, 1295 m, und Pragser Wildsee, 1406 m, ab hier Straße und Wanderwege (über Gamssattel) zum Gasthof Brückele

STÜTZPUNKTE Gasthaus und Hotel Dürrenstein auf der Plätzwiese, 1993 m · Hotel Ploner, Schluderbach, 1444 m (Carbonin) · Gasthof Brükkele, 1491 m, Zufahrt und Zugang von Bad Alt-Prags

BESTE ZEIT UND AUSRÜSTUNG Ende Juni bis Oktober · Normale Ausrüstung mit Wetterschutz, gute, hohe Bergschuhe, keine Leichtbergschuhe!

KARTEN / FÜHRER Es genügt die Freytag-Berndt-Wanderkarte, Bl. 17. Östliche Dolomiten, rot eingezeichnete Wanderwege, punktierte Steige, leider nur 1:100 000 · Der kleine Bergwanderführer von Hager / Dolomiten (Rother) offeriert in kleiner Auswahl, aber ohne Skizze etwas dürftig, Vorschläge für die Pragser Dolomiten

HINWEIS Wie unsere Faustskizze ausweist, gibt es ab Bad Alt-Prags einen famosen, stillen Bergwandersteig, der nördlich des Dürrenstein über den Sarl-Riedel, 2092 m, führt mit Abstieg links zum Toblacher See und Abstieg rechts (Steigspuren) durch den Flodiger Graben ins mittlere Höhlensteintal. Ab Sarl-Riedel kann dazu der leicht erreichbare, ganz dicht über der Pustertaltiefe stehende Sarlkofl, 2380 m, erstiegen werden

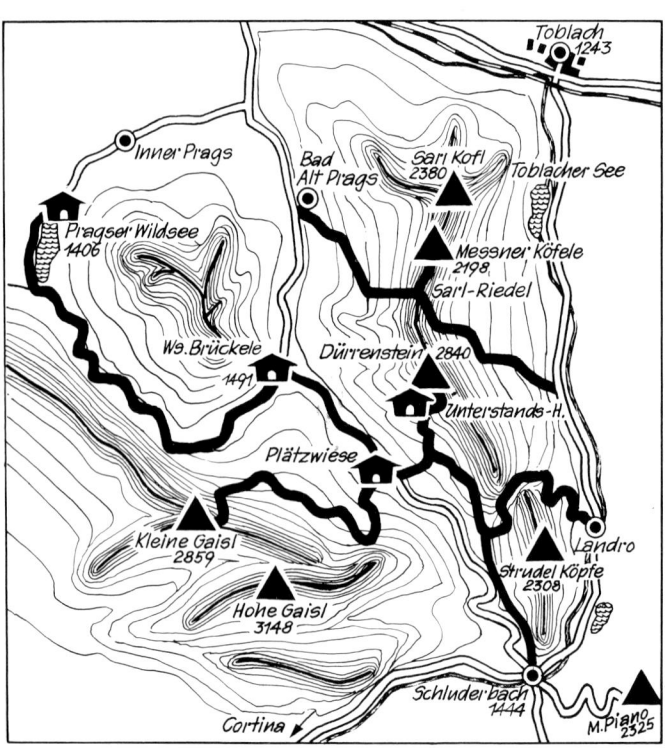

Das nebenstehende Bild erklärt genug: Man sitzt auf den Kalkbänken des Dürrensteingipfels und schaut aus 2840 m Höhe rundum — zum großen Nachbarn Hohe Gaisl hinüber, dann ostwärts auf Haunold, Dreischusterspitze, Drei Zinnen; im nahen Süden öffnet der Monte Cristallo seine geheimen Falten unter Cresta Bianca und Piz Popena. Dieser Dürrenstein beherrscht den kleinen, von Nord nach Süd laufenden Felskamm zwischen dem vielbefahrenen Höhlensteintal und dem kaum befahrenen Alt-Pragser Tal, das sich vom Gasthaus Brückele südwärts über die Plätzwiese fortsetzt und nach Schluderbach abfällt. Wer sich als kluger Bergwanderer mit der »Provinz«-Lage der Pragser Dolomiten abgefunden hat, weil es hier wie in aller Provinz nun einmal ruhiger ist und weil Ruhe zur Besonnenheit erzieht und Besonnenheit zu geschärftem Denken, der sollte also — vielleicht im naturgegebenen Anschluß an die Bergwanderungen um Seekofl und Sennesalpe — auf die Plätzwiese zielen. Hier steht ein Wirtshaus über dem Hotel Dürrenstein, und natürlich steigt man sofort zum Dürrensteingipfel auf: Beim Wirtshaus trifft man den markierten Steig Nr. 40. Erst ost-, dann nordwärts geht es über Alpweiden und Schrofenflanken in guten 2 Std. (ab Plätzwiese) zum Gipfelkamm. Wer sich satt gesehen hat, aber einen leeren Magen besitzt, steigt am gleichen Wege ab und hat seine Schuldigkeit getan. Wer klüger ist, der läßt den Wagen vorher unten am Hotel Ploner im alten Schluderbach stehen, also auf 1444 m Höhe, und steigt von hier zum Dürrenstein: erst der kleinen Straße zur Plätzwiese die Kurven abschneidend und dann am Hange bleibend, also die Plätzwiese gar nicht berührend; er bummelt am Westabfall der Helltaler Schlichten mählich aufwärts, kommt am alten Unterstandshütterl vorbei, erklimmt den Gipfel (4 Std.). — Wer seine Kinder für das Bergsteigen begeistern will, das heißt für eine moderne, Körper und Geist gleichermaßen ausbildende Lebensform, der sollte diese einfache Bergfahrt unternehmen: denn, das lehrt wohl schon das Bild, ihre Kinderaugen werden sich an diesem Ausblick niemals satt sehen, sie werden morgen auf diesen und übermorgen auf jenen Gipfel wollen ... Übrigens ist der Ausblick in die nächste Nähe nicht minder betörend wie der auf die berühmten Dolomitensterne; schon daß die von der Plätzwiese sanft ansteigenden Helltaler Schlichten ostwärts mit schaurig-steilen, glatten Wänden in grundlose Kare abfallen — wer hätte das gedacht! Hat man also seinen Wagen in Schluderbach, dann steigt man den Abstiegsweg unter den Helltaler Schlichten nur bis vor die Strudelköpfe ab, wo man auf Weg 34 trifft; auf ihm steigt man zwischen Helltaler Schlichten und Strudelköpfen ostwärts hinauf und drüben hinunter, aber bald nach der Scharte den rechts abzweigenden Weg nehmend, denn der führt zum Dürrensee und nach Schluderbach. — Natürlich kann man auch ab Plätzwiese die Kleine Gaisl, 2859 m, ersteigen — man bleibt meist allein, und man kann mit höchstem Gewinn von der Plätzwiese über Gaisele, Roßhütten und Nabiges Loch zum Pragser Wildsee wandern (4 Std.) bzw. Bad Alt-Prags.

Ausblick vom Gipfel des Dürrenstein, 2840 m, zwischen Höhlensteintal und Plätzwiese, gegen die Hohe Gaisl, 3148 m (rechts oben). Links im ersten Hintergrund Pomagagnon, im zweiten rechts oben Civetta, links Croda da Lago und Pelmo

70 Über der Fanesalpe

La Varella — Hl.-Kreuz-Kofel — Pareispitze

TALORTE St. Vigil im Enneberg, 1201 m · Pedraces, 1325 m, im Abteital (ab hier Lift bis unter das Wirtshaus Hl. Kreuz, 2045 m) · St. Kassian, 1600 m, Steig über Groß-Fanes-Alpe und Limopaß zur Klein-Fanes-Hütte · Cortina d'Ampezzo, 1150 m, Zufahrt über Fanestal und Limopaß

STÜTZPUNKTE Faneshütte, 2060 m, unter dem Limopaß · Rifugio La Varella, 2045 m, in der Nähe an einem kleinen Seitensträßchen · Pederühütte, 1548 m, im Talschluß des Rautales · Wirtshaus Hl. Kreuz, 2045 m, über dem Abteital unter den Kreuzkofel-Westwänden (mit Lift ab Pedraces)

BESTE ZEIT UND AUSRÜSTUNG Juli mit September · Normale Bergausrüstung mit gutem Wetterschutz, guter Karte. Unerläßlich sind Trittsicherheit und im Gebirge erworbenes Orientierungsvermögen

KARTE / FÜHRER Freytag-Berndt-Karte, Bl. 17, Östliche Dolomiten, 1 : 100 000, mit Wegen rot eingezeichnet

BILD Blick von Norden, oberhalb der Klein-Fanes-Alpe zwischen Rautal und Abteital. Rechts oben die sich überschneidenden drei Tofanen, links oben der Pelmo mit dem Pelmetto. Vor den Tofanen eingeschnitten das Travenanzestal, diesem vorgelagert die runde Kuppe des Monte del Vallon Bianco, 2688 m. Im Vordergrund das Fanestal mit den vielen leuchtenden Lärchen über dem Latschenteppich

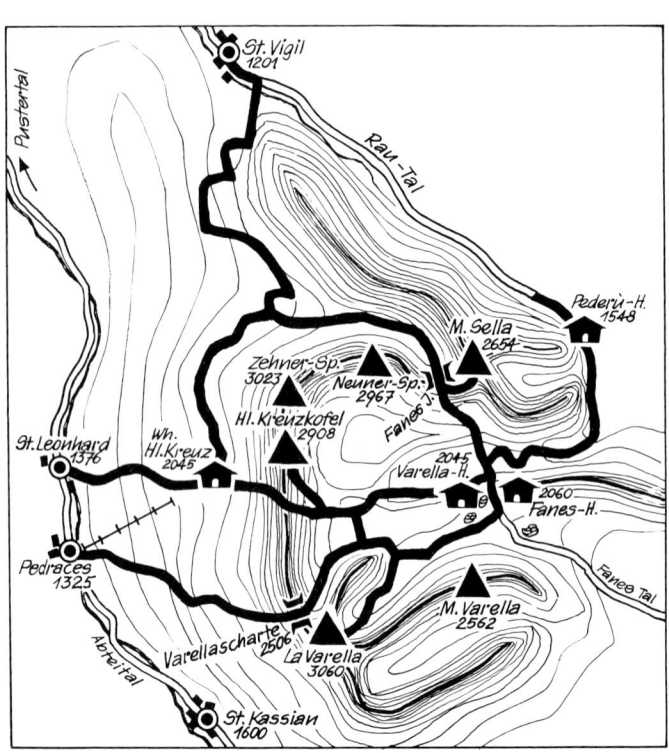

Die Klein-Fanes-Alpe, um die sich dicht westwärts der hohe Halbkreis der Kreuzkofelgruppe zieht, besticht den Bergwanderer durch eine dramatische hochalpine Wildöde — hier haben Gletschereis und Erosion eine (durchgehend über 2000 Meter Höhe liegende) Karstlandschaft geschaffen, die an Eigenart ihresgleichen sucht. Eine hohe alpine Wüste, deren Boden allenthalben die dichtgeschichteten Meeresböden offenbart, unten spärlich übergrünt unter letzten Zirben und Lärchen — darüber stehen kahle, grauweiße Berge, oft wie gegossen als gewaltige Riesentafeln, zuweilen in Stufen übereinandergelegt. Allein unter den höheren Gipfeln entdeckt man die großen Schuttkare der Dolomiten. Alles atmet die Schwermut eines verlassenen, vergessenen Kampffeldes der Elemente — und das war die Klein-Fanes-Alpe tausendfach, auch 1915 bis 1918 ... Der aus den Städten kommende Bergwanderer grüßt Schwermut, Stille und Strenge als Labsal: endlich den zivilisatorischen Zwängen entflohen! — Die Hütten an der Klein-Fanes-Alpe, 2060 m, von kleinen, klaren Bergseen umstanden, erreicht man am besten aus dem Pustertal: von St. Lorenzen bei Bruneck südwärts ins Gadertal, aber bald ostwärts ab nach St. Vigil im Enneberg und weiter im Rautal bis zur Pederühütte, 1548 m, dann bergauf zur Fanesalpe. Ein zweiter Zufahrtsweg führt, auch automobilistisch alpin, von Cortina durch das Fanestal und über den Limopaß ... Am schönsten kommt man zu Fuß: ab Pedraces im Abteital (evtl. mit Lifthilfe bis Wirt Hl. Kreuz) über die Varellascharte, 2506 m, oder von St. Vigil und Wengen über das Fanesjöchl: beides lange, aber selten schöne und stille Wege. — Mag dem einen das einsame Streunen in dieser Plattenwildnis genügen, andere wollen auf Gipfel steigen. Ich schlage vor: 1. Zuerst in knapp 2 Std. auf den »Hausberg« der Faneshütte, die Limospitze über dem nahen Limojoch, 2562 m hoch (als M. Varella in der Karte) — hier stehen die Fanesspitzen, zu einem Kamm gereiht, gegenüber, und darüber erblickt man alle drei Tofanen. — 2. Man ersteige als zweiten Gipfel der Kreuzkofelgruppe die mächtige Felsburg La Varella, 3060 m, in 3½ Std. von der Fanes- bzw. Varellahütte, an den Seen vorbei ins Valle Parom und vor dem Lago Parom a) rechts hinauf in die Varellascharte und am Nordgrat, der meist rechts im Schutt umgangen wird, zum Gipfel oder b) links südwestlich in das Tal unter der Cima Parom und im steilen Schutt zum Grat und auf den Gipfel. Anstrengend, aber großartig der Tiefblick über die 1000-Meter-Westwand ins Abteital, hinüber zu Peitlerkofel und Furchetta, zur Langkofelgruppe, zur Marmolata. — 3. Abermals besonders eindrucksvoll in guten 3 Std. quer über den Riesenkessel der Klein-Fanes-Alpe ansteigend am Steig auf den Hl.-Kreuz-Kofel, 2908 m, evtl. mit Übergang vom südlichen Kreuzkofelgrat ins Abteital. — 4. Eine Klassetour wäre die in 3 Std. über das nördliche Fanesjöchl, 2466 m, erreichbare Antonisspitze (Monte Sella di Fanes), 2654 m, oder mit 1½ Std. Zugabe die merkwürdige Eisengabelspitze, 2534 m. Heimkehrend kann man aus der Scharte zwischen beiden Bergen südlich zurücklaufen.

146

71 Über den Schlern ins Tschamintal

Seiseralm — Molignon — Grasleitenkessel — Tiers

TALORTE Bozen, 260 m · Seis am Schlern, 994 m · Bad Razes über Seis, 1205 m · Tiers, 1019 m, unter dem Tschamintal

STÜTZPUNKTE Schlernhäuser, 2461 m · Tierser Alplhütte, 2438 m · Grasleitenhütte, 2165 m

BESTE ZEIT UND AUSRÜSTUNG Juli bis Oktober. Im Frühsommer, erste Julihälfte und länger, muß man unter den Molignonpässen und anderen steilen Nordflanken alte, zuweilen harte Firnfelder fürchten und sie entsprechend vorsichtig begehen! Ein leichter Pickel tut da beste Dienste!

KARTE Freytag-Berndt-Karte, Bl. 16, Westliche Dolomiten, 1:100 000, als Nothilfe für das Gehen, gut zur Gesamtüberschau bei Gipfelrasten

HINWEIS Wem die Dreitagetour zu kurz ist, der kann sie unter gesteigerten dramatischen Umständen fortsetzen, indem er ab Grasleitenhütte den 2601 m hohen Grasleitenpaß, dicht unter dem mächtigen Kesselkogel übersteigt und zur Vajolethütte, 2243 m, absteigt – unmittelbar zum Sockel der phantastischen Vajolettürme und der gewaltigen Rosengartenspitze. Er kann dann weiter über Gardeccia und Ciampedie nach Vigo im Fassatal (Bus nach Bozen) absteigen

BILD Aufblick aus dem untersten Tschamintal in dessen obere Böden bis zum Beginn des Grasleitentales: Das ist unser Abstiegsweg am letzten Tage. Links oben Hammerwand, Mittagkofl und Tschafatsch, rechts die Sattelspitzen

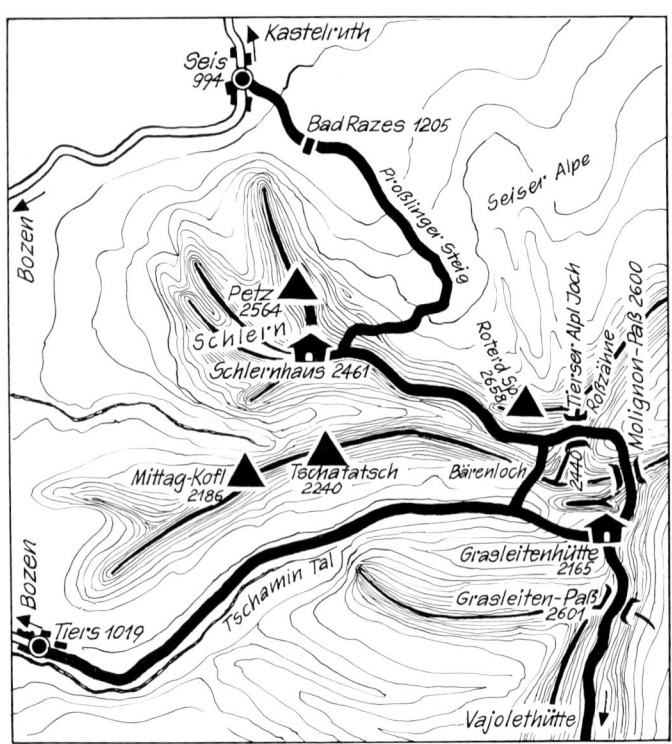

Die Seiseralm zwischen Grödental, Langkofelstock und Schlernplateau, mit 200 qkm die größte geschlossene Almregion der ganzen Alpen, wurde im letzten Augenblick vor der »Fremdenverkehrsindustrie« gerettet ... Wer sie jemals überwandert hat, vom Schlern nach St. Christina oder, aus der hohen Langkofelscharte absteigend, über den Confinboden bis nach Kastelruth über dem Eisack, wird einen starken Eindruck behalten haben: eine weithin rollende Flut grüner Wellen, obenauf mit Felszinnen bestückt, dann mit Mauern und Graten, ja selbst mit dem komischen Riesendach eines Plattkofels. Alles strahlt tiefen Frieden aus, Trost und neue Hoffnung. — Wir haben drei Akte vor uns: den versteckten »Proßlinger Steig« von Bad Razes durch den nördlichen Steilabfall hoch hinauf auf das Schlernplateau, auf die weit gegen das Eisacktal vorgeschobene Riesenkanzel, der die beiden Klettertürme Santner- und Euringerspitze wie Kronleuchter angesteckt sind. Auf der vordersten Kante stehend, umarmt man in Liebe das ganze alte Südtirol, wer es nun auch regiere. — Im zweiten Akt wandern wir ostwärts, erst hoch über dem grünen Platt der Seiseralm, dann hoch über der Tschamingrube, aber unter Roterdspitzen und Roßzähnen, hinein in die dramatischen Felskulissen um das Tierser Alpenjoch, um Molignonpässe und Grasleitenkessel bis hinab zur Grasleitenhütte — steil hinauf, steil durch Schuttkessel hinab, immer von mächtigen Kalksäulen umschattet. Erst im dritten Akt erlösen uns freundliche Szenen; aus der Enge zwischen Grasleitenspitzen und Valbuonwänden, in der die Grasleitenhütte steht, kommen wir zum ersten Hochleger im Tschamintal, der Kalkschutt wird immer satter übergrünt, erste Blumen, erste Latschenhänge, erste Zirben, und wenn auch alles noch zwischen himmelhohem Gewänd, so schaut man doch weit und frei hinaus ins Bozener Oberland um St. Cyprian, tief hinein ins Tierser Tal. — Wir nächtigen auf den Schlernhäusern, 2461 m hoch, das sind volle 2100 Höhenmeter über dem Eisackufer, schlafen das zweite Mal im Schuttkessel der Grasleitenhütte, 2165 m, von zerrissenen, zerfurchten und ausgewaschenen Kalkmauern umfaßt. — Am ersten Tage steigen wir von Bad Razes gemütliche 4—5 Std. zum Schlern, ja bis zum Petz, mit 2564 m höchster Punkt im Plateau. Keiner verzichte auf den Spaziergang zur westlichen Kante — den Blick in die grünen Tiefen, das Studium zweier kurioser Kletterspitzen ... Zwischen Schlern und Grasleitenhütte haben wir knapp 3 Std. zu laufen, wenn wir unter der Roterdspitze ins steile Bärenloch tauchen und unten kurz bergan steigen, oder 4—5 sehr gemütliche Gehstunden, wenn wir über die Tierser Alplhütte, 2438 m, und die beiden Molignonpässe in den tiefen Grasleitenkessel und zur Hütte wandern. — Der abschließende Abstieg durch Grasleiten- und Tschamintal (Bild) ist nur noch seliges Beschließen mit vielen Rasten und ein rührender Empfang im grünen Überschwang unter der Vegetationsgrenze. Gute, alte Bauernhäuser, köstliche alte Kapellen! Es dürfen wieder 3, 4 oder 5 Std. werden, keiner wird es bereuen in Tiers, wenn er den Bus nach Bozen besteigt. 148

72 Im Rosengarten unter den Vajolettürmen

Vom Fassatal über Vajolet-, Kölner und Ostertaghütte

TALORTE Vigo di Fassa, 1391 m · Karerpaß, 1742 m (Bus von Bozen) · Rualp im Fassatal, 1510 m, hier Auffahrt mit Kfz leider erlaubt

STÜTZPUNKTE Restaurant Ciampedie (Lift-Bergstation), 1998 m · Restaurant Gardeccia, 1960 m (auch Zeltmöglichkeit) · Vajolethütte, CAI, 2243 m · Gartlhütte (Rif. Alberto I.), priv., 2700 m, 1 Std. oberhalb der Vajolethütte · Kölner Hütte (Rosengartenhütte), CAI, 2337 m · Paolina-Restaurant, 2127 m · Ostertag-(Rotwand-)Hütte, 2280 m

BESTE ZEIT UND AUSRÜSTUNG Mitte Juli bis Ende September · Wegen der großen Höhe nur mit vollständigem Wetterschutz, auch für Kopf und Hände, nur mit besten Bergschuhen. Reepschnur an der Steiganlage für ängstliche Begleiter oder Kinder (ab 12 J.) nicht schlecht!

KARTE Freytag-Berndt-Karte, Bl. 16, Westliche Dolomiten

HINWEIS Wem das Rosengartengebiet allzu überlaufen ist, der begebe sich auf folgende, landschaftlich einzigartig schöne Variante: ab Vajolethütte hinauf bis knapp vor den Grasleitenpaß (Rif. Principe — Grasleitenpaßhütte, 2601 m); hier scharf rechts, südlich um den Kesselkogel herum, zur epischen Idylle des Antermojasees vor dem Marmolatastock gegenüber; dann südwärts über den Col Lausa ins Val Lausa und weiter um die ganze Larsecgruppe herum bis Gardeccia (5—7 Std.)

BILD Die Vajolethütte (ganz unten rechts) unter den Türmen von Vajolet und dem Nordsockel der Rosengartenspitze (links). In Bildmitte führt ein Steig hinauf ins »Gartl« und zum Santnerpaß

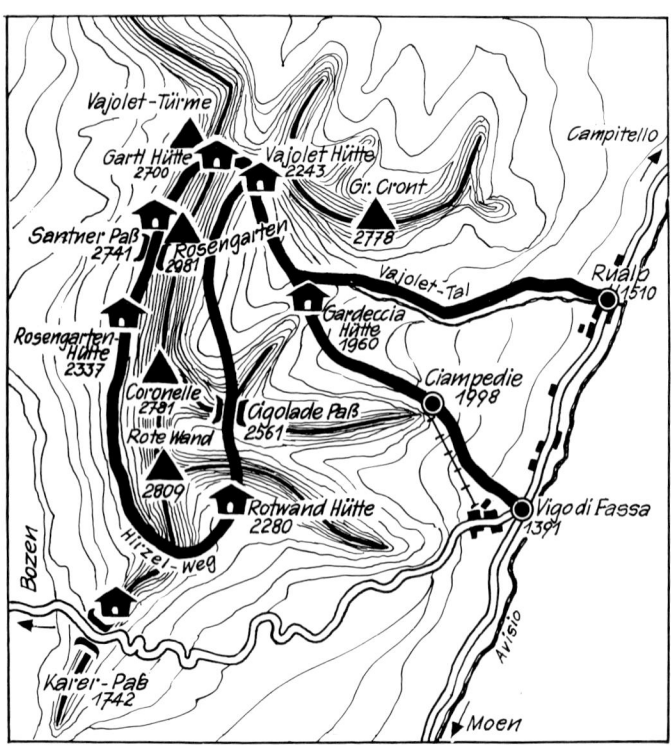

Der »Rosengarten« unter den Vajolettürmen, auch »Gartl« genannt, geht auf eine uralte rätische Sage zurück, die Jahrhunderte in ladinischer Sprache erzählt wurde, ehe sie ein unbekannter mittelhochdeutscher Spielmann in sein Dietrich-Lied übertrug mit dem König Laurin . . . Frühmorgens und spät abends erglühen die Wände und Türme um die Laurinswand in rosenrotem Licht — jeder alte Bozener weiß es. Aber den Rosengarten hoch droben zwischen Vajolettürmen und Rosengartenspitze, dicht unter der 3000-Meter-Grenze, sehen wir Bergfreunde nur als großes, steiles Schuttkar mit einem eisigblauen Seeauge zwischen den Kalkblöcken, eine strenge Idylle unter den unwirklich emporfahrenden Kalksäulen . . . Wir kommen zur Vajolethütte, 2243 m, am Sockel der Türme (im Bild) entweder aus dem Fassatal über Ciampedie (Lift) und die Gardecciahütte oder von Tiers über das Tschamintal. In jedem Falle steigen wir in ungeduldiger Erwartung das Steiglein zwischen kolossaler Rosengartenspitze und den Sockeln der schlanken Vajolettürme hinauf ins »Gartl«, um an der Gartlhütte zu erschauern . . . oder zu fotografieren. Es geht die moderne Sage um, daß die drei Felsnadeln von Vajolet zu Trümmern fotografiert wären, bestünden sie nicht aus so festem Gestein. Der Kletterer weiß es. Am besten wußte es der blutjunge Münchner Metzgerssohn Georg Winkler, als er 1887 den ersten Turm — seinen Winklerturm — im Alleingang erstieg, nur kurze Zeit, bevor er sich, vom Weißhorn abstürzend, im Bisgletscher für 65 Jahre schlafen legte. 1953 wurde sein Körper unversehrt aus der Eiszunge geborgen . . . Kein Preis zu hoch, um jenen Anblick zu genießen, wenn wir vom Gartl hinauf zum Santnerpaß steigen auf 2741 m Höhe und dann drüben ins Etschtal hinaussehen, ehe wir auf der exponierten Steiganlage zur Kölner Hütte (Rosengartenhütte), 2337 m, unter dem Tschagerjoch absteigen — mitten durch eine 400 m hohe Felsmauer. Aber man geht nicht nur an Gottes Hand, sondern auch am Drahtseil und vorsichtig! — Von der Kölner Hütte könnten wir steil, aber unschwierig über das 2630 m hohe Tschagerjoch — unverhoffter Ausblick auf die Marmolata im Profil — in den Felskessel von Gardeccia übersteigen . . . Aber wir wollen uns nichts entgehen lassen, wandern eben unter Coronelle und Rotwand am Hirzelweg weiter zur Rotwand-(Ostertag-)Hütte, 2280 m, umrunden also den Rosengartenstock vollends und gehen nun in Nordrichtung weiter über den Cigoladepaß, 2561 m, und unter der unheimlich auffahrenden Rosengartenspitze-Ostwand nach Gardeccia bzw. über Ciampedie hinab ins Fassatal. Die drei kühnsten Dolomitenbilder dieser Umwanderung: die Vajolettürme aus dem Gartl, die (durchstiegene) völlig glatte Westwand der Rotwand über dem Karerpaß und zuletzt die Ostwand der 2981 m Rosengartenspitze zwischen ihren schwarzen Felsrichtern. — Zeiten: Gardeccia — Vajolethütte, 1½ Std. — Santnerpaß + 2 Std. — Kölner Hütte (gesicherter Steig) Abstieg + 2½ Std. — Ostertag-(Rotwand-)Hütte + 2½ Std. — Gardecciahütte + 3 Std. — Dazu kommt jeweils der kurze Weg zwischen Gardeccia und Ciampedie, 1 Std.

73 Zwischen Peitlerkofel und Geislerspitzen

Villnöß — Schlüterhütte — Geislerhütte — Sass Rigais

TALORTE Klausen am Eisack, 523 m · Villnöß, 1150 m, im inneren Villnößtal · St. Christina im Grödental, 1500 m

STÜTZPUNKTE Schlüterhütte, 2301 m, unter dem Peitlerkofel · Geislerhütte (Rif. Firenze), 2039 m, an der Tschislesalm · Brogleshütte, priv., 2045 m, unter der Panascharte

BESTE ZEIT UND AUSRÜSTUNG Juli mit September. Im Frühsommer evtl. noch harte Firntafeln unter den Scharten · Sehr gutes Schuhwerk, keine Leichtbergschuhe, unbedingt Wetter- und Kälteschutz, Notproviant

KARTE Freytag-Berndt-Karte, Bl. 16, Westliche Dolomiten, leider nur 1:100 000. Aber mit rot eingezeichneten Wegen!

HINWEIS Die Kabinenbahn von St. Ulrich vom Grödental zur Seceda macht es möglich, daß wir ab Bergstation, 2480 m, in nur 20 Minuten an der Panascharte stehen (Weg im Bild, vorn) und in nur 60 Minuten direkt am Sockel der Fermedatürme. Ein Nichtbergsteiger, aber guter Turner, nehme sich einen Führer und ersteige auf dem Normalweg (II, eine Stelle III) die Große Fermeda (im Bild rechts oben), um so in das Himmelreich des Bergsteigens zu blicken. Abstieg Seceda — Geislerhütte als grüne Tschislesquerung 1½ Std.; schöner, wenn man dabei die Panascharte berührt

BILD Blick von der Seceda auf Panascharte (vorn) und Fermedatürme, Odlesspitzen, Sass Rigais und Furchetta (ganz links oben)

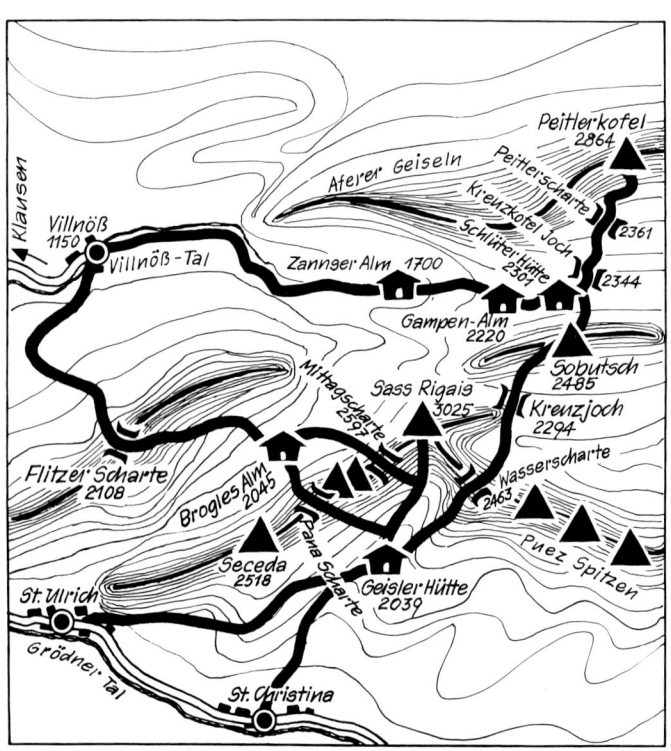

Villnöß- und Grödnertal — geschieden von Raschötzkamm und Geislerspitzen (Bild) — laufen parallel vom Eisackufer bei Waidbruck ostwärts auf das Abteital zu. In beiden Tälern ist die Haupt- und Autostraße der Fluch, ihre Abgaswolke verscheucht uns in die Höhe. — Diesmal machen wir einen strammen 4-Tage-Marsch unter wilden Felskulissen, über grünende, blühende Almböden, müssen aber zwei hohe Scharten passieren. Der Peitlerkofel, 2864 m, und der Sass Rigais, 3025 m, beide mit einigen Drahtseilsicherungen zugänglich gemacht, werden mitgenommen: Das Selbstbewußtsein soll davon profitieren. — 1. Tag: Wir fahren mit dem Auto vom Dorf Villnöß kurz hinauf bis zum Kirchlein St. Johann in den Wiesen, sehen dieses rührende Gotteshaus an — schauen von ihm zu den Geislerspitzen hinauf, die wie Felskeile in den Almboden gerammt sind, und gehen weiter. Gehen auf die Nordseite des Villnößbaches, steigen unter den Aferer Geiseln über Zannser und Gampenalm, 2220 m, hinauf, zuletzt steil zur Schlüterhütte, 2301 m: 4 Std. — 2. Tag: Über Kreuzkofeljoch und Peitlerscharte kommen wir zum Peitlerkofel, erst steil über Grashänge und Fels in die Scharte zwischen Kleinem und Großem Peitlerkofel, dann mit Drahtseilhilfe am Südgrat auf 2864 m Höhe: ein Aussichtsgipfel ohnegleichen, weil freistehend — Plose, Abteital, Fanesberge, Kreuzkofel, der Zentralalpenkamm, draußen das Eisacktal ... 2—3 Std. gemütlich! Dann Abstieg zur Schlüterhütte (+ 1¼ Std.). Es folgt noch am selben Tag der gut dreistündige, sehr schöne Weg zur Geislerhütte auf der Grödnerseite: erst über das Kreuzjoch, 2294 m, bei der nächsten Wegteilung aber rechts, an einer Höhle vorbei und auf sandigem Grund hinauf in die Wasserscharte, 2463 m. Drüben stehen wir in einem mächtigen Felszirkus, Torkogel, Furchetta und Rigais stellen Mauern über uns, senden Schuttströme aus; wir entdecken die weite Tschislesalpe, laufen befreit der alten Regensburger Hütte zu, heute Geislerhütte oder Rif. Firenze, 2039 m. — 3. Tag: Wir steigen nicht mehr zur Wasser-, sondern zur Mittagscharte hinauf; das ärgert uns, denn die Serpentinen im steilen Geröll verlangen Schweißperlen auf der Stirn, aber 100 m unter der Scharte winkt rechts die Erlösung, denn da sichert uns ein fest verankertes Drahtseil gefahrlos über eine Steilstufe hinauf, und wir können gelassen auf vielen, kleinen Kehren zum höchsten Gipfel der Geislergruppe, auf den 3025 m hohen Sass Rigais, steigen. Hochgefühle, ein nie endender Blick auf Langkofel- und Sellamauern ... Der Abstieg löscht kein Gipfelglück aus, wir erreichen wieder die Tschislesalm, gehen aber nicht zur Geislerhütte hinab, sondern strolchen am Sockel der Fermedatürme fast eben, einmal Edelweißgärten, einmal einen Wassertopf in grüner Mulde entdeckend, zur Panascharte hinüber (im Bild vorn halbrechts). Nun steigen wir jenseits zu der in Stille geborgenen Broglesalm ab. — Am 5. Tag ist man in 1½ Std. am Kirchlein St. Johann ... oder man nimmt sich noch 3 Std. Zeit, wandert westwärts zur Flitzer Scharte, 2108 m, im Raschötzkamm und steigt dann neben dem Flitzer Bach nach Villnöß.

12 - 13. 9. 1977   mit Herman Schmelzenbech
Herbert Kanzler
Ursula

74 Klettersteige in der Sellagruppe
Vom Grödnerjoch zum Sellajoch

TALORTE Wolkenstein, 1539 m, im Grödental (Bus zum Grödnerjoch) · Canazei, 1468 m, im inneren Fassatal (Bus zum Sella- und Pordoijoch) · Grödnerjoch, 2125 m · Sellajoch, 2260 m · Pordoijoch, 2215 m, Kabine zur Pordoispitze, 2952 m (ab hier 2 Std. auf den Piz Boé) · Colfuschg, 1645 m

STÜTZPUNKTE Pisciaduhütte, 2583 m, am Pisciadusee (Bild). Zugang durch Val Setus und neuen Klettersteig · Grödnerjoch, 2125 m, mehrere Gasthäuser · Boéhütte (alte Bamberger Hütte), 2873 m

BESTE ZEIT UND AUSRÜSTUNG Keinesfalls vor Mitte Juli, da vor allem am Pössnecker Steig nasse Einstiegsfelsen vereist sein können. Dann je nach Wetter bis Ende September · Ausrüstung leicht, aber mit Wetterschutz, Karte, erstklassigen Bergschuhen

KARTEN / FÜHRER Alte AV-Karte Langkofel — Sellagruppe, 1:25 000, hervorragend, sogar mit Pössnecker-Steig-Wegführung. Ohne neuen Klettersteig · Gut, aber unzureichend im Maßstab Freytag-Berndt-Karte, Bl. 16, Westl. Dolomiten, mit rot eingezeichneten Routen, 1:100 000 · Sehr guter Führer von Hilde Frass / Klettersteige der Dolomiten (Rother)

HINWEIS Für Klettersteige, wie sie hier vorgestellt werden, kommen nicht schwindelfreie Bergwanderer keinesfalls in Frage! Obendrein ist wirkliche alpinistische Erfahrung vonnöten, allein für den Fall von nassem Fels, Vereisung oder Einfall von Nebel, Schlechtwetter usw.

BILD Am Pisciadusee unter Pisciaduturm, Pisciaduspitze, 2985 m (rechts oben nur Nordwand sichtbar). Die Hütte steht links außerhalb des Bildes

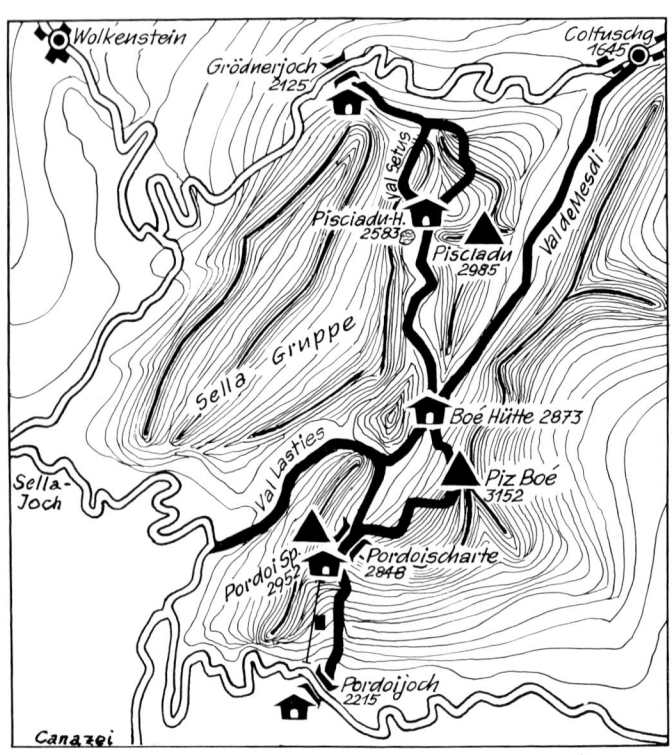

Die Sellagruppe zwischen Grödner-, Pordoi- und Sellajoch hat nicht ihresgleichen in den an originalen Bergformen wahrlich nicht armen Dolomiten. Keine hochgetürmten, in Felssäulen aufschießenden Gipfel, nein, nur Schuttpyramiden, und der Piz Boé als höchste Pyramide mit 3152 m Höhe schließt sich da nicht aus. Aber wo oben die Verheerungen der Erosion herrschen und Schuttkegel an Schuttkegel fügen, da ist der Unterbau ohne Makel: eine schwere Festung aus granithartem Kalk, gewaltige Vorwerke, in der genauen Mitte wie von einem Riesenschwert gespalten... Die allerschönsten Wege zum höchsten Gipfel führen immer noch von der Sellajochstraße durch das große, stille Val Lasties, am Pian des Roces sich teilend in 1. den kürzeren Weg des Canalone im »Langen Graben« zur Pordoischarte hinauf (Hütte), 2848 m, und drüben im Schutt hinab zum Pordoijoch — und 2. links hinauf, im Bogen zum Zwischenkofel, zum Direktanstieg auf den Piz Boé oder zum Abstieg durchs Val de Mesdi nach Colfuschg... Einen Ansatz zum »Klettersteig« machte der alte, versteckte Steig vom Grödnerjoch, 2125 m, durch das enge Val Setus (an einigen Stellen mit Klammern und Drahtseilen versehen) zur Pisciaduhütte, 2583 m, am Pisciadusee. Aber in Wahrheit gibt es schon seit über 50 Jahren den »Pössnecker Steig«, der nur zeitweilig keinen besonders guten Ruf hatte, weil einige der alten Sicherungsseile und Stifte nicht mehr sicher waren. Aber auch weil er in so ungewöhnlicher Exposition durch die senkrechten Westwände nahe dem Dritten Sellaturm führt und weil man, Sonne hin, Regenstürze her, partout über den ganzen nördlichen Sellastock zu steigen hatte, um bis zur Pisciaduhütte zu kommen: landschaftlich packend, ja erregend, aber doch nur für erfahrene, absolut tritt- und griffsichere Bergsteiger, die Ausgesetztheit vertragen. Der Höhenunterschied beim Pössnecker Steig beträgt im Aufstieg knapp 800 Meter. Die Zeit für die Überschreitung Sellajoch — Pössnecker Steig — Pisciaduhütte — Grödnerjoch mit Übersteigung des Piz Gralba, 2975 m, als höchstem Gipfel ist mit 7—8 Std., je nach Wetterlage, nicht zu hoch gegriffen — auch deshalb wurde dieser Steig auf nebenstehender Skizze ausgelassen. — Der neueste und mit Gewißheit für gute Bergwanderer sehr reizvolle Klettersteig — die »Via ferrata Brig. Tridentina« — führt zwischen Val Setus und Val de Mesdi durch die Nordwände des östlichen Sellasockels. Auch hier ist man extrem exponiert, aber diese neueste Wegemacherei mit Stiften, Leitern, Drahtseilen, Klammern, ja selbst mit einem verwegenen Hängesteig über eine tiefe Spalte empfehle ich trittsicheren, berggewohnten und schwindelfreien Bergfreunden dennoch: Sie haben die Schauer des Kletterns für sich, den vollen Reiz der Gefahr, und halten sich doch an festen und an neuen Eisenmaterialien. Der Einstieg ist östlich von dem zum Val Setus, ein Steig dorthin ist im Bau. Man beginnt unter dem großen Wasserfall, bleibt dann oben in den Felsmauern des Exnerturmes, umrundet ihn schließlich und wird auf dem Zwischenplateau zur nahen Pisciaduhütte entlassen. Ein alpiner Scherz! 154

75 Rund um den Langkofel

Langkofelscharte — Col da Mesdi — Comicihütte — Steinerne Stadt

TALORTE Wolkenstein im Grödental, 1539 m · Canazei im Fassatal, 1468 m · Sellajoch, 2260 m (CAI), Lift in die Langkofelscharte

STÜTZPUNKTE Langkofelhütte im Kar, CAI, 2256 m · Rifugio Demetz, 2679 m, direkt in der Langkofelscharte · Rifugio Comici, 2155 m, unter der Nordkante (im Sommer meist geschlossen!)

BESTE ZEIT UND AUSRÜSTUNG Ab Juli, wenn unter der Scharte (auf der Karseite) kein Schnee bzw. kein hartgefrorener Altschnee mehr liegt: Oder: mit entsprechender Ausrüstung! Normalerweise bis Ende September · Unbedingt mit Wetterschutz und in hohen, festen Bergschuhen. Eine ideale Familientour, wenn die Kinder trittsicher und mindestens 10 Jahre alt sind

KARTE / FÜHRER AV-Karte 1 : 25 000, Langkofel- und Sellagruppe, hervorragend! · Sonst nur Freytag-Berndt-Karte, Bl. 16, Westliche Dolomiten, leider vorerst nur 1 : 100 000 · Führer nicht nötig, wenn Karte zur Hand. Evtl. Auskunft beim Wirt Demetz in der Langkofelscharte einholen

BILD Wir schauen in den mittleren Teil des großen Langkofelkares hinein, sehen links den Sockel des Langkofel unter der Venusnadel, dicht daran links oben die Langkofelscharte selbst (unseren Startplatz); darüber Fünffingerspitze mit allen Türmen, Fünffingerscharte, Grohmannspitze, Innerkoflerturm und gerade noch den Gipfel vom Zahnkofel. Die Langkofelhütte liegt rechts unten, außerhalb des Bildes, etwa noch einmal dieselbe Höhe wie zwischen Scharte und besonntem Vordergrund. Die Felsen rechts gehören zum Unterbau der Langkofelkarspitze

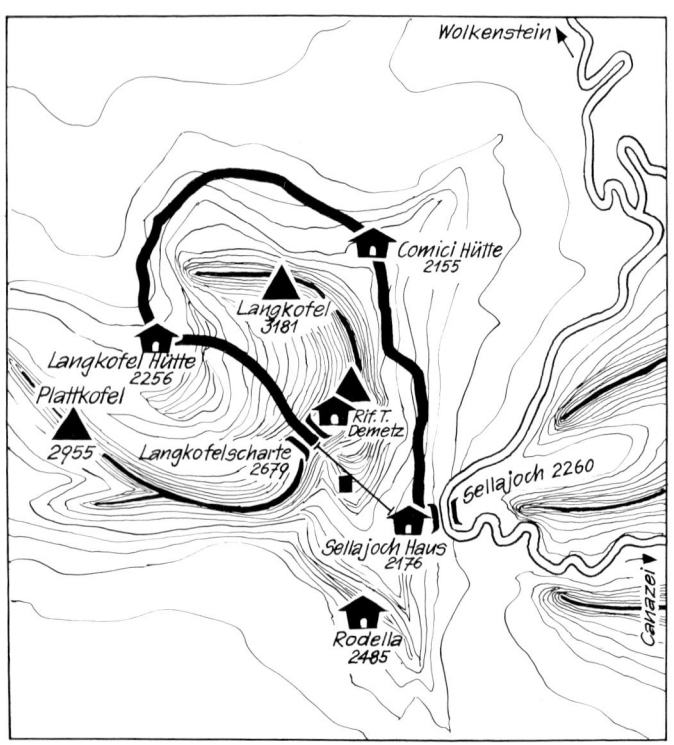

Der 3181 Meter hohe Langkofel ist eine der mächtigsten Felsgestalten der Dolomiten, vom Grödental her gesehen ein wahrer Dom, vom Hotel Miramonti an der Sellapaßstraße her eine ungeheure Kalkfestung mit anscheinend ungebrochenen Riesenwänden — nur von der Plattkofelseite her kann man einsehen, daß sich die Festung südwärts in Scharten, Felsschluchten und Kare auflöst, ja man entdeckt im Herzen dieses Riesenberges sogar einen kleinen, kühlen Gletscher... Diese ungeheure Steinmasse zu umwandern gelingt in fünf bis sechs Stunden und ist ein außerordentliches Wandervergnügen. Wer sieben und acht Stunden braucht, erntet doppelte Freuden. Die Umwanderung beginnt mit einem modernen Start: Man fährt vom überlaufenen Sellajoch per Sessellift in die Langkofelscharte auf und hat da schon enorme 2679 m Höhe gewonnen. Man kann den Sockel des Langkofeleck mit Händen fassen und gegenüber den Sockel der Fünffingerspitze, das senkrecht aufsteigende Gestein ihres Daumens. Wer Dolomitengeschichte kennt, dem springt ein Name nach dem anderen über die Lippen, der erkennt im hochgereckten Daumen der Fünffingerspitze und über ihm Schicksalsplätze, weiß vom legendären Schmittkamin, von der berüchtigten alten Eisrinne überm Zeigefinger, weiß von vielen Tragödien. Ich will nicht von Heldentaten sprechen, obschon die Erstersteiger von Fünffingerspitze, Langkofel, Grohmannspitze oder Zahnkofel »relativ« kaum weniger geleistet haben als unsere materialbeladenen Sestogradisten von drüben an der Ciavazzeswand. — Unser Start aus dieser Langkofelscharte birgt eine einzige Gefahr: Liegt dort im ersten schmalen Schacht ins Langkofelkar hinab Altschnee, etwar gar harter Firn, dann ist äußerste Vorsicht geboten. Ist der Firn weich und ungefährlich, dann darf man ihn, wie ich es mit meinen Kindern einmal genußvoll beobachten durfte, als Dame in Shorts, Söckchen und mit Halbschuhen angehen... Wir steigen ins Langkofelkar ab, stampfen im steilen Schutt abwärts, kommen in den Bereich des nebenstehenden Bildes, passieren die Langkofelhütte, sehen fassungslos vor Staunen zu den fünf Felsfingern hinauf, zu den Schluchten, Runsen, Eisplatten unter der Grohmannspitze, und sehnen uns hinaus in die grünende Wildnis der Seiser Alm zu unseren Füßen... Unterhalb der Hütte kommt die Wegteilung, wir steigen nicht gerade in den wunderbaren Confinboden ab, sondern bleiben rechts, beginnen den Langkofel zu umrunden. Am Col da Mesdi halten wir uns scharf nach rechts, bleiben am Sockel, schauen die Felssäulen hinauf, erkennen die »Salami«, sehen wenig später die Riesenplatten unter der Pichlwarte, über die die Nordkanten-Route führt... Dann folgt links drüben die Comicihütte, aber wir bleiben unter den schaurigen Domwänden, die himmelhoch ansteigen, bis wir in den herrlichen »Kindergarten« der Steinernen Stadt eingehen, dieses mit Kindern aufregendste Stück der Langkofel-Umwanderung: mit schätzungsweise neunundfünfzig Kletterblöcken. Man könnte immerzu rechts oder links durch eine kleine Verschneidung, einen eleganten Riß, einen bärigen Überhang bis zum Sellajochhaus.

76 Auf die Tofana di Roces
Höhlenmarsch und Klettersteig auf 3225 m

TALORTE Cortina d'Ampezzo, 1150 m · Falzaregopaß, 2107 m

STÜTZPUNKTE Ausgangspunkt Dibonahütte, priv., 2025 m, 30 B., ganzjährig bew.; zwischen den südseitigen Sockeln von Tofana di Mezzo und Tofana di Roces (Fahrsträßchen 8 km ostwärts des Passes Richtung Cortina bis zur Dibonahütte mit Parkgelegenheit) · Hotel am Falzaregopaß · Rifugio Giussani (Cantore), 2542 m, CAI, 53 B., bewirtschaftet, dicht nordwärts über der Forcella di Fontana negra

BESTE ZEIT UND AUSRÜSTUNG Von Mitte Juli bis Mitte September · Die gute Taschenlampe pro Mann (mit Batterien) ist die wichtigste Voraussetzung dieser Höhlentour! Ohne sie kein Beginn! Wetter- und Kälteschutz, auch für Kopf und Hände, unerläßlich, sehr gute, feste Bergschuhe. Ein Pickel wäre vielleicht auf Schneeresten angenehm, aber er stört im Tunnel und an den Drahtseilen. Proviant ist wichtiger! Und die Karte, denn die Umschau vom Gipfel ist einzigartig, nicht nur was den Umfang betrifft

KARTE / FÜHRER Keine gute Karte! Man muß sich mit der 1:100 000-Karte von Freytag-Berndt begnügen, Blatt 17, Östliche Dolomiten: Diese Karte ist für den Ausblick wichtig! · Als Führer empfiehlt sich der sehr genaue Führer von Hilde Frass »Klettersteige der Dolomiten« (Rother). — Als Ersatzkarte käme evtl. die italienische TCI-Karte, Cortina d'Ampezzo, 1:50 000, in Frage. Wichtiger ist aber der exakte Text in dem empfohlenen Führer von Hilde Frass

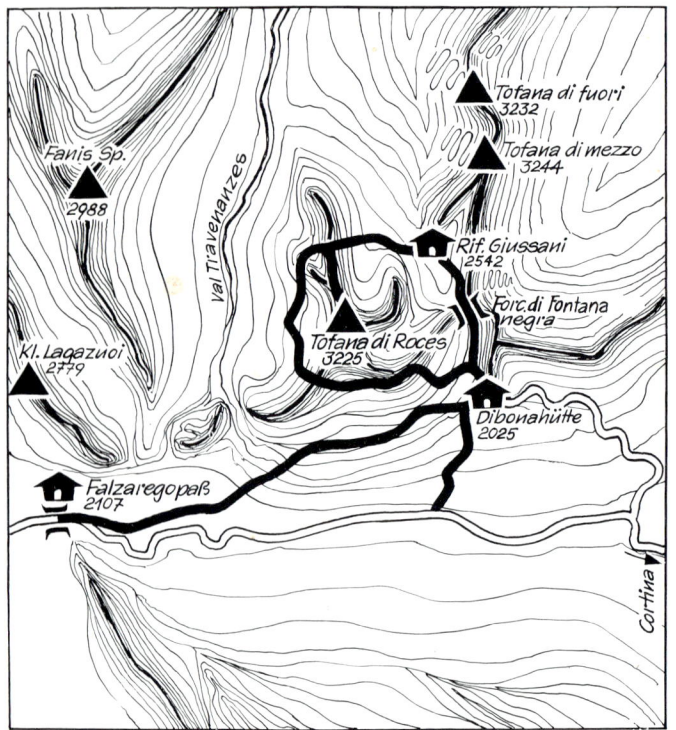

Die Tofana di Roces, so wie wir sie nebenan im Bilde sehen, kennt der Bergsteiger fast nur von dieser Südseite her: Hier sind die großen klassischen und die neuesten Führen des VI. Grades. Von Norden her, es muß gestanden sein, ist diese Tofana di Roces ein besserer Schutthaufen, dort führt auch ein markierter »Normalweg« über Schuttstufen zum sehr hohen Gipfel — ausgehend übrigens vom neuen Schutzhaus Giussani auf 2542 m Höhe, also oberhalb des breiten Vallonkares über dem südseitig liegenden, beliebten Rifugio Dibona. Unsere Route, die jeder trittsichere Bergwanderer mit Orientierungsvermögen und einer Portion Mut machen kann, führt von jenem Rifugio Dibona, 2025 m, sozusagen vom rechten unteren Bildrand unter der ganzen Südwand hindurch bis zum linken unteren Bildrand. Vorbei unter dem berühmten und gefürchteten »Pilastro« (Grad VI, ganz rechts), vorbei unter dem Einstieg in die normale Südwandführe. Wir erreichen den Klettersteig »Via Giovanni Lipella« direkt am Westsockel, eine Hinweistafel führt uns zu einer Leiter, und auf ihr kommen wir zum Stolleneinschlupf: gut 1 Std. ab Dibonahütte. — Nicht erschrecken: Man muß eine Taschenlampe mit sich führen oder zurückbleiben; denn als erstes haben wir auf abenteuerliche, aber nicht lebensgefährliche Weise einen 800 Meter langen Alpinistollen (aus 1.-Weltkrieg-Zeiten) zu passieren. Er ist stockdunkel, und das ist gut — denn unser Austritt in Licht und Freiheit am Castelletto, an der »Schreckensteinscharte«, ist um so schöner. Und um so aufregender; denn hoch über dem Travenanzestal kommen wir an den Tag, haben die Türme und Zähne der Fanesgruppe dicht gegenüber und übersehen genau den weiteren Routenverlauf. Nichts mehr vom Bohrwurmdasein im Dunkeln! Über Schuttstufen geht es in die Felsen mit den ersten Drahtseilen. Eine waagerechte Passage auf Schutt folgt, dann führt uns das Drahtseil über eine glatte Platte mit kleinen Griffen zum nächsten Absatz — zwei Naturgrotten laden hier zur Rast. Weiter auf dem Steig, weiter im Schutt, zuweilen an nassen Wänden, dann sprudelt ein Wasserfall in zwei Gumpen, dann bringt uns das nächste Wandstück an Drahtseilen zu neuem Schutt, neuen Schrofen, Schnee füllt eine Rampe. Plötzlich ein Felsspalt, drüben erkennen wir die beiden anderen Tofanen und die »Tre Dita«, nach gut 2 Std. Anstieg haben wir einen herrlichen Rastplatz erreicht, 2700 m hoch … Hier gibt es nun drei Möglichkeiten: 1. der direkte Abstieg am markierten Normalweg für die, denen die Plage zuviel wird, 2. die Querung ostwärts zum markierten Normalweg, auf dem man ungefährdet über Rampen und viel Schutt in weiteren 1½ Std. zum Gipfel kommt, oder 3. für die erfahrenen, gewandten und trainierten Bergwanderer der direkte Anstieg zum Gipfel, fast durchwegs an Drahtseilen, mitten durch das Felsentheater des obersten Wandteiles, am Schluß fast senkrecht bis zum Vorgipfel: Das sind noch 300 Höhenmeter, also nicht wenig! Am Gedenkschild für Giovanni Liparo treffen wir auf den Normalweg und gehen an ihm zum Gipfelkreuz. — Abstieg zum Rif. Giussani.

15.9.1977 Mit Hermann Schmelzenbach

Die komplette Südwand der Tofana di Roces, 3225 m, ein riesiger, auf Säulen stehender Dolomitenaltar. In der Mitte unten der Einstieg zur Kletterroute (IV); rechts der schwarzen Schlucht empor in das riesige Amphitheater oben, das nach links ausgeschritten wird. Unser Weg zum Einstieg beginnt unten rechts, wir gehen bis links am Bildrand den ganzen Südwandsockel ab. Dicht links außerhalb des Bildrandes führt uns eine Leiter in den 800 m langen Alpinistollen, mit dem unser Steig eindrucksvoll und dunkel beginnt

77 Vom Pordoijoch zur Marmolata

Am Bindelsteig zum Fedajahaus und Padonkamm

TALORTE Canazei im innersten Fassatal, 1468 m. Bus zum Pordoijoch · Arabba, 1574 m, an der Dolomitenstraße östlich des Pordoipasses · Evtl. Alba und Penia, 1553 m, am Sträßchen zum Fedajapaß (im Ausbau)

STÜTZPUNKTE Keiner! Aber es warten am »Bindelsteig« das Rifugio Viel del Plan, 2497 m, und unten am Stausee das Fedajahaus, 2045 m. Der durch Jahrmillionen stille Padonkamm ist jetzt von Arabba her durch Bahnen und kein schönes Restaurant »erschlossen« worden. Die herrliche Porta Vescovo hat ihre Unschuld verloren. Auch wenn sie neuerdings einen reizvollen Klettersteig anbietet!

HINWEIS Wenn diese bejahrte Bindelsteig-Wanderung durch den Straßenbau verdorben wird, sollte man von Alba her das Contrintal mit dem Rifugio Contrin, 2016 m, aufsuchen — a) um ein wunderschönes, einsames Hochtal zu erwandern mit feinen Übergängen über das Rifugio Falier unterm Contrinjoch, und b) um als gut ausgerüsteter Bergsteiger den leichten (aber bei Wetterumschlägen heiklen) Westgrat zum Gipfel der Punta Penia, 3342 m, zu begehen. Am besten am selben Steig vorsichtig zurück, denn der normale Gletscherabstieg ist unangenehm

BESTE ZEIT für den Bindelsteig: an den Südhängen bis unters Belvedere Juli bis Oktober

KARTEN Herrlich die alte (vergriffene, aber bei AV-Sektionen möglicherweise erreichbare) AV-Karte, 1:25 000, Marmolata! · Notlösung die Freytag-Berndt-Karte 1:100 000, 16, Westliche Dolomiten

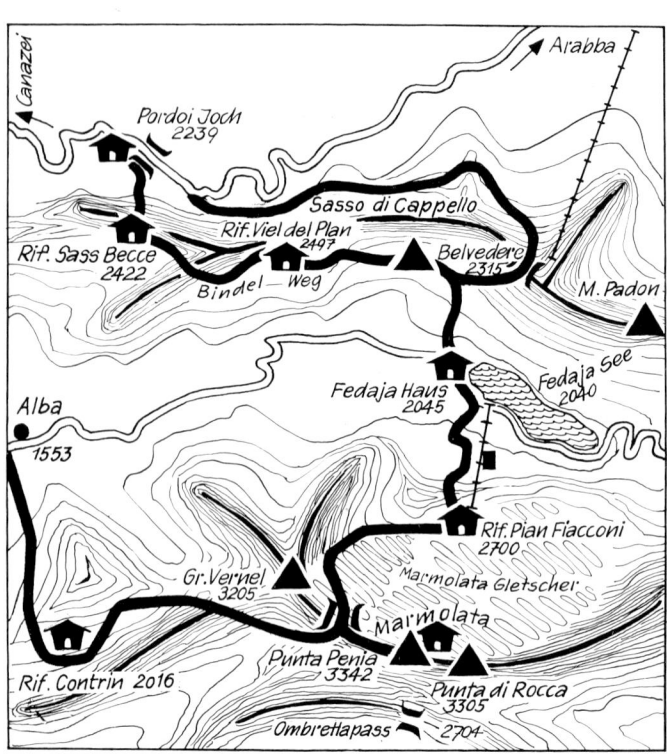

Am schönsten ist die Marmolata von Westen her: aus dem melancholischen Felskessel um den Antermojasee oder von der Rosengartenspitze — man sieht den höchsten Dolomitenberg genau im Profil... rechts die senkrecht abfallende Mauer der Südwände, links sanft abfließend die Gletscherwellen der Nordflanke. Eine Janusgestalt — eine Faszination! Dennoch ist der Eindruck auch vom grünen Padonkamm, gegenüber dieser Nordflanke, wenn man nur deren dreigeteiltes Eisdach unter dem schwarzen Felsenkranz der Gipfelzone sieht, großartig. Kein Wunder, daß sich die spekulative Fremdenverkehrsindustrie dieses allerschönsten Dolomitenberges ganz und gar bemächtigt — ihn mit zwei Bergbahnen überbaut und sogar eine Durchgangspaßstraße von Ost nach West durchsetzt. Der Staat baut sie für eine gespenstisch agierende kleine Geschäftemachergruppe. In Bälde werden dann Fedajaseeufer und Fedajapaßlandschaft von den Abgaswolken vergiftet sein. — Unser »Bindelsteig«, seit vielen Jahrzehnten geliebt, bleibt unversehrt — falls man nicht doch zur Brotzeit zum Fedajahaus absteigt... Ich schlage vor: Gehen wir vom Pordoijoch, den schönen Sass Becce rechts lassend, am Steig über die erste grüne Rampe, dann sind wir bereits allein. Kein Liftmast, kein forscher Automobilist trübt mehr den Horizont. Wir wandern in die sonnige Südflanke des Padonzuges hinein, links oben bleiben Cresta, Sasso di Cappello und Belvedere am Himmel, rechts entfalten sich die Firntafeln der Marmolata — in guten 2½ Std. sind wir, auch im Bummeltempo mit Kindern, hoch oberhalb des Fedajasees und des Restaurants. Wir könnten, müssen aber nicht den steilen Schrofenabstieg machen. Deshalb nehmen wir unser feines Dejeuner am besten aus dem Rucksack, trinken unsere gutgekühlte »Wehlener Sonnenuhr« nur aus der Thermosflasche — und steigen nicht ab, sondern gehen nach dieser Königsrast links hinauf, aber nur noch 200 Höhenmeter zur Porta Vescovo, 2530 m. Und feiern die entscheidende Rast mit dem feinsten Überblick: Großer und Kleiner Vernel stehen rechts als felsiges Vorwerk, dann beginnt der Gletscher zu fließen, wirft steile Firnwellen gegen die Moränenbänke, läßt sich aber von drei kräftigen Vertikalrampen ruhig teilen. Die Gipfelkammkrone, rechts von der Westgratscharte hoch überfirnt, setzt sich links von der Punta di Rocca weg als Felskamm fort, den der Pizzo Serauta zum kräftigen Grat ausbildet. Unten ein Stausee, darüber die breiten, schrofigen Moränenbänke... Und nun drei Schritte jenseits bergab — und schon beherrschen die massiven Sellawände mit ihren faulen Schuttgipfeln unsere Phantasie. Wir halten uns an die Markierung 680; ein Steig führt uns gerade hinab, dann links, um den Soura Sass rechts stehen zu lassen. Nun scharf westwärts in die Sockelfelsen des Sasso di Cappello — und schon kommen uns von unten rechts her die Schlingen der Pordoipaßstraße entgegen. Wir wandern zurück zum Sasso Becce, studieren den Langkofelstock (Bild) und zählen die Finger der Fünffingerspitze ab. Ob noch alles stimmt. Ohne Abstieg zum Stausee hin und zurück etwa 6 Std.

160

Rückblick vom Beginn des Bindelsteiges ab Pordoijoch (rechts am Bildrand) auf die Langkofelgruppe. Vorne schwarz der gut abzukletternde Sass Becce, 2422 m. Oben von links: Plattkofel, Zahnkofel, Innerkoflerturm, Grohmannspitze (teils übereinandergeschoben), Fünffingerspitze, Langkofelscharte, Langkofeleck, Langkofel, Sellajoch, Sellatürme, Ciavazzeswand

78 Um die Civetta – auf die Civetta

Die Umwanderung und zwei Klettersteige

TALORTE Alleghe am See, 970 m. In der Nähe Lift zur Tissihütte · Pecol, 1375 m, im Zoldotal (von Caprile über F. Staulanza), 1 km nördlich kleine Straße zur Casera di Pioda, 1892 m (50 Min. zur Coldaihütte) · Listolade, im Süden, 700 m, Anstieg durch das Valle Corpassa zur Vazzolerhütte

STÜTZPUNKTE Tissihütte, 2250 m (Gepäcklift von Alleghe) · Coldaihütte, 2135 m, unter der Forcella Col Negro · Vazzolerhütte, 1752 m, unter Torre Venezia · Rifugio Torrani, 3016 m, Notunterkunft am Normalweg, in Gipfelnähe. Für Kletterer vorgesehen

BESTE ZEIT UND AUSRÜSTUNG Umwanderung Juli bis Ende September; da lange Strecken, nur bei sicherem Wetter · Wetter-, Kälteschutz usw. · Klettersteige nur für erfahrene, gut trainierte Bergsteiger, schwindelfrei, evtl. in Seilschaften gehend! Nur bei zuverlässiger Wetterlage

KARTEN/FÜHRER Keine gute Karte! Kaum ausreichend Freytag-Berndt-Karte, 1:100 000, Bl. 17, Östl. Dolomiten · Einige instruktive Skizzen im Führer Hiebeler, Dolomiten, Bd. IIb, Civetta. Gute Beschreibung einiger Wege, auch des Tissisteiges · Neu: Hilde Frass »Klettersteige Dolomiten« (Rother). Mit einigen sehr informativen Fotos · Man studiere auch den neuen Pause »Im extremen Fels«, lese die Texte der 6 Civetta-Extremtouren. Man wird dadurch etwas eingestimmt auf die ungewöhnlich eindrucksvollen Civettasteige

BILD Am Ufer des kleinen Coldaisees, dicht unter der Forcella Col Negro. Oben von links: die berühmten Nordwestwände von Pan di Zucchero, Punta Civetta, Punta Tissi (Quota IGM), Civetta-Hauptgipfel

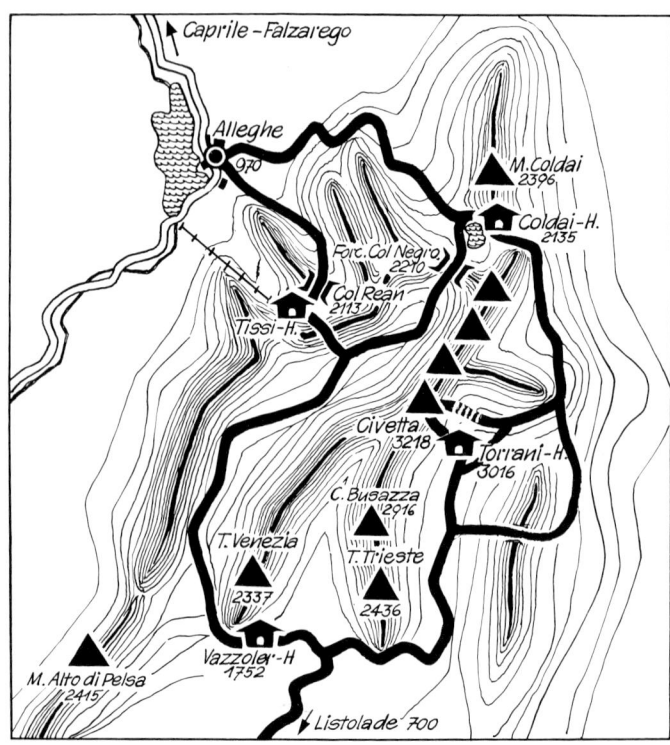

Südlich von Monte Pelmo und Marmolata, östlich von der Palagruppe baut sich mit einem Hauptkamm und drei Nebenkämmen die Civetta auf: das moderne Dorado für den extremen Kletterer. Glücklicherweise sind »wandernde Gäste willkommen«!... Also machen wir uns auf, dieses in jedem Betracht merkwürdige Klettergebirge einmal als fromme Bergwanderer zu umwandern, zum zweiten als trittsichere, klettergewohnte und schwindelfreie Bergsteiger über verwegene Klettersteige bis zum Gipfel zu besteigen. – Die Umwanderung: Wir kommen nach gut 4 Std. von Alleghe zur neuen, schönen Tissihütte, 2250 m, am Col Rean – oder wir fahren zur Casera di Pioda, um zur Coldaihütte, 2135 m, anzusteigen. Vor der Tissihütte sehen wir die berühmte Nordwestwand Solleders zum Civetta-Hauptgipfel wie eine Schultafel vor uns aufgestellt. Nicht weniger fesseln oder ängstigen den Beschauer an diesem Col Rean die berühmten Orgelpfeifen des Hauptkammes, berühmteste Extremtouren der Alpen – Torre di Valgrande, Punta Civetta, Punta Tissi, Cima de Gasperi, Su Alto und so fort bis hinab zum verwegenen Eckpfeiler des Torre Venezia. Diese grandiose Kette laufen wir ab Coldaihütte über den kleinen, klaren Coldaisee oder von der Tissihütte auf denselben Weg stoßend ab: 5 oder 6 Std. bis zur Vazzolerhütte, 1752 m, die in einem wilden, einsamen Hochalpengarten zwischen Torre Venezia und Torre Trieste steht. Hier nächtigen wir, verbringen vielleicht mit höchstem Gewinn einen Faulenzertag als Stromer und Alpenlandstreicher unter Lärchen, Latschen und Zirben ... Dann laufen wir unter der Schreckenswand des Torre Trieste – die Schwierigkeit dieser Wand »VI+, A3« bietet sie als schwierigste und gefährlichste Ostalpenkletterei an! – hindurch und dringen nordwärts am Steig 558 über Gräben und Schrofen, zuweilen steil, zur letzten Quelle in der Mulde am Corol delle Sasse, dann über Stufen zum Scalet delle Sasse und endlich im Zickzack ins Val delle Sasse vor. Wir stehen in einem ungeheuren Felszirkus, nur 800 Meter überragt uns der Civettagipfel. Vor uns rechts oben ist der Einstieg zum Klettersteig »Via ferrata Attilio Tissi«, eine der exponiertesten, wenn freilich durch und durch mit Seilen, Stiften, Klammern gesicherten modernen Steiganlagen: für guttrainierte Bergsteiger ein Genuß. – Wir halten uns aber scharf rechts, steigen östlich nach Markierung 557 in die Forcella delle Sasse (Karte: F. Mojazzetta), jenseits aber steil fast 500 Höhenmeter hinab, bei der Felskante der Tappa del Tedesco scharf nordwärts und dann über Schneereste zum Tivansteig und weiter zur Coldaihütte (ganze Umrundung 10–12 Std.). – Auf diesem »Heimweg« kommen wir, genau unter dem Civettagipfel, an einer ungeheuren Wandeinbuchtung vorbei, an deren rechtem (nördlichem) Grat der extrem ausgesetzte, aber eisengesicherte Klettersteig »Via ferrata degli Alleghesi« direkt zum Gipfel führt (rot markiert, Hinweisschild). Links aber von dieser Felsbucht zieht der »Normalweg« (stellenweise gesichert) über ein Steildach und Wandstufen zum winzigen Rifugio Torrani, 3016 m, und von da fast harmlos zum Gipfel der Civetta, 3218 m.

79 Quer durch die Palagruppe

Rosetta — Cima Fradusta — Passo di Ball

TALORTE San Martino di Castrozza, 1467 m (von Auer durch das Fleimstal, über den Rollepaß, oder von Bozen über Karerpaß, Fassatal, Moena)

STÜTZPUNKTE Rosettahütte, 2578 m, nahe der Seilbahnstation, bewirtschaftet · Rifugio Pradidali, CAI, 2278 m, unter der Cima di Canali (3–4 Std. über das Karrenplateau unter der Cima di Fradusta oder auf Steig 702 und 715 über den Passo di Ball in 2½ Std.)

BESTE ZEIT UND AUSRÜSTUNG Von Juli bis Ende September. Vorsicht unterm Passo di Ball im Frühsommer auf Firnresten! Vorsicht auf dem Fradustaplateau, keine Stangen, nur Farbkleckse, nie bei Nebel! Wetter- und Kälteschutz, evtl. kleinen Kompaß zur Karte und leichten Pickel

HINWEIS Alpin erfahrenen, trittsicheren, schwindelfreien Bergsteigern muß der neue, durchaus verwegene Klettersteig »Via ferrata del Velo« (Schleierweg) empfohlen werden, der einen unmittelbaren Zugang aus dem Pradidalikessel über eine Einsattelung, 2600 m, zwischen Sass Maor und C. di Ball zum Einstieg der Schleierkante vermittelt. Mit roten Sternen als Nr. 739 gut bezeichnet. Direkter Abstieg ab Scharte 2600 nach Westen zum Weg 713 und über Malga Sopraronz nach San Martino möglich! Sehr luftiger Steig, mit Hangelstellen an plastiküberzogenen Steigbügeln. Oft sehr exponiert, aber narrensicher für schwindelfreie Bergsteiger. Idealer Endpunkt die Biwakschachtel am Einstieg zur »schönsten Felskante« der Alpen. Siehe Frass / Dolomiten — Klettersteige!

KARTEN / FÜHRER Alte (vergriffene, aber in AV-Bibliotheken evtl. vorhandene) AV-Karte 1:25 000, Palagruppe · Freytag-Berndt-Karte, Bl. 16/ Westl. Dolomiten, 1:100 000 · Besser Carta d'Italia, 1:50 000, Pala

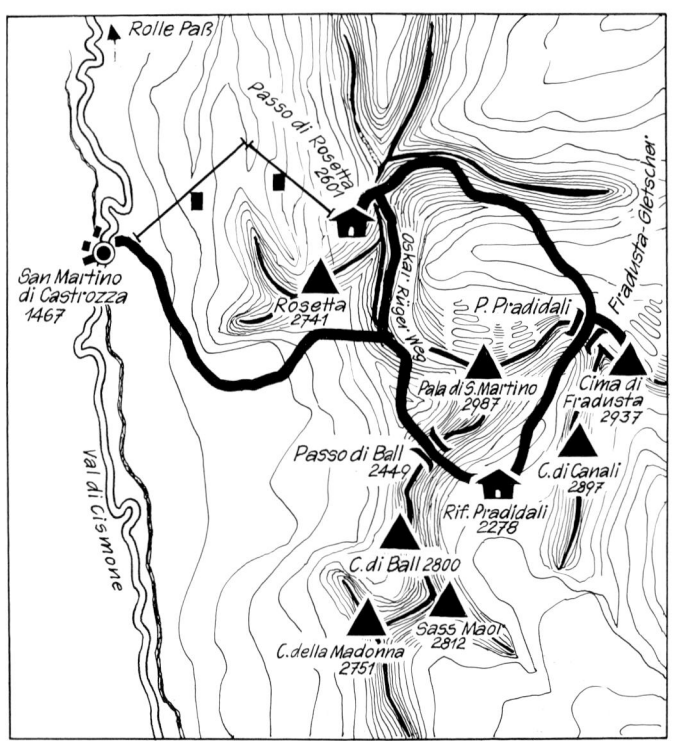

Die südlichste Gruppe der Dolomiten — »die Pala« — ist seit zwei Generationen ein starker Magnet für Freunde des Kletterns: Die Schleierkante auf die Cima della Madonna, die Ostwand am Sass Maor, der Gran Pilastro auf die Pala di San Martino sind nur drei von einem Dutzend bedeutender Kletterführern ... Der Bergwanderer passiert die Sockelfelsen dieser Führen, wenn er von der Rosetta-Bergstation über den Passo di Ball zur Pradidalihütte steigt — er wandert zwischen den Dommauern und den Pfeilern des Val-di-Roda-Kammes, des Gran Pilastro, und kaum hat er den hohen Paß erreicht, begreift er in den Felssäulen der Cima di Canali (Bild) und des Sass Maor dieselbe steinerne Wirklichkeit. Diese Pala gleicht keinem Langkofelstock, keiner Sella-, keiner Civettaarchitektur, sie besitzt ihren ganz eigenen Stil ... Wir machen eine Durchquerung, die uns mit zwei grundverschiedenen Welten dieser Palagruppe vertraut macht: Wir fahren mit Sessellift und Kabine über den Col Verde auf 2601 m Höhe zum Rosettapaß und steigen rechts in 30 Minuten zur Cima Rosetta auf, 2741 m. Ganz nahe die Kolosse von Cimone und Vezzana, gegenüber die grün verschleierten Skipisten um Colbricon und Tognola, im Süden fünfzig vergessene Talfalten ... Dann durchqueren wir die riesige, in tausend Buckeln und Furchen nach Südosten wellende Palahochfläche, eine »gottverlassene« Hochwelt zum Verlaufen — und dementsprechend gefährlich bei Nebel! Wir laufen 1½ Std. erst abwärts mit Steig 707, dann bei zunehmender Vertrautheit mit dem Karrenplateau rechts mit Weg 709 auf den Passo di Pradidali, 2700 m. Vorsicht: Nie die Wegspuren verlieren! Sind wir früh dran, gehen wir in 1½ Std. über den harmlosen Fradustagletscher und den Ostgrat auf die Cima di Fradusta, 2937 m, zu einer einsamen Rast. Abstieg am selben Wege zum Paß zurück, von ihm aus über Felsstufen hinab in den vom Palafels eingemauerten, riesigen Pradidalikessel: Lang vorher schon sehen wir die Pradidalihütte, 2278 m, wo wir nächtigen wollen (+ 1 Std.). — Unser Bild zeigt uns nur die Orgelpfeifen der Cima di Canali, aber wir sehen vom gleichen Standpunkt auch den wuchtigen Sass Maor und den obersten Teil der Schleierkante, und Cima di Ball und Cima Pradidali sind auch keine unauffälligen Palaberge. In hoher Erwartung nördlich auf den 2449 m hohen Passo di Ball (¾ Std.), um zwischen den eleganten Felstürmen von Campanile und Cima Pradidali die unheimliche Kulissenwelt des engen, tiefen Val di Roda zu grüßen — neun dicht aneinandergereihte Türme des Kammes links, rechts die gewaltigen Sockel von Cima Immink und Gran Pilastro. Wir steigen oder fahren auf letzten Firntafeln ab, bleiben dann aber korrekt am Steig, denn er führt durch diese Sockelfelsen, ist dort ausgesprengt und mit Drahtseilen gesichert. Wenn wir dann genau am Einstieg zum Gran Pilastro stehen, an dem eine stark exponierte, aber schöne Genußkletterei zum Gipfel der Pala di San Martino, 2987 m, führt, müssen wir links in unzähligen Kehren hinab zum Col di Becchi und von ihm hinab in die Alm- und Waldzonen, hinunter nach S. Martino di Castrozza (3–4 Std.) in das Tal. 164

165 Das Rifugio Pradidali (rechts unten) unter der Nordwand der Cima di Canali, 2897 m, mit Figlio di Canali und Ago Canali (rechts oben, über der Diagonalschlucht, in der die Normalführe [II und III] verläuft). Links die Cima Wilma, 2782 m. In der Wandmitte die extreme Führe des Buhlrisses (VI—), etwas links der Gipfelfallinie

80 Unter den Drei Zinnen

Vom Misurinasee ins Fischleintal

TALORTE Misurinasee, 1735 m (Bus von Cortina) · Sexten, 1310 m

STÜTZPUNKTE Auronzohütte, 2320 m (oft überfüllt, weil Autoauffahrt) · Lavaredohütte unter der Kleinen Zinne, 2380 m, einfache Kletterunterkunft · Dreizinnenhütte, 2438 m, jenseits des Paternsattels · Büllelejochhütte, 2528 m (12 Lager) · Zsigmondy-Comici-Hütte, CAI, 2235 m, unter der Zwölfer-Nordwand · Talschlußhütte im Fischleinboden, 1540 m

HINWEIS Bergerfahrene, schwindelfreie Bergwanderer gehen (mit leichtem Pickel) ab Zsigmondy-Comici- oder ab Carduccihütte, 2293 m, zum Giralbajoch östlich des Zwölferkofel und steigen dann nordwärts am stellenweise gesicherten, oft sehr exponierten »Alpiniweg« quer durch das Elfer- und Rotwandmassiv. Dieser einzigartig schöne Felssteig führt ab Elferscharte (bis hierher 2½ Std.) entweder etwas harmloser am Weg 124 nach Sexten oder höchst heikel über die Sentinellascharte, 2717 m, zur Bertihütte hinab. Siehe Führer

BESTE ZEIT Das Dreizinnengebiet ist im Juli/August überlaufen, nicht der »Alpinisteig«. Am schönsten ab 25. August bis Ende September. Komplette Ausrüstung mit Wetterschutz. Beim »Alpinisteig« mit leichtem Pickel

KARTEN / FÜHRER Freytag-Berndt-Karte, Bl. 17, Östliche Dolomiten, leider nur 1:100 000 · Ital. TCI-Karte 1:50 000 · Für »Alpiniweg« nur Hilde Frass, »Klettersteige Dolomiten« (Rother), vorzüglich!

BILD Von links: die Nordwände von Kleinster Zinne, Punta Frida, Kleiner Zinne. Rechts die Dibonakante der Großen Zinne und ein Teil der überhängenden Nordwand. Vom Weg Auronzohütte — Zinnenhütte

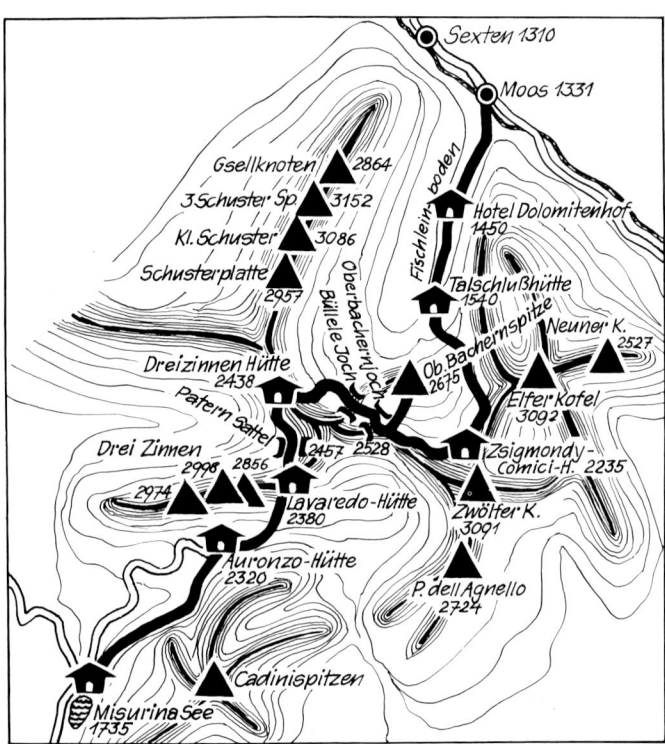

Was das Filigran an den schlanken Vajolettürmen, das waagerecht aufgestockte Mauerwerk am Sellastock, die Reihung senkrechter Kalksäulen an der Civetta oder die Domwände am Langkofel — das ist die kühne Dreiheit der wie aus Steinmasse gegossenen Zinnen-Nordwände: provozierend nicht durch die Höhe, sondern allein durch die dreifach wiederholte Senkrechte. Senkrechte? Das Sicherungsseil einer die Hasse-Brandler-Route der »Direkten Nordwand« durchsteigenden Seilschaft hängt an den berüchtigten Überhängen über 30 Meter von der Wand entfernt... Wir waren kürzlich en famille auf der Großen Zinne, von Süden her, da ist es leichter (II + III); dort oben empfindet man die Senkrechte dieser Nordwände kaum — wer aber auf der Umwanderung dieser drei Kolosse dicht an den Sockelfelsen dieser Nordwände entlangstreicht, stolpert, wandert, den würgt es im Halse, der ist gebannt, erschlagen, entsetzt. Obwohl er nicht wegsehen will! — Wir unternehmen eine Durchquerung der Gruppe und versuchen dabei, den schlimmsten (durch die Autozufahrten entstandenen) Rummelpisten zu entkommen. Vom Misurinasee muß man mit dem Wagen zur Auronzohütte auffahren, weil das Ansteigen auf einer Autostraße eine Tortur darstellt. Jetzt können wir in 2 Std. unter den Südwänden hindurch, die kleine Lavaredohütte streifend — über uns die senkrechte »Gelbe Kante« der Kleinen Zinne! —, zum Paternsattel, 2457 m, wandern und unter dem Paternkofel hindurch zur Dreizinnenhütte queren, wobei sich uns wenige Meter jenseits des Paternsattels die gespenstische Senkrechte der Nordwände darstellt... Wir können als Einzelgänger aber schon von der Auronzohütte links hinüber queren, fast eben, zum Col di Mezzo und von dort auf Spuren dicht unter allen drei Nordwänden bis zum Paternsattel queren — ein unvergeßlicher Gang! Und wir können von diesem Col di Mezzo auch direkt zur Dreizinnenhütte steigen. So oder so sind bestenfalls 2—3 Std. zu gehen. — Wir sehen dabei das nebenstehende Foto im »Original«: Kleinste Zinne, Punta Frida, Kleine Zinne und die elegant auffahrende »Dibonakante« zur Großen Zinne — der übrigens nur 2 Meter zum 3000er fehlen. Was auf eine gewisse Schäbigkeit der Bauherren schließen läßt. — Im klassischen Bergsteigerquartier der Dreizinnenhütte sollten wir nächtigen, um das Nordwandtheater auch im Morgenlicht zu genießen. Dann aber fort zu neuen Wundern! Von der Hütte ostwärts zu den Bödenseen und am Steig 101 quer durch die Schuttreißen des Paternkofel, zuletzt spannend hinauf zum Büllelejoch, wo sich uns der unheimlich auffahrende Zwölfer vorstellt — aber auch die brave Wirtin einer kleinen Hütte. Von dort geht es vor den Zwölfermauern zur Zsigmondy-Comici-Hütte und dann in vielen Kehren — zwischen Elfer- und Einserkofel — hinaus in den Fischleinboden mit dem unvergeßlichen Rückblick (gemütlich 3½—4½ Std. ab Zinnenhütte). — Wer nach Sexten will, kann abseits des leider für Autos geöffneten Sträßchens auf stillen Seitenpfaden zum Dolomitenhof vor Sexten kommen. Zinnen-Nordwände und Zwölferstock schaffen die stärksten Eindrücke auf diesem Übergang.

166

81 Quer durch die Lienzer Dolomiten

Am Dreitörlweg zwischen Laserzsee und Hochstadel

TALORTE Lienz, 673 m (über den Felbertauerntunnel zu erreichen) · Oberdrauburg, 621 m · Lavant nahe der Drau, 675 m · St. Lorenzen im Lesachtal, 1128 m (Bus nach zwei Richtungen)

STÜTZPUNKTE Karlsbader Hütte, AV, 2260 m, am Laserzsee (2^1/$_2$ Std. ab Dolomitenhütte, 1620 m) · Dolomitenhütte (VW-Bus bis zur Hütte) · Höchstadelhaus, ÖTK, 1780 m, östlich des Hochstadelmassivs · Kerschbaumeralmhaus, ÖTK, 1902 m, 1^1/$_2$ Std. gemütlich ab Laserzsee

BESTE ZEIT Juli bis Ende September · Unbedingt mit Wetterschutz, im Frühsommer kleinen Pickel für evtl. harte Firnfelder

KARTE / FÜHRER Ideale AV-Karte, 1:25 000, Lienzer Dolomiten (nicht vergriffen) · Freytag-Berndt-Wanderkarte, Bl. 18, Schobergruppe/Lienzer Dolomiten, 1:100 000, neue Ausgabe! · Führer L. Patéra, »Lienzer Dolomiten«

HINWEIS Wer in den Lienzer Dolomiten wandert, befindet sich in unmittelbarer Nähe der wenig begangenen Karnischen Alpen. Wer also nach St. Lorenzen im Lesachtal absteigt, der könnte (nach Öffnung der italienischen Grenzpässe) ohne weiteres weitersteigen zum Hochweißsteinhaus, 1905 m, und auf den Monte Peralba (Hochweißstein), 2693 m, oder weiter ostwärts über die Kreuzleitenhöhe oder die Wolayer Almen zur Ed.-Pichl-Hütte, 1959 m, am Wolayer See, unterm berühmten Wolayer Seekopf, 2540 m (Monte Canale), unter Hoher Warte und Kellerwand

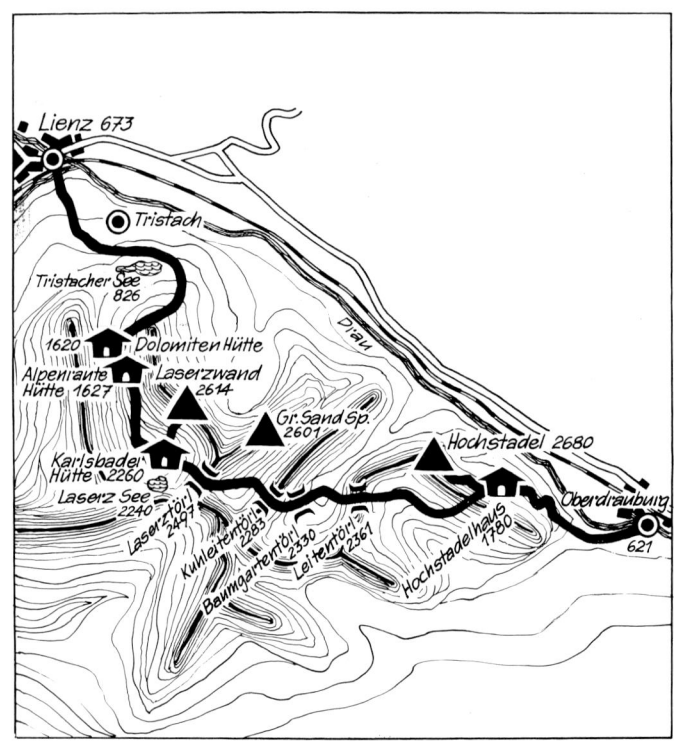

Südwärts des Zentralalpenkammes stehen über der jungen Drau die Lienzer Dolomiten. Dolomiten? Man denkt an »Sächsische Schweiz« — denn die originalen Dolomiten um Guglia di Brenta oder um Marmolata, Drei Zinnen, Pelmo, Civetta oder Vajoletürme stellen imposante Einzelpersönlichkeiten dar gegenüber dieser zerfurchten und zerschründeten Gipfelkette zwischen Karnischen Alpen und Lienzer Tal. Immerhin bietet dieses Lienzer Gebirge eine Fülle versteckter Talfalten und herrlich vereinsamter Hochböden zwischen seinen am Östlichen Wildsender bis 2747 m hohen Gipfeln. Und es bietet im »Dreitörlweg« einen sehr reizvollen, weil immer neue Bergkulissen bietenden Übergang, der 2 und auch 3 Tage echtes Wanderglück stiftet. Winzige See- oder Eisaugen da und dort, die schroffsten Kalkwände darüber und den aus vielen spitzen Keilen gebündelten Spitzkofel als Vorposten ... Dieser vielgelobte, aber keineswegs vielbegangene »Dreitörlweg« beginnt in der Mitte der Gruppe an der Karlsbader Hütte, 2260 m, und überbrückt den ganzen Ostteil des Gebirges bis zum Hochstadelhaus, 1780 m. Wenn man 14–16 Std. für die ganze Überwanderung rechnet, dann ist auch die nicht schwierige Ersteigung des 2680 m hohen Hochstadel eingerechnet, der eine bemerkenswert massive 1000-Meter-Nordwand über den Lavanter Graben stellt ... Die Karlsbader Hütte kostete einst 6 Std. eines mühseligen Anstieges über Tristacher See und Dolomitenhütte, 1620 m; neuerdings fährt man bis zu dieser Dolomitenhütte mit dem VW-Bus auf und ist in gut 2^1/$_2$ Std. an der eisigkalten Badewanne des Laserzsees, falls man nicht unter der von extremen Führen durchzogenen Nordmauer der Laserzwand das Weitergehen vergißt. Um die Hütte steht ein Kranz wilder Berge, neben der Laserzwand die zerrissene Teplitzer Spitze (als feiner Kletterberg), die beiden Wildsender, die Große Sandspitze. Wir steigen von der Hütte ostwärts davon, in 50 Minuten hinauf zum ersten »Törl«, es heißt Laserztörl und bringt den ersten Kulissenwechsel. Das tut gut nach dem Schuttsteigen — erstmals steht uns der Hochstadel gegenüber, ehe wir beginnen, gemütlich den hohen Boden der Lavanter Alm zu durchwandern, um jenseits über das 2283 m hohe Kuhleitentörl zu steigen. Gleich darauf stehen wir 2330 m hoch am Baumgartentörl, rasten damit auf dem untersten Westgrat des Hochstadel und studieren Kreuzeckgruppe und Karnische Alpen über dem Lesachtal. Wir steigen am Westgrat aufwärts bis P. 2381; dann können wir am Dreitörlweg rechts über das Leitentörl zum Hochstadelhaus absteigen oder links am Grat bleiben bis zum 2680 m hohen Hochstadelgipfel. Der Abstieg geht dann jenseits über den Ostkamm und am Rudnig-Schartl rechts hinab zum Haus. Ab Karlsbader Hütte bis hierher samt Gipfel 6–8 Std., keinesfalls mehr! Abgestiegen wird nach Oberdrauburg, 621 m. Wen schon im Lavanter Talboden schlechtes Wetter überrascht, der steigt auf hochromantischem Steig durch den Lavanter Graben ab, rechts über sich gute 1000 Meter Hochstadelwand ... Wer den Dreitörlweg in umgekehrter Richtung macht, geht 10 Std.! 168

Einblick von Nordwesten in den Felskessel um Laserzsee und Karlsbader Hütte (rechts oben). Wir erkennen in der Bergumrandung von links her: Laserzwand, Roten Turm, Laserzkopf, Große Sandspitze, Gamswiesenspitzen, Laserztörl (unseren ersten Übergang am »Dreitörlweg«), Wildsender und den Sockel der Teplitzer Spitze. Wie man deutlich sieht, üben neue, breite »Forststraßen« den Fortschritt in der Verwüstung der Alpen

82 Über das Löbbentörl ins Frosnitztal

Am Rand von Schlatten-, Kristallwand- und Frosnitzkees

TALORTE Matreier Tauernhaus unterm Südmund des Felbertauern-tunnels, 1512 m · Innergschlöß (auch Wirt), 1725 m, 1¹/₂ Std. zu Fuß ab Tauernhaus · Gruben am Auslauf des Frosnitztales, 1164 m

STÜTZPUNKT Badener Hütte, ÖAV, 2608 m, über dem Frosnitzkees. 5—6 Std., eis-, aber meist nicht ganz firnfrei, bei unvergleichlich groß-artigen Ausblicken. Ab Löbbentörl nur »Oberen Weg« nehmen!

HINWEIS Dieser »Rudolf-Zöllner-Weg«, sicher einer der schönsten Tauernwege überhaupt, wird merkwürdigerweise wenig begangen. Steigt man an der Moränenkrone auf, sieht man jenseits des in Etagen auf-steigenden Schlattenkeeses immerzu Leute in den steilen Kehren, sie gehen alle auf die neue, große, kühle (weil überlaufene) Prager Hütte, wo man Aug in Auge Groß- und Kleinvenediger dicht gegenübersteht. Und gut einsehbaren, schaurigen Spaltenzonen! Die Tour auf die Kristall-wand steht mit Schwierigkeitsgrad II im Führer, aber das kurze Stück Gratkletterei ist bei trockenem Fels wirklich unbedenklich. Ich habe den ganzen Übergang mit Frau und zwei Töchtern (Herbst 1972) gemacht. Man kehre von der Kristallwand nur am Anstiegsweg zurück

BESTE ZEIT UND AUSRÜSTUNG Möglichst nicht im Frühsommer we-gen der Firnstapferei unterm Törl. Ab Mitte Juli bis Ende September · Wetterschutz und Kälteschutz, Sonnenbrille, Pickel nur für Kristallwand

BESTE KARTE/FÜHRER AV-Karte 1:25 000, Venedigergruppe, sehr gut! · Evtl. Freytag-Berndt-Karte, Bl. 12, Glockner-, Venedigergruppe

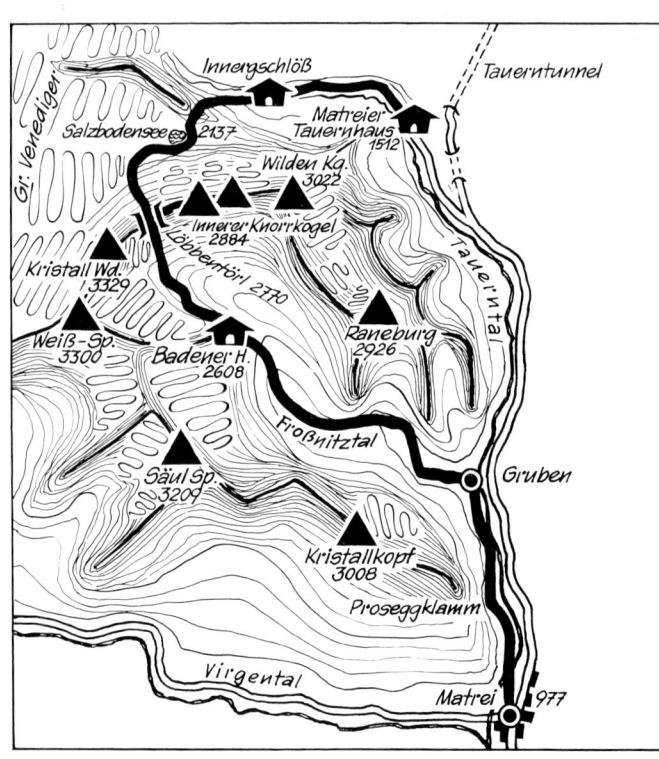

Dies ist eine der schönsten und ergiebigsten Hochge-birgswanderungen in den Hohen Tauern — und kaum begangen. Wir kommen von Norden durch den Felber-tauerntunnel, schwenken aber schon 2 km hinter dem Tunnelmund rechts ab, fahren auf kleiner Straße nord-wärts zurück und hinab zum alten Matreier Tauernhaus, 1512 m. Hier bleibt der Wagen. Wir wandern aus der wei-ten, großen Welt der Autodüfte in die intime Stille, an den kapriziösen Wassern des Gschlößbaches entlang, hinauf zur Felsenkapelle nach Außergschlöß, hinein nach Innergschlöß — 1725 m hoch. Ein ebener, langer Almbo-den mit dem schnellen Gletscherbach, dahinter das un-absehbar ansteigende Schlattenkees, rechts und links hohe Urgesteinsflanken als Schlachtfeld zwischen letzter Vegetation und kalter, blanker Höhe. Man ist hochge-spannt: Zu den 1¹/₂ Std. hierher kommen 30 Minuten in den Talschluß, dort steigt der Weg zu den Prager Hütten unterm Großvenediger an — wir aber gehen links über den Bach, steigen durch eine steile, grüne Buschrampe südwärts aus dem Grieß hinauf, lassen an immer stei-leren Kehren das Gebüsch zurück, verzweifeln genau dort, wo nach hundert ebenen Metern die runde Schale des Salzbodensees folgt und die gewaltige Moräne. Der Weg bleibt auf ihrem schmalen Grat, rechts unten das eisige Labyrinth des Schlattenkeeses, gegenüber die steilen Eisbrüche von der Kristallwand herab. Wir sind auf dem »Rudolf-Zöllner-Weg« zum Löbbentörl, schauen auf eine klassische ostalpine Hochalpenszene, kommen nach einigen Firnflecken endlich in die Scharte — ins »Löbbentörl«, 2770 m: +2¹/₂—3 Std.! Man liegt auf einem Felsen und wartet fromm, ob die Türme und Schwarten im überhängenden Kristallwandbruch nicht endlich Welt-untergang spielen. Sie denken nicht daran, wir brechen auf, steigen zur Badener Hütte, müssen viel auf und ab, müssen manche heikle Schlucht schlau bezwingen, kom-men nach neuen 2 Std. endlich auf dem grünen Bollwerk zwischen Kristallwandkees und Frosnitzkees an. Froh be-grüßen wir die blitzsaubere Hütte und eine Wirtin, die Mühe hat, ihr gutes Herz hinter rechtschaffenem Ernst zu verstecken ... Andertags steigt man an der verschütte-ten Zunge des Frosnitzkeeses zur Achsel ab und dann mit dem Frosnitzbach zur Zedlacher Alm, endlich immer steiler bis hinaus und hinab nach Gruben, 1164 m, am schwellenden Tauernbach: 4—5 Std. — Man sollte aber einen Tag dreingeben, sollte von der Badener Hütte rechts neben dem Frosnitzkees die Felsrampen emporsteigen und, ehe alles Eis wird um uns, rechts abdrehen bei P. 2880 m. Hier steigt man nordwestlich den aufsteilen-den Firnhang hinauf, treppt sich nahe den schwarzen Fel-sen des Südostgrates zur Kristallwand bis hinter den ersten Turm empor, wo man am Fels ein Drahtseil ent-deckt. Der Fels ist leicht zu ersteigen, auch ohne Draht-seil klettert man unschwierig zum 3329 m hohen Gipfel der Kristallwand hinauf (2¹/₂ Std.), begreift in einer über-langen Rast neue Zusammenhänge im großen Reich der Venedigergletscher. In knapp 2 Std. ist man unten an der Badener Hütte und kann dann nach Gruben absteigen.

Blick aus dem Flugzeug von Osten auf das ausgeschundene, große Schlattenkees unter Groß- und Kleinvenediger. Auf der Moränenschneide ganz unten, die der ausapernde Gletscher stehen ließ, führt unser wunderschöner Steig zum Löbbentörl, dessen Einschnitt (auf 2770 m Höhe) man links am Bildrand gerade noch sieht. Links oben die schwarze Kristallwand, 3329 m, mit ihrem nach links fast waagrecht aus dem Bild laufenden Südostgrat, über den man (ab Badener Hütte in 2½ Std.) gut den Gipfel erreicht. Rechts oben schaut gerade noch der Hohe Zaun heraus. Im rechten unteren Bildeck verrät uns die aufgerissene Gletscherzunge, daß der Hauptstrom des mächtigen Schlatten- keeses rechts außerhalb des Luftbildes liegt

83 Zwischen Defereggen- und Virgental
Strenge Höhenwege in der Lasörling-Gruppe

TALORTE St. Jakob im Defereggental, 1381 m (Bus von Matrei bzw. Lienz) · Prägraten im Virgental, 1312 m (Bus von Matrei bzw. Lienz)

STÜTZPUNKTE Neue Reichenberger Hütte, AV, 2586 m, unter der Bachlenke · Bergerseehütte, priv., 2182 m, ab Prägraten 3 Std. · Clarahütte, AV, 2038 m, im Umbaltal (direkter Aufstieg durchs Dabertal zum Rotermanntörl!) · Patscherhütte, 1675 m, im Seebachtal unter Jagdhaus-Alm

HINWEIS Virgen- und Defereggental sind trotz Felbertauerntunnel weitab von den gefürchteten Ballungsräumen, also zwar beliebt, aber nicht überlaufen. Das Talpublikum ist oben in der großen Höhe nicht zu fürchten. Die Bergtouren und Übergänge sind der großen Höhe wegen oft recht streng, es wird Ausdauer und volle Beherrschung alpiner Regeln verlangt

BESTE ZEIT Da mehrfach die 3000-m-Grenze erreicht wird, ist im Frühsommer mit Firnresten zu rechnen. Mitte Juli bis 20. September, evtl. länger, je nach Wetterlage · Normalausrüstung, mit perfektem Wetterschutz und leichtem Pickel für allenfalls harte Firnreste

KARTEN / FÜHRER Ausreichend die Freytag-Berndt-Karte, Bl. 12, Glocknergruppe, 1:100 000, neue Ausgabe! – Führer H. Peterka, »Venedigergruppe« (Rother)

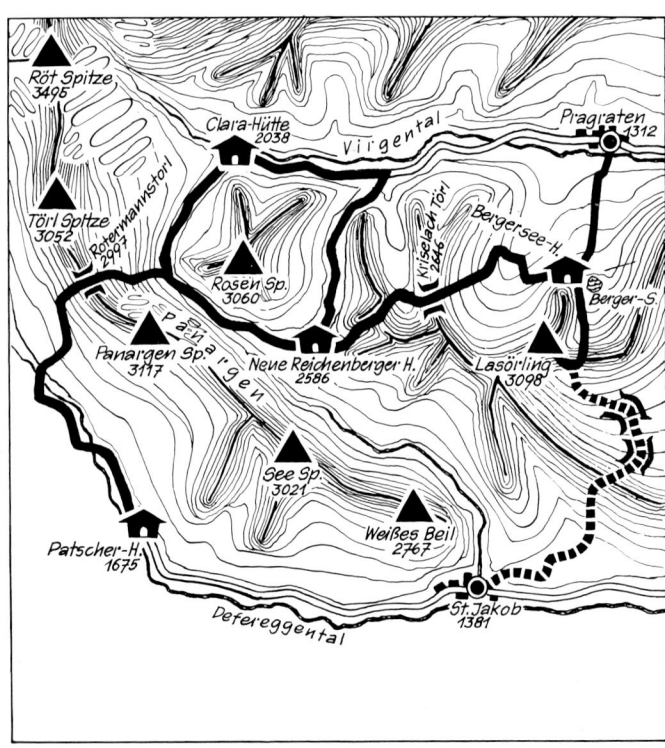

Südlich der Venedigergruppe und dicht östlich des Hochgallstockes steht — eingefaßt von Virgen- und Defereggental — die »Lasörling-Gruppe«. Sie hat sich durch den neuen Felbertauern-Tunnel den Zulauf der Feinschmecker unter den Bergfreunden gesichert. Man steigt und wandert in einem strengen Urgesteinsrevier, wenn man östlich und westlich der einzigen Unterkunft — der Neuen Reichenberger Hütte des AV an der Bachlenke — Gipfel besucht oder im epischen Überschwang die wunderbar stillen Höhenwege abwandert. Sie sind oft rauh, meist lang und streng, aber es sind Tribünensteige vor den Firnbergen: Hochgall, Rötspitze, Dreiherrnspitze und Venediger betören Auge und Herz ... Die vielen und nicht sehr schwierigen Hüttenberge suche man sich im Führer und auf der Karte zusammen. Ich schlage hier einige großzügige Durchquerungen vor, von denen aus Gipfelziele jederzeit »erlaubt« sind. — Zunächst geht es von St. Jakob im Defereggental nicht gleich am Trojer Almbach zur Hütte, sondern einsam über die Tögischhöfe hinauf zum Defereggentörl, 2616 m, und gleich weiter zum nahen Zwischentörl: Vor uns das oberste Mullwitztal und der Steig durchs »Glaurat« auf den Lasörling (bis Törl 4, bis Gipfel 6½ Std.) Ohne oder mit Gipfel steigt man im Mullwitztal nur bis zur Stadlerhütte ab (Nächtigung meist möglich), quert ab hier nord-, dann westwärts über Fresach- und Bergeralm hinüber zum Bergersee mit Hütte (teils Steiglein). Nach Nächtigung Überstieg westwärts zur Lasnitzenalm, Aufstieg zum Kriselachtörl, dann über Rote Lenke zur Neuen Reichenberger Hütte (+ 4½ Std.). — Wer den Lasörling bestiegen hat, steigt unterm Gipfel (vom SO-Grat vor der Säule) nördlich über Firnreste steil und direkt zur Bergersee-Hütte hinab! — Die Reichenberger Hütte wird direkt auch in einem schönen 4-Std.-Anstieg ab St. Jakob, in gleicher Zeit von Norden aus dem Virgental (am Großbach) oder in 6 Std. — in interessantester Umständlichkeit — auch ab Clarahütte über Dabertal und Daberlenke erreicht. — Wer hochalpin erfahren ist, kann sich einen klassischen Übergang und eine besondere Augenweide erlauben: Er steigt von der Reichenberger Hütte an Rudolf-Tham-Weg und Daberlenke westwärts — immer parallel zum verfirnten Panargenkamm — und steigt dann über das Rotermanntörl, 2997 m (manchmal schwieriger Bergschrund!), hinüber zum Defereggenbach und vor die große Hochgall-Szene: Nach 6 Std. wartet die Patscherhütte mit Quartier. Man kann einen feinen Abstecher zur Neuen Barmer Hütte machen! — Auf diesem letzten Übergang hat uns bis zum Rotermanntörl immer eindringlicher die nahe, eisumflossene Rötspitze, 3495 m, beeindruckt. Man kann sie ohne besondere Schwierigkeiten ab Clarahütte (über das Vordere Umbaltörl und den Nordgrat) besteigen, aber das erfordert ab Hütte mindestens 7 Std., man wäre freilich vom Gipfelgrat in nur 1½ Std. auf der Hütte am Lenkjöchl. Also eine Riesentour — in großer Höhe! Von der Lenkjöchl-Hütte könnte man anderntags über das Umbaltörl wieder zurück ins Virgental kommen. Aber man kann natürlich auch in das Ahrntal absteigen. 172

Einblick in den Nordabfall des Lasörling, 3098 m, der zwischen Defereggen- und Virgental die »Lasörling-Gruppe« dominiert. Unter dem linken (Südwest-)Gipfel die Reste des kleinen Bergerkeeses, dessen Wasser in den malerischen, nie überlaufenden Boden des Bergersees (mit Hütte, rechts unten) fließen. Der Nordgrat (rechts vom Gipfel abziehend) bietet als Kletteranstieg (II) den schönsten Weg zum Gipfel. Der Normalweg bietet für geübte Bergsteiger keine besonderen Schwierigkeiten: Er zieht vom Bergersee nach links oben und überquert nach rechts den Bergerkees; von dessen oberem rechten Winkel ziehen eine Schuttrinne (I) und leichte Schrofen zum Nordgrat. Im rechten Bildteil oben sehen wir den Kamm nach Westen zur »Bachlenke«, wo die neue Reichenberger Hütte steht

84 Zum Großvenediger
Obersulzbachtal — Keeskogel — Krimmler Tauerntal

TALORTE Rosenthal im Pinzgau, 841 m, bei Neukirchen. Ab hier 7—8 Std. zur Hütte. Kfz-Auffahrt bis knapp 1150 m Höhe möglich (dort Parkmisere) · Krimml, 1072 m, 6—8 Std. zur Warnsdorfer Hütte, aber ab oberem Wasserfall Transportmöglichkeit bis fast in den Talschluß (Aufzug für Gepäck), dann noch 2½ Std.

STÜTZPUNKTE der Nordseite: Berndlalm, 1514 m, und Postalm, 1675 m, im Obersulzbachtal · Kürsinger Hütte, AV, 2549 m, Gepäckaufzug ab Keesboden · Warnsdorfer Hütte, AV, 2336 m, Gepäckaufzug im Talschluß

BESTE ZEIT UND AUSRÜSTUNG Juli bis September. Hüttenwirt nach den Verhältnissen fragen! Bergwanderer (Keeskogel) mit normalem hochalpinen Wetter- und Kälteschutz, leichtem Pickel. Bergsteiger auf Gletschern nur in Dreierseilschaften, Pickel, Seil usw. Nur bei sicherem Wetter

HINWEIS Wer auf die Warnsdorfer Hütte kommt, hat als Bergwanderer von höheren Ansprüchen die reizvolle Aussicht, in nur 3—4 Std. über die Birnlücke des Alpenhauptkammes zur Birnlückenhütte, priv., 2440 m (Erkundigung über Bewartung), oder am hohen »Lausitzer Weg« in weiteren 2 Std. zur nahen Krimmler Tauernhütte, 2568 m, zu wandern. Dort überschreitet er abermals Kamm und Grenze und wandert nun in 4—6 Std. durchs Windbach- und Krimmler Tal zu den Wasserfällen. Auf diesen Wegen trifft er eine alte Liebe: die absolute Einsamkeit!

KARTE/FÜHRER Am besten AV-Karte, 1:25 000, Venedigergruppe, für Gletscherbegehung! · Fast ausreichend Freytag-Berndt-Karte für Bergwanderer, Bl. 12, Venediger-, Glocknergruppe, 1:100 000 (neue Ausgabe) · Führer Peterka, »Venedigergruppe«, sehr sorgfältig und gut (Rother)

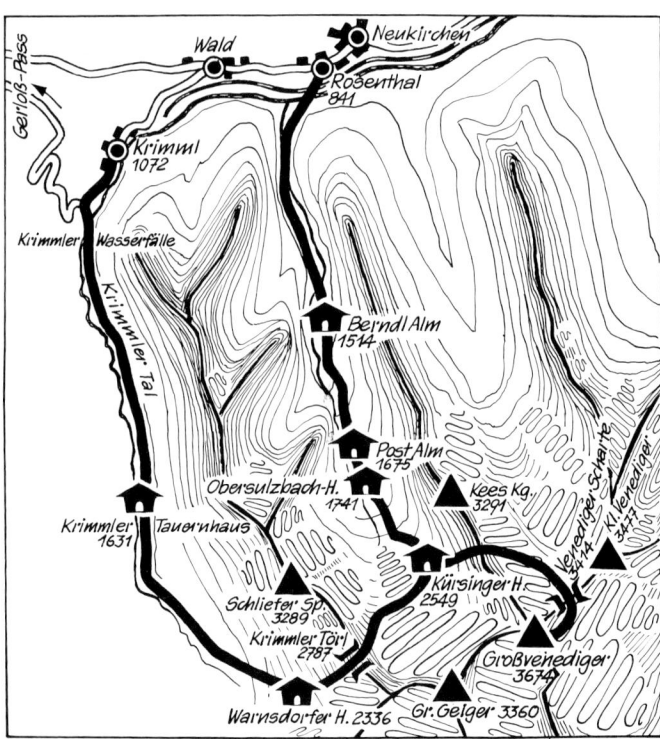

Der Großvenediger — vorstellbar nur mit dem ihm mittels einer breiten Scharte verbundenen Kleinvenediger — markiert eine der großartigsten Eisregionen des Alpenhauptkammes. Zwölf Gletscherströme umlagern das dünne Gerüst der sichtbaren Granitgrate. Von seiner 3674 Meter hohen Gipfelwächte überschaut man die Nördlichen Kalkalpen — im Süden aber steht die ganze Dolomitenprominenz stramm aufgereiht vor der Poebene. Wer von diesen einander sanft verkuppelten flachen Eispyramiden zurückkommt und in Innergschlöß, Hinterbichl oder Krimml sein erstes Glas Roten trinkt, ist meist ganz sicher, Venedig und die Adria »genau« entdeckt zu haben ... Ich mag diesen Venediger als Skiberg trotz überlanger Zuwege, weil ihn im Frühling die seinen großen Formen angemessene tiefe Ruhe umstrahlt ... Im Sommer ist er bei sicherem Wetter prompt überlaufen, vom Defreggerhaus zumal, aber auch von der Neuen Prager Hütte her ziehen die meist von Führern begleiteten Kolonnen in Trassen auf den Gipfel. Das ist manchmal ein fataler Anblick, wenn man die Spaltensysteme vor dem Mullwitzaderl und die Riesenspalten an der Scharte und dicht über der Prager Hütte gut kennt. Die Gefahr ist permanent; die Bedingung, mit oder ohne Führer korrekt in sichernden Seilschaften zu gehen, ist auch bei diesem »leichten« Venediger niemals durch schneidigen Leichtsinn zu ersetzen. Lange Zuwege im Norden durch das Obersulzbach- und das Krimmler Tauerntal, viel kürzere im Südosten vom Matreier Tauernhaus und vom Virgental. Der Südosten mit den kürzeren Wegen hat durch den Felbertauerntunnel neue Chancen bekommen ... Gehen wir trotzdem von Rosenthal im Pinzgau diese 7—8 Std. langsam auf die Kürsinger Hütte, von 841 m auf 2549 m Höhe, freuen wir uns der letzten grünen Stationen vor der Berndlalm, an der Postalm, steigen wir angespannt und neugierig den Schrofensteig auf die Felskanzel der Kürsinger Hütte! ... Wer unerfahren ist im Eis und keinen Führer nehmen will, steige bei sicherem Wetter eisfrei auf den nahen Keeskogel, 3291 m, und sehe sich ohne Angst und ohne Schweißperlen auf der Stirn die große Polarszene an: dicht links unter sich die verlorenen Eisschächte des Untersulzbachtales. Zurück am Steig! — Wer in einer Seilschaft gehen darf, überschreite das Obersulzbachkees zur Scharte und ersteige (ab Hütte) in 4 Std. die Wächte des Venedigers, steige in derselben Trasse zurück. — Wer vom Keeskogel zur Kürsinger Hütte zurückkommt (2½ Std. Auf-, 1½ Std. Abstieg), gehe mit Führer oder in einer Seilschaft in 3—4 Std. (genau nach Führer) über die Kartenhöhen 2403, 2400, 2435, dann ein langes Stück auf Moränenrampen, dann wieder nach P. 2632 und 2789 unters Krimmler Törl, übersteige den Kamm aber nur dicht östlich des 2888 m hohen Gamsspitzl, an dem er den Felssteig hinab zur nahen Warnsdorfer Hütte findet. Er flaniere dann vom Eissockel der Dreiherrnspitze das wunderbar ergrünende Krimmler Tauerntal hinaus zu den stürzenden Katarakten vor Krimml. — Es ist keine Schande, nach dem Keeskogel auch wieder durch das Obersulzbachtal abzusteigen ...

174

Im Flugzeug vor dem Großvenediger, Anflug von Norden. Links oben mit Eisdach und Wächte der Großvenediger, 3674 m; vorne diagonal der Nordgrat (links Eiswand), rechts abziehend der lange Westgrat zum Obersulzbachtörl. Im weiteren Hintergrunde die Dolomiten. Von rechts: Monte Pelmo, Monte Cristallo mit Piz Popena, Sorapis, Gantkofel und Haunold, Drei Zinnen, Dreischusterspitze, Zwölfer und Elfer

85 Unter Habachkees und Hoher Fürleg

Hollersbachtal — Larmkogel — Habachtal

TALORTE   Hollersbach, 804 m, und Habach, 890 m, im Pinzgau

STÜTZPUNKTE   Im Hollersbachtal: W.H. Edelweiß, 1219 m, und Neue Fürther Hütte, AV, 2201 m, dicht am Kratzenbergsee · Im Habachtal: Thüringer Hütte, AV, 2300 m, neu hergerichtet, westl. unter der Larmkogelscharte · W.H. Alpenrose, 1384 m, und W.H. Enzian, 1313 m, in Talmitte

HINWEIS   Der Übergang zwischen beiden Hütten ist eisfrei. Wenn im frühen Sommer Firnreste um die Larmkogelscharte, mit Pickel! Bei Kälte (2934 m!) oft knallhart! · Nicht von der Thüringer, aber von der Neuen Fürther Hütte gibt es für erfahrene Berggeher mit Karte und Orientierungssinn einen fast eisfreien Alpenübergang, nämlich über das Sandebentörl, 2772 m, drüben am »Fürther Weg«, dann kurz über die harmlose Zunge des Viltragenkeeses und zur Neuen Prager Hütte, 2796 m, unterm Kleinvenediger. Ab hier Abstieg zum Krimmler Tauernhaus, dann Rückfahrt durch den Felbertauerntunnel. Nur bei ganz sicherem Wetter, nur mit Eispickel, perfektem Wetterschutz und Proviant · Vom Sandebentörl kann man bei Sonne auch direkt ins Tal absteigen bzw. am St. Pöltener Westweg in 4—5 Std. zum St. Pöltener Haus am Felbertauern, 2481 m, wandern

BESTE ZEIT   Mitte Juli bis Ende September · Nur mit Wetterschutz usw., im Frühsommer mit leichtem Pickel

KARTE/FÜHRER   Freytag-Berndt-Karte, Bl. 38, Kitzbüheler Alpen und Pinzgau, 1:100 000, neue Ausgabe sehr gut! · Für Details und hochalpine Übergänge besser AV-Karte 1:25 000, Venedigergruppe · Führer vorzüglich H. Peterka, »Venedigergruppe« (Rother)

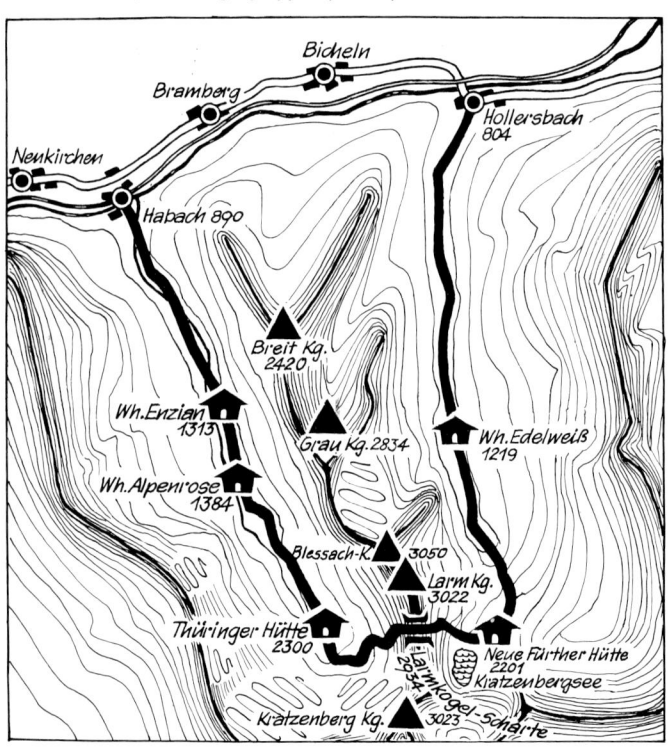

Vom tiefen, platten Pinzgau laufen allein zwischen Krimml und Mittersill sechs scharf eingeschnittene Talrinnen auf den vom Venediger gekrönten Alpenhauptkamm zu: zwei davon durchwandern wir, das Hollersbachtal zur Neuen Fürther Hütte hinauf, das Habachtal von der Thüringer Hütte hinunter. Von der Larmkogelscharte zwischen beiden Hütten (2934 m) steigen wir kurz und unschwierig auf den Larmkogel, 3022 m, um hohes Tauerneis en gros zu bestaunen ... Übrigens: zwischen beiden Tälern steht der Graukogel; dort gab es ein Smaragdbergwerk, es steht noch, und ein Goldschmidthaus. Habachsmaragde, unter uns, sind seit Jahrhunderten begehrte Edelsteine. Noch heute suchen die Pinzgauer allein, alpenfern wohnende Sommergäste in Kolonnen hoch droben im grünen Schutt der Felsspalten herum, stochern, wühlen nach dem großen Glück. Kürzlich fand einer vier herrlich reine, grüne Smaragde, brachte sie schnell nach Wuppertal heim — und weiß nicht, daß ihm da ein frommer Pinzgauer zerschlagene grüne Bierflaschenböden ins verdächtige Schuttrevier gemischt hatte. Aus Gaudi ... Wir wandern also geschlagene 5—6 Stunden (manchmal hilft anfangs ein Jeep) von Hollersbach bei Mittersill südlich hinauf durch alle Stufen von Wald, Almgrün, Schrofengrau, aber doch mit lebendigen Bergwassern. Brotzeit an der Edelweißhütte, 1219 m (bis wohin man bei Glück fahren kann), dann wird alles strenger, hoch am Horizont weiß man den »St. Pöltner Westweg« hinterm Grat, hinter der Roßgrubalm, 1314 m, kommt der Ofnerboden mit dem durch einen Felssturz 1932 entstandenen See. Es kommt das E-Werk mit dem Gepäckaufzug, es kommt links der steilere Weg über die große Felsrampe hinauf zum Kratzenbergsee. Über ihm steht die Neue Fürther Hütte in 2201 m Höhe. Kleine Eisböden über uns — wir ahnen in dieser Hüttennacht noch nichts von den Eismeeren des Habach-, der Venedigergletscher, die wir nach dem 2½stündigen Aufstieg (im Bild von links unten nach rechts oben) zur Larmkogelscharte und dem kurzen Sprung auf den Larmkogel bewundern werden ... Dann steigen wir in sehr gemächlichen 2 Std. zur Thüringer Hütte hinab, machen zehn Rasten dazwischen: Habachkees und Hohe Fürleg, mit der zweiten Eiskulisse von Viltragen- und Sulzbachkeesen unter Klein- und Großvenediger dahinter, werden uns bei gutem Wetter aufregen — so schön, so groß ist dieses seltene Ostalpengemälde ... Die Hütte wurde vor Jahren von einer Lawine zerstört, sie ist wieder in Betrieb. Der Heimmarsch durch das Habachtal ist ein Erlebnis für sich. Nicht wegen der vielen Smaragde links und rechts im Schutt, nein, auch nicht wegen der beiden Gasthäuser Alpenrose und Enzian hinter der Moaralm. Nein, nach den vielen, steilen Serpentinen in den Talschluß geht man, bei wenig Platz für Bach und Weg, zwischen hohen Urgesteinsrampen hin, über sich waldloses Urland, aber mit dem breiteren Talboden kommt das sattere Grün, und hinter den Wirtshäusern wandert man durchaus in einem schmalen Waldtal, weit hinaus, bis die Habachklause die große Welt der Pinzgauer ankündigt. Hütte — Habach 4—5 Std.

Blick aus dem Flugzeug von Nordost in den obersten Talschluß des Hollersbachtales mit dem Kratzenbergsee. Die Neue Fürther Hütte steht dicht über dem See, aber links außerhalb des Bildrandes. Von links unten nach rechts oben zieht unser Steig von der Hütte zur Larmkogelscharte (rechts oben am Rand nicht mehr ganz sichtbar), von der wir ins Habachtal absteigen. Im Mittelgrund der dunkle Kratzenberg, 3023 m, links am selben Grat (außerhalb des Bildrandes) liegt der Übergang des Sandebentörls. Im Hintergrund von links oben: Schlattenkees, Klein- und Großvenediger (übereinander geschoben), dann in der rechten Bildhälfte über den Eismassen des Habachkeeses Plattiger Habach, 3214 m, und Hohe Fürleg, 3244 m

86 Über den Hohen Sonnblick
Vom Rauriser Tal nach Heiligenblut

TALORTE Zell am See, 758 m · Taxenbach, 685 m · Kolm-Saigurn im Rauriser Tal, 1507 m · Heiligenblut, 1288 m · Böckstein, 1131 m

STÜTZPUNKTE Zwei Bergsteigerherbergen (Ammererhof und Naturfreundehaus) in Kolm-Saigurn · Neubauhütte der Naturfreunde, 2175 m · Rojacher Hütte, 2718 m, am Kleinen Sonnblickkees · Zittelhaus, AV, am Gipfel des Hohen Sonnblick, 3105 m, geöffnet vom 1. 7.—30. 9. — Wirtshaus »Alter Pocher«, 1715 m, im Fleißtal oberhalb Heiligenblut

HINWEIS Wer die Goldberggruppe näher kennenlernen will, mache als erfahrener Bergwanderer folgende Touren: ab Kolm-Saigurn über Neubauhütte zum Niedersachsenhaus, 2471 m, Übergang am »Pröllweg« über Herzog-Ernst-Kuppe zum Schareck, 3122 m, dann Abstieg a) zurück zum Herzog-Ernst, dann an dessen Südwestgrat zur Niederen Scharte und hier nordwärts nach Kolm-Saigurn — oder großartig alpiner Abstieg vom Gipfelfirn nordöstlich hinab zum »Neuwirtsteig« ab Aperem Schareck und herrlich aussichtsreich (und steil) ins Naßfeld hinab. — Ab Naßfeld feiner Aufstieg am »Hermann-Bahlsen-Weg« zurück zum Niedersachsenhaus

BESTE ZEIT Anfang Juli bis Ende September · Der großen Höhe wegen nur in kompletter hochalpiner Ausrüstung, mit Pickel und Karte!

KARTEN / FÜHRER Großartige AV-Karte, Sonnblick, 1:25 000! · Gut die neue Ausgabe Freytag-Berndt-Karte, Bl. 19, Goldberg—Ankogel · Genau der Führer von Hüttig, »Ankogel/Goldberg« (Rother)

BILD Blick aus dem Flugzeug über den Hohen Sonnblick (mit dem Zittelhaus) hinweg auf die Großglocknergruppe

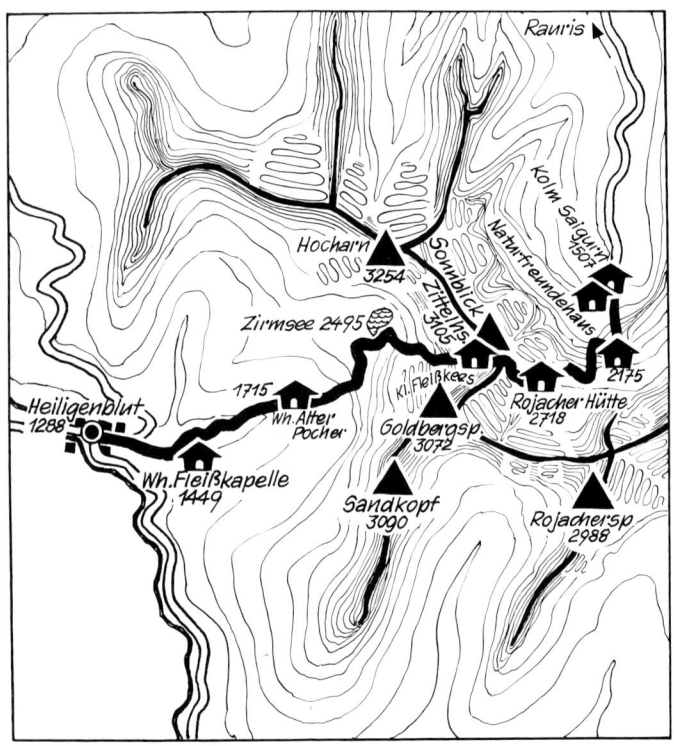

Die Ostalpen, die im Westen mit der feierlichen Pracht der Berninagletscher beginnen, haben auch an ihrem östlichen Auslauf noch kostbare Schätze zu bieten — für den Bergfreund, für den Goldgräber. In der Goldberggruppe um den Hohen Sonnblick, die sich gegen den modernen Umtrieb mit überlangen Zugangstälern schützt, wurde nicht nur das Goldkorn der Schatzgräber gefunden — hier findet sich heute noch der Schatz abseitiger Stille und Einsamkeit. Man sieht auf dem Luftfoto nebenan, daß der Hohe Sonnblick als markantester Gipfel dieser Gruppe dem Großglockner unmittelbar verbunden ist. Wir überwandern auch diesen mit dem Zittelhaus besetzten Hochgipfel in Richtung Großglockner — man kann 11, man soll 14 Stunden brauchen! Eine Nacht verbringen wir im Gipfelhaus auf 3105 m Höhe, um in Abend- und Morgenlicht diesen »fernen Osten« zwischen Stüdlgrat und Hafner, Dachstein und Reißeck, Hocharn und Ankogel zu studieren. Und dabei viele neue Reviere zu entdecken, Maltatal, Fraganter Tal, Polinik und Sadnig — völlig neue Welten für den, der nur Silvretta, Ötztal und Kaiser kennt ... Bei Taxenbach fahren wir südwärts ins Rauriser Tal, zu dem parallel dicht östlich das Gasteiner Tal verläuft: in einem von beiden Tälern ist es noch ganz still. Vor dem Talschluß bei Kolm-Saigurn starren wir auf die dunkle, pralle Nordwand des Hohen Sonnblick, werden begierig nach der großen Höhe. — Links vom Wasserfall geht es in sehr guten 1¹/₂ Std. steil hinauf zum Naturfreundehaus »Neubau«, 2175 m; dann drehen wir von Süd auf West, durchsteigen den »Maschingraben« dieses uralten Bergwerksreviers, gehen auf dem »Leidenfrostweg« durch Schutt und Moränen zur kleinen Rojacher Hütte auf schon 2718 m Höhe (+ 2 Std.). Vor uns das große Vogelmaier-Ochsenkar-Kees! Wir bleiben am Grat — falls er nicht vereist oder mit Neuschnee beladen ist! —, steigen zeitweilig etwas exponiert bis zum Zittelhaus am Gipfel des Hohen Sonnblick (+ 1¹/₂ Std.). Bei schlechten Verhältnissen am Grat steige man schon an der Rojacher Hütte links zum Gletscher und dort in großem, flachem Bogen gegen den auffallenden Felsblock des »Bockbalfens« unter der Brettscharte zu. Abstieg nach Westen: Beim Niederschlagsmesser an der Wetterwarte des Gipfels findet man ein Taferl »Willi-Schweitzer-Weg«; der leitet auch uns weiter, er ist mit Stangen markiert, bringt uns am oberen Rand des Kleinen Fleißkeeses zur Pilatusscharte und bald ohne Eis hinüber in den tiefen, verlassenen Riesenkessel um den Zirmsee. (Gute Bergsteiger können am selben Weg über Goldzechscharte und Südgrat den Hocharn, mit 3254 m höchster Gruppengipfel, leicht erreichen!) Wir anderen tummeln uns in der strengen Idylle um den Zirmsee, ehe wir mit den Seebachwassern steil hinabspringen ins Fleißtal und dann in großer Erwartung beim »Alten Pocher« zukehren, dem guten Wirt am Wege. Da der Abstieg Zeit kostet, schläft man lieber beim »Alten Pocher« als in den Ia Autodüften von Heiligenblut. Dorthin kommen wir am nächsten Morgen über die Kleine Fleiß-Alm, begrüßen an der großen Ostkurve der Glocknerstraße die ersten Autos.

87 Auf den Großen Rettenstein

Stille Weite zwischen Spertental und Paß Thurn

TALORTE Kirchberg vor Kitzbühel, 838 m, ab hier Einfahrt ins Spertental · Aschau im Spertentalschluß, 1014 m · Paß Thurn, 1274 m, ab hier Sessellift zur Resteralm · Mühlbach im Pinzgau, 806 m

STÜTZPUNKTE Keiner am Großen Rettenstein! · Gasthöfe in Aschau · Oberland-Hütte, DAV, 1014 m, bei Aschau · Hotel am Paß Thurn, 1274 m

HINWEIS Als letzten Zusatztip noch dies: Fahrt über Paß Thurn bis Neukirchen im Pinzgau, 820 m. Auffahrt mit Sessellifts bis Wildkogelhaus, 2000 m. Aufstieg zum Gipfel mit grandioser Fernsicht, dann Gratübergang unterm Frühmesser durch, dann am Nordostkamm über den Laubkogel, 2114 m, bis Schöntaljoch und auf den Rettenstein: Das sind ab Wildkogelhaus gut 4¹/₂ bis 5¹/₂ Std. — Abstieg evtl. steil zur Baumgartenalm, wo man meist Fahrgelegenheit in den Pinzgau findet

BESTE ZEIT Juli bis Oktober. Nur bei ganz sicherem Wetter! Am schönsten im Herbst! Vor allem ab Paß Thurn! · Nur mit Wetterschutz und Proviant. Die angedeuteten großen Übergänge nur für alpin erfahrene Berggeher; dies gilt vor allem für die Passage Wildkogel—Rettenstein

KARTEN / FÜHRER Ausgezeichnet die neue Ausgabe der Freytag-Berndt-Karte, Bl. 38, Kitzbüheler Alpen und Pinzgau, 1:100 000

BILD Blick von Norden auf den Großen Rettenstein (aus dem Flugzeug), links das Schöntaljoch. Der Aufstieg am Steig erfolgt in der linken, beschatteten Nordostflanke. Links knapp über dem Schöntaljoch die im Text beschriebene »Ruhezone« um den Zweitausender. Im Hintergrund Mitte der Großglockner und das Wiesbachhorn

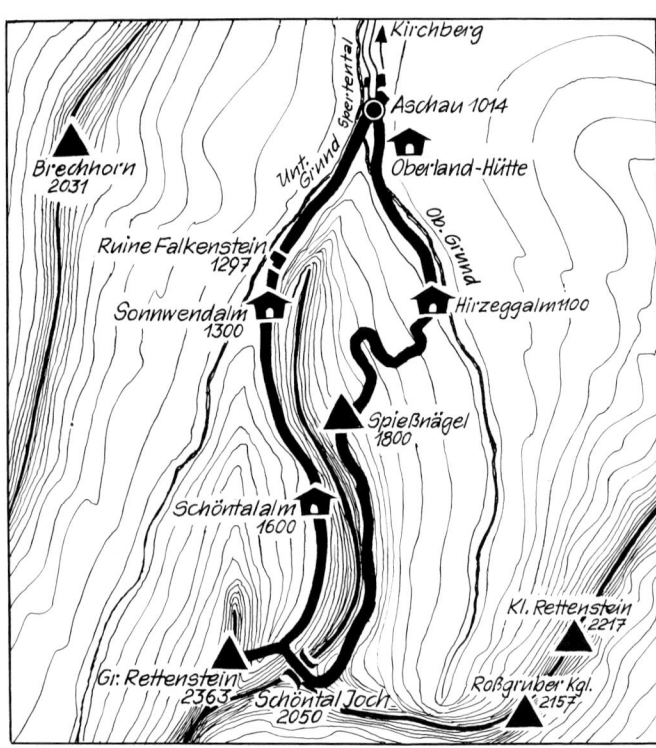

Der Große Rettenstein zwischen Pinzgauboden und Kitzbüheler Skimugeln sticht wie ein helles Kalkriff aus seiner schieferig-verrotteten, wenn auch sanft übergrünten Umgebung. Er bietet eine stille Aussichtsloge vor der großen Tauern-Szene — und noch einiges mehr. Es gibt mehrerlei Wege zu diesem entlegenen Berg: Man kann den stillen Normalweg aus dem Kitzbüheler Spertental nehmen, geht im Unteren Grund (rechts, wenn man von Aschau kommt) bis zur Ruine Falkenstein, die links oben auf 1297 m Höhe steht, passiert die Sonnwendalm und steigt dann im Graben zwischen Spießnägeln und Rettensteinsockel über die Schöntalalm, bis der Steig steil und in engen Kehren durch das Schrofengelände in die Nordostflanke des Berges zieht. Zuletzt steht man schweratmend den bizarren Felstürmen der Steinernen Frauen gegenüber, kommt durch das Felsentor mit dem bezaubernden Ausblick in das Tauerneis und klettert dann vorsichtig, aber ohne besondere Schwierigkeiten, auf den Gipfel: 2363 m — gut 4–5 Std. ab Aschau im Spertental! Sehr gute 2 Std. steigt man dann ab, entweder am Aufstiegswege oder noch in den Sockelfelsen rechts ab zum nahen Schöntaljoch und dann fast weglos an dessen grünem, freiem Nordkamm bleibend bis weit hinaus zu den Spießnägeln. Da aber rechts über die Hirzeggalm, 1100 m, steil hinab in den Oberen Grund. Dann geht man nur noch 20 Minuten eben zur Oberlandhütte und nach Dorf Aschau ... Damit ist die »Normalroute« als mein Pflichtteil erledigt — als Liebhaber dieses ruhigen Bummelquartiers habe ich aber noch einige Varianten parat, die nicht in der Skizze verraten werden: 1. Abstieg ebenfalls zum Schöntaljoch aber dann östlich weiter hinab zum Stangenjoch, 1713 m, und erst hier links ab in den Oberen Grund, wo wir alsbald in Gesellschaft frischer Quellen marschieren. — Dann 2. für den, der sein Auto nicht im Spertental stehen hat: Fahrt mit dem Wagen oder Bus zum Paß Thurn, dort mit dem Lift schnell zur Resteralm auf 1750 m Höhe, und nun in namenloser Stille westwärts den hohen Kamm abgelaufen: unter der Resterhöhe, 1894 m, rechts durch zum ersten Buckel, 1941 m, dann zum Latschinger Kogel, 1975 m, und endlich zum Zweitausender, 2005 m — bis hierher gut 2¹/₂ Std., davon 2 Std. ganz allein. Vom Zweitausender weg wird die Stille zum Abenteuer: Weglos steigen wir unter dem Roßgruberkogel durch zum Stangenjoch und gehen von dort auf den Großen Rettenstein — und zurück, wo es uns gefällt: ins Spertental jedenfalls ... siehe oben! — 3. Man fährt über Paß Thurn in den Pinzgau bis Mühlbach und hier rechts, nördlich hinauf bis zur Baumgartenalm, 1402 m — vom Zweitausender und vom Rettensteingipfel haben wir in diese riesige Almbucht schon hinuntergeschaut. Jetzt steigen wir von hier in 2¹/₂ bis 3¹/₂ Std. über Stang Hochalm, Stangenjoch und Schöntaljoch auf den Großen Rettenstein und — nun der Knalleffekt! — und bummeln dann ab Stangenjoch weglos zurück, immer mit dem Herzen in den unabsehbaren Südhängen vor der Waldzone, wo man in Gesellschaft der ersten Fichten und Zirben mit süßen Träumen tändelt.

88 Grüne Schieferberge über Kitzbühel

Vom Kitzbüheler Horn zum Wildseeloder

TALORTE Kitzbühel, 763 m (Kabinenbahn zum Gipfel des Kitzbüheler Horns, 1998 m) · Aufstieg zu Fuß nie ab Kitzbühel, nur ab St. Johann über Harschbühel: St. Johann, 730 m · Fieberbrunn, 790 m

STÜTZPUNKTE Gipfelhaus Kitzbüheler Horn, 1980 m · Alpenhaus, 1669 m · Wildseeloderhaus, 1854 m · Lärchfilz-Hochalm, 1364 m

BESTE ZEIT Juli bis Anfang November; Oktober–November nur bei frühem Aufbruch · Ausrüstung normal, leichtes Gepäck mit komplettem Wetterschutz und Notproviant

KARTE Freytag-Berndt-Wanderkarte, Bl. 38, Kitzbüheler Alpen

HINWEISE Bei einem Wetterumschlag kann man an der Pfeiferalm, am Stuckkogel, an der folgenden Brunneralm und am Gebrajoch westwärts ins Kitzbüheler Tal bzw. in den davon abziehenden Auracher Graben absteigen! · Sehr reizvoll ist für ausdauernde Geher die Fortsetzung ab Gebrajoch: Hochwildalm-Haus, 1557 m — Henlabjoch, 1863 m — hier Abstieg nach Hinterglemm-Saalbach oder Weiterstieg über Oberreiterjoch, 1803 m — Saalkogel, 2007 m — Tristkogel, 2095 m — Torsee — Schusterkogel — Geißstein (diese beiden Gipfel werden unterlaufen) — Sintersbachscharte, 2061 m — ab hier Abstieg zur »Alten Wacht« vor Jochberg

BILD Flugaufnahme des Kitzbüheler Horns mit seinem grünen Nordostsporn, im Mittelgrund die Huberalm. Links das Raintal, in dem man ab Grieswirt in großer Stille aufsteigen kann. Im Hintergrund die Venedigergruppe mit Schlieferspitze und Simonyspitzen.

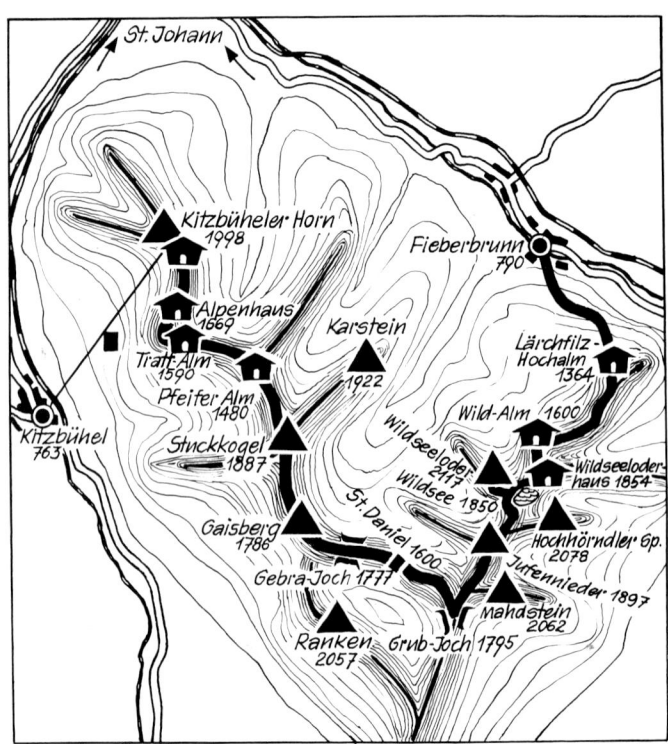

Das Luftfoto zeigt das Kitzbüheler Horn von seiner stillen Ostseite: nach seiner Struktur der Modellfall für die ganze folgende Wanderung! Wir fahren über die weniger stille Westseite bis zum Gipfel auf 1998 m Höhe — und wandern dann 6–8 Std. lang bergauf und bergab, immer nur das hohe Eis um den Großvenediger vor Augen, rechts tief unten die Autostraße zum Paß Thurn, links unten eine stille Talfalte nach der anderen, jede mit einem Quellbach ausgestattet, jede von unten bis oben auf Grün eingestellt, grasgrün, waldgrün, blaugrün. Man verbummelt einen großen, stillen Tag und versäumt keineswegs Gipfel fürs Tourenbuch, wir sammeln sie nebenbei, und bis zum Wildkogel haben wir schon ein Halbdutzend beieinander — es sei denn, wir umgehen sie schlau! Denn eigentlich führt dieser grüne Kitzbüheler Höhenmarsch nur in eine immer dichtere Stille, und die Einsamkeit wird so groß, daß wir zu singen anfangen: wer verträgt schon so viel Stille auf einmal! ... Die Kabine ist teuer, sie entläßt uns am Gipfel des Horns, am Sockel eines häßlichen Fernsehturmes. Den Südhang hinab, am Alpenhaus vorbei, links oben über der Trattalm abschneidend zur Spathütte und zur Pfeiferalm. Den Pfeiferkogel lassen wir samt seinen schäbigen 1669 m Höhe links oben liegen. Dicht an der Lämmerbühelalm werden wir sauer, weil wir fast 300 Höhenmeter auf den Stuckkogel hinauf müssen. Unterwegs vergessen wir es aber, weil links drüben die Leoganger und Loferer Steinberge ihre ruinösen Wände und grauslichen Schluchten herzeigen; und kaum sind wir auf 1887 m Höhe am Stuckkogel, da grüßen wir das muntere Kalkriff des Großen Rettensteins und weinen heimliche Tränen, weil drüben auf den Superabfahrten Fleck, Streif, Kaser, Giggling, Blaufeld und Sticklberg kein Schnee liegt ... Jetzt geht es lang am hohen, grünen Kamm dahin, über den Gaisberg zum Gebrajoch, 1777 m; und genau hier gehen wir nicht rechts, sondern links weiter, marschieren aus purer Faulheit um den Ranken links herum, passieren ein Kreuzeck und die St.-Daniel-Kapelle. Schauen dann auf nichts mehr als auf den Wildseeloder, wie der mit seinen 2117 m Höhe felsbewehrt das ganze Gäu beherrscht. Auf Nordhängen queren wir ab Bischof unter dem Mahdstein hindurch zur Jufennieder, werfen neugierige Blicke in die Hochhörndlerwände rechts drüben, erreichen die Scharte und jodeln vor Freude: Vor uns ein dichter, grüngrauer Felsenkessel mit einem Seetopf und einem Berghaus dazu. Mit oder ohne Wildseelodergipfel trinken wir im Wildseeloderhaus alles Versäumte gründlich nach und bleiben zur Nacht — oder steigen noch ab zur Lärchfilzalm, wo nebenan ebenfalls ein Wirt auf uns wartet. Auf dem Wildseeloder hat man zunächst die stumpfen Gipfel des Pinzgauer Spazierganges zwischen Schmittenhöhe und Kuhkaser vor sich, aber durch jede Scharte sieht man Tauerneis. Der Südabbruch des Steinernen Meeres am Hochkönig macht gute Figur, um Fieberbrunn und Hochfilzen schleichen rasende Märklin-Schnellzüge nach Wien und Paris. — Man kann unseren Marsch in 6–8 Std. hinter sich bringen, warum aber nicht in 10–12 Stunden?

89 Im Wilden Kaiser
Über den Scheffauer — über das Ellmauer Tor

TALORTE Kufstein, 503 m · Ellmau, 812 m · Going, 773 m · Griesenau

STÜTZPUNKTE Hinterbärenbad, AV, 831 m · Kaindlhütte, priv., 1293 m · Stripsenjochhaus, AV, 1530 m · Griesener Alm, 1024 m (Kfz von Griesenau, dann 1³/₄ Std. zum Stripsenjoch) · Gruttenhütte, AV, 1620 m · Gaudeamushütte, AV, 1263 m · Wirtshaus Hintersteiner See, 883 m

BESTE ZEIT UND AUSRÜSTUNG Juli bis Oktober. Nur bei sicherem Wetter! · Für »Widauersteig« zum Scheffauer evtl. 20-m-Reepschnur für Kinder ab 12 Jahren oder (geübte) Frau

KARTEN / FÜHRER Ideal die AV-Karte Kaisergebirge, 1 : 25 000 · Brauchbar Freytag-Berndt-Karte, Bl. 30, Kaisergebirge, 1 : 100 000 · Sehr gute Anregungen im Kaiser-Führer von Leuchs/Nieberl (Rother)

HINWEISE Wem Frau oder Kinder nicht zum exponierten Widauersteig folgen, der schicke sie allein ab Kaindlhütte über die Walleralm, 1206 m (Wirt), zum Hintersteiner See (3 Std. gemütlich). — Wenn Wetter an Kaindlhütte nicht ganz sicher, besser den »Bettlersteig« durch die Straßwalchschlucht nach Hinterbärenbad (3–4 Std., großartig!). — Am schnellsten kommt man über Griesenau—Griesener Alm zum Stripsenjoch.

Ein nicht witzloses Flugbild schoß Franz Thorbecke im Kletterparadies der Münchner — im Wilden Kaiser. Wir schauen genau in die berühmte Steinerne Rinne hinein, die hinauf zum Ellmauer Tor zieht. Rechts die senkrechten Ostwände der Fleischbank, links die Westwand des Predigtstuhls. Rechts oben Vordere und Hintere Karlspitze, links oben Predigtstuhl-Nord- und -Hauptgipfel, dann die Hintere Goinger Halt

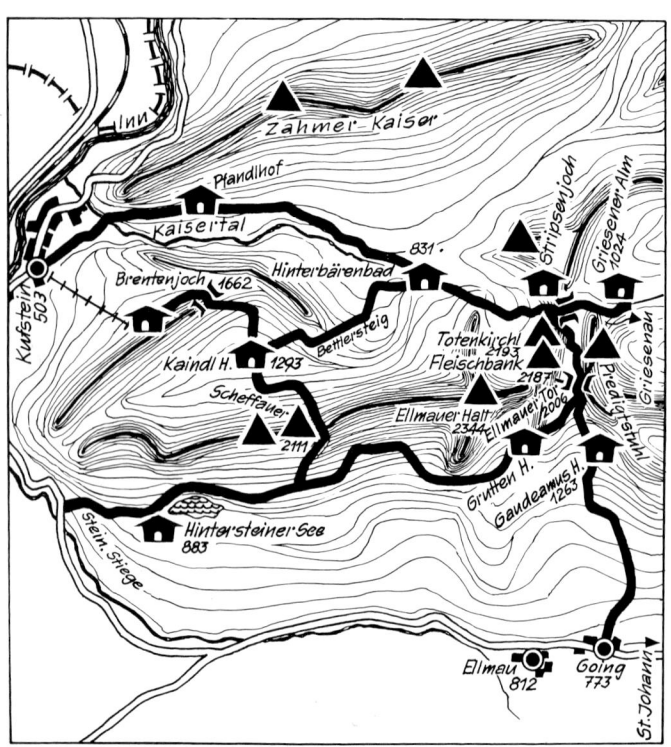

Es ist immer dasselbe: Aus Hast, Lärm, Abgaswolken und tausend verzwickten Ordnungen kommt man morgens in das Kaisertal, pilgert an sommergrünen Almwiesen in eine immer tiefere Stille, über sich die schönste Architektur des alpinen Abendlandes: kühle, strenge Wände, Stufen, Rampen und Pyramiden von Scheffauer-Nordwand, Kleiner und Ellmauer Halt, Kopftörlgrat, Totenkirchl und Fleischbank. Nie hat sich diese Wohltat der Natur heilender dargestellt als jetzt im Gegensatz ... Ringsum tödliche Gefahren, man steigt zwischen zwei senkrechten 700-Meter-Wänden eine blanke Felsrinne empor, klettert an Drahtseilen durch eine steile Plattenwand, sammelt alle Schauer der Gefahr — und kommt doch ungeschoren heim aus dem alpinen Inferno: Das ist das unvergleichliche Kaiser-Rezept, tausendfach gekostet, tausendfach gepriesen ... Mögen Stripsenjochhaus, Kaindl- und Gruttenhütte zuweilen überfüllt sein, ein vom Steigen erschöpfter Körper und ein vom Schauen beseelter Geist durchschläft solche Miseren. — Wir unternehmen zwei Zwei-Tage-Touren, zu denen ich Varianten anfüge. 1. Altmodisch begonnen mit dem immer gleich begeisternden Weg Kufstein — Sparchenstiege — Veitenhof — Kaiserkapelle — Pfandlhof, dann geht's hinein nach Hinterbärenbad, mit dem glatten Kirchdach der Kleinen Halt über dem Kamin, 2¹/₂ Std. — Es wird steiler, aber wir spüren die Serpentinen zum Stripsenjochhaus nicht, weil wir den Kopftörlgrat, die Totenkirchl-Westwand und immer wieder die drei Stufen zur Ellmauer Halt studieren müssen (+ 2 Std.). — Wir könnten hier schlafen und vor der Nacht noch ein Dutzend Totenkirchlkamine oder die zwei Nordkanten von Fleischbank und Predigtstuhl bewundern. Wir können auch weitergehen, kurz ostwärts hinab, am Eggersteig durch den senkrechten Fleischbanksockel, dann die faszinierende Steinerne Rinne hinauf zum erlösenden Ellmauer Tor. Abstieg auf der Sandreiße, dann scharf rechts gequert und durchs »Wilde Gschloß« zur Gruttenhütte: ab Stripsenjochhaus 4 Std. — Zum Abschluß folgt anderntags der aussichtsreiche, lange Höhensteig um den Treffauer herum zur Kaiserhochalm, dann hinab zum Wirt am Hintersteiner See und noch steiler über die »Steinerne Stiege« zum Bus an der Kufsteiner Straße: ab Gruttenhütte 4–5 Std. — 2. Auffahrt mit schlechtem Gewissen von Kufstein (jetzt 2 Lifte) bis unter die Kaindlhütte auf 1293 m Höhe, anschließend Aufstieg zum Felssockel des Scheffauer durch den Großen Friedhof, hier links auf Spuren zum Einstieg in den drahtseilgesicherten »Widauersteig« durch die Schrofen- und Plattenflanke der Nordwand, hinauf zur Kegelstatt mit dem ungeheuren Ausblick auf die Tauern, hinauf zum Gipfel, 2111 m, um nach 4 Std. glücklicher Plage zu rasten. Vorsicht beim Abstieg südwärts, der »Widauersteig« führt uns dort sicher hinab zur Kaiserhochalm, 1417 m; es folgt der gut zweistündige Höhenweg zur Gruttenhütte. Hier nächtigen und anderntags Tour 1 umgekehrt, also über Ellmauer Tor, Steinerne Rinne zum Stripsenjoch und dann das Kaisertal hinaus nach Kufstein: ab Gruttenhütte 7–8 Std. — Oder Abstieg zum Bus ab Ellmau.

184

90 Über den Untersberg

Ein Tafelberg, zwei Hochthrone und hundert Höhlen

TALORTE Berchtesgaden, 540 m · Hintergern, 800 m · Markt Schellenberg, 480 m · St. Leonhard, 450 m · Glanegg und Rositten, 450 m · Paß Hallthurm, 693 m (Alpensteig) · Aschauer Weiher, 644 m

STÜTZPUNKTE Stöhrhaus, AV, 1883 m · Zepperzauerhaus, AV, 1668 m, am Nordhang des Geiereck · Toni-Lenz-Hütte (Eishöhlenhütte), 1416 m

BESTE ZEIT UND AUSRÜSTUNG Ab Juli bis Anfang Oktober, nur bei sicherem Wetter, nie bei Nebel, nicht bei Nässe. Mit vollständigem Wetterschutz und Karte. — Die verschiedenen Steige sind stellenweise exponiert, aber mit Klammern und Drahtseilen gut gesichert. Die Nordregion um den Salzburger Hochthron ist zeitweilig überlaufen, die Steige sind es nicht

KARTEN / FÜHRER Kaum ausreichend die Freytag-Berndt-Karte, Bl. 10, Berchtesgadener Land, weil noch 1:100 000! · Hervorragend die Topografischen Karten 1:50 000, Blatt Berchtesgaden (8344) und Reichenhall (8342) · Ebenfalls Wanderkarte Berchtesgaden, 1:50 000 · Vorzüglich der kleine Führer von Schöner, »Berchtesgadener Alpen« (Rother)

HINWEIS Wer ab Glanegg über Rositten zum Geiereck ansteigt, macht unterwegs den kurzen Abstecher zur großartigen, eisgefüllten Kolowrathöhle — einer von hundert Untersberghöhlen. Wer Glück hat und Phantasie, kann hier dem Kaiser Barbarossa begegnen . . .

BILD Das Kirchlein Maria Gern bei Berchtesgaden unter den Süd- und Südostwänden des Untersbergs. In Bildmitte oben der Berchtesgadener Hochthron, am rechten Bildrand ein Stück des Salzburger Hochthrons

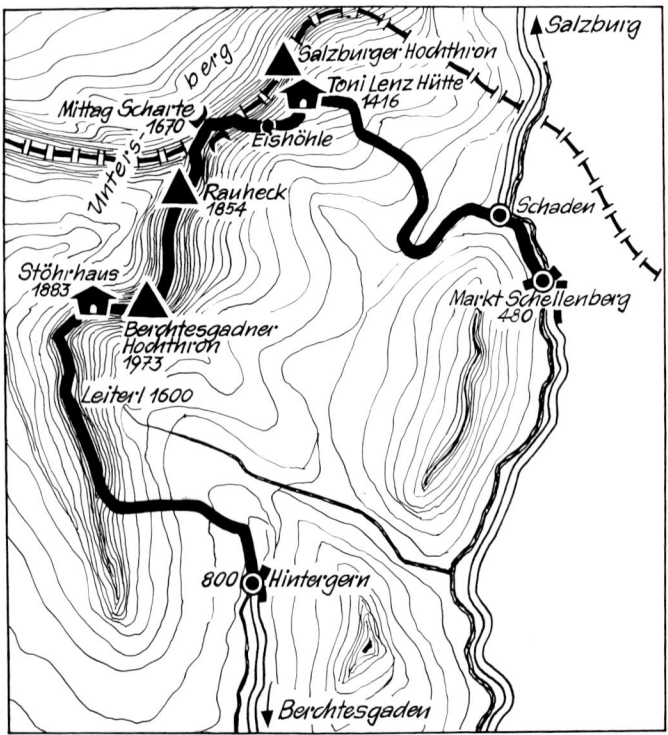

Wer auf der Münchner Autobahn nach Salzburg fährt, zielt beim Dorf Anger direkt auf den Untersberg, einen märchenhaft geformten Tafelberg mit steilen Flanken nach allen Seiten, breit, massig, in tiefe Waldsockel verwoben. Er schaut wirklich wie ein Riesensarg aus, und man glaubt sofort an die alten Sagen, daß hier im durchlöcherten Felsleib einer auf neue alte Kaiserherrlichkeit warte, ein Barbarossa, Karl der Große oder Wilhelm II. . . . Von dem flachen steinernen Sargdeckel über diesen drei gekrönten Höhlenmenschen heben sich ganz rechts und ganz links zwei sanfte Pyramiden ab: nordwärts der Salzburger Hochthron, südwärts der Berchtesgadener Hochthron, 1973 m. Dazwischen erwartet uns die tief eingeschnittene Mittagscharte, 1670 m; ostwärts unter dieser Scharte steigt man in die berühmten Schellenberger Eishöhlen ein. Höhlen hat der Untersberg viel, und der durch die Wasserlöslichkeit des Kalkgesteins »wie ein Käslaib durchlöcherte Berg« stiftet durch seine Fürstenbrunner Quelle sogar das Trinkwasser für Salzburg . . . Vom ganzen Sargdeckel, der über alle Gipfelbildungen immer die 1800, aber nie die 2000 Meter erreicht, erblickt man bei klarer Sicht den Dachstein, das Berchtesgadener Dreigestirn Göll, Watzmann und Hochkalter, man sieht die Reiteralpe, den Rupertigau mit allen Salzachbögen und sieht sogar — mit Fernglas! — den Herrn von Karajan auf der Salzburger Domkuppel dirigieren . . . Übrigens muß man diesen Tafelberg ganz übersteigen, um mit seiner merkwürdigen Bodenstruktur von Kuppen, Trichtern, Mulden, Höckern, Dolinen, nackten Karrenplatten und dichten Latschenfeldern vertraut zu werden. Am leichtesten ist der »Aufstieg« mit der Kabinenbahn von St. Leonhard (südlich Salzburg) herauf, am schönsten der zu Fuß vom hinreißenden Zwiebelturm der Kapelle Maria Gern weg: Ab hier aus 800 m Höhe steigt man in guten 3 Std. hinauf zum »Stöhrweg« und auf ihm, immer in der Felsflanke der Rauhenköpfe, zum Plateaurand und über das »Leiterl« und allerlei Latschengärten bis zum Stöhrhaus. Wer mittags aufgebrochen ist, nächtigt hier und genießt Abend- und Morgenschau! — Dasselbe Ziel kann man ab Dietfeldkaser bei Berchtesgaden auch über den »Maximiliansreitweg« und seinen Wasserfall erreichen. — Ab Stöhrhaus bzw. ab nahem Hochthron wandert man bei beidseits interessanten Ausblicken nordwärts etwa 2–3 Std. zur Mittagscharte, um hier rechts auf einem raffiniert in den Fels gesprengten Steig zu den Eishöhlen samt Wirt (1416 m Höhe) und anschließend über Mitter- und Bachkaser zum Bus bei Schaden oder Markt Schellenberg abzusteigen: + 2–3 Std. — Wer meint, die ganze Überschreitung vom Stöhrhaus bis zum Geiereck — oder umgekehrt — sei langweilig, den belehrt die Praxis sofort eines Besseren: Er wird begeistert sein, und das nicht nur wegen des schöneren Durstes, des größeren Hungers! — Der hier empfohlene kleine Schöner-Führer deutet auf weitere Anstiege ab Hallthurm, ab Reisenkaser, ab Glanegg über den Reitsteig und — ebenfalls von Norden — ab Wirtshaus Rositten durch das Rosittental und auf dem »Dopplersteig« zum Geiereck (3–4 Std.).

91 Vom Königssee auf den Watzmann

Rinnkendlsteig — Watzmannkar — Hocheck

TALORTE Berchtesgaden, 540 m · Königssee, 605 m · Wimbachbrücke — Ramsau, 624 m

STÜTZPUNKTE St. Bartholomä, 605 m (Übernachtung nur für Ostwandanwärter) · Kührointalm, priv., 1420 m (einf. Quartiere) · Watzmannhaus, AV, 1927 m, auf dem Falzköpfl, 55 Betten + 110 Matratzen · Wimbachgrieshütte (Naturfreunde), 1327 m, im oberen Wimbachtal

BESTE ZEIT UND AUSRÜSTUNG Juli bis Ende September · Nur mit vollständigem Wetterschutz, in besten Bergschuhen, nur für trittsichere, bergerfahrene Bergwanderer. — Die Gipfelüberschreitung ins Wimbachgries nur bei völlig sicherem Wetter, Schwierigkeitsgrad I, für trittsichere und schwindelfreie Geher. Hauptschwierigkeit: das Zurechtfinden beim ersten Teil des Abstiegs ins Wimbachgries. Führertext genau lesen!

KARTEN / FÜHRER Topografische Karte Berchtesgadener Alpen, 1 : 50 000. Gleich mit Topografischer Karte L 8542, Königssee, 1 : 50 000 · Kleiner Führer Berchtesgadener Alpen, Schöner (Rother)

HINWEISE Wer sich den »Rinnkendlsteig« wegen dessen Exposition nicht zutrauen darf, steige ab Königssee-Dorf, 605 m, über die Klingeralm, 915 m, am einfachen Normalweg zur Kührointalm bzw. zum Watzmannhaus. Das Watzmannhaus kann auch ab Wimbachbrücke über Stubenalm und Mitterkaser in 3–4 Std. oder ab Haltestelle Ilsank an der Ramsauer Hauptstraße in 4 1/2 Std. erreicht werden. Alle Anstiege sind mit steigender Höhe schöner und für trittsichere Wanderer ohne Gefahr

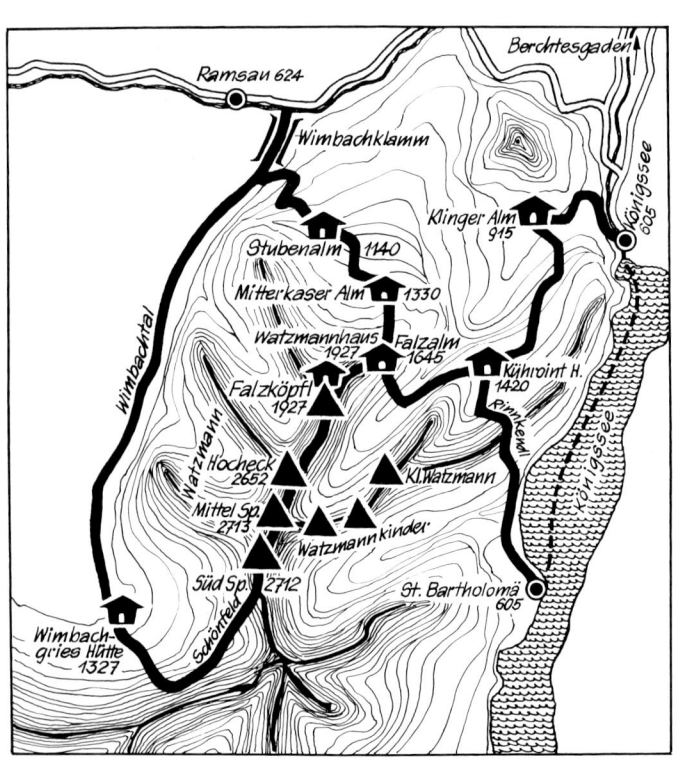

Es ist die Erosion und keine höhere Macht, die diesen wunderschönen Watzmannstock geschaffen hat: Wie muß dieser Berg vor hundert Millionen Jahren ausgesehen haben? Er konnte nie so wohlgeformt, so ebenmäßig gegliedert gewesen sein wie heute, wenn er dem Berchtesgadener Gast mit Frau und Kindern entgegentritt, mit seinem weiten, romantischen Wildkar, seinem über drei wilde Gipfel schwingenden scharfen Hochgrat. Die Watzmann-Ostwand mit ihren Riesenrampen und schweren Furchen über dem romantischen Winkel des Königssees bei St. Bartholomä ist allein die Reise wert... Wir tun als trittsichere und vorsichtige Bergwanderer gut, wenn wir im Schifferl bis St. Bartholomä fahren, eine halbe Stunde hinauf zur höchsten Kletterwand der Ostalpen starren (es sind ab Wandfuß volle 1800 Höhenmeter!) und dann am Eiswinkl entlang, den See zur Rechten, davonmarschieren. Bald müssen wir viele Kehren bergan steigen, um am verwegen in den Fels geflochtenen »Rinnkendlsteig« zum schmalen Einschnitt des Rinnkendls zu kommen, ausgesetzt oft und für Leichtsinnige gefährlich. Den Archenkopf rechts lassend, nach einem letzten, großartigen Tiefblick von der Archenkanzel zum See, kommen wir zur Kührointalm, 1420 m: 3 1/2 Std. — Hier kann man nächtigen. Besser steigen wir, nach einer Rast, auf dem guten Weg zum Watzmannhaus — wobei sich nach 45 Minuten plötzlich links das riesige Wildquartier des Watzmannkares öffnet, mit Steinerner Frau und Steinernen Kindern am Horizont, mit Wandstufen und Schuttfeldern, sanft wiegenden Lärchen, Latschengärten und überall Blöcken, riesigen Brocken. Erst ab Falzalm wird es steiler, dann stehen wir nach 2 1/4 Std. vor dem Watzmannhaus, 1927 m, wo die Bitterlinge das Wort führen. — Hier nächtigen, die Berchtesgadener Welt bei Morgenlicht besehen und dann in 2 1/2 Std. über den Mitterkaser zum Bus an der Wimbachbrücke der Ramsau absteigen, sichert bereits eine schöne Bergwanderung. — Wer trittsicher ist als Bergwanderer, steigt ab Hütte auf markiertem Weg in Kehren, später steiler in Schrofen zur »Schulter«, wo er ein Drahtseil und künstliche Felsstufen entdeckt; dann geht er nahe dem Grat hinauf zur kleinen Unterstandshütte am Hocheck, 2652 m (+ 2 Std.). Ausblick und Stille werden überwältigend sein — solange die Berchtesgadener Dorffürsten noch keine Kabinenbahn hierher gebaut haben. — Nur gute, erfahrene Bergsteiger machen die Überschreitung aller drei Gipfel und steigen dann von der Südspitze über die teils schrofige, teils schuttbedeckte Südwestflanke ins »Schönfeld« und von dort durch Latschen zur Wimbachgrieshütte im Talschluß ab: vom Watzmannhaus 6–7 Std. bei guten Verhältnissen. In der Wimbachgrieshütte nächtigt man auf 1327 m Höhe, steigt dann ab und gelangt in die Wimbachklamm und hinaus zur Wimbachbrücke: ab Hütte 2–3 Std. — Der Schöner-Führer deutet auf den Zwang, den Abstieg Watzmann — Südgipfel — Wimbachgries unter keinen Umständen leichtzunehmen: Die Möglichkeiten zum Verirren, ja zum tödlichen Verlaufen am falschen Weg sind groß, es gab schon Opfer. Am richtigen Weg ist alles relativ einfach.

Ausblick vom Kirchlein Maria Gern über das Tal von Berchtesgaden hinweg auf den Watzmannstock, 2713 m. Links Watzmannfrau, über dem hier frisch verschneiten Kar vier Watzmannkinder, Watzmann-Hocheck und Watzmann-Mittelgipfel mit dem gut einsehbaren Aufstieg ab Watzmannhaus (in Gipfelfallinie) auf dem Falzköpfl

92 Zum Steinernen Meer

Königssee — Gotzenalm — Röth — Funtensee — Wimbachgries

TALORTE Berchtesgaden, 540 m · Königssee (Motorboot), 605 m; Fahrt bis Anlegestelle Kessel · St. Bartholomä, 605 m (für Abstieg durch die Saugasse). Ramsau / Haltestelle Wimbachbrücke, 624 m

STÜTZPUNKTE Gotzenalm, 1665 m (Springlkaser), priv., 12 Betten + 46 Matratzen, 3 Std. ab Kessel · Wasseralm in der Röth, 1400 m, Selbstversorgerhütte, Matratzenlager; 3—4 Std. ab Springlkaser · Kärlingerhaus am Funtensee, AV, 1620 m, Nächtigung; 3—4 Std. ab Röth · Wimbachgrieshütte (Naturfreunde), 1327 m; gute 3 Std. ab Funtensee

BESTE ZEIT UND AUSRÜSTUNG Mitte Juli bis Ende September, nicht nach Regenfällen · Nur mit bestem Schuhwerk, Kälteschutz, Proviant

HINWEISE Der Schöner-Führer verrät für erfahrene Kartenleser noch viele stille Steige über den Königssee: Obersee — Landtal (nicht alter Röthsteig!) — Wasseralm. — Oder: Prachtaufstieg Saletalm (Anlegestelle) — Sagereckwand — Halsköpfl. — Oder: Wasseralm — Blaue Lacke — Mauerscharte — Häuslalm — Blühnbachtal — Eckberthütte. Oder: Ab Jenner den Übergang Schneibstein — Windschartenkopf — Königsbachalm

FÜHRER / KARTE Schöner, Berchtesgadener Alpen (Rother), mit sehr guter Karte 1:50 000 als Anlage! · Zur besseren Überschau die Freytag-Berndt-Karte, Bl. 10, Berchtesgadener Alpen, 1:100 000

BILD Blick aus dem Flugzeug in den Talschluß des Wimbachgrieses. Links beschattet die Ostflanke des Kleinen Palfelhorns. Im rechten unteren Teil neben dem weißen Schuttstrom steht (hier unsichtbar) die Wimbachgrieshütte der Naturfreunde. Im Hintergrund die Hocheisspitze

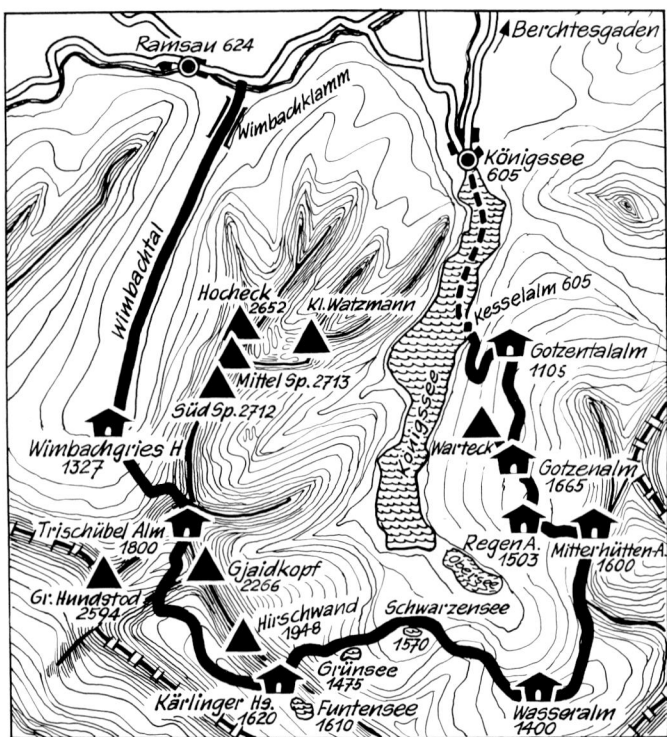

Eine einsame, lange, eine überaus lohnende Bergwanderung vom Ufer des Königssees ins Steinerne Meer und durch das Wimbachgries zurück. Neben Superlativen wie Königsseeblick in die Ostwand, wie Stille der Röth, wie das epische Gemälde des Steinernen Meeres unter der Schönfeldspitze, wie der Wildsteig durch die Saugasse zum Königssee hinab oder wie der Abstieg unterm Hundstod ins Schuttmeer des Wimbachgrieses kommen auch Namen wie Gotzenalm, Regenalm und Wasseralm vor. Eben dies ist nach dem Urteil zweier munterer Bergsteigerinnen aus Hof hintergründig. Sie hatten das Pech, nach längerer Regenzeit auf diese große Bergwanderung zu gehen, und fanden um jene Almen herum viel Batz, Lehm, Dreck, Wasserlachen und was es sonst noch Einschlägiges gibt zum Verärgern hochgestimmter Bergdamen... Mein besonderer Ratschlag also: Gehen Sie auf diese feine Wandertour nur bei sicheren Wetteraussichten, nicht nach längerer Regenzeit!... Wir fahren also trotzdem mit dem Motorboot bis Kessel, steigen die Schleifen des Reitweges empor, schauen in die »Ostwand« gegenüber, denken daran, daß sie der Erzbergsteiger Hermann Buhl im Winter 1953 allein, in der Nacht, im tiefen Schnee, ohne Kenntnis der Wand durchstieg... Jetzt hält man viel aus, passiert hochgemut die Gotzentalalm, 1105 m (1½ Std.), kommt steiler hinauf zum Springlkaser, 1665 m (+2 Std.), und sagt »Ui« und »Aaah«, denn drüben neben den Teufelshörnern steht plötzlich der Hochkönig über seiner Übergossenen Alm. Beim Weitermarsch eben zum Jagdhaus, dann links hinab zur verfallenen Mitterhüttenalm. Hier scharf rechts südlich heraus in den Graben der Landtalalm und unter steilem Fels weiter in die »Röth« und zur Wasseralm — zur kleinen Selbstversorgerhütte im stillen Riesenzirkus unter den Teufelshörnern. Wände, Rampen, tote Kare oben, unten der letzte, verfilzte Bergwald und ein Röthbach, der gerade den Anlauf nimmt zu seinem großen Wasserfall über 600 Höhenmeter hinab zum Obersee. Der Weitermarsch aus der Röth ist von abenteuerlich wilder Schönheit. Immer noch ahnt man rechts die Königsseetiefe; beim kurzen Abschneider zum Halsköpfl, 1718 m, einer Erhebung auf der Riesenfelskante von Sagereckwand und Walchhüttenwand, schauen wir das letzte Mal in die Seetiefe hinab. Dann geht es westwärts durch die steinerne Welt weiter, rechts oben der Siemetsberg, links Kuhscheibe, ein unverhoffter Anstieg vom Grünsee um den Glunkerer herum, und wir sind im Funtenseeboden, vor dem Kärlingerhaus, 1620 m. Sind umgeben von hohen, nackten Kalkgipfeln, unter denen eine löcherige, karstige Buckelwelt letzte Reste von Grün und Bergblumen hütet. Zeit Gotzenalm — Röth — Funtensee 6—8 Std., je nach Kondition. — Abstieg nur nordwärts durchs Ofenloch und (Variante) die verwegene »Saugasse« hinab, erst durch Schutt und Schrofen, ab Hachelklause im Wald bis zum See: bis Bartholomä + 2½ Std. — Oder normal: westwärts zum Hundstodgatterl, 2186 m, und nordwärts über die Trischübelalm zur Wimbachgrieshütte, 1327 m, dann hinaus zur Wimbachbrücke vor der Ramsau. Zeit 5—6 Std.

190

93 Quer durch das Tote Gebirge
Hinterstoder — Großer Priel — Pühringerhütte — Grundlsee

TALORTE Hinterstoder, 585 m · Gößl am Grundlsee, 715 m · Habernau im Almtal, 573 m · Ebensee am Traunsee, 422 m · Bad Ischl, 469 m · Bad Aussee, 659 m

STÜTZPUNKTE Prielschutzhaus, AV, 1420 m; 2¹/₂ Std. über Hinterstoder · Pühringerhütte, AV, 1703 m, ab Fleischbanksattel über den »Ausseer Weg« · Evtl. Appelhaus und Naturfreundehütte, 1660 m, in der Plateaumitte · Evtl. Ebenseer Hochkogelhaus, 1558 m

BESTE ZEIT UND AUSRÜSTUNG Anfang Juli bis Anfang Oktober. Unbedingt mit Wetter- und Kälteschutz, in hohen festen Bergschuhen

KARTE / FÜHRER Freytag-Berndt-Karte, Bl. 8, Östliches Salzkammergut, 1:100 000, mit rot eingezeichneten Steigen · Führer durch das Tote Gebirge / Sepp Huber

HINWEIS Weitere Möglichkeiten zu interessanten Varianten: Ab Pühringerhütte am »Sepp-Huber-Steig« durch die Zehnerkogelwand ins innerste Almtal. Oder Abstieg Fleischbankscharte — Welserhütte — Schermberg (1400 Meter Wandhöhe) — Almtaler Haus!

BILD Ausblick vom Schlußanstieg zum Hohen Priel gegen Süden. In Bildmitte die Spitzmauer, 2446 m, mit ihren Ostabbrüchen. Rechts vorne zwischen den Wolken der Brotfall, 2327 m, mit seinem interessanten Südgrat. Vorne Mitte im Kar unser Aufstiegsweg vom Prielschutzhaus zur Brotfallscharte. Priel und Brotfall bieten an ihren Südgraten sehr schöne Genußklettereien (Grad III)

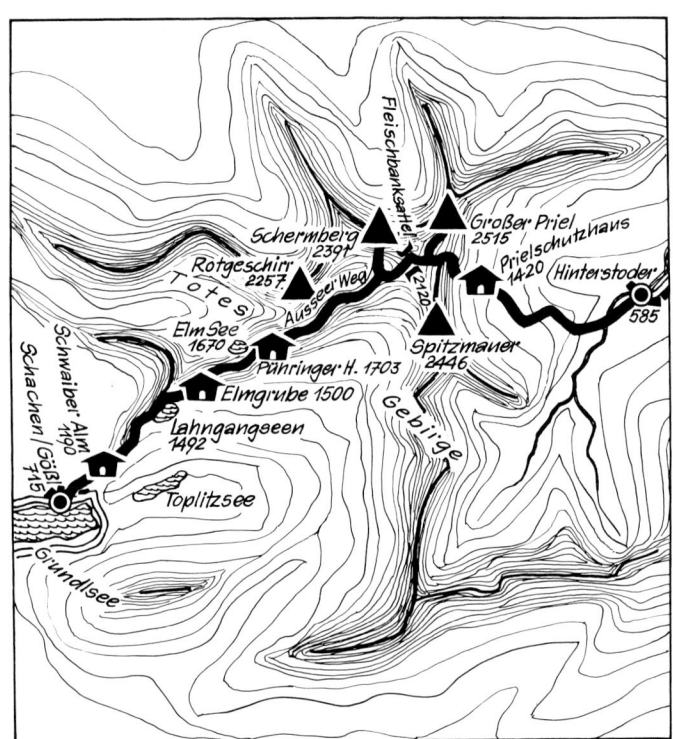

Das Tote Gebirge zwischen junger Traun und Steyr im östlichen Salzkammergut ist als hohe Karstlandschaft mit Plateaucharakter ein wenig dem benachbarten Dachsteinstock verwandt — es fehlen nur Eis und Umfang. Wie um Krippenstein, Speikberge und Hocheck breitet sich über mauergleich in die Täler abfallenden Rampen eine Todeslandschaft aus: Karrenfelder, Dolinen, Latschengürtel, Buckel, Schluchten, Rinnen und lange Gräben mit einzelnen Seeaugen. Nur Gamsrudel, Hirsche und letzte Bergblumen zeugen für das Leben. Ein berückendes Revier für romantische Bergwanderer, die Einsamkeit suchen und vertragen . . . Die höchsten und formschönsten Gipfel stehen im Osten zwischen Stodertal und Hetzau. Großer Priel, Spitzmauer und Schermberg treiben vom Plateauzentrum gegen Nordosten einen schweren, hohen Keil von Mauern und Graten in die Vorberge des östlichen Salzkammergutes hinaus. Wir überwandern diesen Ostteil des Toten Gebirges vom inneren Stodertal über die Pühringerhütte bis hinüber zum Grundlsee. Begonnen wird dieser lange Durstweg in Hinterstoder, von wo aus wir 2¹/₂ Std. unter den Spitzmauerwänden zum Prielschutzhaus ansteigen und dort vielleicht nächtigen. Anderntags gehen wir hinauf ins Kühkar, passieren letzte Firnstreifen und gehen dann am gesicherten Steig zur Brotfallscharte, 2370 m, hinter der ein leeres Unterstandshüttchen wartet. Von ihm aus sind wir am Weg über die Südwestabdachung bald auf dem Großen Priel (Bild) in 2515 m Höhe, bleiben dort lange hocken, um das Dachsteingemälde zu studieren und einen Frieden zu genießen, der dicht unter uns im berühmten Salzkammergut der Weltgäste zwischen St. Wolfgang, Bad Ischl, Bad Goisern und Bad Aussee immer sicherer durch die Benzinteufel ausgetrieben wird . . . 3 Std. bis zum Gipfel, dann zurück zur Abzweigung, über die Fleischbankscharte — wo der Weg von der Welserhütte und aus dem Almtal einmündet — und nun westwärts leicht fallend ins Feuertal. Es beginnt die eigentliche Plateauwanderung, das gelassene Versinken in der Stille. Noch sehen wir Spitzmauer und Temelberg über uns, vor uns aber blinkt der Hallstätter Gletscher vom Dachstein. Plötzlich sind wir in der Steinwüste des »Aufghackert«, an den Wänden des Geiernestes mit der einzigen Quelle, und nach 3—4 Std. gemütlichen Gehens ab Prielgipfel stehen wir vor der Pühringerhütte am Elmsee. Man nächtigt hier, bevor man durch schüttere Lärchen zur Jagdhütte in der Elmgrube wandert. Über uns Salzöfenmauer und Grasmauer, zur Linken ahnt man den Wandabbruch, unter dem der Toplitzsee liegt. Aber erst passieren wir Hinteren und Vorderen Lahngangsee, ehe unser Steig sich zwischen den Kalkwänden durchschlängelt und hinab zum Ufer des Grundlsee zieht, nach Gößl und Schachen (+ 3¹/₂ Std.). — Toplitz- und Kammersee (mit der Traun-Quelle) sind nahe und einen Besuch wert, bei dem man nicht auf die Uhr schaut. — Als Variante merke man sich: Ab Pühringerhütte Weitermarsch auf der Plateaumitte über das Appelhaus zur Eishöhle und zum Ebenseer Hochkogelhaus; hier Abstieg nach Ebensee.

192

94 Von Altaussee auf den Loser

Felskanzel vor dem Dachstein

TALORTE Altaussee, 712 m · Bad Aussee, 659 m

STÜTZPUNKT Loserhütte, 1500 m, über der Augstalm, privat, Nächtigung möglich. Beim Anstieg zur Loserhütte sehen wir auf die gegenüberliegende Trisselwand

BESTE ZEIT UND AUSRÜSTUNG Da wir am Loser fast nur Südhänge begehen, schon ab Juni, dann bis in den späten Herbst, je später, desto schöner · Gute Schuhe und Wetterschutz verstehen sich von selbst, ebenso eine gute Karte

KARTEN / FÜHRER Freytag-Berndt-Wanderkarte, Bl. 8, Östliches Salzkammergut, 1:100 000, mit rot eingezeichneten Bergwegen · Evtl. als Ergänzung (zum Studium des Dachsteinstockes) noch Bl. 28, Dachstein und Salzkammergutseen, ebenfalls 1:100 000 · AV-Führer Totes Gebirge / Krenmayr (Rother)

HINWEIS Eine gegenüber dem Loseranstieg strengere Unternehmung zielt ab Altaussee über den Tressensattel auf den Ahornkogel, 1687 m, das ist der Bug des zweiten Kalkkeiles aus dem Plateauinneren. Man steigt vom Sattel nordöstlich über Wiesen in den Buchenwald und dort steil hinauf in Fichten und Latschen. Bald hat man das »Kleine Riebeisen« (eine in den Fels gehaue Stiege) und wenig darauf auch das »Große Riebeisen« erreicht, das uns dann in flachere Wiesenzonen entläßt. Durch Latschengassen geht es auf den Gipfel. Hier stehen wir genau zwischen Altausseer See und Grundlsee, genau an der oberen Kante der Trisselwand. Die grandiose Aussicht kann man vor der Karte feststellen

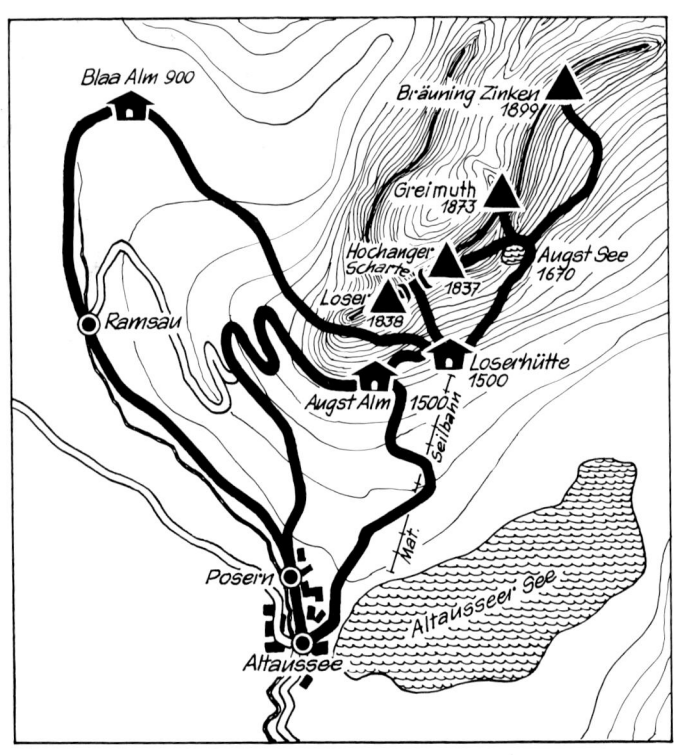

Das Tote Gebirge zwischen Bad Ischl und Stodertal zeigt seine stärksten Trümpfe im Osten mit Großem Priel, Spitzmauer und Schermberg — aber es geht beim Bergwandern nicht immer um die Gipfelhöhen . . . Dieses riesige Karstplateau entsendet aus seinem Zentrum um Wildensee und Redenden Stein zwei parallellaufende Felskanzeln gegen Südwesten: den Loserstock mit Hochanger, Greimuth und Bräuningzinken westlich, den Trisselkogel mit Ahornkogel, Klammkogel und Schulberg östlich. Beide Kanzeln fallen mit Riesenwänden ins Altausseer Talbecken ab, dazwischen zieht eine schmale, enge Talrinne die Zäsur, sie steigt samt Weg schnurgerade hinauf bis zum Wildenseehaus im Zentrum der riesigen toten Kalktafel. Wer am Ufer des Altausseer Sees steht, am aufregendsten beim Wirtshaus Seewiese am Nordufer, den überragen 600 und 700 m hohe Wandfluchten, darunter die berühmte Trisselwand, die von guten Kletterern oft durchstiegene. Es kann kein Zweifel sein, daß diese beiden Kanzeln von österreichischen Fremdenverkehrsfürsten durchgesetzt worden sind: denn einen schöneren Ausblick zum Dachsteingebirge und einen interessanteren Einblick in die Dachsteinstrukturen gibt es kaum. Auch wenn der Hohe Sarstein überm Hallstätter See eigensinnig im Wege steht — er gehört übrigens zum Dachsteinmassiv, denn ehe sich der Hallstätter See durch Gletscher- und Erosionsgewalt bildete, war der Sarstein kalkfest mit seinem Dachsteinmassiv verbunden gewesen . . . Darüber streitet es sich am schönsten in der Stille am Losergipfel, auf 1838 m Höhe, gute 1160 Meter über dem Ausseer See. — Wer aus Bad Aussee kommt, nützt den Bus bis Altaussee, geht vom Kitzerhof kurz am Fahrsträßchen, dann lang am blau markierten Reitweg hinauf zur Augstalm und weiter zur Loserhütte, also von 712 auf 1500 m. Das sind runde 800 Höhenmeter in guten 2³/₄ Std. Das Bummeln, das Stehenbleiben und Schauen gehören dazu, hier ist aller Ehrgeiz verboten. Unterwegs treffen wir auf zwei frische Quellen. Ein zweiter Weg zieht von der Altausseer Kirche erst westwärts ausholend, dann ostwärts in großen Schleifen zur Augstalm und von dort ebenfalls zur Loserhütte: Er ist rot markiert und vielleicht bequemer. Das steirische Salzkammergut ist schon von der Loserhütte aus bezaubernd in seinem Reichtum an Kontrasten zwischen grünem Charme in den Talmulden und hochalpinem Ernst in den Höhen, aber jeder weiß, daß der höhere Standpunkt eine Vervielfachung der Eindrücke einbringen kann. Also steigt er von der Loserhütte auf blau bezeichnetem Weg in die Scharte zwischen Hochanger und Loser und bequem zum höchsten Punkt bei 1838 m (1¹/₄ Std.). Hat man das Unbeschreibliche genossen, gehe man in die Einsenkung zurück und über den Hochanger, 1837 m, auf bezeichnetem Steig zum Loserfenster mit seinem famosen Durchblick auf Wildenkogel und Schönberg, samt ihren Gamsrudeln. Und gehe weiter zum Augstsee, 1670 m, um mit Wasserfrische, Sonnenwärme und Bergruhe endlich einmal sinnvoll seine Zeit totzuschlagen. Unter dem Hochanger gehe man endlich zurück zur Hütte und ins Tal.

Bei den Bräuningalmen unter den Gipfeln von Loser, Greimuth und Bräuningzinken schauen wir südwestwärts auf das Dachsteinmassiv über dem Hallstätter-See-Einschnitt. Wir erkennen den großen Hallstätter Gletscher und über ihm, von rechts, Torstein, Mitterspitz, Dachstein, Dirndln, Gjaidstein und Koppenkarstein. Links unterm Koppenkarstein Teile des riesigen (und gefährlichen) Karrenplateaus »Auf dem Stein«

95 Rund um den Gosaukamm
Austriaweg — Steiglpaß — Steiglweg — Gosauschmied

TALORTE Gosau, 759 m, im Gosautal, ab Bad Goisern zu erreichen · Gosauschmied, 766 m · Wirtshaus Gosausee, 933 m, am Vord. Gosausee

STÜTZPUNKTE Untere Scharwandalm, 1348 m · Hofpürglhütte, AV, 1705 m, südlich unterm Steiglpaß · Th.-Körner-Hütte, AV, 1460 m, am Austriaweg unter dem Stuhlloch · Stuhlalm, priv., 1466 m · Gablonzer Hütte, AV, 1550 m, auf der Zwieselalm am Westsockel des Kammes

BESTE ZEIT UND AUSRÜSTUNG Nach Anfang Juli bis Ende September · Nur in guten, hohen Bergschuhen, mit Wetter- und Kälteschutz

KARTEN / FÜHRER Ausreichend die Freytag-Berndt-Karte, Bl. 28, Dachstein und Salzkammergutseen, 1:100 000 · Besser Freytag-Berndt-Karte, Sonderausgabe, 1:50 000, Dachsteingruppe · Hervorragend die AV-Karte, Dachstein, 1:25 000 (im Handel)! · Dachstein-Führer von W. End (Rother), sehr präzise und instruktiv! Wichtig evtl. für die unschwierige, aber etwas anstrengende Besteigung des Großen Donnerkogel ab Gablonzer Hütte oder des Angerstein-Hauptgipfels ab Th.-Körner-Hütte

HINWEIS auf eine typische Dachstein-Wanderroute von großartigem Format: Ab Hofpürglhütte steige man ostwärts unter dem vollständigen Dachsteinkamm hindurch — erst über den Sattel des Sulzenhals, 1825 m, dann am oberen »Pernerweg« unter Windlegergrat und Dachstein-Südwänden zur Dachstein-Südwand-Hütte, 1871 m, dramatisch weiter durch das Edelgries und über die Gruberscharte, 2361 m, zum Guttenberghaus, 2146 m: alles in allem 8–9 Std. Dann Abstieg südwärts in die Ramsau oder große Plateauwanderung nordwärts zum Schilcherhaus bzw. Krippenstein — Hallstatt auf markiertem Weg, 4 Std. (nie bei Nebel!)

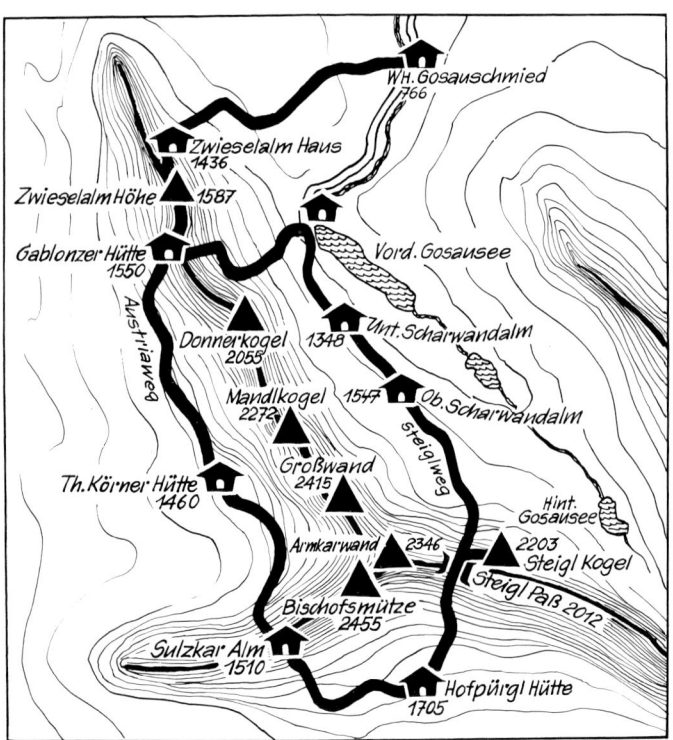

Zwischen dem tiefen Ennstal und den lieblichen Seegruben des Salzkammergutes erhebt sich der Dachsteinstock, westwärts über den Gosaustein verschränkt mit dem Gosaukamm. Am Dachstein drei weite Gletscherböden in den Nordflanken der Hauptgipfel, unter ihnen ein ungeheuer weit ausgreifendes Karrenplateau. Den Charakter des Gosaukammes spiegelt unser Foto: eine aufregende Versammlung von spitzigen Kalksäulen, die sich über märchenhaft mit Latschenbreiten und Lärchenflammen geschmückten Kalkstufen erheben. Ein berühmtes Kletterrevier, ohne Frage! In der genauen Mitte unseres Bildes, an der Nordkante des Nördlichen Manndlkogel, stürzte am 3. Oktober 1913 der hervorragende Alleingeher Paul Preuß tödlich ab ... Hell und kreidig reihen sich die vielen Gipfel an die Große Bischofsmütze, von der aus der Gosaukamm in Nordwestrichtung bis zur Zwieselalmhöhe zieht — 6 Kilometer lang! Wir umwandern die ganze Gruppe, passieren zwischen Zwieselalm im Norden und Steiglpaß im Süden drei AV-Hütten, in denen wir allenfalls nächtigen können. Die Umwanderung kann jeder trittsichere Wanderer bei gutem Wetter unternehmen, zwei der vielen Gipfel sind unschwierig zu ersteigen: Angerstein-Hauptgipfel, 2100 m, Steig ab Stuhlalm (Körnerhütte), und Großer Donnerkogel, 2055 m, ab Gablonzer Hütte. — Der Beginn ist bereits ein Gipfel: denn wir sehen vom Vorderen Gosausee jenes kostbar romantische Dachsteingemälde mit Seespiegel, Gewänd, Gletscherkessel und Gipfelmauern, das die Wiener Maler der Romantik zu feinen Bildern anregte. — Am rot markierten »Steiglweg« gehen wir — hoch über den Gosauseen dahin, tief unter den Kalksäulen des Gosaukammes — über die Untere (bewirtschaftete) und die Obere (verfallene) Scharwandalm, viel durch Wald, dann überraschend nackte Schuttkare streifend und nach der Großwand plötzlich vom Däumling erschlagen, einer kühn auffahrenden glatten Plattensäule von 2322 m Höhe: Sie lehnt sich an das Niedere Großwandeck an, wir sehen die Abseilkamine, erkennen den Verlauf der Ostkante (Grad V+, A 1, Kantenhöhe 400 m) und sagen: kein Däumling, sondern ein kräftiger Daumen! — Wenig später zieht unser »Steiglweg« zum »Steiglpaß« hinauf, 2012 m hoch, wir nehmen Abschied vom großen Dachsteinbild und steigen an einigen Sicherungen südwärts ab — hinab zur Hofpürglhütte unter der Großen Bischofsmütze. Wir sind hier 1705 m hoch und nächtigen. (Ab Hofpürglhütte können trittsichere Geher auch den Übergang am »Linzer Weg« zum Reißgangsattel, 1954 m, machen und jenseits über die Adamekhütte zu den Gosauseen absteigen: 4–5 Std.). — Wir sind ab Gosausee 5–6 Std. gewandert, wir wandern weitere 5–6 Std. ab Hofpürglhütte, westwärts um den Sockel der riesigen Bischofsmütze herum, auf dem »Austriaweg« zur Th.-Körner-Hütte, 1460 m, und unter Manndlkögeln, Angerstein und Donnerkögeln weiter zur Gablonzer Hütte, 1550 m, auf der Zwieselalm. Damit ist die große Gosau-Runde geschafft, und wir können hinab zum Gosauschmied oder direkt zum Vorderen Gosausee absteigen.

Der zentrale Gosaukamm von Norden. Auf der oberen Terrasse horizontal von rechts nach links verläuft unser Anstiegsweg zum Steiglpaß. Die Gipfel von links oben nach rechts: Hohes Großwandeck, Scharwandeck, Scharwandspitz, Scharwandturm, Wasserkarkogel, Zahringzähne, Manndlkögel, Saurücken, Hoher und Niederer Flachkogel, Angersteinmanndl, Angerstein-Ostturm und -Nordturm

96 Zum Hohen Dachstein

Gosauseen — Dachstein-Westgrat — Reißgangsattel

TALORTE Gosau, 759 m · Wirtshaus Vorderer Gosausee, 933 m · Evtl. Filzmoos, 1057 m, beim Direktabstieg von der Hofpürglhütte

STÜTZPUNKTE Adamekhütte, AV, 2196 m, unter dem Großen Gosaugletscher (5 Std. ab Vorderem Gosausee) · Evtl. Hofpürglhütte, AV, 1705 m, unter der Großen Bischofsmütze (Übergang Steiglpaß — Steiglweg — Vorderer Gosausee, 4–5 Std.)

BESTE ZEIT / AUSRÜSTUNG Juli bis Ende September · Wer in Gletscherbegehungen nicht erfahren ist, nehme sich einen Führer: Es schmälert weder das Erlebnis noch die eigene Leistung. Der großen Höhe wegen unbedingt perfekten Kälteschutz einschließlich Schneebrille und Lippenschutz. Leichten Eispickel und Leichtsteigeisen mitnehmen

HINWEIS Hier wird der Dachsteinstock nur mit seinem westlichen Bereich vorgestellt. Die östliche Seite ist durch den neuen Bahnenbau zur Hunerscharte überlaufen. Im End-Führer weitere Möglichkeiten!

KARTEN/FÜHRER Freytag-Berndt-Wanderkarte, Sonderausgabe 1:50 000, Dachsteingruppe, vorzüglich! · Sehr gut wegen des größeren Überblicks die FB-Karte 28, Dachstein und Salzkammergutseen, 1:100 000, mit rot eingezeichneten Steigen und Hüttendaten auf der Rückseite (mit Übergängen) · Dachstein AF-Führer / Willi End (Rother)

BILD Blick aus dem von Westen anfliegenden Flugzeug auf den mächtigsten Dachsteinberg, den 2948 m hohen Torstein. Rechts im Hintergrund oben der Mitterspitz. Rechte Bildhälfte: der berühmte Windlegergrat zum Torstein, unter dem Gipfel die drei Eisgruben

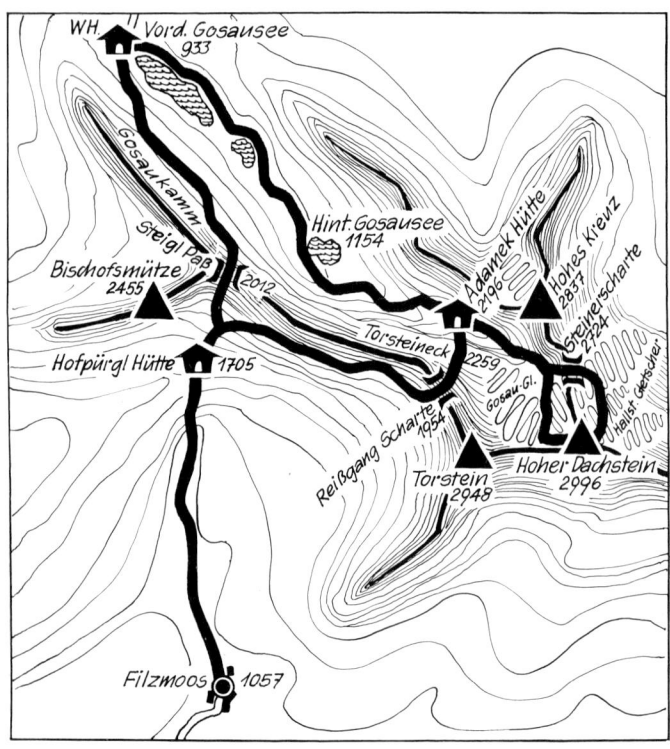

Zwischen Ennstal und Hallstätter-See-Becken beherrscht der Hohe Dachstein, mit 2996 m Höhe zweithöchster Gipfel der Nördlichen Kalkalpen, ein riesiges, 18 Kilometer breites Karrenplateau. Der Hauptstock mit den drei Riesen Torstein, Mitterspitz und Hoher Dachstein fällt südwärts gegen die Ramsau mit 800 m hohen, senkrechten Wänden ab — trägt aber in seinem Nordrücken drei große Gletscher: den großen Gosaugletscher über der Adamekhütte, den Hallstätter Gletscher über der Simonyhütte und den Schladminger Gletscher zwischen Hunerkogel und Gjaidstein. Das anschließende Salzkammergut mit seinen romantischen Seen und seinen tausend hohen Verstecken in einem weithin auslaufenden Vorgebirge bildet zur hochalpinen Strenge des Hohen Dachstein den idealen Kontrapunkt ... Wir wollen den höchsten Gipfel auf den schönsten Wegen erreichen, steigen von den Gosaugruben über Adamekhütte und Westgrat auf den Hohen Dachstein und nach dem Abstieg vom Großen Gosaugletscher über den Reißgangsattel zur Hofpürglhütte unter dem Gosaukamm — dann am Steiglweg zurück zum Vorderen Gosausee. Wir brauchen für die Begehung des Großen Gosaugletschers (meist in einer Trasse) sicheres Wetter, nur absolut trittsichere und im Umgang mit Fels und Eis leidlich erfahrene Bergwanderer dürfen diese »Normalwege« angehen. — Die guten 5 Std. vom Vorderen Gosausee über die Lacke und den Hinteren Gosausee, dann am langen Reitweg hinauf zur Adamekhütte bedeuten den Einzug in eine zwar berühmte, aber immer wieder unverhofft strenge hohe Bergwelt: Der wuchtigste Dachsteinberg, der Torstein, nimmt uns den Atem, je näher wir ihm kommen. Wir sehen diesen mächtigen Torstein in unserem Luftbild. Nach der Nächtigung auf der Hütte brechen wir frühzeitig auf, um (wie gesagt, meist in einer Trasse) den Großen Gosaugletscher zu überschreiten, zuerst südostwärts auf den Einschnitt der »Steinerscharte« zu, dann rechts abdrehend, um die Obere Windlücke, 2764 m, zu erreichen. Dort stehen wir zwischen Mitterspitz, 2926 m, und dem Westgrat zum Hohen Dachstein, den wir in einer guten Stunde begehen: Er ist mit Drahtseilen und Eisenstiften gesichert, wer trittsicher steigt, hat keine Schwierigkeiten, aber er hat einen unbeschreiblich starken landschaftlichen Eindruck, wohin er auch ausschaut. Dasselbe gilt im verdoppelten Maße vom erreichten Hauptgipfel (3 Std.). — Am besten steigen wir an diesem Anstiegsweg wieder zur Adamekhütte zurück (2 Std.). — Wer — dies als Variante! — mit Gletscherbegehungen vertraut ist, kann über die ebenfalls gut gesicherte Steinerscharte, 2724 m, auf den Hallstätter Gletscher übersteigen und dort in einem großen Ost-Süd-Bogen die Randspalte des Hauptanstieges erreichen, um hier, an Felsen und Stiften kletternd, den Gipfel zu erreichen bzw. anschließend am Westgrat abzusteigen. — Von der Adamekhütte wandern wir am folgenden Tage über das Torsteineck auf dem »Linzer Weg« (teilweise Steiganlage mit Eisenstiften und Drahtseilsicherung) zur Reißgangscharte, 1954 m, und jenseits zur Hofpürglhütte. Abstieg wie Tour 95, aber umgekehrt.

97 Klafferkessel und Greifenberg

Von der Preintaler- zur Gollinghütte

TALORTE Schladming im Ennstal, 730 m

STÜTZPUNKTE Wirtshaus Weißwand, 1056 m, im Untertal · Preintalerhütte (A. G. Preintaler), 1675 m, oberhalb von Riesachfall und Riesachsee · Gollinghütte (A. G. Preintaler), 1651 m, unter der Hochgolling-Nordwand im obersten Steinriesental

BESTE ZEIT Anfang Juli (Firnreste) bis Ende September. Unbedingt in guten, festen Bergschuhen, mit Wetter- und Kälteschutz

HINWEISE Diese Durchquerung des Klafferkessels läßt sich für den, der 1, 2 oder 3 Tage Zeit hat, auf das interessanteste ausweiten, indem man, am sichersten nach dem unten genannten »Tauernhöhenweg-Führer«, das Steigen in westlicher Richtung fortsetzt: von der Gollinghütte über die Gollingscharte, 2326 m, zur Landwierseehütte, 2030 m, in einem ebenfalls mit Seen geschmückten Südkessel — dann mit dem Übergang über die Trockenbrotscharte zur Keinbrechthütte, 1872 m, und endlich mit der alpin dramatischen Überschreitung über Krugeck- und Rotmandlscharte zur Ignaz-Mattis-Hütte an den Giglachseen. Ab hier mit den Bergwassern hinaus nach Schladming. — Siehe auch »Von Hütte zu Hütte«, Tour 85!

KARTEN / FÜHRER Freytag-Berndt-Karte, Bl. 20, Schladminger Tauern, 1:100 000 · E. Herrmann, »Tauernhöhenweg-Führer« (Gerlach + Wiedling)

BILD Die Klippenseen im Unteren Klafferkessel, denen sich im Oberen Kessel noch weitere zehn Seelein zugesellen, gegen Norden gesehen. Im Hintergrund das Dachsteinmassiv über dem Ennstal

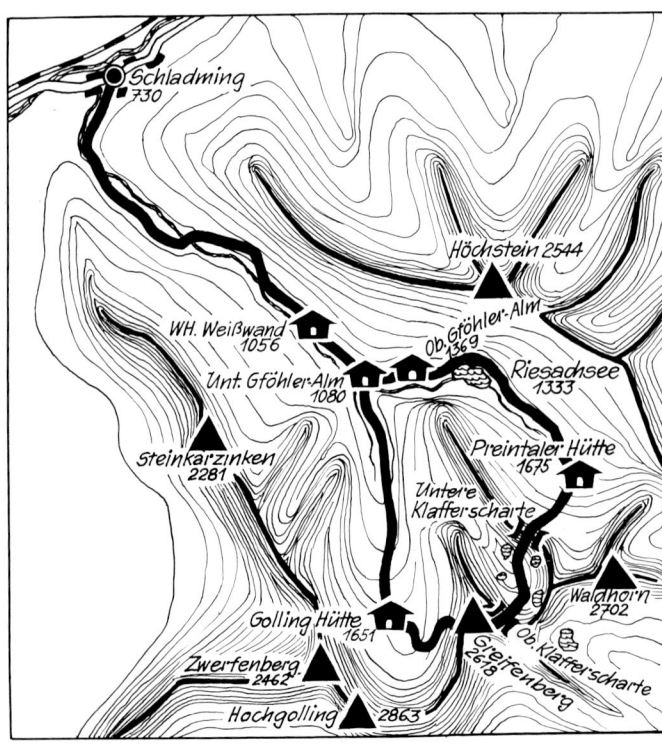

Das letzte Eiszeitalter hat in den Alpen viel Gutes gestiftet, es hat nicht nur Millionen Jahre deren »Erschließung« verhindert, es hat an manchen Orten auch kostbare landschaftliche Idyllen geschaffen. Der Klafferkessel unterm Schladminger Tauernhauptkamm, genau zwischen Waldhorntörl und Gollinghütte, stellt uns bei einem abenteuerlichen Gang hoch über die 2000-Meter-Grenze hinaus an zwanzig kleine Seetöpfe vor — nicht liebreich umgürtet von Graswellen und Bergblumenfülle, nein, nackt in Kalkpfannen, überragt von wuchtigen Felssäulen, ein einziger steingrauer Irrgarten. Hoch wuchtet die Wachtsäule des Greifenstein über diesen eiszeitlichen Wundergarten zwischen Unterer Klafferscharte, 2286 m, und Oberer, 2516 m, hinaus. Die Durchwanderung dieses kühlen, strengen Zauberreiches gilt landschaftlich und geologisch als interessanteste Strecke der Höhenwege durch die Niederen Tauern. — Wir kommen von Schladming durch das Untertal über den Weißwandwirt auf die Preintalerhütte, steigen anderntags auf dem rot bezeichneten Steig, der keine Schwierigkeiten aufweist, steil hinauf durch das Lämmerkar zur Unteren Klafferscharte und betreten hier diesen eigenartigen, runden Hochkessel, zwischen dessen Seen und Felskuppen man die Markierung nicht verlieren darf. Man kann sich zwischen Unterem und Oberem Klaffersee, zwischen Kapuzinersee und Rauhenbergsee wunderbar verlaufen, wenn man einen Riecher für den Ausschlupf behält. Wer durstig bleibt nach dieser Vielzahl von Seen, findet sogar hinter der Oberen Klafferscharte noch einen Angersee, einen Zwerfenbergsee und sogar einen Lungauer Klaffersee. — Es ist wirklich ein Irrgarten, aber bei aller Strenge und Öde feiern unsere von den perfekten Stadtordnungen verdorbenen Sinne ein Fest der Freiheit, die Augen weiden sich an der Vielzahl und Form der kleinen Seen, Fjorde, Eislacken, das Herz ist völlig im Banne dieser kuriosen, wilden Urwelt... Oben wartet die Obere Klafferscharte auf unseren Besuch. Von ihr aus steigen wir in der steilen Südostflanke, dann über den Südgrat auf den Gipfel des Greifenberges, 2618 m: ein Tiefblick in den Klafferkessel, eine Fernsicht über viele Gipfel der Schladminger Tauern hinweg und hinüber in die Südabstürze des Dachstein... In der Südostflanke fanden wir Sicherungsseile, wir erschauern beim Abstieg am breiten Westgrat vor der düsteren Nordwand des Hochgolling, 2863 m, steigen dann südlich zum Sattelsee. Von hier geht es steil in vielen Kehren durch ein gestuftes Kar in den Talboden des Steinriesenkares hinab, vor die Gollinghütte. Hier an der Gollinghütte, dicht unter der Nordwand des Hochgolling, herrschen der Ernst und die Würde eines Weltenendes; ich übertreibe nicht, man dreht sich gerne um und rettet sich nordwärts hinab in das freundlich grünende Steinriesental. Mit dem Steinriesenbach rennen wir hinaus zum Untertalerbach, und beim Wirtshaus Weißwand treffen wir wieder auf unseren Anstiegsweg. — Zeit: Schladming — Weißwandwirt 2½ Std., evtl. Fahrgelegenheit. Preintalerhütte — Klafferkessel mit Durchquerung bis zur Gollinghütte 5—7 Std. — Abstieg gute 2 Std.

98 Kühne Steige im Gesäuse
Haindlkar — Peternpfad — Planspitze — Wasserfallweg

TALORTE Admont im Ennstal, 643 m · Gstatterboden an der Enns (Haltestelle der Bahn), 585 m · Haltestelle Kummerbrücke an der Enns, 570 m

STÜTZPUNKTE Haindlkarhütte, ÖAV, 1120 m, mehrfach von Lawinen zerstört, neu aufgebaut (von Anfang Juni bis Ende September geöffnet). 1½ Std. Zustieg ab Gstatterboden · Heßhütte (WAG Ennstaler), 1687 m, auf dem Ennsecksattel vor der Hochtorgruppe, genau unterhalb des kuriosen Felszirkus »Tellersack« unter dem Hochtorgipfel. 6—7 Std. ab Haindlkarhütte. Ab hier 2—3 Std. zum Ennsufer

HINWEIS Diese Tour führt in innerste und höchst charakteristische Felsgründe des Gesäuses, und beim Erreichen der Peternscharte haben wir eine ungemein reiche Überschau; jeder, der neue Ziele sucht, sollte sich mit dem Gebiet vertrauter machen. Der alte, vorzügliche Heß-Pichl-Gesäuseführer macht uns mit großer Sorgfalt auf viele neue Möglichkeiten aufmerksam, auf leichte Gipfeltouren und schwierigere, und er greift dabei bis westlich hinüber zu Reichenstein, Sparafeld und Kalbling aus. Auch Übergänge können nach diesem Führer gemacht werden

BESTE ZEIT Der »Peternpfad« verläuft in einer West- und Südwestschlucht, also wenigstens nicht in einer Nordflanke, so kann er meist ab Anfang Juli schon begangen werden · Leichte Ausrüstung empfehlenswert, aber unbedingt erstklassige Bergschuhe und Wetterschutz. Der Steig wird viel begangen, denn er reizt jeden Bergfreund ob seiner exponierten Wegführung. Er ist leichter, als er von unten her aussieht!

KARTEN / FÜHRER AV-Karte Gesäuseberge, 1:25 000 · Führer Heß/Pichl, »Gesäuse« (Holzhausen, Wien) · Freytag-Berndt-Karte, Ennstaler Berge

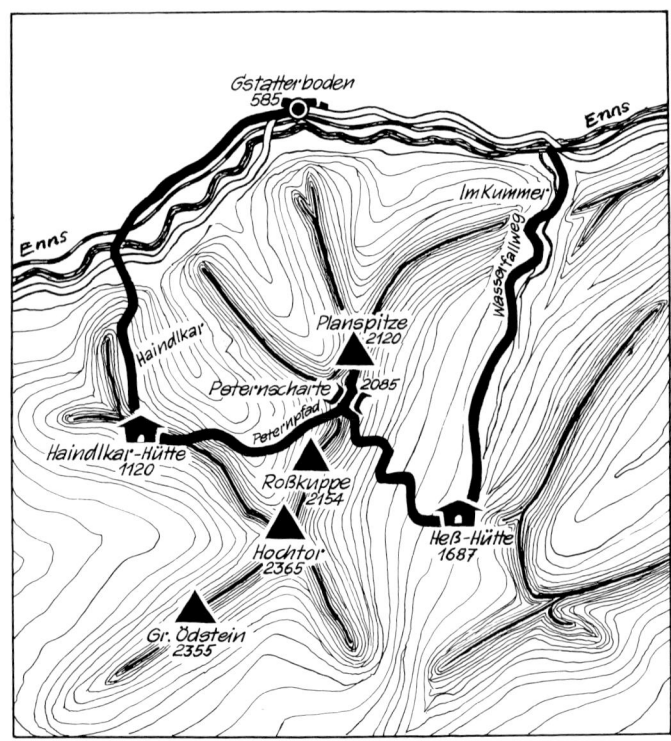

Östlich von Admont, wo sich die Enns mit Gewalt durch die engen Felsklammen zwischen Gstatterstein und Gesäusewänden zwingt, schauen vom höchsten Südhimmel herab Planspitze und Roßkuppe zu, Hochtor und Haindlkarturm, Ödsteinkarturm und Großer Ödstein: ein Kletterparadies aus bizarr aufsteigenden Kalkwänden gleich dem Wilden Kaiser. Freilich nicht so überlaufen wie dieser, dafür noch herrlich verwildert im Dickicht seiner vielen Latschenbuchten, Schuttreißen und vermurten Jungwälder ... Wir durchqueren den Ostkamm der Gruppe, steigen vom Ufer der Enns bei Gstatterboden zur einsamen Haindlkarhütte hinauf, kämpfen uns steigend und kletternd über den wilden Felsensteig des »Peternpfades« zur Peternscharte durch, besteigen die Planspitze und wandern dann von der Heßhütte am Wasserfallweg zurück ans Ennsufer, das wir bei der Kummerbrücke erreichen. Wir gehen von der Station Gstatterboden über die Brücke und zur Mündung des Haindlkares, wo wir auf einen schotterigen Weg treffen. Er zieht streng südwärts in die arme, immerzu erneut vom Schuttstrom überwältigte Kampfzone des letzten Jungwaldes, der letzten Latschen. Durch Schluchten und Rinnen, über Riegel und Rampen, zwischen Blöcken geht es auf den Haindlkarturm zu, der unberührt am Himmel bleibt. In 1½ Std. schon stehen wir vor der Haindlkarhütte, und wir sehen, ob wir dort nächtigen können. Der folgende Tag bringt das entscheidende Gesäuse-Erlebnis der Begehung des »Peternpfades«, eines uralten Jägersteiges, der aus den Rinnen östlich über dem Kleinen Haindlkar zur Peternscharte aufzieht: ein Wildsteig, der immerfort Umsicht verlangt, Trittsicherheit, leichte Schrofenkletterei und — Mut. Denn wenn man aus Schutt und Gräben endlich vor den steilen Riß gelangt ist, mit dem die Roßkuppenschlucht unten endigt, da glaubt keiner, daß von hier zur Peternscharte hoch oben ein »Pfad« führen könnte. Die letzte Wasserstelle tröstet uns nach dem steilen, fast weglosen Zustieg. Dann geht es los mit einer langen, steigenden Querung von links nach rechts, über steile Schrofen, bis man rechts waagrecht in die Schlucht kann. Hier Nische an großem Block! Weiter über Blöcke in die Schlucht, immer an Markierungen vorbei, über schuttbedeckte Stufen, die von unten nie zu erhoffen waren. Später teilweise über grasige Stufen, uralte »Gamsgärten«, geht es weiter, neue Felsstufen folgen, immer wieder findet der Steig einen passablen Durchschlupf. Dann kommt der Felspfeiler, der mit den Wänden des Hauptgrates die Schlucht des Peternpfades umschließt ... Ein erster, toller Tiefblick zum Gstatterboden! Es folgt die kurze senkrechte Wandstelle, die an ihren Leisten zum »Ennstaler Schritt« zwingt, exponiert, aber an festen Griffen. Endlich stehen wir erlöst in der Scharte und steigen, eine zweite, niedrigere Scharte passierend, an leichten Gratfelsen zur Planspitze: gut 5 Std. ab Haindlkarhütte. Der Abstieg zur Heßhütte führt an einem winzigen See vorbei zum ersten Grün. Anderntags laufen wir hinab zum Ebnesanger, dann am romantischen Wasserfallweg durch die Felsen der Kanzel und zur Enns: + 3 Std.

Einblick von Westen in die Nordwände von Dachl (rechts oben) und Roßkuppe (Bildmitte, darunter die komplette »Roßkuppenkante«). Wir sehen den »Peternpfad« fast in seinem ganzen Verlauf. Ganz unten, am mittleren der drei links übereinander liegenden Firnflecken – also genau dort, wo man rechts in die (äußerst schwierige) Roßkuppenkante einsteigt –, steigen wir nach links ein. Dann geht es in den hintersten Schluchtwinkel, immer in der stufenreichen Felsflanke der Wand links von der Schlucht empor, über Schuttstufen, schmale, begrünte Terrassen, die freilich nach oben immer schmäler werden. Ganz oben die Peternscharte, unter der wir die einzige, kurze senkrechte Wandstelle – freilich an sehr festen Griffen – zu überwinden haben. Nach links oben von der Scharte unser Anstieg zur Planspitze

99 Quer über den Hochschwab

Drei Tage zwischen Erzberg und Seetal

TALORTE Eisenerz, 694 m, am Erzberg · Präbichlpaß, 1227 m (Lift zum Polster, 1911 m) · Seewiesen, 968 m, Bus · Aflenz, 765 m, am Fölzgraben

STÜTZPUNKTE Leobener Hütte, 1550 m, unter der Griesmauer · Sonnschienhütte, ÖAV, 1526 m, am Südsockel des Ebenstein · Häuselalm, priv., 1528 m, am Ostrand der Sonnschienalpe · Schiestlhaus, ÖTK, 2150 m, nordöstlich unter dem Hochschwabgipfel (34 B, 100 M, 36 L) · Voisthalerhütte, ÖAV, 1660 m, in der Oberen Dullwitz unter der Karlmauer · W.H. Bodenbauer, 877 m, unterm Trawiestal, Zufahrt von Aflenz und Kapfenberg über St. Ilgen · Bürgeralm, TVN, 1510 m, von Aflenz

BESTE ZEIT Juli bis Ende September. Das Hochschwabgebiet ist im Plateaubereich sehr niederschlagsreich, Gewitter sind nicht selten, der Hauptstock gilt als Wetterscheide. Deshalb stets komplette Ausrüstung mit bestem Schuhwerk, Wetter- und Kälteschutz!

HINWEIS Aus dem hier empfohlenen Hochschwabführer von Peter Rieder und der FB-Karte gehen eine Menge großartiger Varianten unserer Plateauüberschreitung hervor, die studiert zu werden verdienen

KARTE / FÜHRER Freytag-Berndt-Karte, Bl. 4, Hochschwab, 1 : 100 000 · Vorzüglich der neue Hochschwab-AV-Führer von Rieder

BILD Rückblick beim Aufstieg von der Voisthalerhütte zwischen Oberer und Unterer Dullwitz über den Graf-Meran-Steig zum Schiestlhaus unter dem Hauptgipfel. Links der Bildmitte die Voisthalerhütte, über ihr im Hintergrund das Seetal gegen die Veitschalpe. Rechts Teile von Ringmauer, Karlmauer und Mitteralp

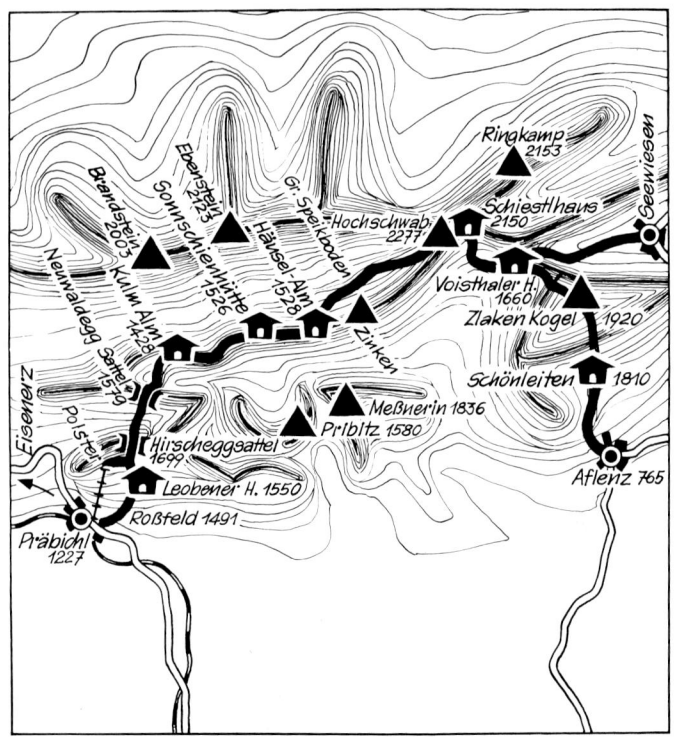

Genau zwischen Dachstein und dem Steinfeld bei Wiener Neustadt, auf gleichem Breitengrad, erstreckt sich der Hochschwabzug mit 40 Kilometer Länge und 15 Kilometer Breite von Eisenerz bis vor Mariazell: ein Kalk- und Karstgebirge als Hochfläche mit steil absetzenden Rändern, das hundert leichte bis extreme Kletterführen anbietet, doch zugleich lange, abenteuerlich-romantische Höhenwege. Der Klettergarten der Wiener, Grazer und Leobener Kletterer beginnt an seinem Westfuß mit Namen wie Frauenmauer, Griesmauer, Kalte Mauer, Rohrmauer, Hörndlmauer, Gsollmauer und Seemauer, was weniger an alpine Kletterfreuden als an ein hochstehendes Maurerhandwerk denken läßt. Aber alle diese Mauern bis in den Hochschwab-Osten zu Beilstein, Stangenwand, Hochschwab, Schartenspitz und Edelspitzen sind zugleich Plateauränder und Hüter reizender, tief eingefurchter voralpiner Talschaften. Kühle Strenge oben und strömendes Behagen unten schaffen die große Spannung; wir erfahren es, wenn wir den ganzen Hochschwabzug erst in Nordost-, später in Südostrichtung überwandern. — Vom Präbichlpaß oberhalb Eisenerz steigen wir durch Bergwald zur Leobener Hütte (wir könnten auch mit dem Lift vom Paß zum Polster beginnen), 1550 m, überqueren den Hirscheggsattel, 1699 m, und wandern dann in strenger Nordrichtung unter der Griesmauer dahin, die am Vordernberger und Eisenerzer Hauptgipfel erstaunliche 2000 Meter Höhe überschreitet: Sie lädt fortgesetzt zum Klettern ein, aber wir reißen uns zusammen und gehen über den Neuwaldeggsattel auf die Frauenmauer zu, deren Felsleib man durch die berühmte Frauenmauerhöhle durchqueren kann — was wir von uns weisen. An ihrer Südwestwand schlug man die ersten Haken im Hochschwab!... Auf den Neuwaldeggsattel folgen nach der Passage des Dr.-Kotek-Steiges die Kulmalm mit einer Quelle und dann selbstverständlich wieder eine Hörndlmauer über der Hörndlbodenalm. Aber jetzt geht es schon über den Senkboden zur Sonnschienalm unter dem Ebenstein, 2123 m, wo wir angenehm nächtigen können: Zeit Präbichlpaß — Sonnschienalm etwa 5—6 Std. gemütlich. — Am nächsten Morgen lädt uns der nahe Sackwiesensee zu hochalpinen Badefreuden, wir gehen aber nordostwärts weiter, nahe der Plateaukante, passieren die Häuselalm mit einer Quelle, die Hirschgrube hinterm Zinken, dann geht es über den Speikboden steigend zum Rauchtalsattel, 2110 m. Rechts ahnt man immerzu die Abstürze ins Trawiestal... An der leeren Fleischerhütte vorbei steigen wir zum Hochschwabgipfel auf 2277 m Höhe und feiern eine großartige Überschau: Die Südwand fällt zwischen »Ghacktem« und Trawiessattel in die Eisgruben ab, Obere und Untere Dullwitz öffnen das schöne, grüne Seetal. Südlich gegenüber als Plateauinseln Karlalpe und Mitteralpe, auch ihrerseits mit Wandkanten und Kletterrouten gespickt — welch eine schöne Wiener Welt, welch reicher Grazer Heimgarten! (+ 4½ Std. ab Sonnschienhütte). Am Schiestlhaus vorbei geht es zum Edelsteig und tief hinab zur Voisthalerhütte (+2 Std.). — Ab hier gute 2 Std. nach Seewiesen zum Bus.

100 Durch die Julischen Alpen
Vom Vrsic-Sattel über den Triglav zum Wocheiner See

TALORTE Kronau (Kranjska Gora) im obersten Savetal, 810 m · Bohinjska Bistrica, 512 m, nahe dem Wocheiner See (Bus und Bahn nach Bled und ins Savetal)

STÜTZPUNKTE Tičarhaus, 1620 m, an der Vrsic-Paßhöhe · Postar-Haus, etwas oberhalb der Paßhöhe · Pogačnikovhaus, 2052 m, am untersten Krizsee, südlich des Razor · Doličhütte, 2120 m, am Doličsattel südwestlich unterm Triglav · Planicahütte, 2404 m, in der oberen Triglav-Südflanke · Triglavhaus, 2515 m, am Ostrand des kleinen Triglavgletschers · Siebenseenhütte, 1683 m, schönstgelegene Hütte im Triglavgebiet, modernisiert (im Triglav-Nationalpark) · Savicahütte, 660 m, unter der wuchtigen Komarcawand, dicht vor dem Wocheiner See

BESTE ZEIT UND AUSRÜSTUNG Juli bis Ende September. In den oberen Nordflanken der Julischen Berge und Übergänge findet man nicht selten alte, harte Firnplatten: Man nehme in jedem Fall einen leichten Pickel mit und leichteste Vierzacker. Ansonsten Wetter- und Kälteschutz!

KARTEN / FÜHRER Freytag-Berndt-Karte, Bl. 14, Julische Alpen, mit exakten Informationen für Hütten und Übergänge auf der Rückseite, sehr zu empfehlen! — Man studiere sie, wenn man den vorzüglichen Führer der Julischen Alpen von H. Schöner liest (Rother). Aus diesem Führer gehen sehr viele Möglichkeiten von Gipfelfahrten auf leichteren und schwierigeren Anstiegen hervor, die in meinem Text keinen Platz fanden. Schon die FB-Karte verrät unverhofft viele Gipfelanstiege: die sind aber in diesem zerrissenen Kalkgebirge nicht immer leicht, oft mußten sie durch Drahtseilsicherungen erst begehbar gemacht werden

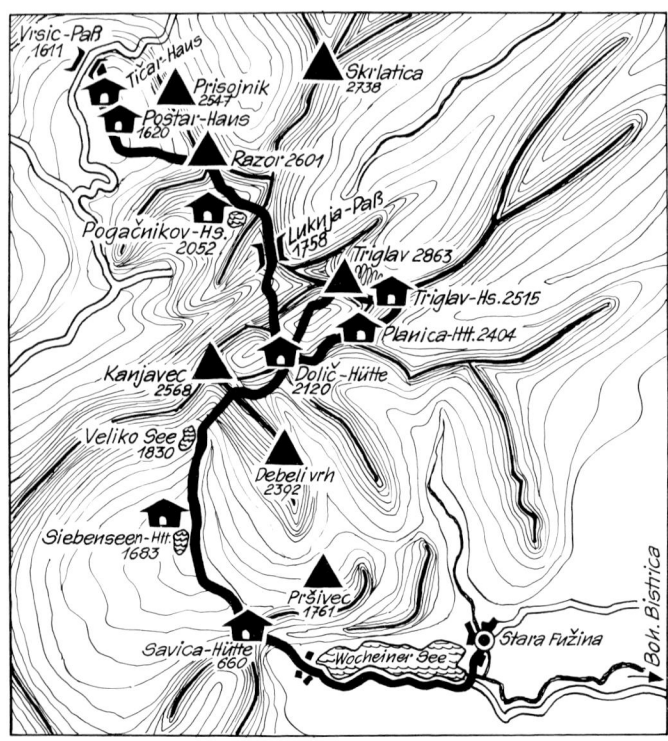

Die Julischen Alpen, die sich südlich der auslaufenden Karnischen Alpen und der Karawanken – dicht über dem Savetal – mit hochalpinem Pathos aufbäumen, sind eine Reise wert. 1958 habe ich in der Erstauflage dieses Buches geschrieben, die abseits liegenden »Julischen«, eine der stillsten Alpenregionen, würden wohl als letzte vom modernen Massen-Boom überwältigt werden... 1973 sind auch die »Julischen« überwältigt, aber doch mit positiven Vorzeichen: Wer einmal aus dem Vratatal zur Triglav-Nordwand, aus der Trenta zum Grintouz, aus dem Planicatal zum Jalovec oder auch nur von Kronau-Kranjska Gora in die Kalkburgen von Spik, Skrlatica, Razor und Prisojnik aufgeschaut hat, der ist vom Zauber der Julischen geimpft... Außerdem hat der Slowenische Bergsteigerverband in seinen östlichen Juliern – die westlichen mit Canin und Montasch gehören Italien und bleiben des Dolomitenglanzes wegen vernachlässigt — eine sympathisch liebevolle Erschließungsarbeit geleistet: Die vielen Hütten und die Biwakschachteln sind blitzsauber, die Zugangswege gut markiert und instand gehalten, an mehreren schwierigen Gipfelwegen wurden Steiganlagen errichtet. Dieser hochalpine Schwung wird mit Treue belohnt. Wir machen eine interessante Durchquerung vom Vrsic-Paß oberhalb Kronau bis zu den idyllischen Regionen um das Siebenseental und den Wocheiner See. Vom Vrsic-Paß erst 500 m die Straße südwärts weiter, dann sofort links ab. Ein gut markierter Steig, stellenweise sogar gesichert, führt uns durch die Westflanken des 2547 m hohen Prisojnik (mehrere markierte Klettersteige: siehe Führer!) in einen Talgrund mit der Mlinarca-Quelle — mit ersten, feinen Ausblicken hinüber in die Trenta Kugys! 3 Std.! — Von hier steigen wir im Felsrücken des Razor, 2601 m, hinauf in die Scharte zwischen Razor und Planja und machen selbstverständlich den kurzen Abstecher zum Gipfel: Triglav, Jalovec und Grintouz stellen sich in der Pose höchster Karwendelberge vor! — An der Scharte selbst der »Müde Turm« als komische Einlage! — Im Kar rennen wir hinab zum Pogačnikovhaus am unteren Krizsee (+ 3 1/2 Std.) zur großen Rast. — Andertags geht es etwas beschwerlich, aber doch meist fallend zum wichtigen Luknjapaß, 1758 m, wo wir der Triglav-Nordwand unmittelbar gegenüberstehen! Ein unheimlicher Eindruck, jedenfalls eine überzeugende Legitimation aller Kugyschen Lobgesänge auf die Julier. Wir sind gebannt... Über eine Militärstraße steigen wir ein gutes Stück zur Doličhütte in der Südwestflanke des Triglav (+ 5–6 Std.), nächtigen hier und gehen andertags direkt nördlich über die Morbegno-Kaserne, 2580 m, zur Flitscher Scharte im Südwestgrat. Hier mündet von rechts der neue Weg vom Planicahaus ein. In etwas brüchigem Fels geht es an diesem leichtesten Triglav-Anstieg zum Gipfel: 1500 Meter fällt die Nordwand von unseren Füßen ab, trockene Felswellen auf der anderen, der Wocheiner Seite, nackte Karren, Dürre, ein Hauch vom Balkan. — Zurück am selben Weg, dann von der Doličhütte in einem Frühlingsrausch hinab ins schöne Siebenseental, hinaus zum Wocheiner See.

206

Am Gipfel des Triglav, 2863 m, in den Julischen Alpen. Wir schauen gegen Norden auf den Tauernkamm und erkennen die Pyramide des Großglockner. Im nächsten Vordergrund die Gipfelkette um Skrlatica, Kriz und Stenar

Schwierigkeitsgrade der einzelnen Touren und Wanderungen

Eine alpine Unternehmung der leichteren Grade I und II kann — und das darf man niemals vergessen — sehr schwierig werden. Etwa bei einem Wetterumschlag, der nasses Gestein oder einen Temperatursturz (in großer Höhe rapide!) zur Folge hat, oder bei Orientierungsschwierigkeiten bei plötzlichem Einfall von Nebel usw. — Trotzdem teile ich hier Schwierigkeitsgrade mit. Sie müssen als relativ gelten (weil ja auch ungenügende oder falsche Ausrüstung, überschätzte Kondition, mangelnde Erfahrung einwirken können), aber sie geben doch einen Begriff von den zu erwartenden Schwierigkeiten, und mit der angegebenen Höhe und der geforderten Stundenleistung kombiniert, kann der alpin gestimmte Naturfreund doch ausrechnen, was er zu erwarten hat.

Von den 100 Touren bzw. Bergwanderungen dieses Bandes entfallen 28 auf die Westalpen und 72 auf die Ostalpen. Als Grenze gilt die klassische Linie Comer See — Splügenpaß — Rheintal — Bodensee.

Jede Tour wird in der Titel-Überzeile markiert, und zwar

1. nach vier Schwierigkeitsgraden I, II, III und IV (wie im Buch »Von Hütte zu Hütte«),
2. mit der Zahl der vorgesehenen Tage (Dauer) und
3. der Zahl der ungefähr geforderten Gehstunden.
4. Dem folgt ein K = Kalkalpen oder ein U = Urgestein (Zentralalpenkamm).
5. Ein E deutet an, daß auf der betreffenden Tour eine Gletscherbegehung zu erwarten ist oder das Überschreiten von Firnfeldern.

Beispiel: 3 Tg. / 22 Std. / U / E / II

Dieser Band enthält demnach etwa

32 Touren des Grades I (davon 23 K = im Kalkfels und 9 U = im Urgestein). Eine Tour U / E / I verlangt auf einem relativ leichten Übergang (Adelboden — Gemmipaß — Leukerbad) die kurze Begehung eines kleinen Gletschers, meist mit Trasse.

Diese Touren der Klasse I führen meist nur in Höhen zwischen 1800 und 2500 m, ausnahmsweise (Engadin) auch höher, aber man begeht sie auf markierten Steigen und Wegen, zuweilen mit kleinen Drahtseilsicherungen versehen. Dennoch ist dabei Trittsicherheit eine unerläßliche Voraussetzung und auch schon der Besitz von festen, hohen Bergschuhen (möglichst nicht sog. Leichtbergschuhe!), von Wetter- bzw. Kälteschutz (für Körper, Kopf und Hände). Meist ist die Mitnahme von Kindern ab 10 oder 12 Jahren möglich, in diesem Falle führt man vorsichtshalber (für steile Rinnen, nasse, steile Grashänge, alte und zuweilen harte Firnreste, gesicherte Steige) eine 12 oder 20 m lange Reepschnur mit sich (6 oder 7 mm, unter den Achseln anlegen und mittels Knoten sichern!)

46 Touren des Grades II (davon 25 K = im Kalkfels und 21 U = im Urgestein). Bei 5 Kalktouren kommen kurze Firnbegehungen vor (Brenta, Schesaplana, Parseierspitze, Heilbronner Weg), oft mit Trasse, bei 9 Urgesteinstouren sind ebenfalls kurze oder längere Eisfelder zu begehen (Val d'Arpette, Kuchenjoch, Wilder Freiger, Ramolkogl, Olpererumrundung, Lasörling — Rotermanntörl, Hoher Sonnblick).

Diese Touren führen vielfach an die 3000-m-Grenze und auch darüber hinaus. Die Kletereien sind kurz bzw. leicht, meist sind Drahtseilsicherungen an schwierigen Stellen. Im übrigen geht man an Wegen und Steigen, orientiert sich an den Markierungen. Zu

den größten Unternehmungen dieser Schwierigkeit gehören allerdings auch die Haute Cime (Dents du Midi), die große, 5tägige Durchquerung des Unterengadiner Nationalparkes bis zum Berninapaß (oft kurze Firnreste unter den hohen Jochen), die Überquerung der Schesaplana bis ins Gauertal, der nicht zu unterschätzende Heilbronner Weg mit meist einigen Firnflecken, die große Überschreitung Iseler — Hochvogel, der mehrtägige Übergang Gschnitztal — Wilder Freiger — Peiljoch — Ranalt, Ramoljoch mit Kleinem Ramolkogel, die große Karwendeltour Achensee — Vomper Loch — Pfeis — Innsbruck, die orientierungsmäßig nicht ganz einfache Umrundung des Olperer, die Zillertaler 4-Hütten-Tour vom Brenner zur Berliner Hütte, evtl. mit Gunggl, die großen Überschreitungen im Lasörling-Panargen-Kamm, Sonnblick-Überschreitung, Große Julische Tour mit Triglav usw. — Alpine Erfahrung sollte unbedingte Voraussetzung sein, dazu gehört die Trittsicherheit, Vorsicht bzw. Vorsorge bezüglich Wetterlage und zuständiger Ausrüstung. Ausreichende Unterwäsche für die größere Höhe, Labiosan für die Lippen, die Schutzbrille, bei Firn- und Gletscherbegehungen Pickel und Seil sind unerläßlich.

17 Touren des Grades III (davon 12 U = im Urgestein und 5 K = im Kalkfels). Von diesen führen 11 Urgesteinstouren über Gletscherflächen, aber auch beide Kalktouren (Höllentalferner/Zugspitze). Zu den Urgesteinstouren zählen hier der Mer-de-Glace-Übergang zur Couvercléhütte, Silvretta, Dachstein, Piz Segnas, Corno di Campo, Flüelaweißhorn, Monte Vioz (obwohl bis Hütte bzw. Gipfel fast eisfrei), Presanella, Großvenediger (dabei eisfreier Keeskogel) usw.

Wie schon die Beispiele zeigen, handelt es sich um hochalpine Touren bis 3600 m Höhe etwa. Die Touren sind gut begangen, also wo Gletscher, da meist Trasse zu haben. Ausnahmen Corno di Campo, Monte Vioz (trotz Bergbahnhilfe wenig begangen). Leichte Kletterei verlangen hier nur Zugspitze im Höllental, Flüelaweißhorn, der Peterngrat im Gesäuse, der Normalsteig zur Civetta, Parseierspitze (wenn Gipfel). Ansonsten sind hier noch typisch die Rötspitze (überm Ahrntal, Confinale, Klettersteig an der Tofana di Roces (mit 800-m-Tunnel! Mit Taschenlampe!).

Diese Touren zielen in größere Höhe, verlangen eine größere Kondition, vor allem aber wirkliche hochalpine Erfahrung und damit wieder die sorgfältig ausgewählte Ausrüstung. Bei Eisbegehungen sind ein leichter Pickel, das Seil und ein leichter Biwaksack unerläßlich. Viele dieser Touren kann man auch mit einem Führer machen, was die Schwierigkeiten bereits stark herabsetzt.

8 Touren des Grades IV — alle im Urgestein, alle mit Gletscherbegehungen; mit viel hochalpiner Erfahrung nicht sehr schwierig, höchstens anstrengend. Die Touren sind Gran Paradiso (leichtester Viertausender bei Sonne!), Pic Coolidge, Gran Serz ab Cogne (wenig begangen, Gletscher), Walliser Breithorn (viel begangen, kurzer, aber oben steiler Gletscher), Basodino-Überschreitung (kürzere Gletscherbegehung, aber steiler Schrofenabstieg), Jungfrau-Lötschenlücke, Fornogletscher-Albigna, Zwieselbacher Roßkogel (wenig begangen) bzw. Lisenser Fernerkogel (Gletscherbegehung nur bei guter Sicht möglich!). Höhen bis über 4000 Meter. Alle Touren nur bei ganz sicherer Wetterlage möglich. Ausrüstung wie III. Alle diese 6 Touren verlangen die große hochalpine Erfahrung oder gute Kondition und einen Führer. Der Gebrauch der Bussole neben der Karte und dem Kompaß muß geübt sein! Ebenso das Verhalten einer Dreierseilschaft am Gletscher und bei Spalteneinbrüchen usw. — Die normalen hochalpinen Schwierigkeiten nehmen mit der ganz großen Höhe zu.

Die Schule der Berge

Zehn Gebote für richtiges Verhalten im sommerlichen Hochgebirge

Das Hochgebirge ist wie das Meer eine extreme Landschaft. Noch vor 150 Jahren wurde es von den Menschen gefürchtet und gemieden. Heute gilt es als interessantes Ferienparadies für jedermann. Seine Gefährlichkeit wird gröblich verkannt. Unkenntnis der alpinen Gefahren und bodenloser Leichtsinn fordern jedes Jahr eine große Zahl an Todesopfern. Wer deshalb die besonderen Freuden einer Hochgebirgswanderung haben will, der muß auch deren besondere Gefahren kennen und zu meistern lernen.

Wer jung ist, sollte grundsätzlich in die klassische Schule einer Alpenvereins-Sektion gehen. Dort kann er im Kreise erfahrener Bergfreunde das Abc des Bergwanderns und Bergsteigens am gründlichsten und am angenehmsten erlernen: durch regelmäßige Vorträge, durch Teilnahme an Führungstouren, durch die Lektüre der dort empfohlenen alpinen Literatur.

Die Gefahren der Berge sind vielfältig. Wie man ihnen begegnet, das sei in aller Knappheit in zehn Geboten gesagt:

Du mußt vorher wissen, was dir im Hochgebirge bevorsteht

Man fährt nicht ahnungslos in einem Faltboot auf das hohe Meer, und man steigt nicht ahnungslos in Halbschuhen auf das Matterhorn. Beides rächt sich.

Das Bergwandern verlangt außer einem gesunden, widerstandsfähigen Körper auch einen gesunden und hellwachen Geist. Das ist wichtiger als heillose Begeisterung. Umsicht, Geistesgegenwart, zuweilen eine gewisse Kaltblütigkeit sind im Hochgebirge unerläßlich. Der Geist soll sich schon vor Antritt der ersten Bergwanderung mit dem Phänomen des Hochgebirges beschäftigen. Man muß den Führer und die Karte studieren, man soll über das Gebiet, in dem man Touren macht, Bescheid wissen. Die alpine Literatur ist reich, die spezielle Führer-Literatur auf der Höhe. Was man nicht beim Buchhändler findet, kann man — als Mitglied — meist bei einer Alpenvereins-Bücherei entleihen.

Du mußt für die schlechtesten Umstände ausgerüstet sein

Man wähle stets die Bekleidung, die schlechtem Wetter entspricht! Dazu gehören auf Bergwanderungen (bis in Höhen von 1800 bis 2500 m): gute, hohe Schuhe mit moderner Profilgummisohle. Niemals Halbschuhe! Dazu gehören ein guter Wollpullover, ein wetterfester Anorak, ein Paar gute Handschuhe, Kniehosen aus besonders widerstandsfähigem Stoff (von Cord ist abzuraten, weil er zu schnell Wasser saugt), ein Woll- oder Flanellhemd, eine Wollmütze zum Überziehen, dazu unbedingt gute, ausreichende Unterwäsche.

In der Firn- und Eisregion sind außerdem vonnöten: eine Ersatzgarnitur trockener Unterwäsche, Segeltuchhandschuhe zum Überziehen, Schneebrille, Labiosan für die Lippen, ein zweiter, etwas dünnerer Pullover, Ersatzstrümpfe. In diese Höhe nimmt man auch nicht den kleinen Tourenrucksack, sondern den größeren.

Zur Ausrüstung im Bergwandergelände (das trifft für 80 unserer 100 Touren zu) gehört ferner eine 12 bis 20 m lange Reepschnur. Sie kann im Schrofengelände, in Rinnen und auf gefrorenem Schnee unschätzbare Dienste leisten. Außerdem ist ein eiserner Bestand an Lebensmitteln unerläßlich. Am besten hat man immer

bei sich: Knäckebrot (wird nicht trocken), Dörrobst, Nüsse, Schokolade, Traubenzucker und Speck.

In großen Höhen, also über 2800 m, und im Gletschergebiet braucht man zusätzlich: ein Perlonseil von 40 m Länge zur Sicherung, einen leichten Eispickel, leichte Steigeisen, eine Bussole, einen Kompaß. Auch sollte man bei langen Übergängen und in großen Karstlandschaften stets einen modernen Perlon-Zeltsack zum Überstülpen bei sich haben, er wiegt nur 500–600 Gramm. Er hat schon vielen vom Unwetter überraschten Bergwanderern das Leben gerettet. Auch eine feste Sturmhaube (Kapuze) hat man bei sich.

Du mußt genau wissen, mit wem du gehst

Der Anfänger darf im Hochgebirge nie und nimmer allein wandern. Wer keinen Gefährten hat, vertraue sich einem Bergführer an. Man sucht sich keinen fremden Bergwanderer als Zufallsgefährten. Ein Begleiter, dessen Erfahrung und Fähigkeiten man nicht kennt, kann oft nachteiliger sein als gar keiner.

Man gehe auch nicht hinter fremden Seilschaften und Gruppen her, um sich solchermaßen »schwarz« einer Führung zu versichern. Das ist unfair, denn man lädt dabei fremden Menschen Verantwortung auf.

Auch der vielerfahrene Bergsteiger kann im Hochgebirge durch Wetterumschlag, Absturz, Verletzungen oder Unwohlsein in Gefahr kommen. Ist er allein, so kann die Gefahr tödlich werden. Mit einem Begleiter sind meist Hilfeleistung und Rettung möglich. Wer mit einer Frau oder mit jüngeren Gefährten wandert, richte Schwierigkeiten der Tour und Tempo nach deren Leistungsvermögen. Im übrigen versteht es sich von selbst, daß eine Gruppe oder eine Seilschaft niemals einen einzelnen Mann allein zurückläßt (weil er verletzt, erschöpft oder willenlos geworden ist) — auch wenn die eigene Rettung dadurch gefährdet erscheint, muß wenigstens ein Kamerad bei dem Zurückbleibenden ausharren.

Du mußt rechtzeitig auf das Wetter achten

Bergwandern führt meist in einsame, entlegene Urlandschaft, wo man dem Wetter ausgesetzt ist, wie es kommt. Die Beobachtung des Wetters gehört deshalb zu den wichtigsten Aufgaben des Bergfreundes. Sehr oft kann eine einmal begonnene große Tour, etwa eine lange Gratwanderung, unterwegs nicht mehr abgebrochen werden: dann sitzt man im Wettersturz wie in einer Mausefalle.

Wetterstürze im Gebirge sind, vor allem im Frühsommer, zahlreich und stets gefährlich. Die Temperatur verringert sich auch im Hochsommer auf je tausend Meter um 10–20 Grad! Das wird immer wieder vergessen. Dabei sehen die Leute, wie es im August oft bis in die Almregion herab schneit.

Abendhimmel, Frühhimmel, die Farbe des Sonnenlichtes, das Wolkenbild geben dem erfahrenen Mann stets Aufschluß über die Wetteraussichten. Wer in den Wolken nicht zu lesen versteht, frage Führer, Hüttenwirte oder Almhirten nach den Wetteraussichten. Bei bevorstehenden Wetterstürzen bleibe man in der Hütte oder im Tal. Dagegen soll man schlechtes Wetter nicht einfach fürchten, im Gegenteil: wir werden mit der Natur erst eins, wenn wir ihre Elemente auch in ihrer schaurigen Schönheit begreifen. Erst Sonne und Wolken verzaubern die Urlandschaft zum Reich der Götter.

Du mußt objektiven Gefahren mit Besonnenheit begegnen

Objektive Gefahren nennt man, was durch die Gebirgsnatur bedingt ist: Steinschlag, Lawinen, Kälte, Nebel, Gewitter, Sturm, Sonnenstrahlung, Gletscherspalten.

Gegen Steinschlag hilft nur Vorsicht. Vorsicht in Rinnen und Schluchten, vor allem bei Regen und Sturm. Möglichst auf Rippen und Grate ausweichen. Den Kopf schützen durch gepolsterte Mütze oder übergestülpten Rucksack.

Neuschneelawinen gibt es auch im Hochsommer. Hier helfen nur Erfahrung und doppelte Vorsicht. Man meide gefährliche Hänge. Muß man sie anschneiden, dann nur einzeln, in großen Abständen und an ihrem oberen Ende.

Die Kälte ist der gefährlichste Feind des Bergwanderers, vor allem in Verbindung mit Wind oder Sturm. Hier hilft nur Vorsorge. Eine Ersatzgarnitur trockener Unterwäsche kann ein Leben retten. Denn erst Erschöpfung und dazukommende Unterkühlung sind gefährlich. Wer durch Verirren oder Wettersturz zur Freinacht gezwungen ist, kann mit einem Perlonzeltsack leicht davonkommen — ohne ihn nur schwer. Muß man ohne Zeltsack und Schneehöhle biwakieren, dann ist Bewegung alles: nicht stillsitzen, ständig turnen, bis der Morgen kommt.

Bei Nebel ist Umkehr stets das Beste. Im Nebel, vor allem in großen Höhen und auf Eis, findet sich nur der erfahrene Mann zurecht, der den Kompaß richtig bedient und die Karte zu lesen weiß. Niemals eine Gruppe trennen! Stets zusammenbleiben.

Gewitter, vor allem Blitze, sind zu fürchten. Die Gefahr erhöht sich auf Graten und Gipfeln. Man meide Seilsicherungen, eiserne Gipfelkreuze und Verspannungsdrähte, man meide einzelne Bäume, wasserführende Rinnen und auch Kamine! Metallteile, Eispickel usw. muß man in einiger Entfernung deponieren. Auf freien Flächen lege man sich auf den Boden. Für den Sturm gilt, was bei der Kälte gesagt wurde.

Die Gefahren der Sonne werden von Anfängern immer unterschätzt. Man geht in Höhen über 2000 Meter nicht mit nacktem Oberkörper, auch nicht mit nackten Armen. Man trägt die Schutzsalbe vor dem Verlassen der Hütte auf, nicht, wenn man bereits den Schaden spürt. Für die Lippen nur Labiosan!

Gletscherspalten überwindet man mit höchster Vorsicht, niemals allein, nur mit Seilsicherung. Jede Seilschaft auf Gletschern besteht aus 3 Bergsteigern.

Du mußt subjektive Gefahren gewissenhaft ausschalten

Subjektive Gefahren sind nicht in der Bergnatur, sondern stets im Menschen begründet. Sie heißen: mangelnde körperliche Leistungsfähigkeit, mangelndes Training, mangelnde Beherrschung der alpinen Technik, Nichtbeachtung alpiner Erfahrungsgrundsätze, Leichtsinn durch Unkenntnis der Gefahr, durch Übermut, Begeisterung, falschen Ehrgeiz.

Die schlimmste Gefahr wird heraufbeschworen, wenn das eigene Können überschätzt wird. Gegen die subjektiven Gefahren helfen nur Besonnenheit, Gewissenhaftigkeit und Fairneß. Man muß die Schule der Berge Rang für Rang absolvieren, um sie gründlich kennenzulernen und ihre Gefahren meistern zu können. Eines Tages werden die Berge zum Freund. Dann haben sie einen dazu erzogen, ihrer Natur mit Demut zu begegnen.

Du mußt Wächten, Firnfelder und Schrofen fürchten

Wächten können jahrelang den stärksten Stürmen standhalten, eines Tages brechen sie unter der geringsten Belastung ab. Meide Wächten! Betritt sie niemals ohne Seilsicherung!

Eine große Unsitte ist es, über steile Firn- und gefrorene Schneefelder abzufahren. Oft werden von oben unsichtbare Felsabstürze übersehen, oft wird das eigene Standvermögen überschätzt, und man landet schwer verletzt im Geröll. Niemals sitzend — immer stehend abfahren! Nur abfahren, wenn das Gelände völlig zu übersehen ist! Am besten ist es, gar nicht abzufahren, sondern in Stufen abzusteigen.

Schrofengelände gilt als leicht. Deshalb passiert dort am meisten. Schrofen sind grasdurchsetzte Felsabsätze und Sockel, sie führen oft in scheinbarer Harmlosigkeit über großen Abbrüchen dahin. Bei Nässe sind sie stets gefährlich! Hier helfen nur Vorsicht und ein gutes Auge.

Du mußt das alpine Notsignal kennen

Den SOS-Ruf der Bergsteiger wendet nur an, wer sich in absoluter Gefahr befindet: wer sich verstiegen hat, verirrt, verletzt. Das Signal besteht aus sichtbaren oder hörbaren Zeichen, je nach Sicht, Witterung und Örtlichkeit. Man ruft, schreit, pfeift sechsmal in der Minute in regelmäßigen Abständen, wartet eine Minute, dann wiederholt man das Signal. Oder man schwenkt ein Tuch, ein Hemd, man gibt Blinkzeichen mit einer Lampe oder einem Feuerbrand — aber auch hier gilt die Regel: sechsmal in einer Minute, dann eine Minute Pause, dann abermals das Signal, und so fort.

Die Antwort besteht aus drei regelmäßigen Zeichen binnen einer Minute; das soll dem Verirrten oder Verunglückten zeigen, daß seine Rufe verstanden worden sind.

Gibt jemand das alpine Notsignal und weiß er sich dann doch noch aus eigener Kraft zu retten, bevor die Bergungsmannschaft kommt, dann hat er sofort die Hütten bzw. die Talstationen zu verständigen.

Du mußt wissen, wie man zulänglich Erste Hilfe leistet

Oft kann sofortiges Eingreifen die Folgen eines Bergunfalles abschwächen. Was muß man auch als Anfänger schon wissen?

Bergkrankheit, durch mangelnden Sauerstoff entstanden, äußert sich durch Atemnot, Kopfschmerzen, Brechreiz und Erschöpfung. Erste Hilfe: Ruhe, viel Getränke, aber keinen Alkohol, Abstieg nach erster Besserung.

Gegen schwere Erschöpfung helfen meist leicht verdauliche Nahrung, Schokolade und Traubenzucker.

Sonnenbrand wird mit Lebertransalbe und Puder begegnet. Niemals Blasen öffnen, sondern austrocknen. Gegen Hitzschlag (Hitzestau im Körper) hilft nur schnelles Abkühlen, evtl. Wind mittels ausgezogener Kleidungsstücke. Keinen Alkohol verabreichen! Erfrierungen, die man immer erst bemerkt, wenn sie bereits eingetreten sind, werden nicht mit Schnee eingerieben, sondern mit Frostheilsalbe massiert. Die Massage muß sehr lange fortgesetzt werden. Die Auskühlung des Körpers ist gefährlicher als eine örtliche Erfrierung. Die Erfrierung wird durch langsame Erwärmung geheilt, die Auskühlung durch schnelle Erwärmung.

Blutende verletzte Glieder senkrecht in die Höhe halten und Druckverband auflegen. Keine Wunde mit den Fingern berühren, keine Wunde mit Wasser auswaschen. Ein kleines, steril verpacktes Verbandspäckchen hat jeder Bergsteiger im Rucksack.

Wer regelmäßig in die Berge geht, besorge sich aus der alpinen Literatur einschlägige Bücher (Eidenschink, »Richtiges Bergsteigen«, oder Sturm/Zintl, »Sicheres Klettern in Fels und Eis«), in denen auch Erste Hilfe und Rettung aus Bergnot behandelt werden.

Du mußt selber ein Stück Bergnatur werden

Du mußt die Gefahren der Berge nicht fürchten, sondern respektieren. Solange du ihnen nicht gewachsen bist, mußt du ihnen ausweichen. Du mußt aber auch wissen, daß es kein schöneres Bewußtsein gibt als das des bergerfahrenen Menschen, der die Gefahren meistert, wie sie ankommen, und der gerade in der ständigen Begegnung mit der Gefahr das größte Glück findet. Einsamkeit, Stille, Aussicht, heroische oder auch innig-romantische Landschaftsbilder zu genießen ist schön, den Kampf aber aufzunehmen gegen die Fährnisse der großen Urlandschaft und gegen die eigenen Schwächen, das erst führt auf den höchsten Gipfel der Bergfreude. Bergsteigen ist eine Lebensschule.

Erklärung der Zeichen und Abkürzungen

Std.	=	Stunde
B	=	Betten
ML	=	Matratzenlager
ÖAV	=	Österreichischer Alpenverein
DAV	=	Deutscher Alpenverein
NF	=	Naturfreundehaus
SAC	=	Schweizer Alpen-Club
CAI	=	Club Alpino Italiano
CAF	=	Club Alpin Français
FB-Karte	=	Touristen-Wanderkarte Freytag-Berndt (Artaria/Wien) (fast ausnahmslos 1:100 000)

Falls angegebenes Führermaterial vergriffen ist, z. B. der »Hochtourist«, dann ist es meist in den Bibliotheken der Alpenvereins-Sektionen vorhanden (und für AV-Mitglieder ausleihbar).

Fotonachweis

Die Zahlen beziehen sich auf die Nummern der Touren

Toni Angermayr, München 28

Ernst Baumann, Reichenhall 90, 91

Hans Belsak, Viktring 100

Dr. Rolf Bucher, Stuttgart 16, 24, 36, 37

Darbellay, Martigny 6

Alois Dengg, Steyr 95

Willi End, Baden bei Wien 93, 99

Foto-Feuerstein, Scuol 35

Wenzel Fischer, Klais 36, 53, 67, 68, 69, 70, 71, 77

Ghedina, Cortina 78

Gyger, Adelboden 22

Fritz Heimhuber, Sonthofen 47, 80

Kurt Heinze, Lenzerheide 27

Werner Heiß, München 8, 33, 55, 73, 74, 75, 79

Rud. Henneberger, München 54

Klopfenstein, Adelboden 9, 10, 11, 12, 13, 14, 17

Oskar Kreibich, Schwaz 63

Josef Lassmann, Frankfurt/M. 3

Robert Löbl, Bad Tölz 50, 58, 59, 97

Franz Nussbaumer, Innsbruck 56

G. Rossat-Mignod, Annecy 4

Hanns Schlüter, Freiburg 21, 26

Foto Schmelz, Klosters 34

Hans Schmied, München 7

SV Zürich 23

Franz Thorbecke, Lindau 5, 15, 19, 25, 29, 30, 32, 40, 41, 42, 43, 44, 45, 46, 48, 49, 51, 52, 57, 60, 61, 64, 65, 66, 81, 82, 83, 84, 85, 86, 87, 88, 89, 92, 96

Fred Wach, Bad Aussee 94

Jürgen Winkler, Eurasburg 1, 2, 18, 20, 31, 38, 39, 72, 76, 98

Pause-Bücher für Bergwanderer

Wandern bergab

100 schöne Abstiegswege in den Alpen

Bergauf gefahren — aber abwärts gewandert: der erste Schritt zur Passion des Bergsteigens. Pause stellt vor allem für wanderfreudige Familien 100 Abstiegswege vor, meist stille, abseitige »Geheimtips«. Fast alle sind leicht, einige lang, die Information ist präzise.

Münchner Hausberge

84 Sommertouren um München

Das beliebte Wanderbuch vieler Münchner Familien und Sommergäste Oberbayerns: amüsant schon als Lektüre, lustig und doch genau. Einfache bis mittelschwere Wanderungen. Bergtouren und kleine Genußklettereien. 179 Seiten, 84 Fotos und 100 Tourenskizzen.

Von Hütte zu Hütte

100 alpine Höhenwege und Übergänge

Völlig überarbeitete Neuausgabe 1974! Ein alpines, leichte wie strenge Übergänge umfassendes Buch, der Beliebtheit nach zum klassischen Bestand der Bergbücher von heute zählend. Die Gipfel warten am Wege, wenn man von Hütte zu Hütte wandert und steigt und einen »Gipfel« an starker, stiller Daseinsfreude passiert. 211 Seiten, 100 Fotos und 100 (neue) Skizzen.

Skiläufer

Die großen Skistationen der Alpen

24 Skistationen in Österreich und Bayern sind mit letzter Akribie, dabei kritisch und doch begeisternd dargestellt. 80 große Luftaufnahmen, 24 zweiseitige farbige Übersichtskarten auf insgesamt 220 Seiten sorgen für eine unübertreffliche Information des passionierten Pistenfahrers.

Münchner Skiberge

86 Skiberge zwischen Salzach, Lech und Inn, zur Hälfte Pisten, zur Hälfte Skitouren, bekannte und unbekannte, viele geliebte »Münchner Hausberge« im Winter. Kritisch, aber amüsant lesbar dargestellt, mit faszinierenden Luftfotos, mit brauchbaren Skizzen. 183 Seiten, 86 Fotos, 86 Karten.

Abseits der Piste

100 stille Skitouren in den Alpen

Wer den Pistenrummel satt hat, wende sich den klassischen Skitouren zu. Hier ist deren Kronschatz dargestellt, die großartigsten Touren zwischen Dauphiné und Dachstein. Die neue Auswahl ist kompakt, die scharfen Luftaufnahmen haben sich auf 90 vermehrt, die 100 Tourenskizzen sind praktikable Handskizzen.

Ski Heil

Die 100 schönsten Skipisten der Alpen

Das beliebte Buch der »schönsten Skiabfahrten« wurde völlig umgestaltet: das »reine Pistenbuch« ist entstanden, eine qualifizierte Auswahl der schönsten Pisten der Alpen, nochmals aus dem Flugzeug Franz Thorbeckes fotografiert, mit neu erarbeiteten Skizzen, neu vom Autor geschrieben — kritisch, genau und nicht ohne Verve. 211 Seiten, 100 Fotos, 100 Abfahrtsskizzen.

Hochalpinisten

Im schweren Fels

100 Genußklettereien in den Alpen

Nur Kletterführen der Grade III (schwierig) und IV (sehr schwierig), aber nur in festem und gutgriffigem Fels, in Kalk und Granit, bei relativ geringen objektiven Gefahren. Die Auswahl gilt als souverän, auch wenn sie allein für den erfahrenen und routinierten Kletterer bestimmt ist. 209 Seiten, 100 Fotos, 100 Kletterskizzen.

Im extremen Fels

100 Kletterführen in den Alpen

Die mit vielen Kletterern jahrelang diskutierte Auswahl dieser Spitzentouren des V. und VI. Grades kann als souverän gelten. Jürgen Winkler schuf in vier Sommern die Fotos, viele gute Freunde halfen beim Erarbeiten der 100 Anstiegsskizzen. 208 Seiten, 100 Fotos, 100 Anstiegsskizzen.

In Vorbereitung

Die völlige Neubearbeitung des alten Buches »In Eis und Urgestein«

Im Granit

Klassische Gipfeltouren der Alpen

In Vorbereitung

Im Kalkfels

Klassische Gipfeltouren der Alpen

Mit 100 neuen Bildern.

Schöne Bilder — amüsante Texte in

WALTER PAUSE'S

»Ski- und Bergkalender«

BLV Verlagsgesellschaft München

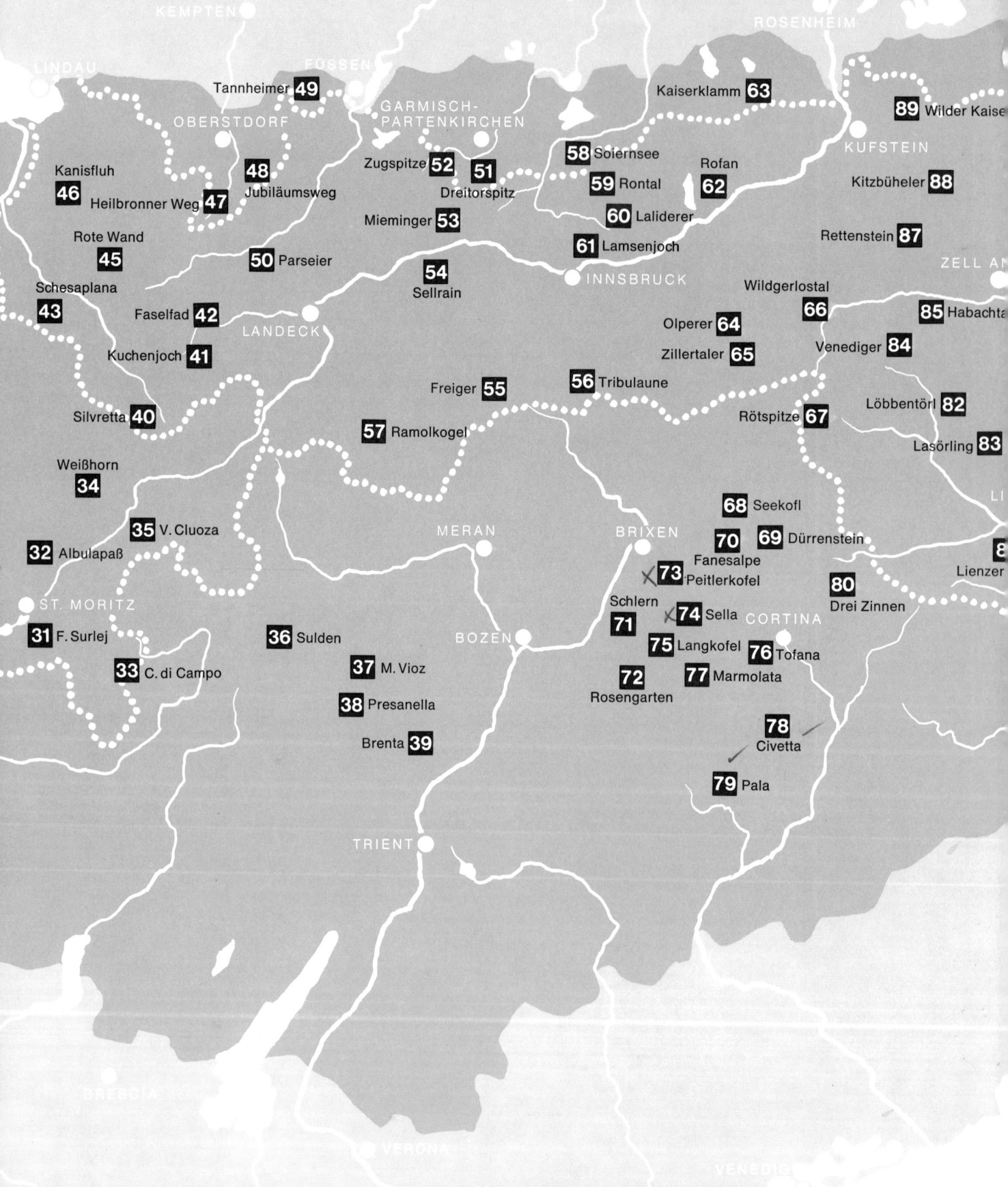